EXPOSITION UNIVERSELLE DE 1900

Catalogue illustré officiel de l'exposition rétrospective de l'art français

DES ORIGINES A 1800

Imp. LEMERCIER & Cie
rue de Seine
PARIS

Ludovic BASCHET, éditeur
rue de l'Abbaye
PARIS

NOUVELLE PUBLICATION DE LUXE
ART ET INDUSTRIE
Revue Internationale Illustrée
publiée avec l'autorisation supérieure
DE S. M. L'EMPEREUR NICOLAS II
par la Société Impériale d'Encouragement aux Arts en Russie
(depuis octobre 1898).

Rédacteur en chef : **N. P. Sobko.**
Edition spéciale avec traduction Française.

12 LIVRAISONS et 24 SUPPLÉMENTS gr. in-4° par an
(*pres de 1000 pages de texte et 500 illustrations*).

REPRODUCTION en Eau-forte, Taille-douce, Photogravure, Chromo, etc., hors et dans le texte, exécutées dans les premiers ateliers de la Russie, sous la direction des meilleurs Maîtres.

ABONNEMENT ANNUEL : pour Saint-Pétersbourg, 9 rb.; pour la Russie, 10 rb.; pour l'Etranger 12 rb. (33 fr.). — La livraison : 1 1b. (3 fr.).
Chez tous les libraires et marchands d'estampes.
BUREAU DE LA RÉDACTION : Saint-Pétersbourg, Moïka, 83.

Abonnement, Vente et Annonces chez MM. BOYVEAU & CHEVILLET
LIBRAIRES POUR LES LANGUES ETRANGÈRES
22, Rue de la Banque, 22, PARIS (près la Bourse)

TOILE BINANT
PARIS — 70, Rue Rochechouart, 70 — PARIS
TÉLÉPHONE : 212,31

EXPOSITION　　　　　　　　　　　　　　　　INTERNATIONAL
DES ARTS INDUSTRIELS　　　　　　　　　　　　EXHIBITION

 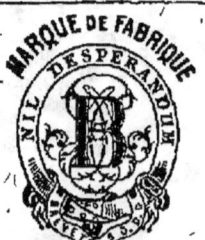 

Paris, 1881　　　　　　　　　　　　　　　　　Londres, 1862.

TISSAGE SPÉCIAL A THIBOUVILLE (EURE)
MÉDAILLES AUX EXPOSITIONS UNIVERSELLES
Paris 1867, 1878, 1889
MÉDAILLE D'OR, EXPOSITION INTERNATIONALE BRUXELLES 1897

TOILE PRÉPARÉE
Pour Tableaux, Plafonds, Décorations
ET PEINTURE EN IMITATION DE TAPISSERIES
MAROUFLAGE DE PEINTURES
Dans tous les Monuments publics, Châteaux, Hôtels, Casinos, etc.

EXPOSITION UNIVERSELLE DE 1900

Catalogue Officiel illustré
de
L'Exposition Rétrospective

NOUVELLE PUBLICATION DE LUXE
ART ET INDUSTRIE
Revue Internationale Illustrée
publiée avec l'autorisation supérieure
DE S. M. L'EMPEREUR NICOLAS II
par la Société Imperiale d'Encouragement aux Arts en Russie
(depuis octobre 1898).

Rédacteur en chef : **N. P. Sobko.**
Edition spéciale avec traduction Française.
12 LIVRAISONS et 24 SUPPLÉMENTS gr. in-4° par an
(pres de 1000 pages de texte et 500 illustrations).

REPRODUCTION en Eau-forte, Taille-douce, Photogravure, Chromo, etc., hors et dans le texte, exécutées dans les premiers ateliers de la Russie, sous la direction des meilleurs Maîtres.
ABONNEMENT ANNUEL : pour Saint-Pétersbourg, 9 rb.; pour la Russie, 10 rb.; pour l'Etranger 12 rb. (33 fr.). — La livraison : 1 rb. (3 fr.).
Chez tous les libraires et marchands d'estampes.
BUREAU DE LA RÉDACTION : Saint-Pétersbourg, Moïka, 83.

Abonnement, Vente et Annonces chez MM. BOYVEAU & CHEVILLET
LIBRAIRES POUR LES LANGUES ETRANGÈRES
22, Rue de la Banque, 22, PARIS (près la Bourse)

TOILE BINANT
PARIS — 70, Rue Rochechouart, 70 — PARIS
TÉLÉPHONE : 212,31

EXPOSITION
DES ARTS INDUSTRIELS

INTERNATIONAL
EXHIBITION

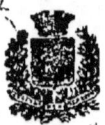
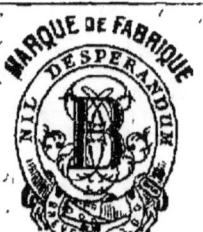

Paris, 1861   Londres, 1862.

TISSAGE SPÉCIAL A THIBOUVILLE (EURE)
MÉDAILLES AUX EXPOSITIONS UNIVERSELLES
Paris 1867, 1878, 1889
MÉDAILLE D'OR, EXPOSITION INTERNATIONALE BRUXELLES 1897

TOILE PRÉPARÉE
Pour Tableaux, Plafonds, Décorations
ET PEINTURE EN IMITATION DE TAPISSERIES
MAROUFLAGE DE PEINTURES
Dans tous les Monuments publics, Châteaux, Hôtels, Casinos, etc.

EXPOSITION UNIVERSELLE DE 1900

Catalogue Officiel illustré
de
L'Exposition Rétrospective

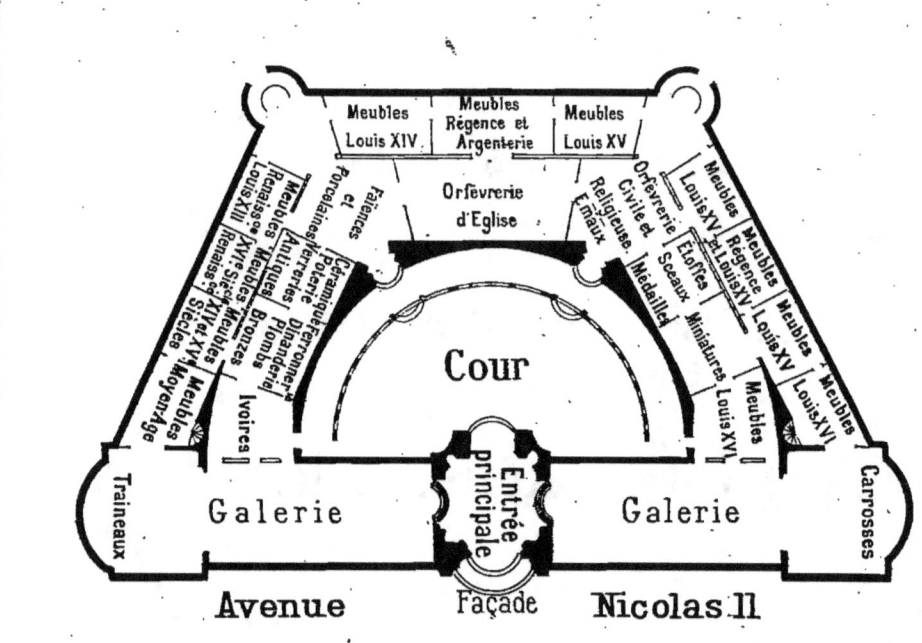

PLAN DU PETIT PALAIS

EXPOSITION UNIVERSELLE DE 1900

Catalogue Officiel illustré
de
L'Exposition Rétrospective

DE L'ART FRANÇAIS

DES ORIGINES A 1800

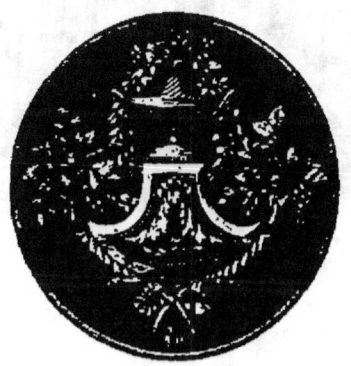

IMPRIMERIES LEMERCIER ET Cie	LUDOVIC BASCHET, ÉDITEUR
44, RUE VERCINGÉTORIX	12, RUE DE L'ABBAYE
PARIS	PARIS

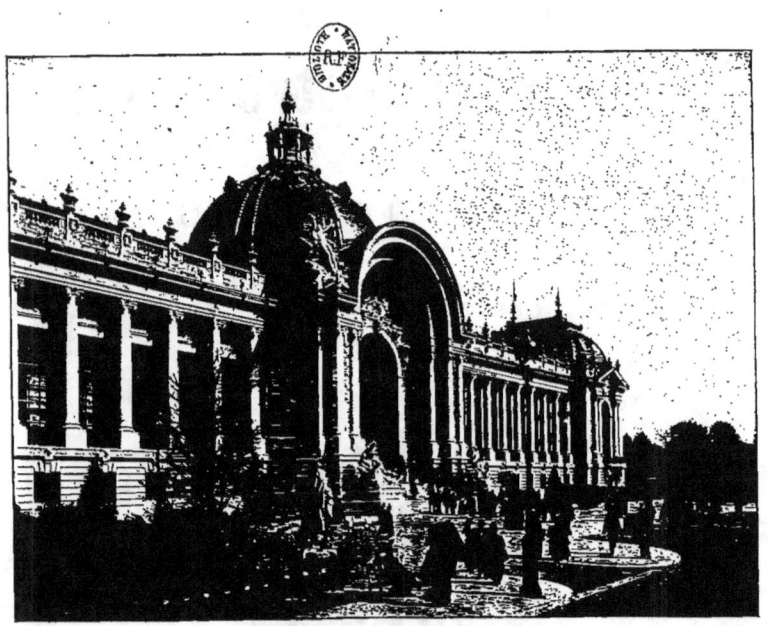

FAÇADE PRINCIPALE DU PETIT PALAIS.

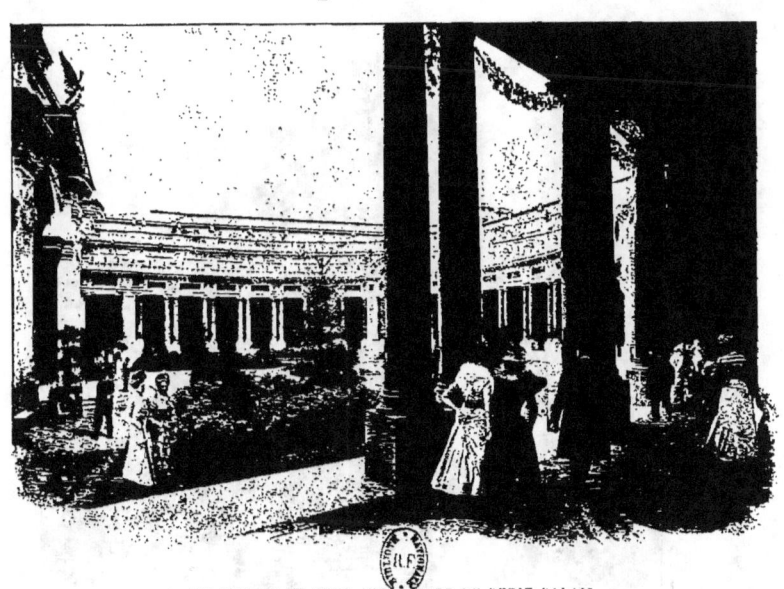

COLONNADE ET COUR INTÉRIEURE DU PETIT PALAIS

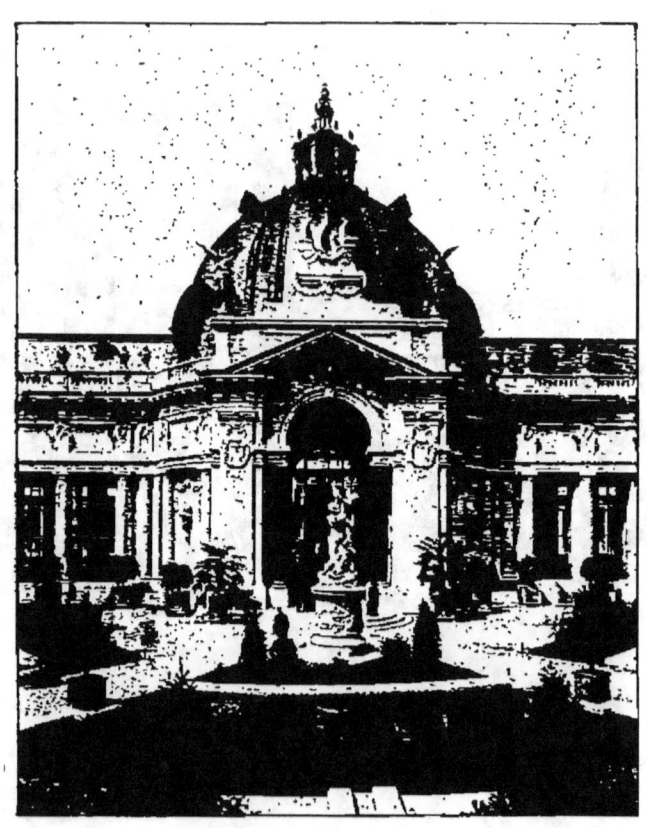

LE DÔME CENTRAL VU DE LA COUR INTÉRIEURE.

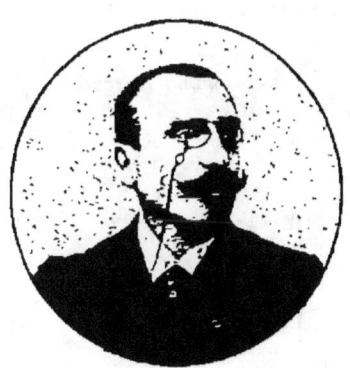

M. HENRY ROUJON
Directeur des Beaux-Arts.

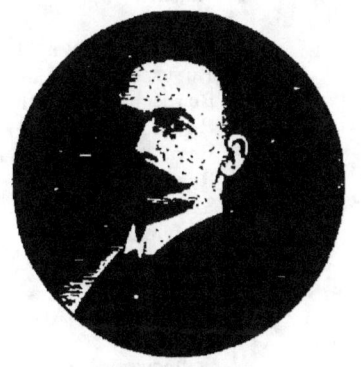

M. ÉMILE MOLINIER
Chef des Services des Beaux-Arts.

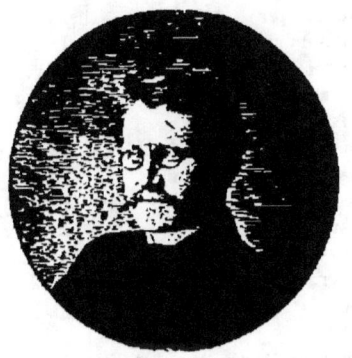

M. FRANTZ MARCOU
Chef-Adjoint des Services des Beaux-Arts.

LISTE DES COLLECTIONNEURS
COLLABORATEURS
A L'EXPOSITION RÉTROSPECTIVE DE L'ART FRANÇAIS

MM.
- Adnot.
- Aicard.
- André (Alfred).
- André (Charles).
- Arconati-Visconti (M^{se}).
- Artus.
- Auscher.
- Auzac de Lamartinie (d').
- Badel (Mlle).
- Bauelm.

- Baume-Pluvinel (Mlle de la).
- Barbaud.
- Bardac (Sigismond).
- Barre (Raoul).
- Beer (J.).
- Beurdeley.
- Berard-Gasté.
- Bertrand.
- Bianchi.
- Bixio.

- Bizot.
- Boisgelin (Mis de).
- Bossy (Albert).
- Bosteaux-Paris.
- Boucheron.
- Boulanger.
- Bourmène (Cte de la).
- Boy.
- Bureau (Mme).
- Bussy (Cte de).

LISTE DES COLLECTIONNEURS (Suite).

MM.
CALVET.
CAMONDO (Cte Isaac DE).
CAMONDO (Cte Moïse DE).
CAMPE.
CAMUS.
CHABRIÈRES-ARLÈS.
CHALANDON (Georges).
CHANDON DE BRIAILLES (Cte).
CHAPPLY.
CHARPENTIER-PAGE.
CHAVANES.
CHENAILLIER.
CORNIL (D^r).
CORROYER.
COTTEREAU.
DALLEMAGNE.
DAUTRESME.
DELAVILLE LE ROULX.
DEUTSCH DE LA MEURTHE (H.).
DIÉTERLE.
DOISTAU.
DOLLFUS.
DOUCET (Mme Agénor).
DONOP DE MONCHY.
DREYFUS (Gustave).
DREYFUS (René).
DREYFUS (Tony).
DRU.
DUVAL.
EPHRUSSI (Michel).
EYMIEU.
FEUILLOLEY.
FITCH.
FITZ-HENRY.
FRANCK (Bernard).
FRANCLE.
FOURNIER-LATOURAILLE.
GANNAY-PALLU.
GARNIER (Paul).
GÉROME.
GILLOT (Charles).
GIRARDOT-DESTABLE.
GOLDSCHMIDT (Léopold).
GRANDJEAN (Mlle).
GREFFULHE (Cte).
GUÉRIN (Edmond).
HAUSSONVILLE (Cte d').
HAVILAND.
HEILBRONNER.
HEMERDINGER.
HENNECART.

HOENTSCHELL (Georges).
JOLILT.
KANN (Maurice).
KANN (Rodolphe).
KLOTZ (Victor).
KOECHLIN (Raymond).
KRAEMER (Mme).
LADAN-BOCKARY.
LEBEUF-DE-DIONNE.
LEBLANC-BARBEDIENNE.
LEBRETON (Gaston).
LEDUC.
LEFRANC (Abel).
LEONINO (B^{on}).
LEPEL-COINTET.
LEROY-DUPRÉ.
LEVEL (G.).
LEORIER.
LÉVY (Émile).
LIPPMANN (H.).
LOWENGARD.
LUGUET.
LUNEL.
LUTZ.
MACIET (Jules).
MAIGNAN (Albert).
MANNEVILLE (André DE).
MANNHEIM (Charles).
MANNHEIM (Louis).
MANNHEIM (Mme).
MANTE.
MANZI.
MARCOURT (Mme DE)
MARTIN LE ROY.
MASSION.
MASSON.
MASSOT (Cloud).
MAULDE (DE).
MAY (Ernest).
MAYER (Mme).
MÉNIER (Gaston).
MERLIN (B^{on}).
MÉTRIER.
MEUNIÉ.
MEYNARD (DE).
MICHEL-LÉVY.
MOHL.
MOREAU-NÉLATON.
MOREL (Léon).
MORSENT.
NAY DE MÉZENCE (Mme).

NODET.
OPPENHEIM (B^{on}).
OULTREMONT (Mme D').
PACULY.
PAPILLON (G.).
PAPILLON (Mme).
PÉNICAUD (Mme Georges).
PERROT.
PERSONNAZ.
PICQUET.
PORGÈS (Jules).
POTHUAU.
PROTAT (Jules).
REYRE.
RICARD.
RICHLIÉ (R.).
ROMEUF.
ROTHSCHILD (Bon Alph. DE).
ROTHSCHILD (Bon Edm. DE).
ROTHSCHILD (Bon Gust. DE).
ROTHSCHILD (Bon Henri DE).
ROTHSCHILD (B^{onne} James DE).
RUEFF (Jules).
SAILLY.
SAINVILLE (DE).
SALTING.
SAMPIGNY (DE).
SCHICKLER (Bon Arthur).
SCHIFF.
SCHLICHTING (DE).
SCHNEIDER (Mme).
SCHUTZ (Ferdinand).
SCOTT.
SELIGMANN.
STEIN (Mlle).
STERN (Mme).
TAIGNY (Edmond).
TAYLOR.
TENIER (Hubert).
THEWALT.
THUISY (Mis DE).
THURNEYSSEN (Émile).
TOULGOET-TRÉANNA (Cte DE).
VALENCIA (Cte DE).
VELGHE.
VERDONNET (Cte DE).
VEVER (Henri).
VIAL.
VOGÜÉ (Mis DE).
WALDECK-ROUSSEAU (Mme).

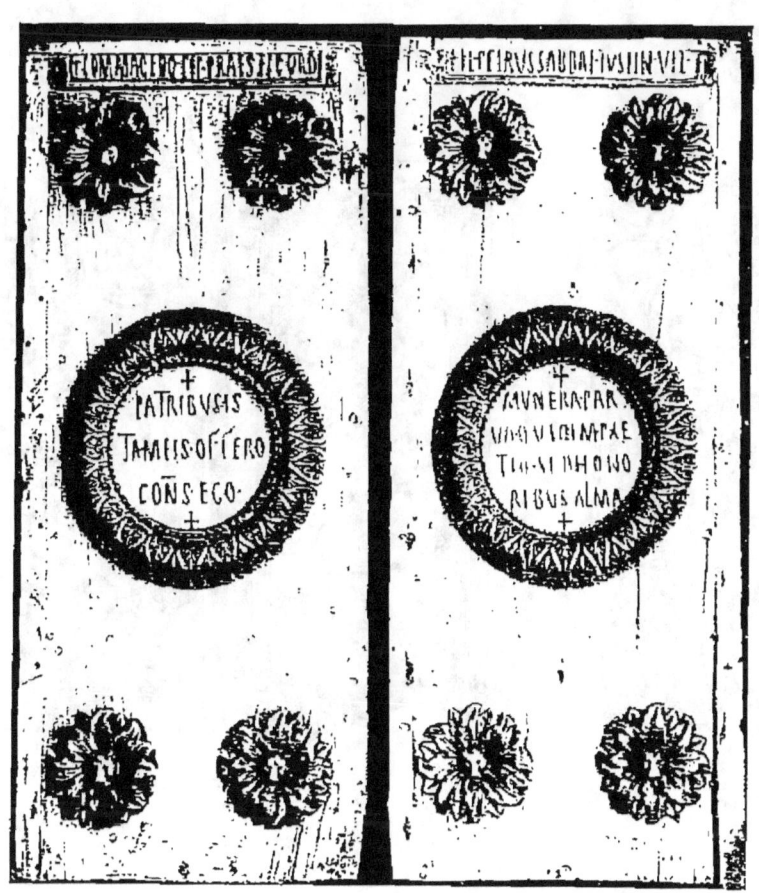

9. — Diptyque, au nom du consul Justinianus.
Ivoire, vi^e siècle.
(M. Sig. Bardac.)

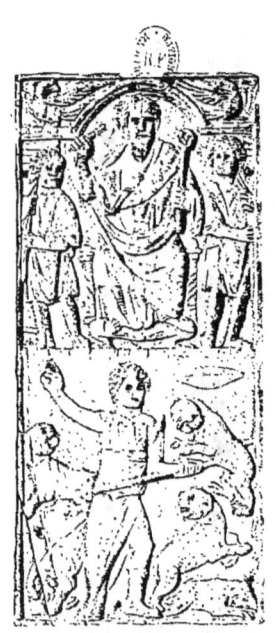

10. — Feuillet de diptyque consulaire.
Ivoire, vi⁰ siècle.
(Musée de Bourges.)

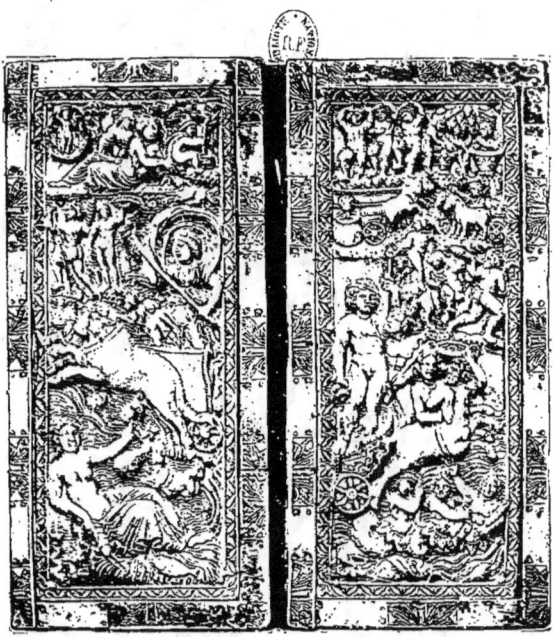

11. — Diptyque monté en reliure.
Ivoire, vi⁰ siècle.
(Bibliothèque de Sens.)

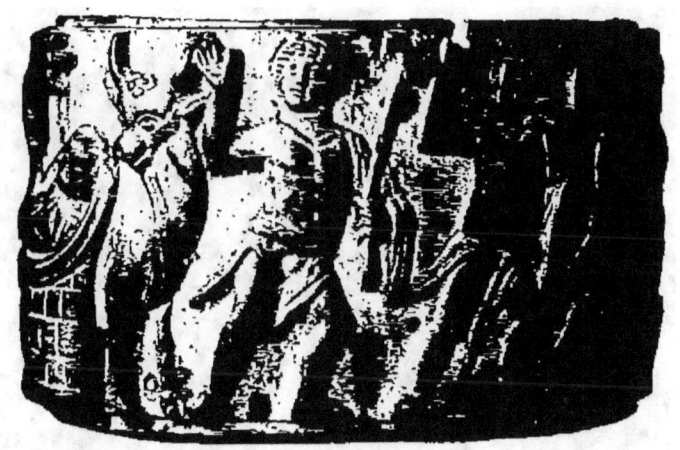

12. — Pyxide
Ivoire, vᵉ siècle.
(Musée d'Antiquités de la Seine-Inférieure.)

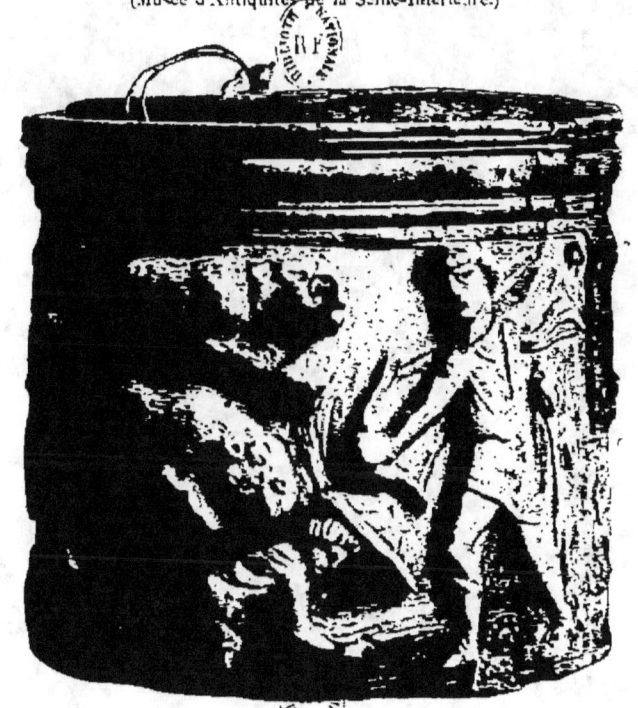

13. — Pyxide.
Ivoire, vıᵉ siècle.
(Cathédrale de Sens.)

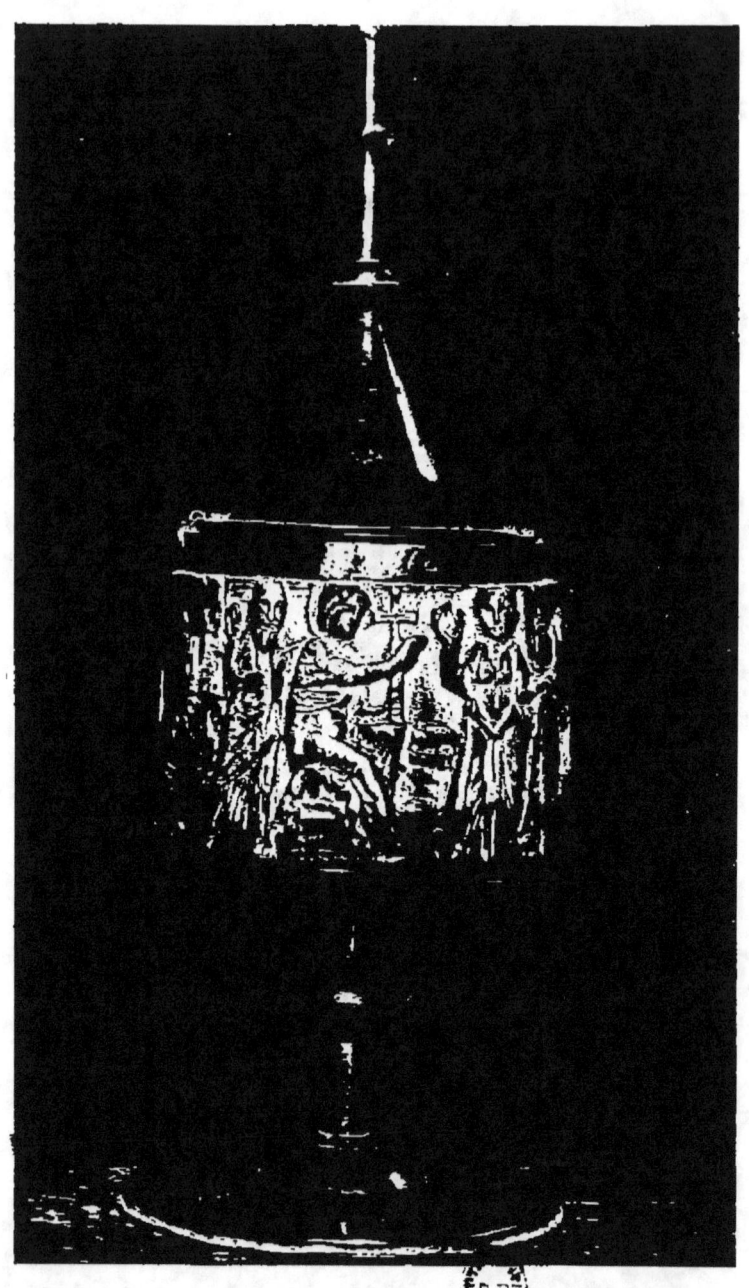

14. — PYXIDE.
Ivoire, vɪᵉ siècle; monture, xɪɪᵉ siècle.
(Église de la Voûte-Chilhac — Haute-Loire).

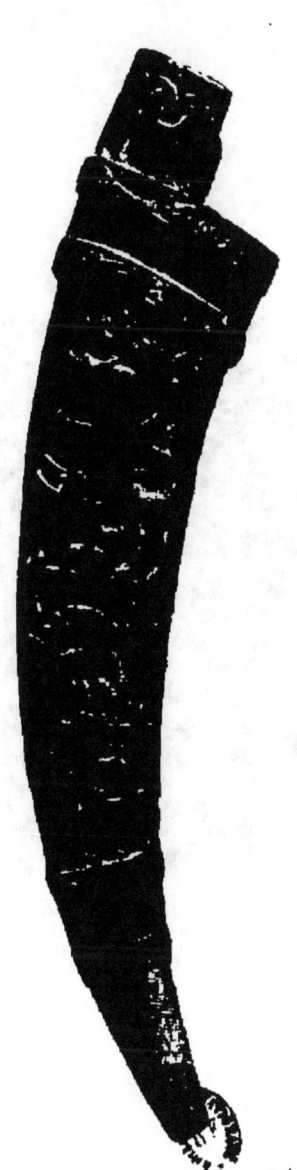

37. — Oliphant.
Ivoire, xie siècle.
(Musée Saint-Raymond, à Toulouse.)

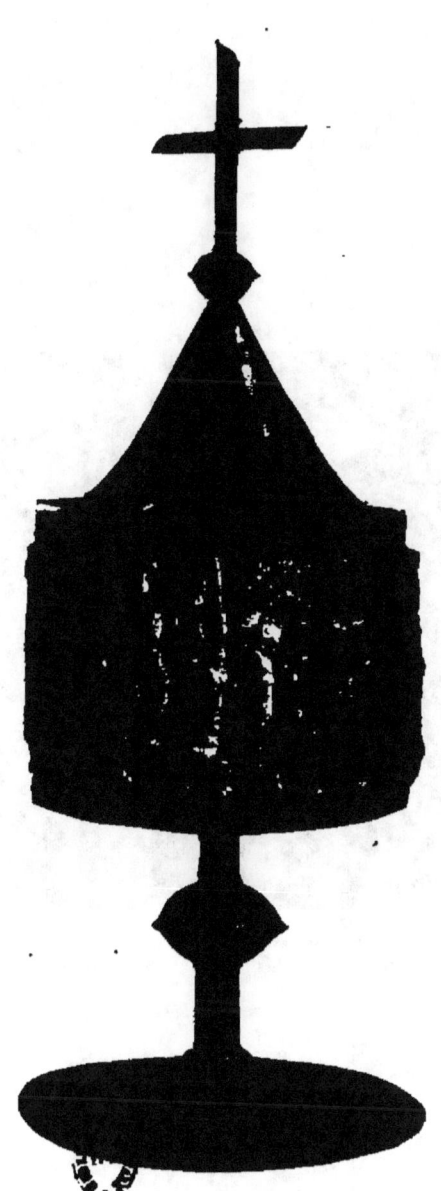

14. — Pyxide.
Ivoire, vie siècle.
(Église de la Voûte-Chilhac.)

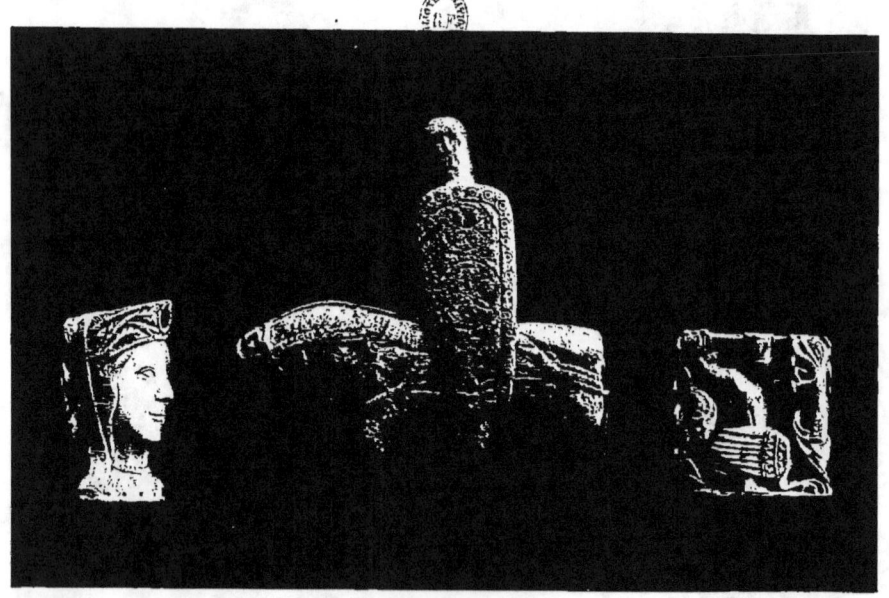

194. — Grain de chapelet.
Ivoire, xviie siècle.
(M. Boy.)

46. — Pion d'échiquier.
Os de baleine. xie siècle.
(M. Alb. Maignan.)

81. — Pion d'échiquier.
Ivoire, xiiie siècle.
(Musée de Compiègne.)

24. — Évangéliaire de Morienval.
Ivoire et corne, x" siècle.
(Église Notre-Dame de Noyon.)

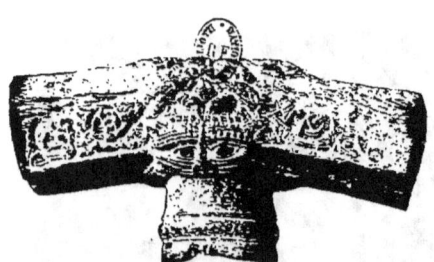

31. — Tau.
Ivoire, xiᵉ siècle.
(Musée de Chartres.)

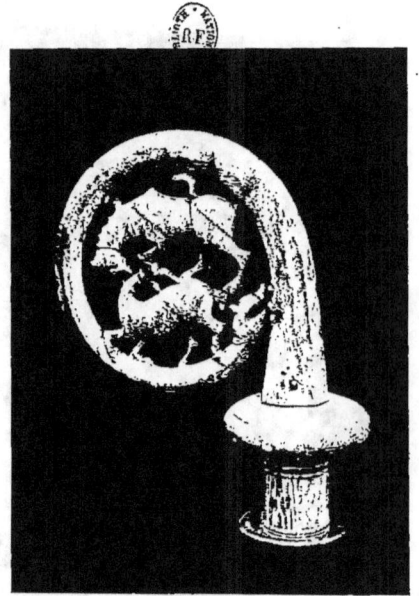

32. — Crosse.
Ivoire, xiiᵉ siècle.
(Cathédrale de Vannes.)

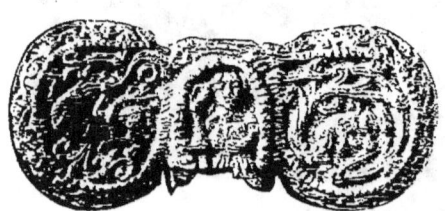

29. — Tau.
Ivoire, xiᵉ siècle.
(Musée d'Antiquités de la Seine-Inférieure.)

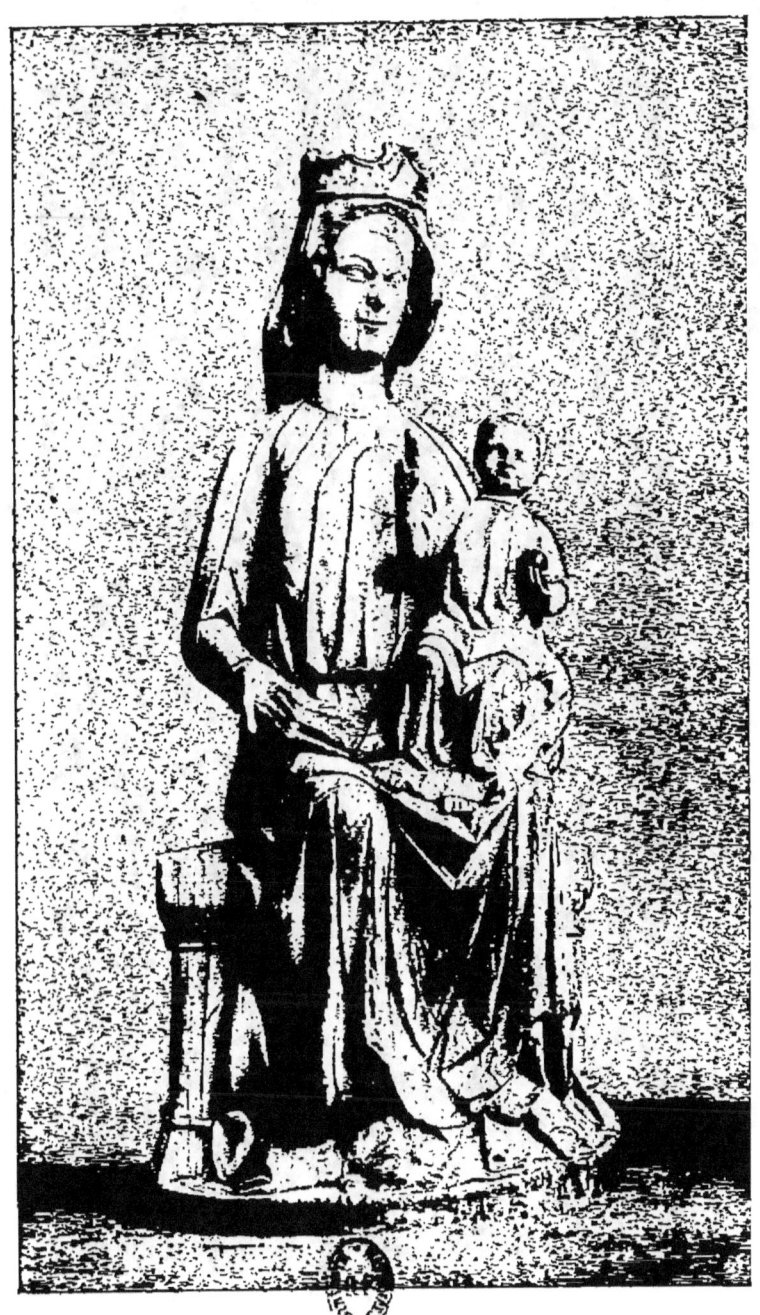

65. — LA VIERGE ET L'ENFANT.
Statuette, ivoire, XIIIᵉ siècle. (Église d'Unienville, Aube.)

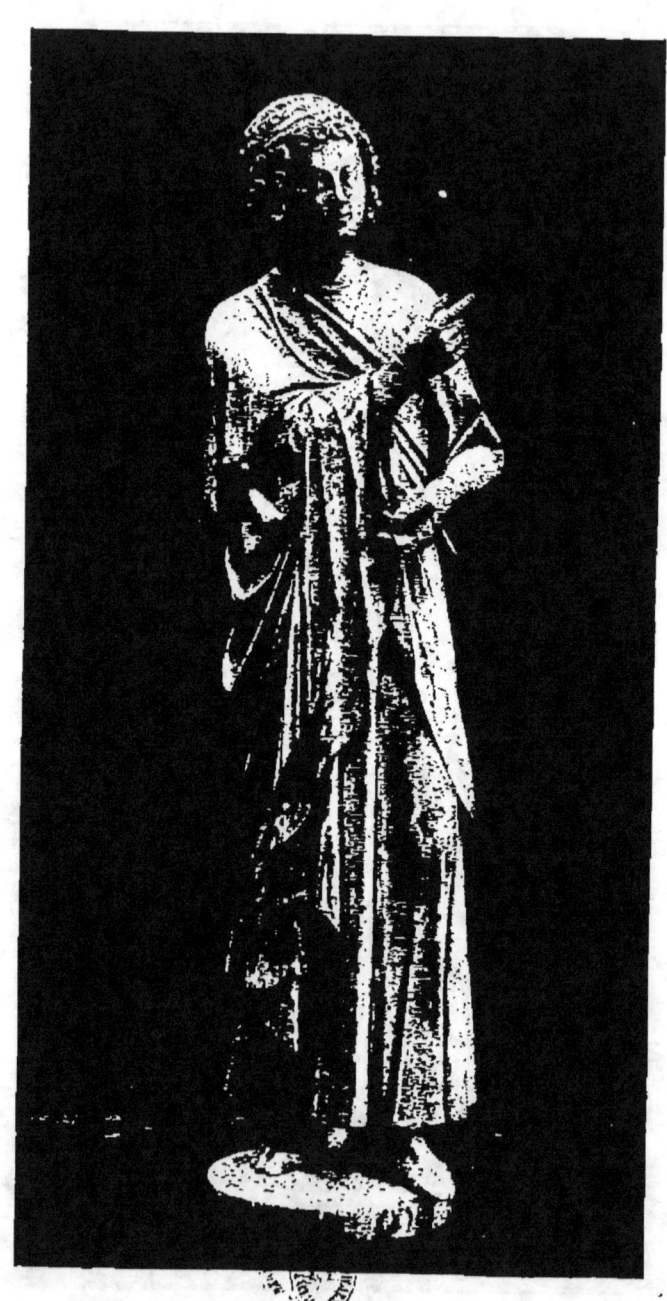

59. — L'Ange Gabriel de l'Annonciation.
Ivoire. XIIIe siècle.
(M. G. Chalandon.)

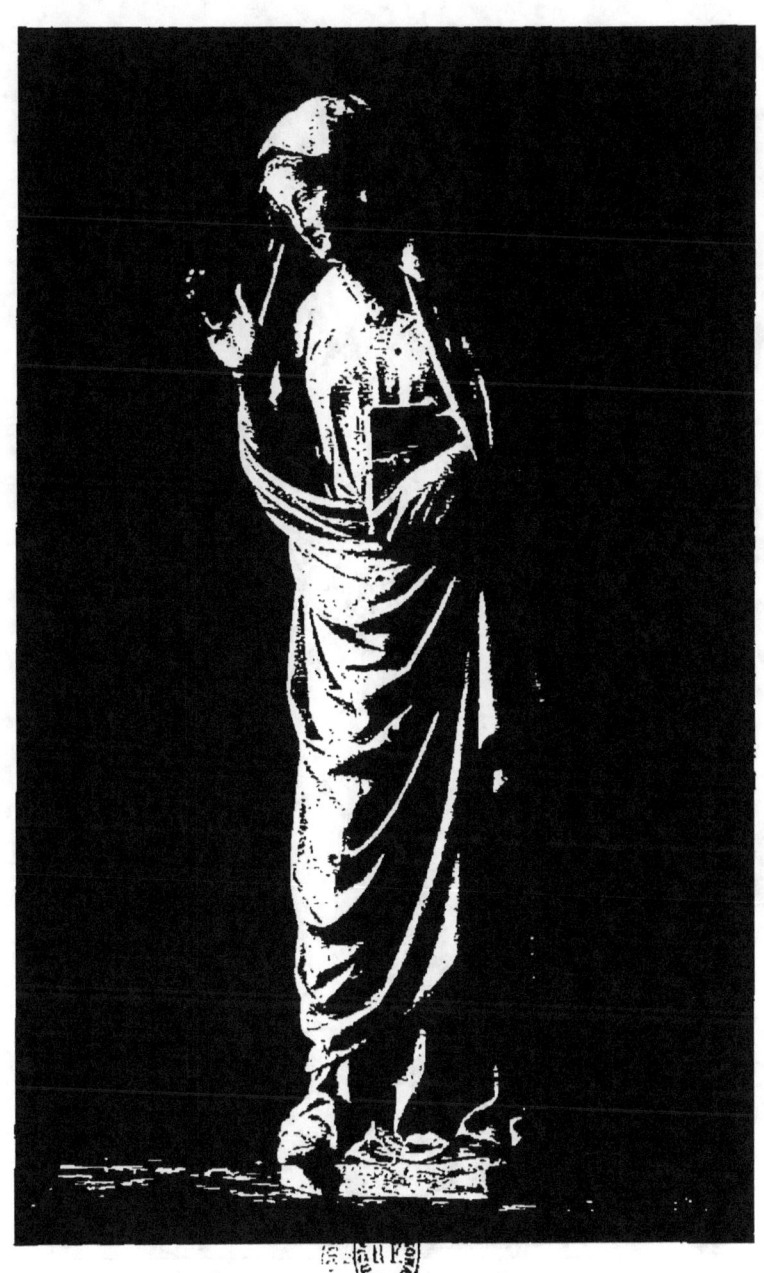

58. — La Vierge de l'Annonciation.
Ivoire, XIIIᵉ siècle.
(M. P. Garnier.)

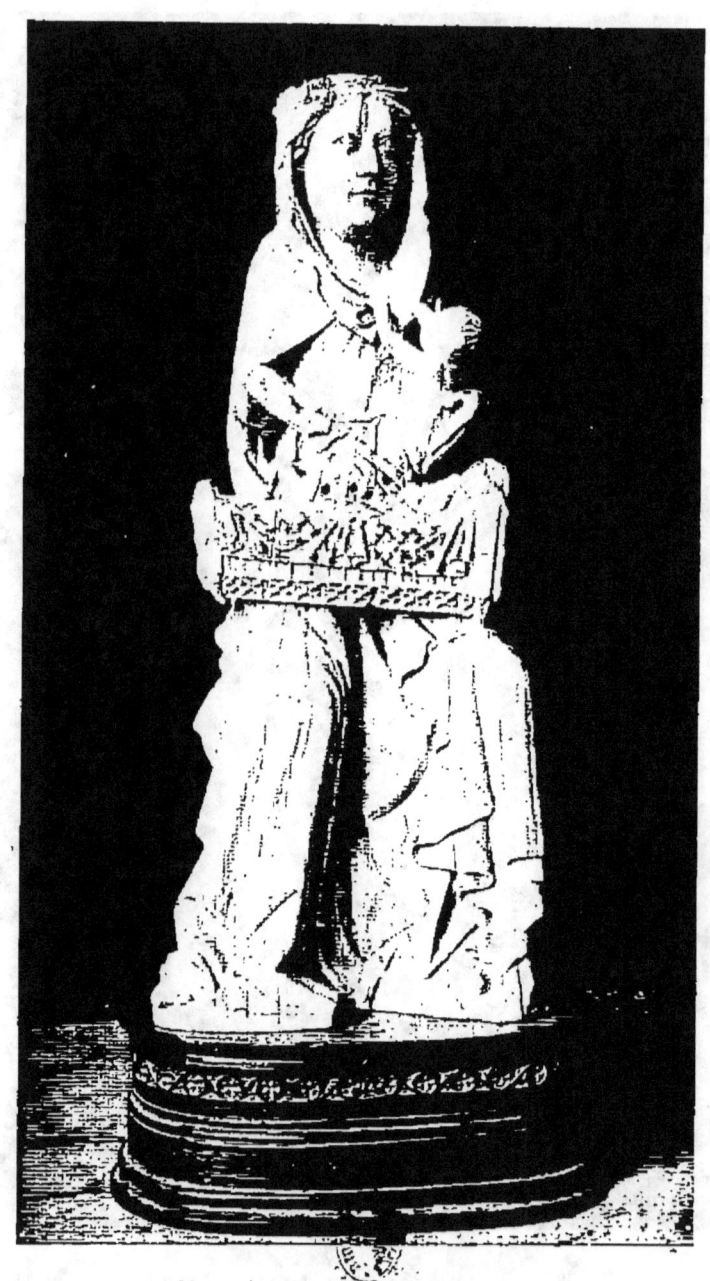

91. — LA VIERGE ET L'ENFANT.
Statuette, ivoire, XIVe siècle.
(M. Boy.)

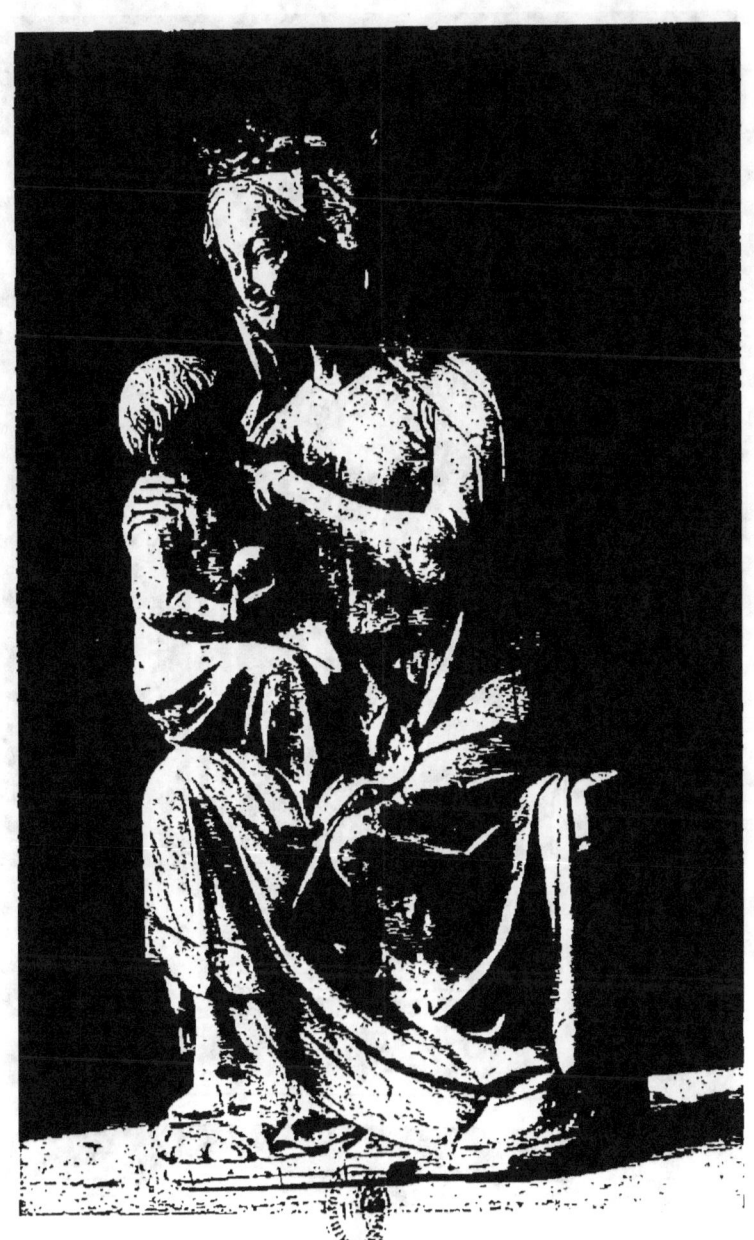

87. — LA VIERGE ET L'ENFANT.
Statuette, ivoire, XIVᵉ siècle.
(Musée des Antiquités de la Seine-Inférieure.

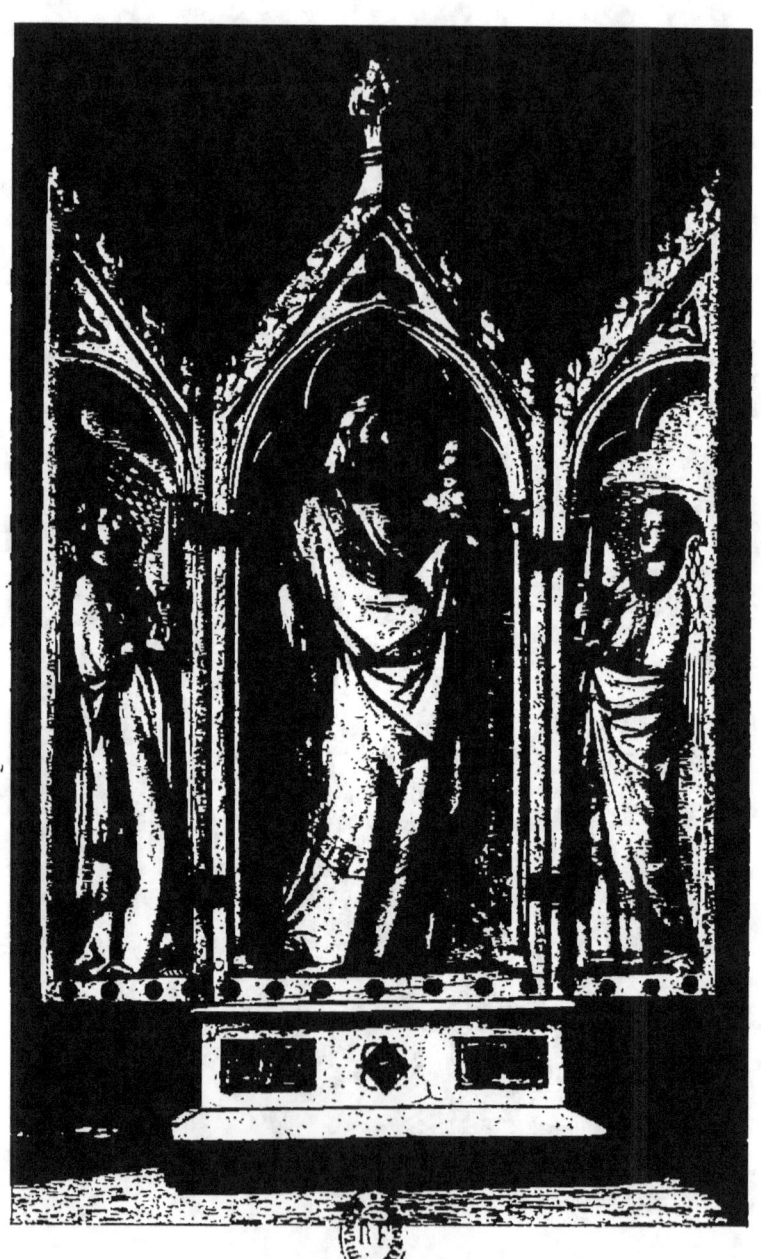

115. — TRIPTYQUE.
Ivoire, XIVᵉ siècle.
(Hôtel Pincé, à Angers.)

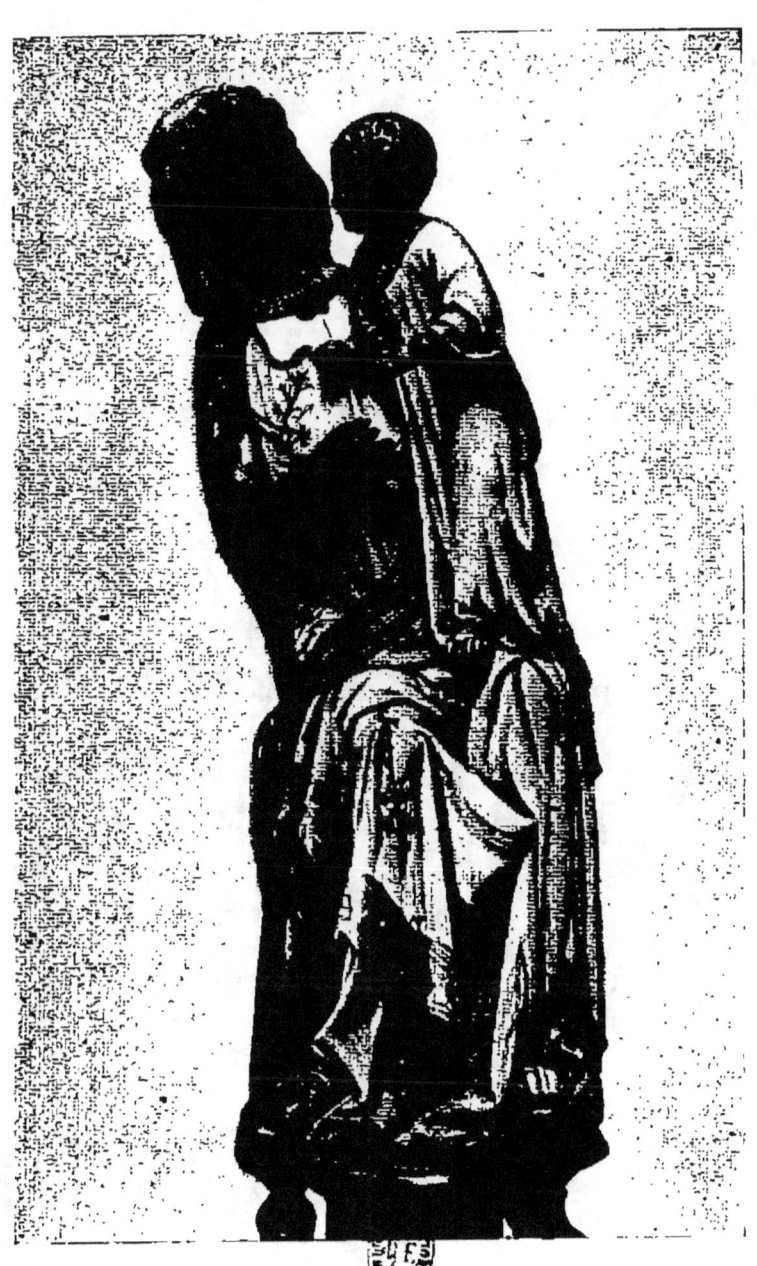

82. — LA VIERGE ET L'ENFANT.
Ivoire, xiv⁰ siècle.
(Église de Villeneuve-lez-Avignon.)

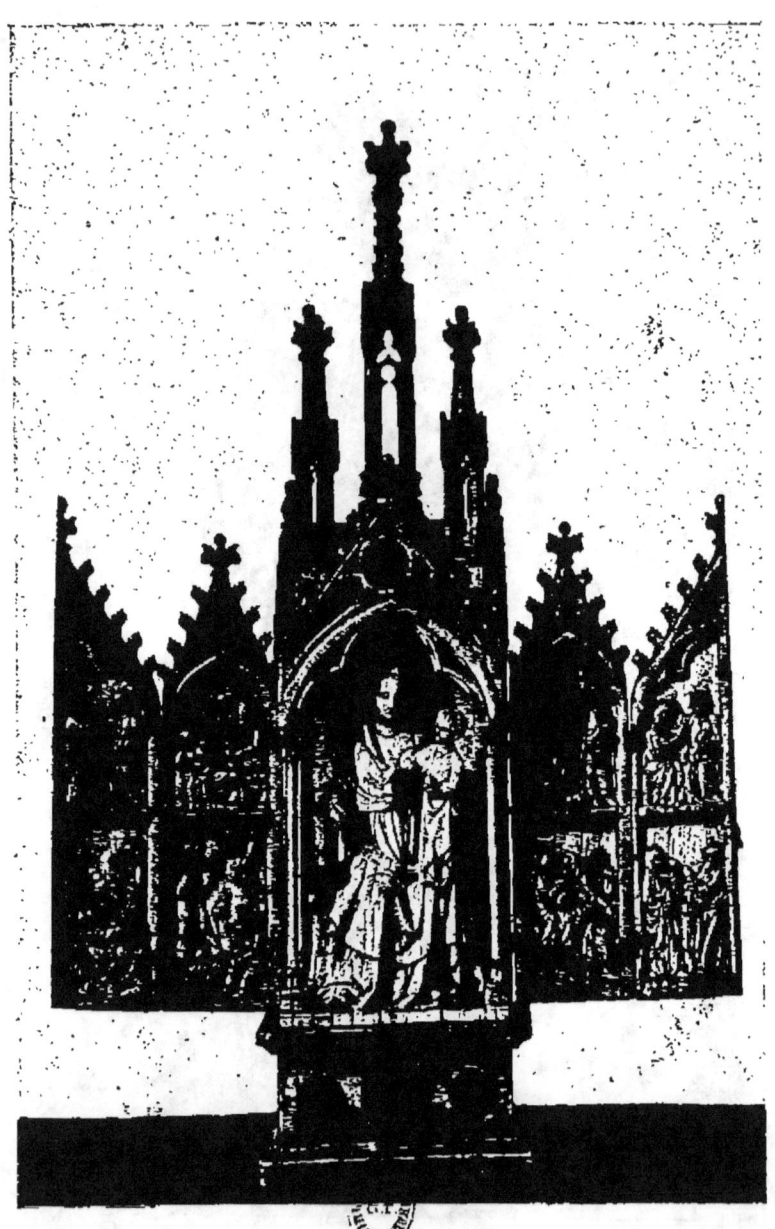

111. — POLYPTYQUE.
Ivoire, XIVe siècle.
(M. Boy.)

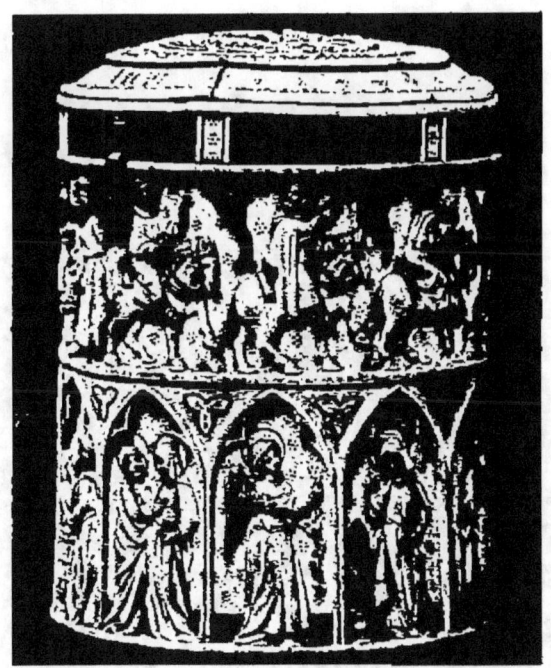

102. — Boite. Ivoire, xive siècle. (Musée de Dijon.)

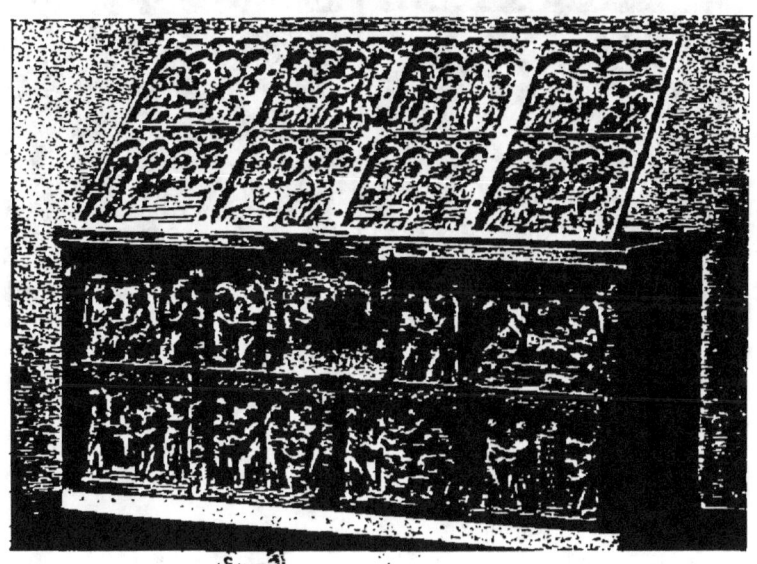

171. — Coffret.
Ivoire, xive siècle.
(Musée Saint-Raymond, à Toulouse.)

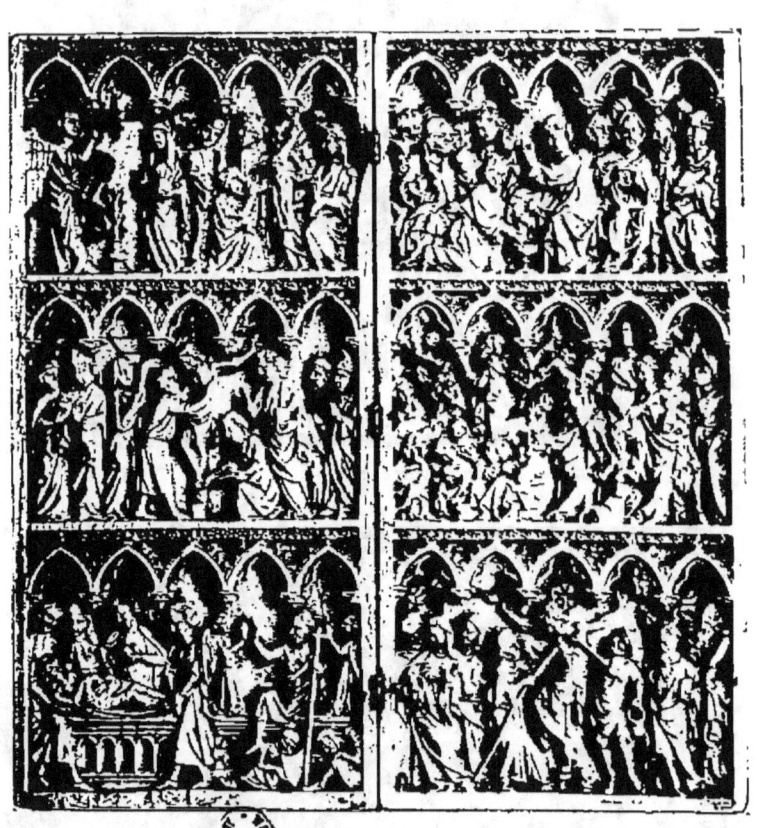

132. — Diptyque.
Ivoire, xiv⁰ siècle.
(M. S. Bardac.)

438. — Diptyque.
Ivoire, xiv⁰ siècle.
(M. Boy.)

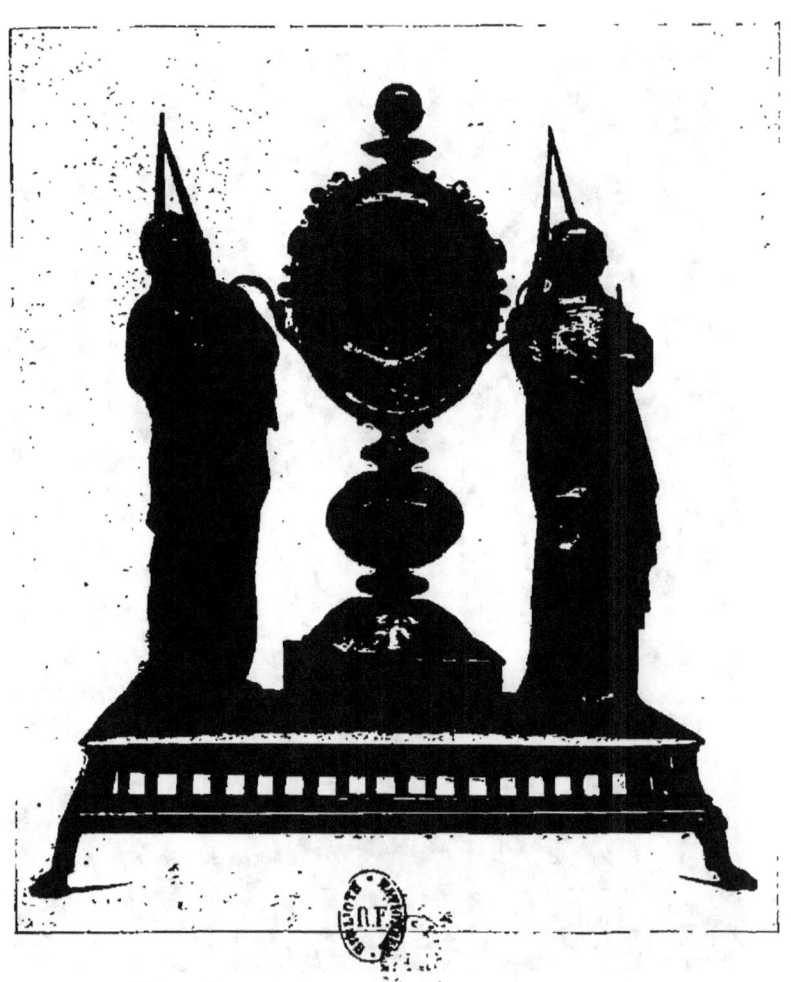

101. — Reliquaire du chef de saint Romain.
Ivoire et cuivre doré, xive siècle.
(Cathédrale de Rouen.)

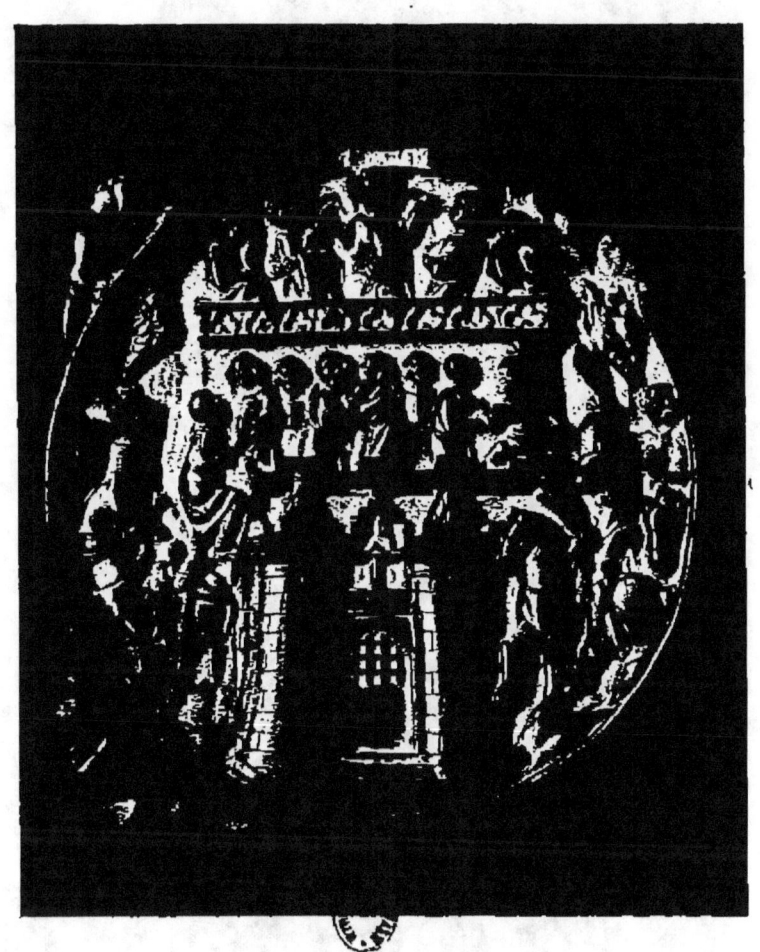

160. — Boîte de miroir.
Ivoire, XIVe siècle.
(Mme la marquise Arconati-Visconti.)

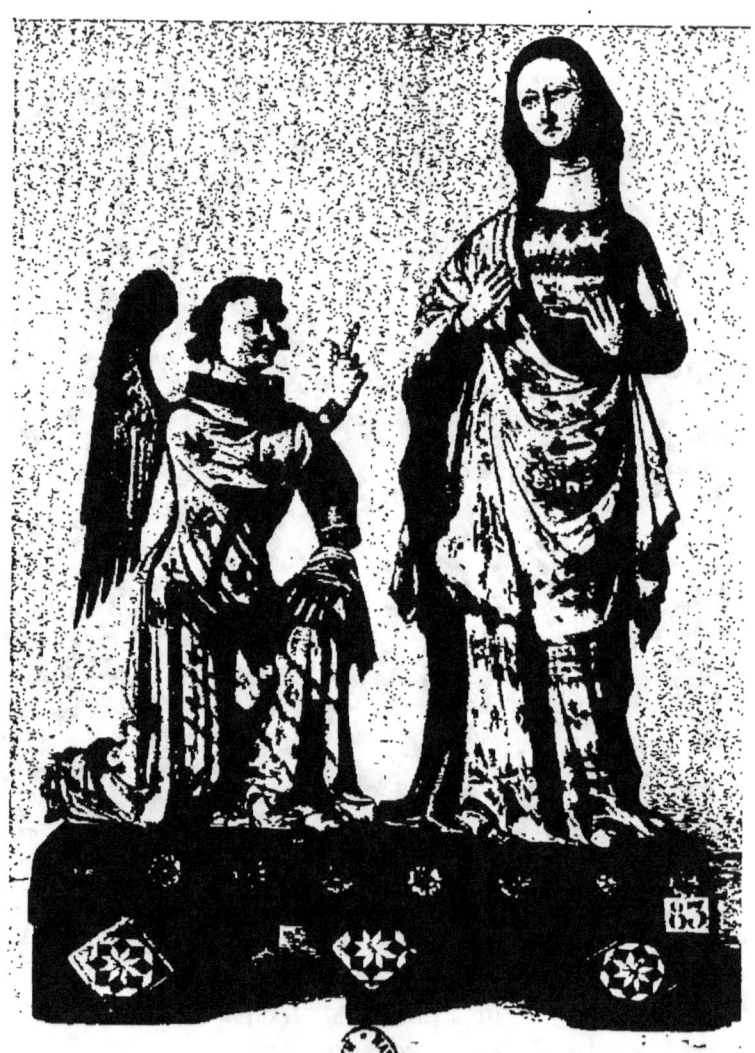

173. — L'ANNONCIATION.
Ivoire, xvᵉ siècle.
(Musée de Langres.)

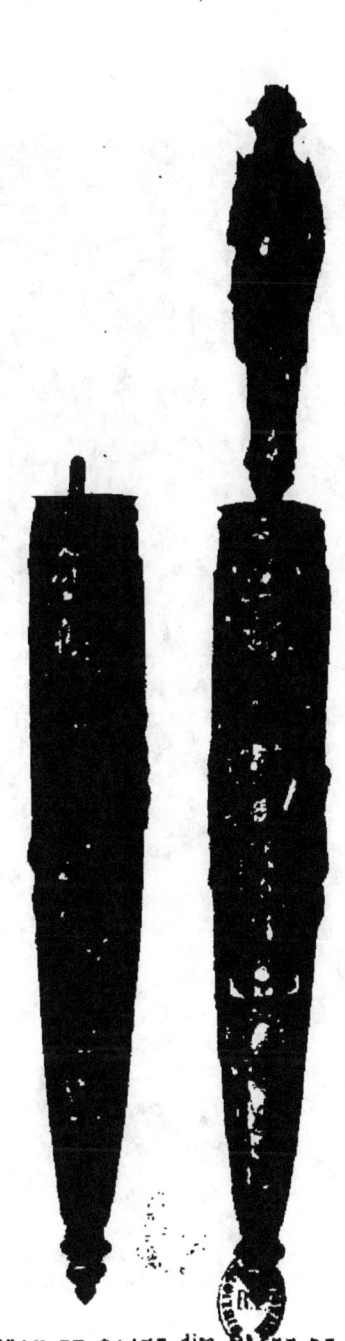

199. — Couteau et gaine dits Diane de Poitiers.
Ivoire, xvie siècle.
(M. Campe.)

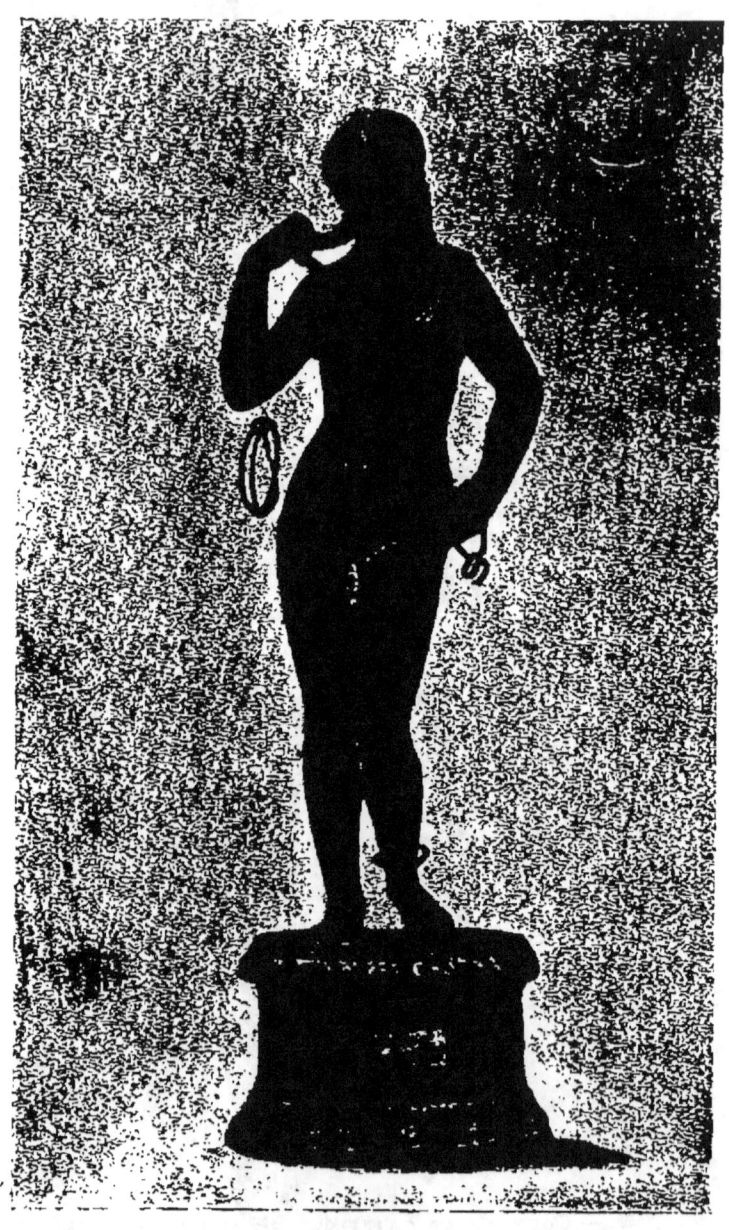

254. — Vénus.
Statuette, bronze. Époque gallo-romaine.
(Musée de Chambéry.)

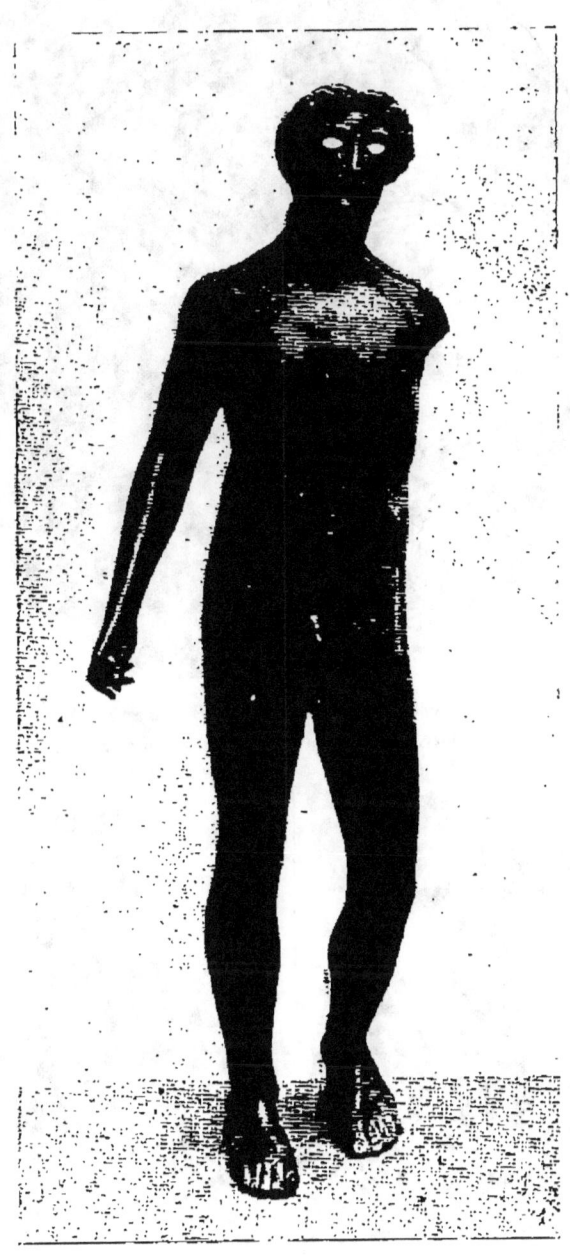

275. — Apollon.
Statue, bronze. Époque gallo-romaine.
(Musée de Troyes.)

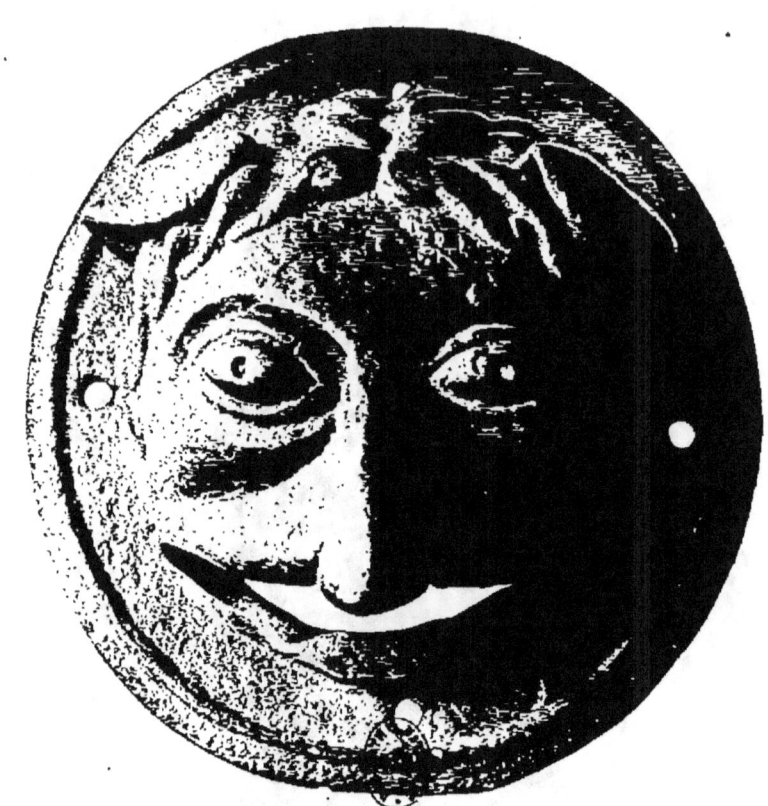

326 bis. — Marteau de porte.
Bronze, xiiᵉ siècle. (Église de Bourbourg, Nord.)

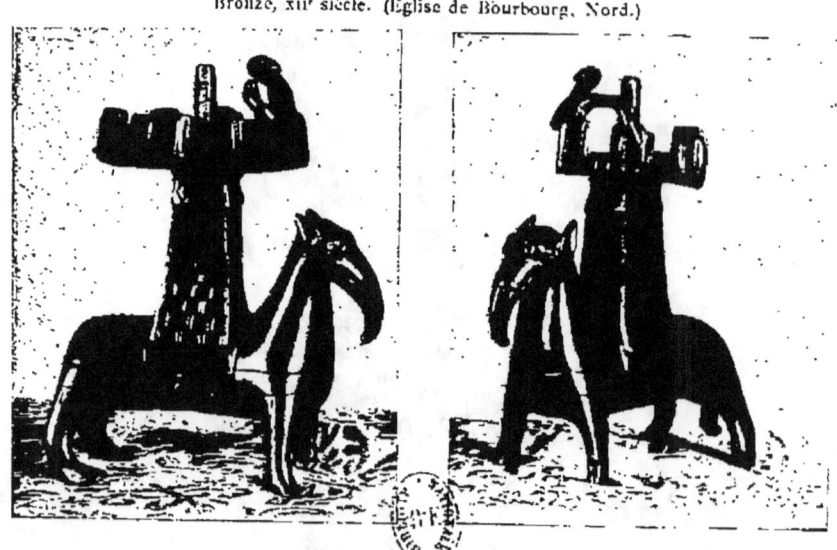

406. — Flambeaux.
Bronze, xiiᵉ siècle.
(M. Chabrières-Arlès.)

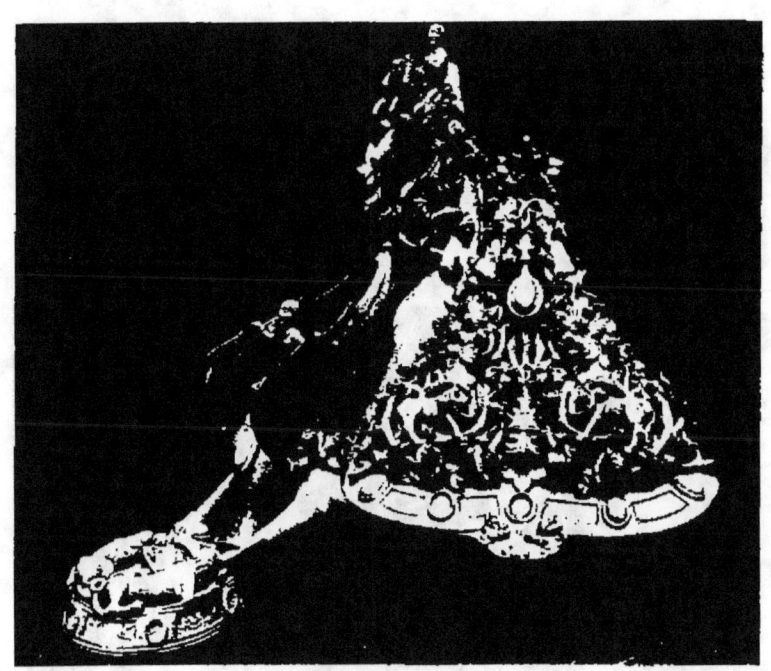

329. — FRAGMENT DU PIED D'UN CIERGE PASCAL.
Bronze, XIIe siècle.
(Musée de Reims.)

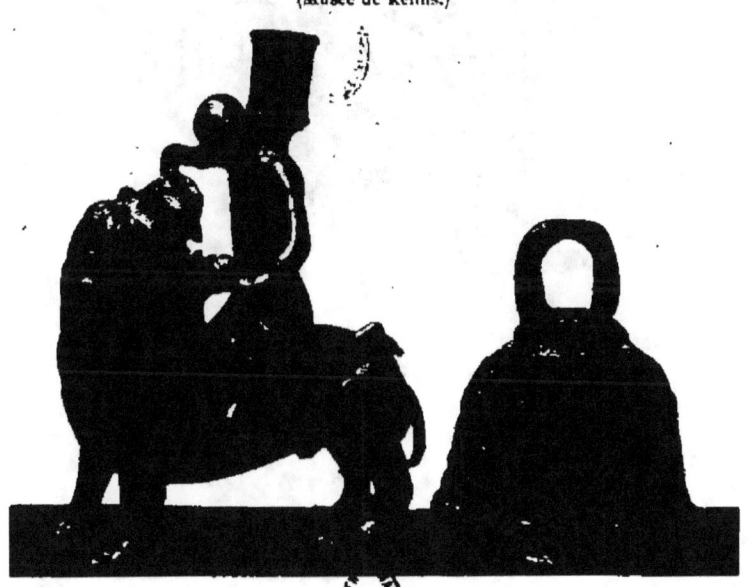

413. — FLAMBEAU.
Bronze, XIIe siècle.
(Musée des Antiquités de la Seine-Inférieure.)

330. — CLOCHETTE.
Bronze, XIIe siècle.
(Séminaire de Reims.)

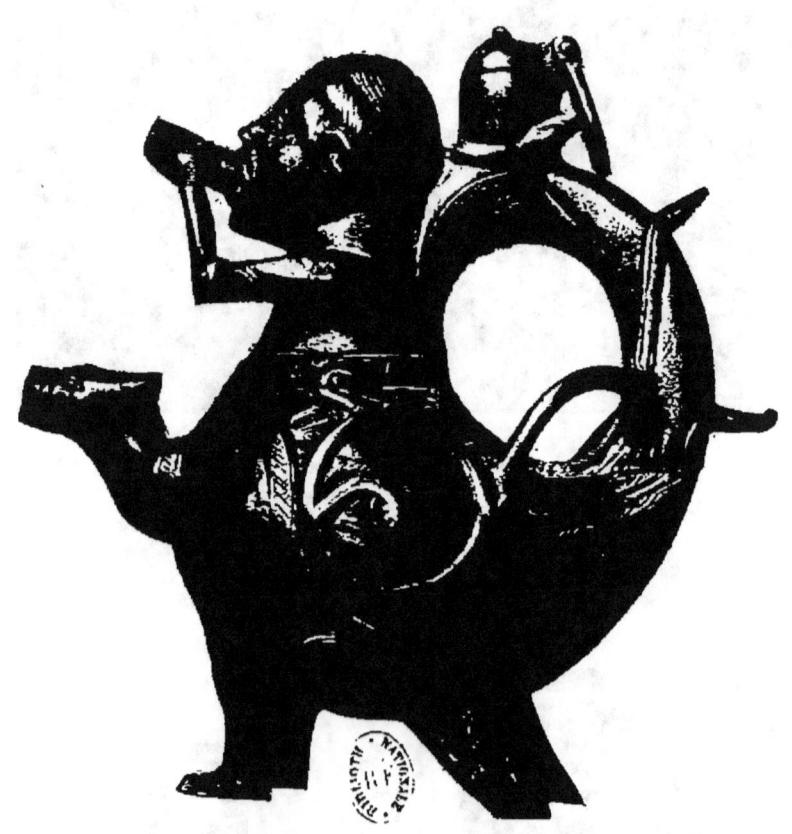

393. — AQUAMANILE.
Bronze, XIIe siècle.
(M. Martin Le Roy.)

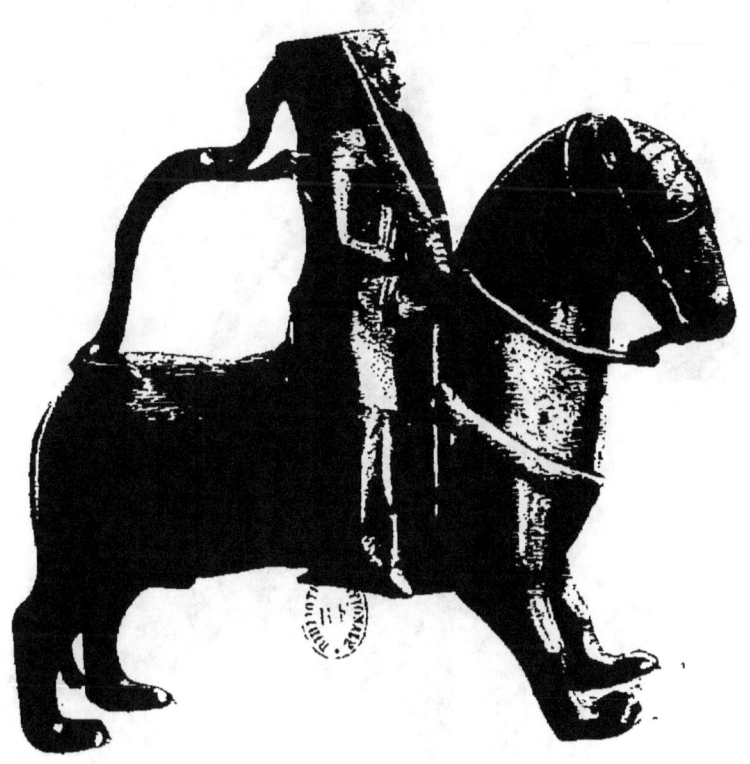

396. — Aquamanile.
Bronze, xiiie siècle.
(M. Martin Le Roy.)

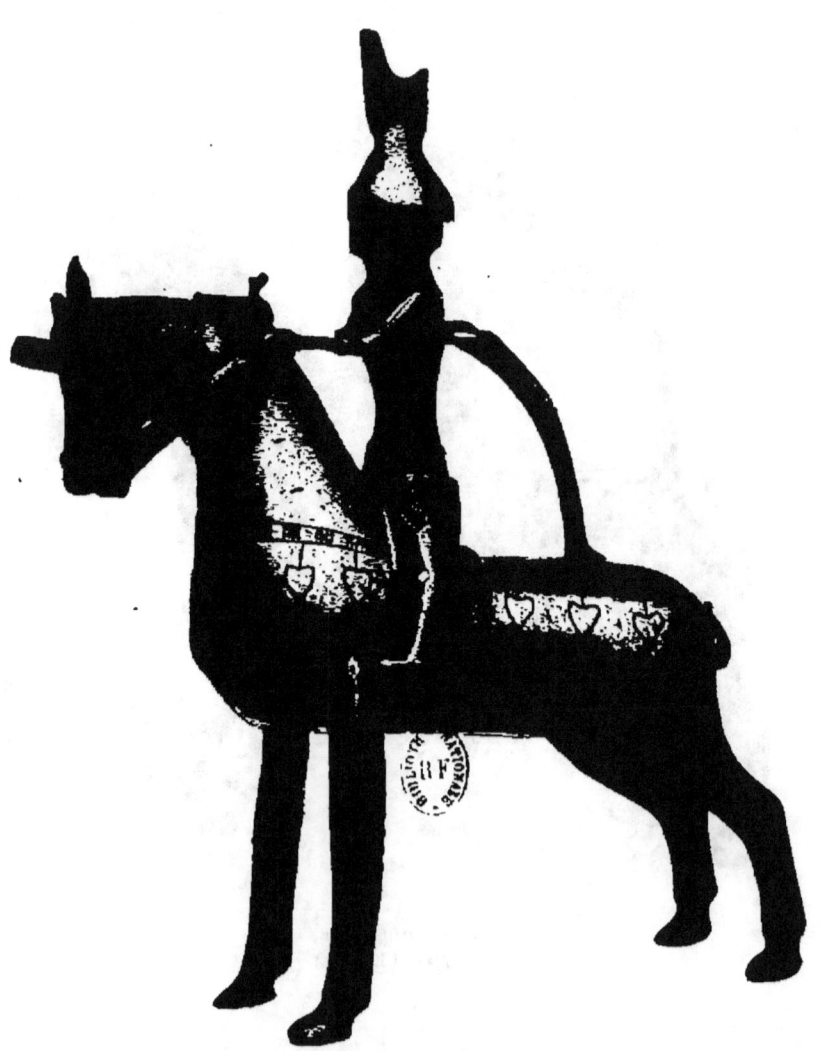

404. — Aquamanile.
Bronze, XIIIe siècle.
(M. le baron Oppenheim.)

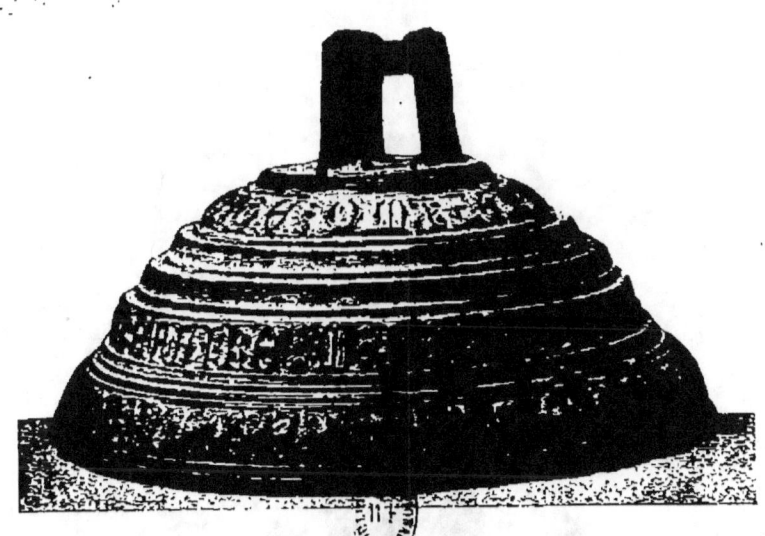

334 bis. — CLOCHE.
Bronze, XIIIᵉ siècle.
(Musée de Melun.)

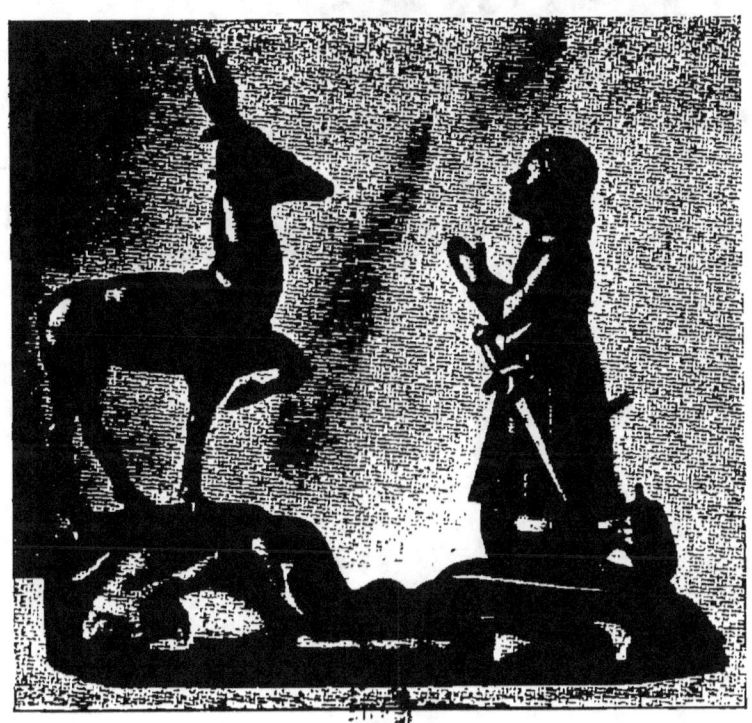

343. — SAINT HUBERT.
Bronze, XVᵉ siècle.
M. le baron Schickler.)

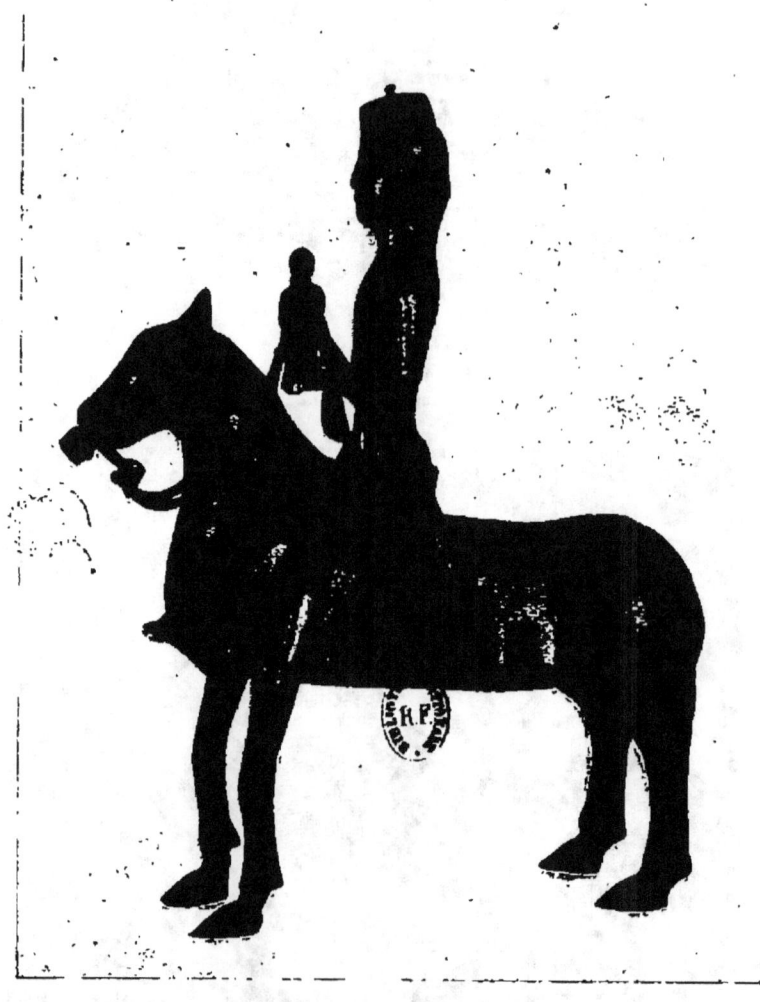

394. — Aquamanile.
Bronze, xv° siècle.
(M. Chabrières-Arlès.)

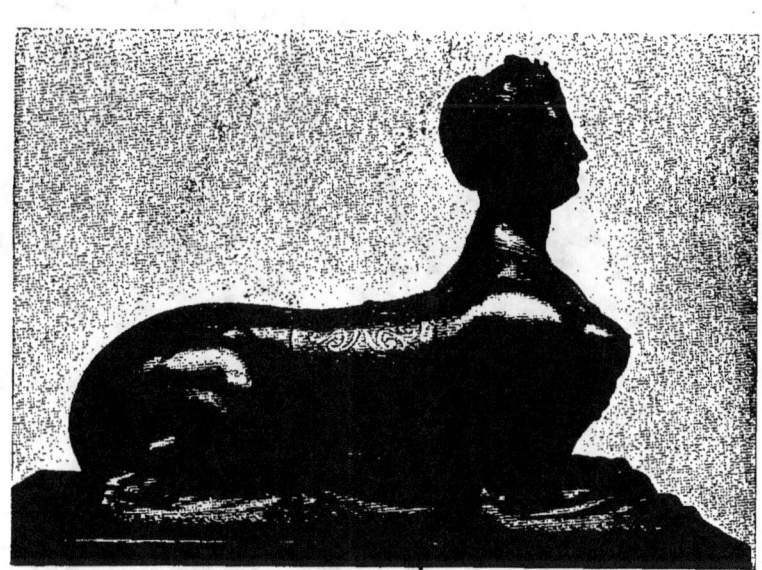

1661. — Sphinx.
Bronze, xvie siècle.
(Musée d'Aix.)

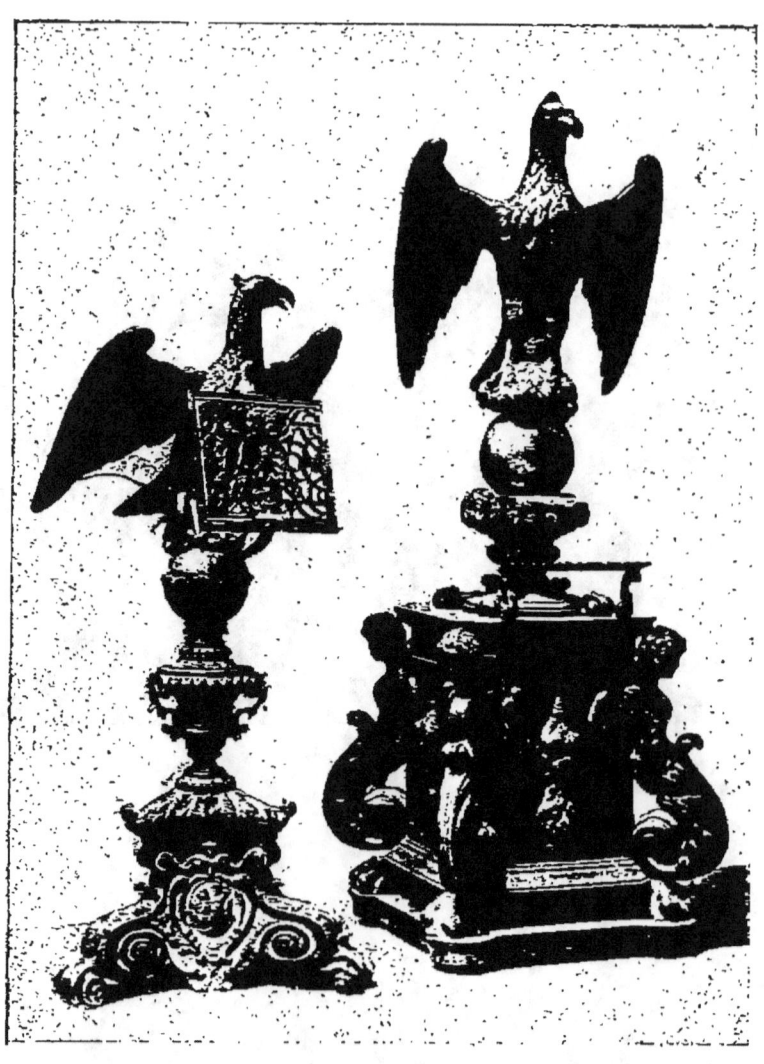

367. — LUTRINS.
Bronze, XVIIe siècle.
(Eglise Notre-Dame à Poitiers.)   Eglise de Caudebec-en-Caux.)

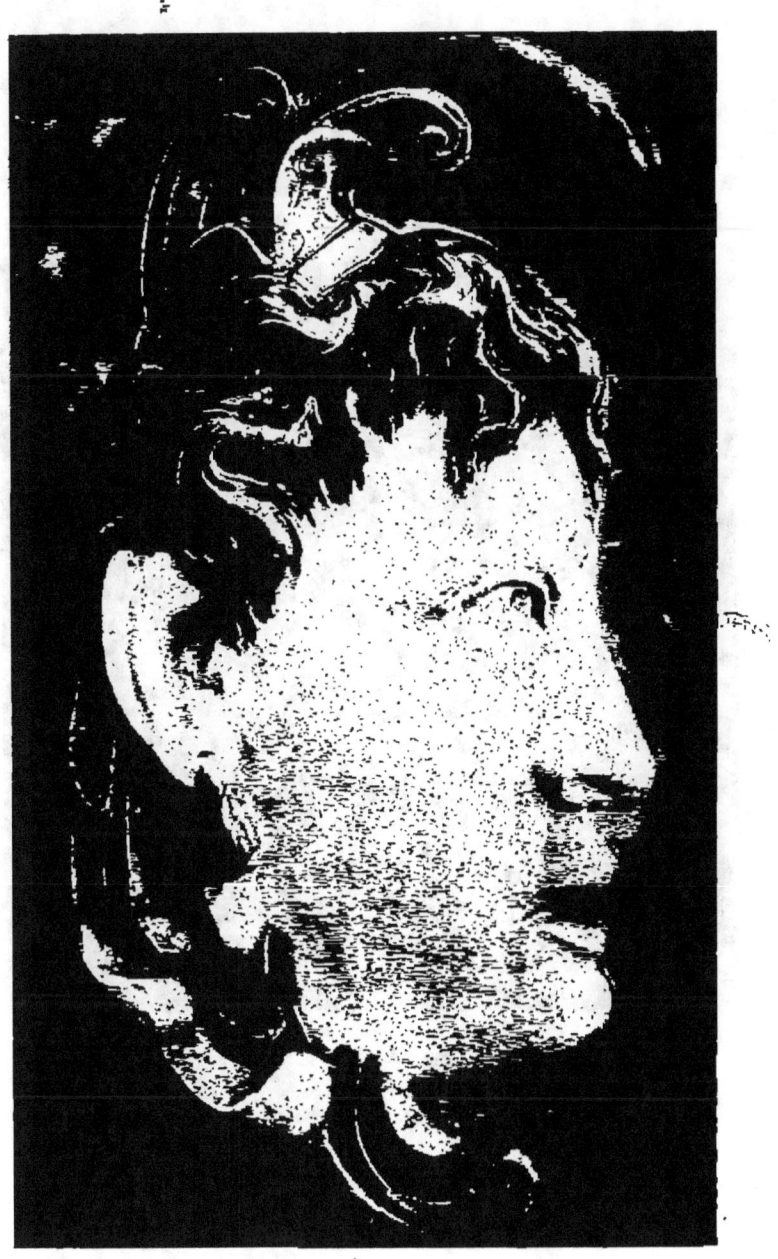

946. — Plaque de revêtement.
Terre émaillée par Bernard Palissy.
(Mlle Grandjean.)

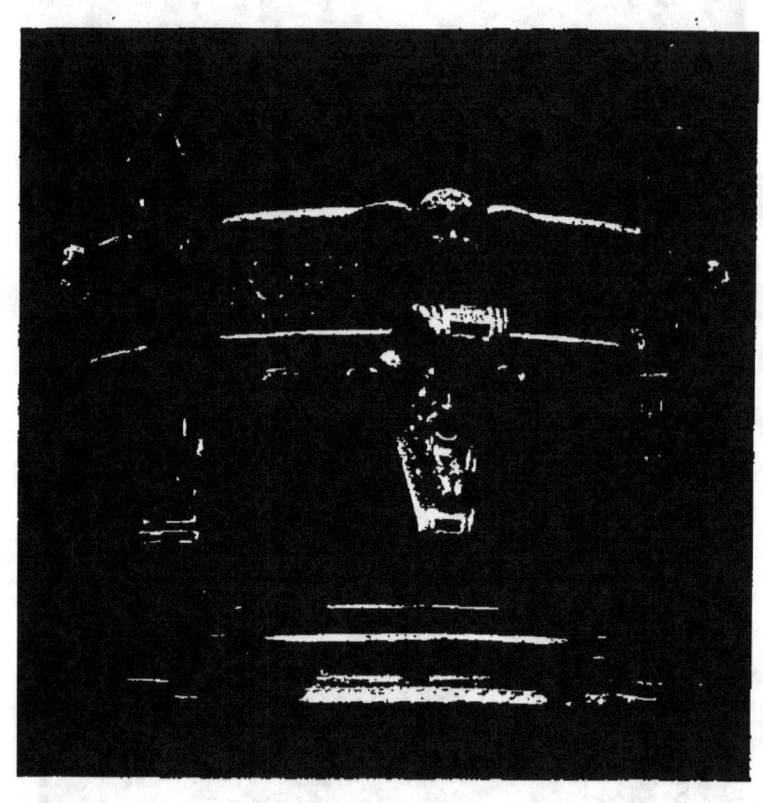

969. — Coupe.
Faïence de Saint-Porchaire, xviᵉ siècle.
(M. Ch. Mannheim.)

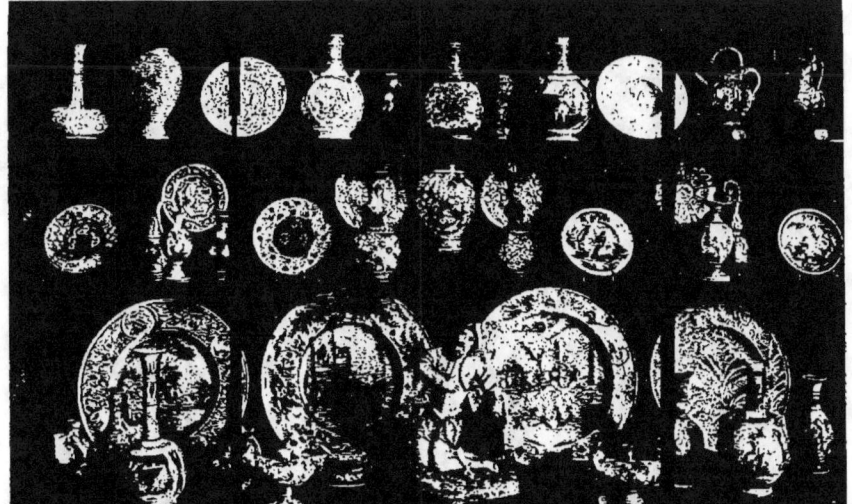

VITRINE.
Faïence de Nevers.
(MM. Ed. Guérin, G. Papillon et Ch. Perrot.)

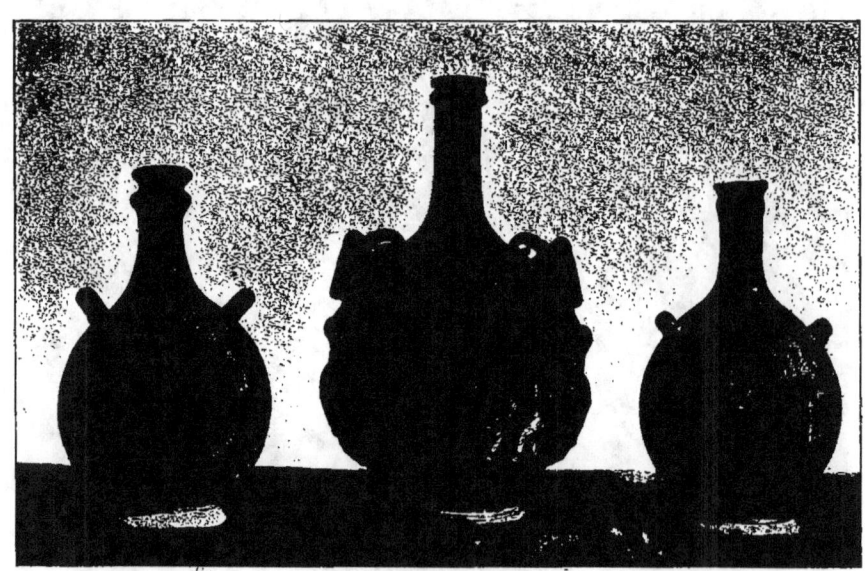

1004. — Gourde.   1053. — Grande bouteille.   984. — Gourde.
Faïence de Nevers.

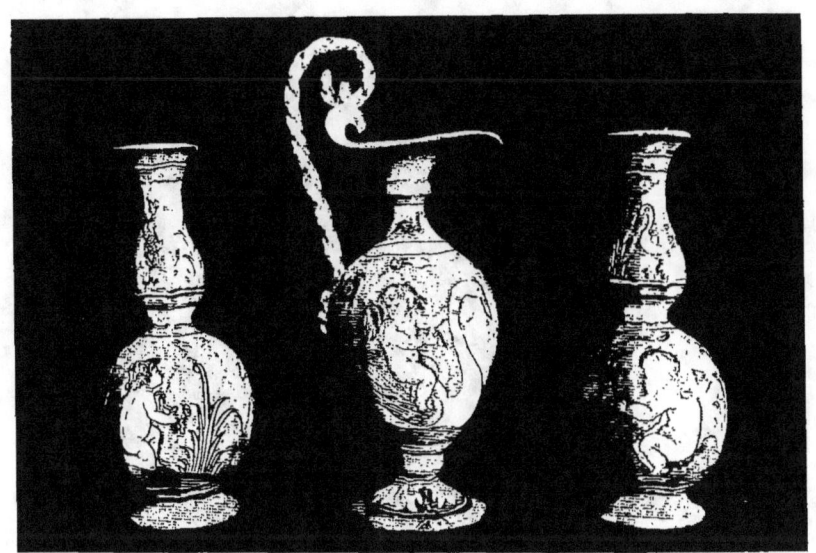

967. — Vase.   969. — Buire.   968. — Vase.
Faïence de Nevers.
(M. G. Papillon.)

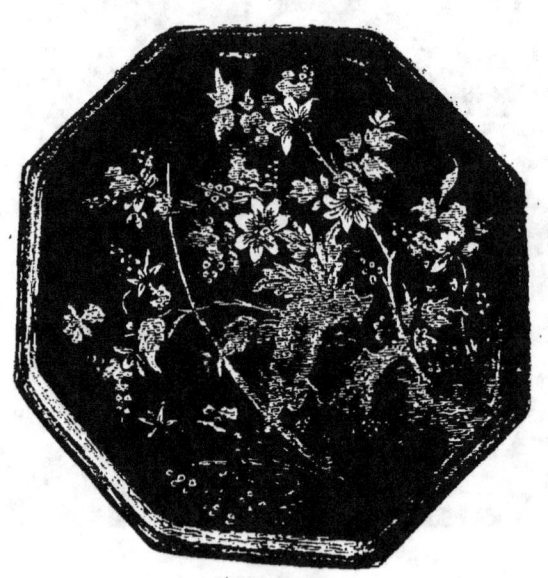

1077. — Plateau.
Faïence de Rouen.
(M. G. Papillon.)

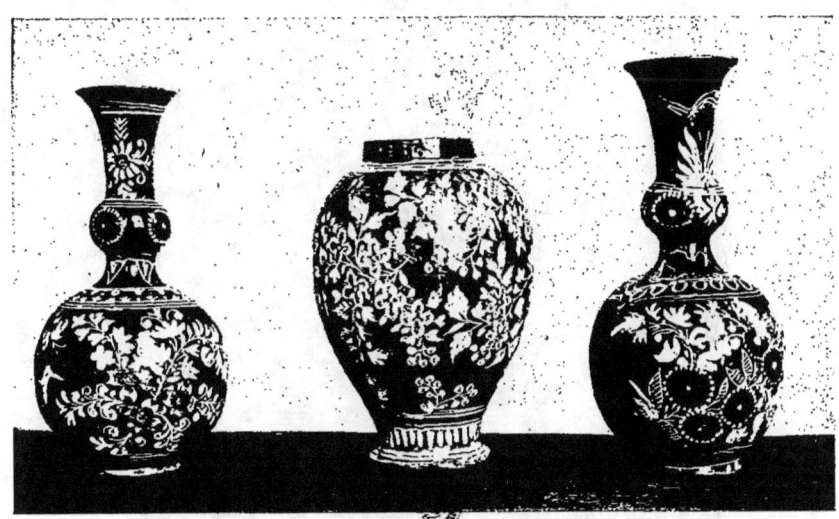

989. — BOUTEILLE. 1001. — POTICHE. 990. — BOUTEILLE.
Faïence de Nevers.
(M. G. Papillon.)

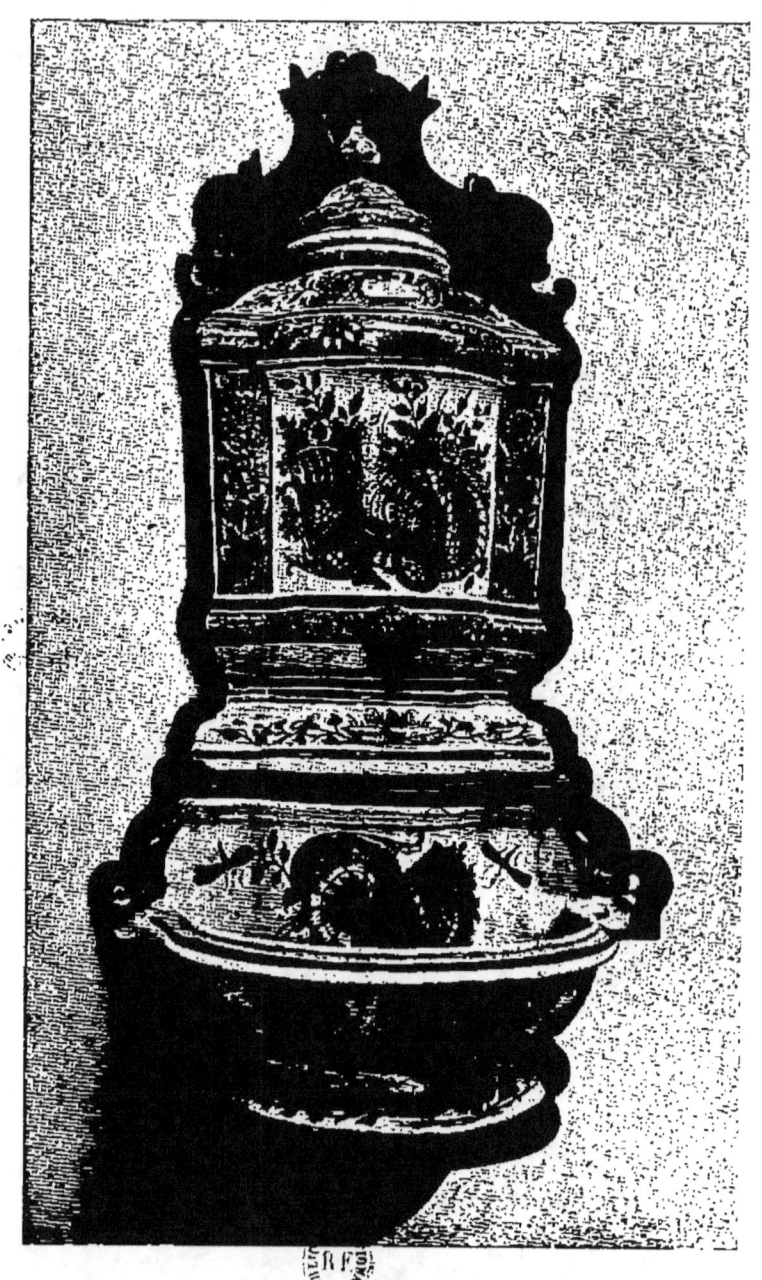

1197. — FONTAINE.
Faïence de Rouen.
(M. C. Calvet.)

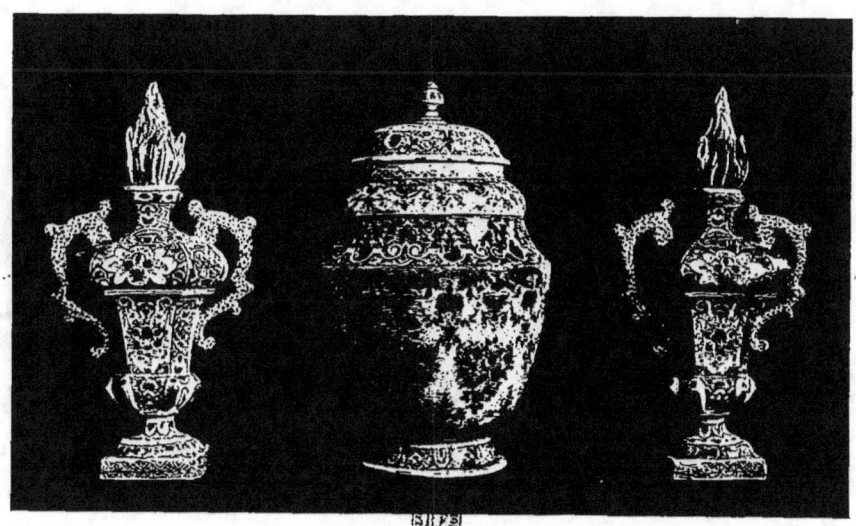

1220. — Vase.   1219. — Vase-pot pourri.   1220. — Vase.
Faïence de Rouen.
(Musée Céramique de Rouen.)

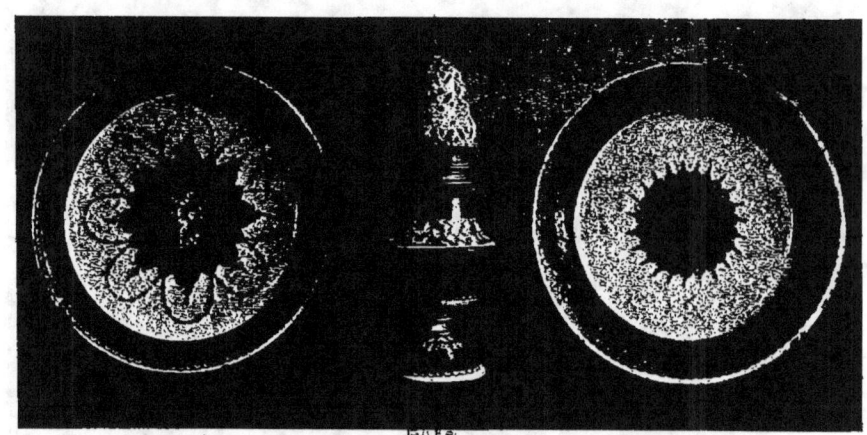

1084. — Assiette.
(M. G. Papillon.)

1195. — Sucrière.
Faïence de Rouen.
(M. C. Calvet.)

1203. — Assiette.
(Musée Céramique de Rouen.)

1088. — Assiette. 1164. — Sucrière. 1087. — Assiette.
Faïence de Rouen.
(M. G. Papillon.)

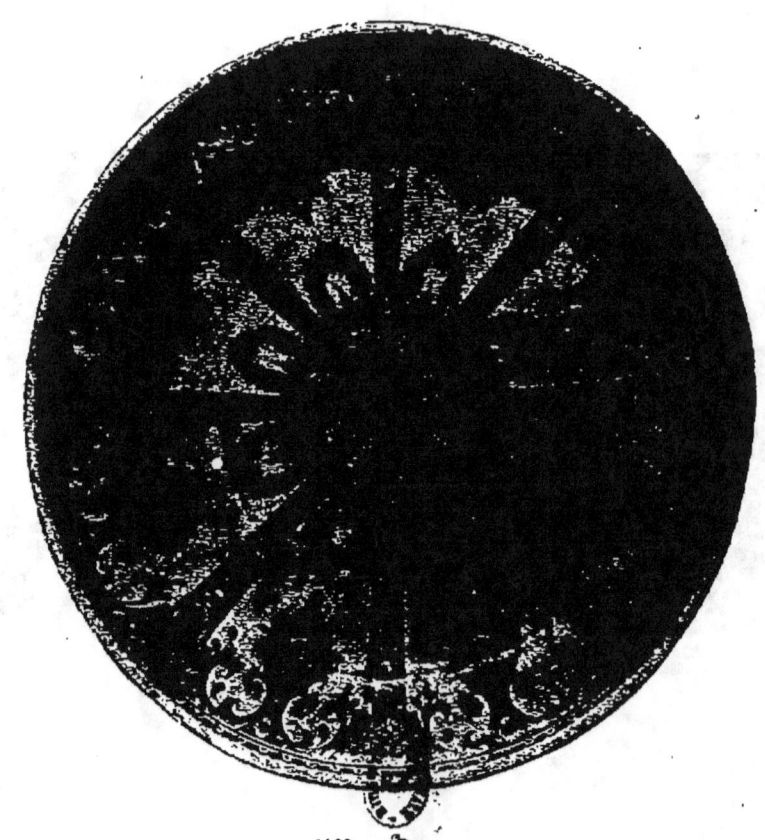

1192. — PLAT.
Faïence de Roucu.
(M. C. Calvet.)

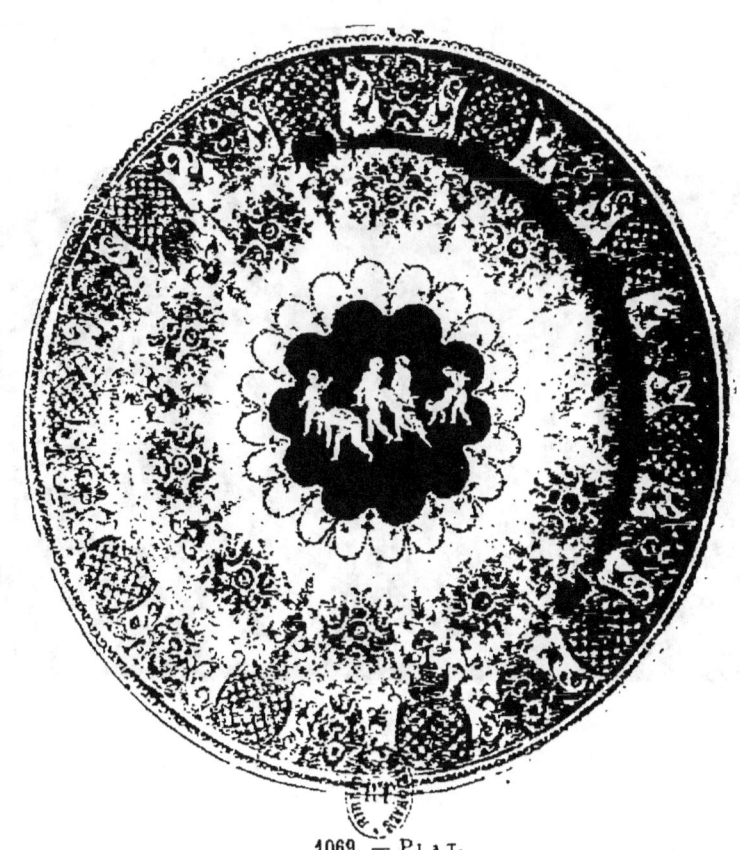

1069. — Plat.
Faïence de Rouen.
(M. G. Papillon.)

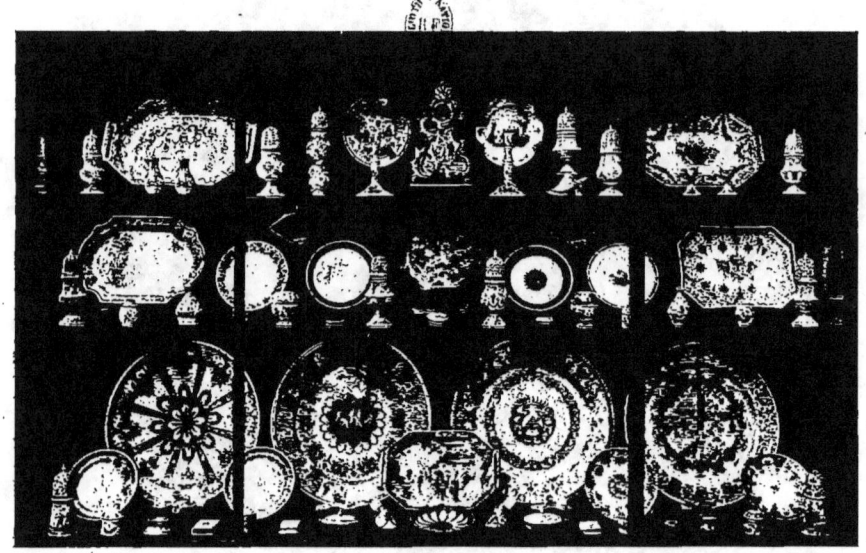

VITRINE.
Faïence de Rouen.
(M. G. Papillon.)

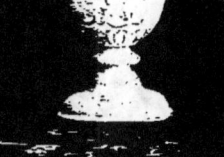

1284. — Assiette.   1297. — Buire.   1283. — Assiette.
(M. Duval.)   Faïence de Moustiers.   (M. Duval.)
                (Musée de Narbonne.)

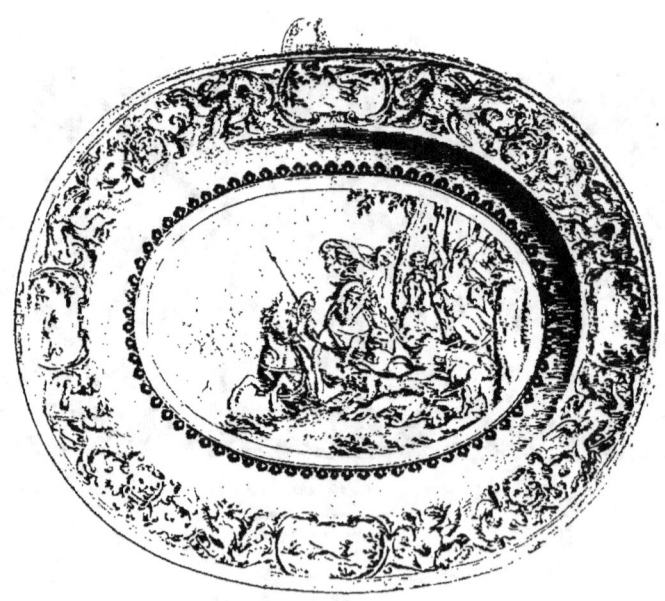

1286. — Plat ovale.
Faïence de Moustiers.

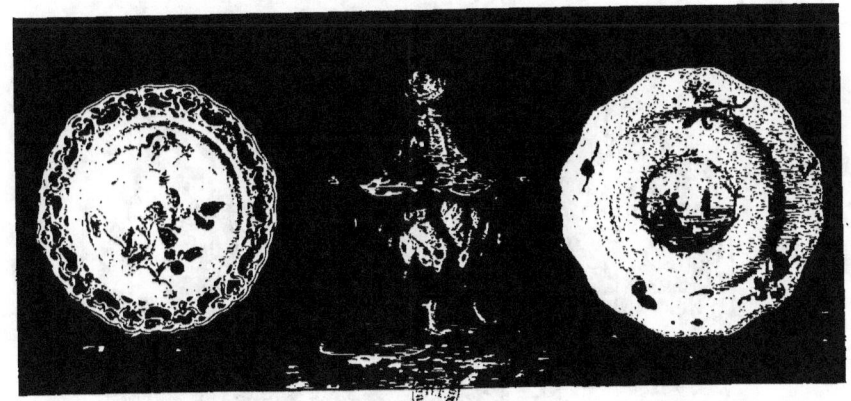

1388. — Dessous d'écuelle. 1381. — Jardinière. 1397. — Assiette.
(M. Perrot.) Faïence de Marseille. (M. Calvet.)
(M. G. Papillon.)

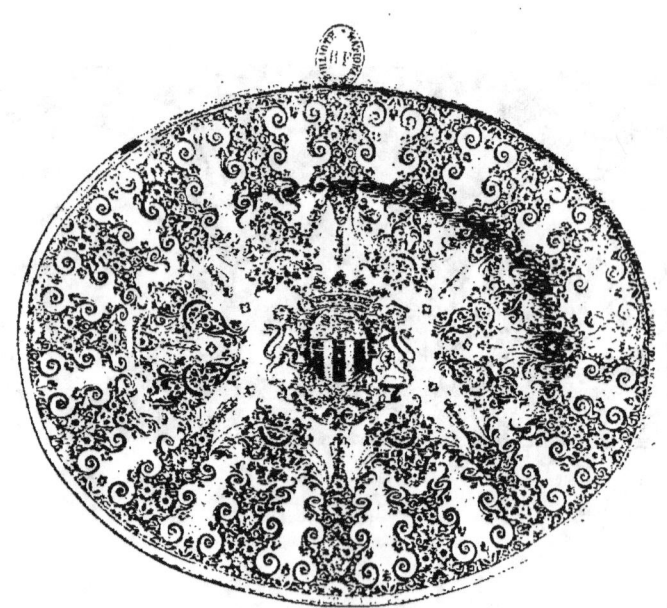

1316. — Plat ovale.
Faïence de Lille.

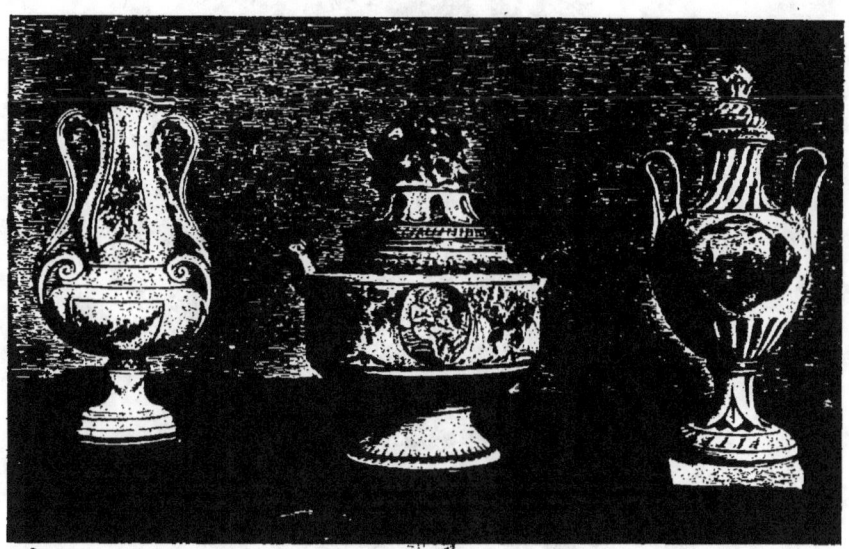

1418. — Vase.   1427. — Vase pot-pourri.   1417. — Vase.
Faïence de Sceaux.
(M. Perrot.)

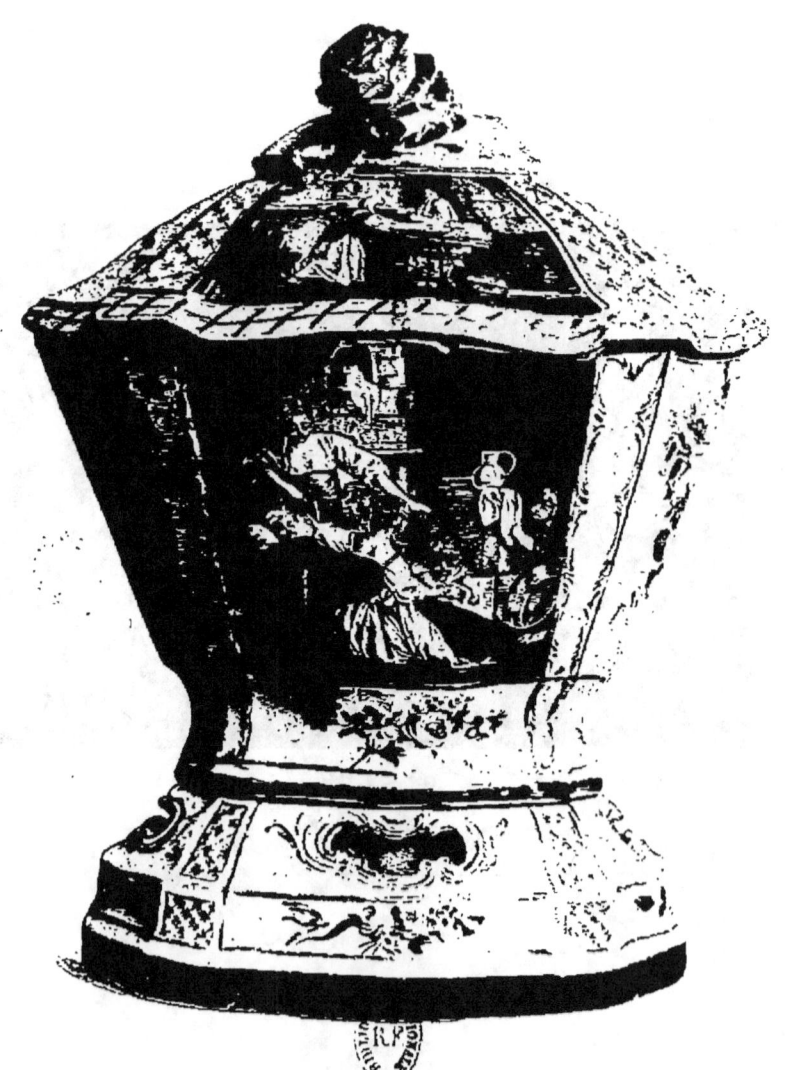

1428. — JARDINIÈRE.
Faïence de Sceaux.
(Mme Papillon.)

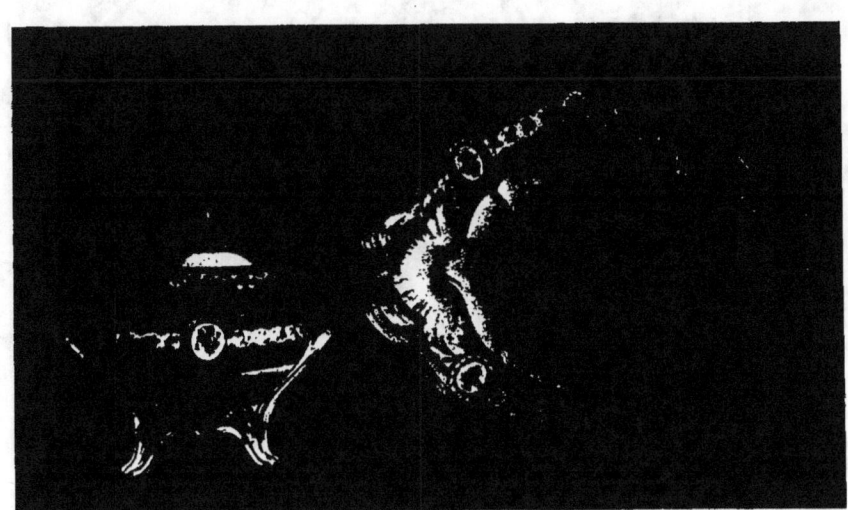

1566. — Soupière et son plateau.
Porcelaine de Sèvres.
(M. Doistau.)

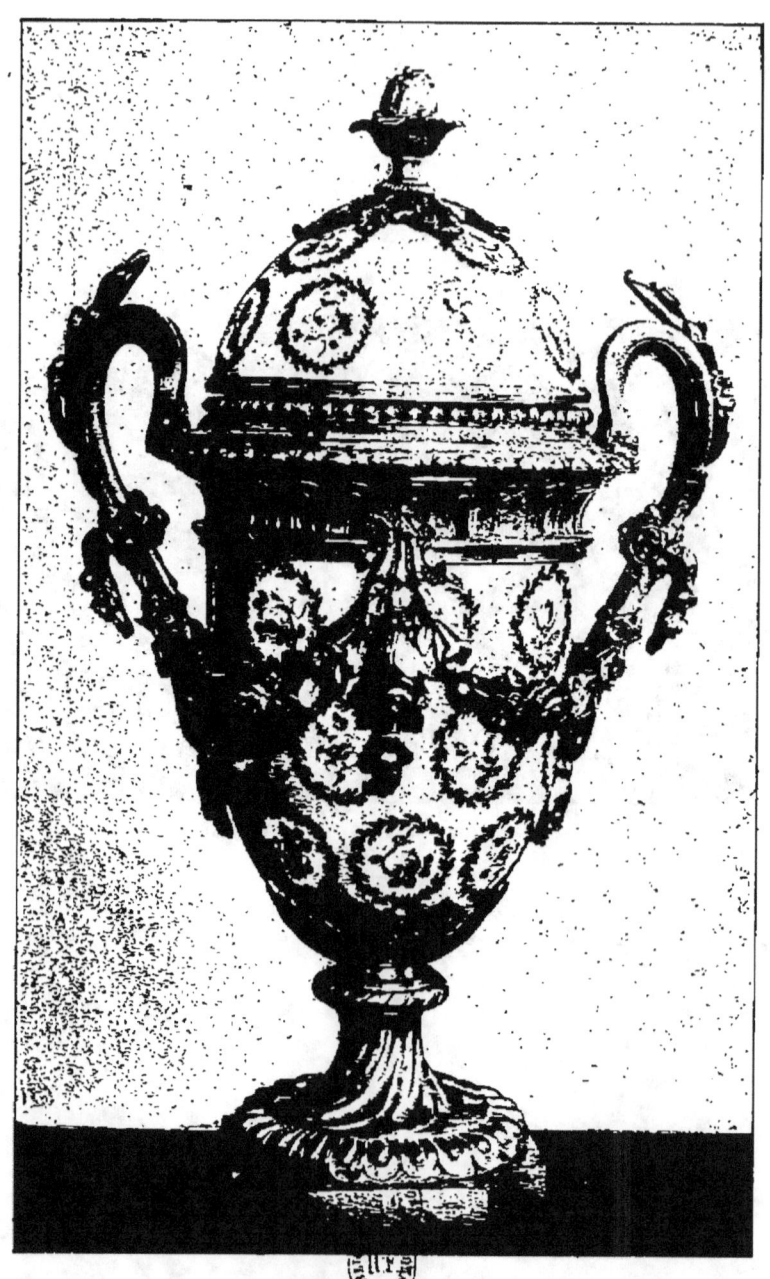

1554. VASE.
Porcelaine de Sèvres.
(Mlle Grandjean.)

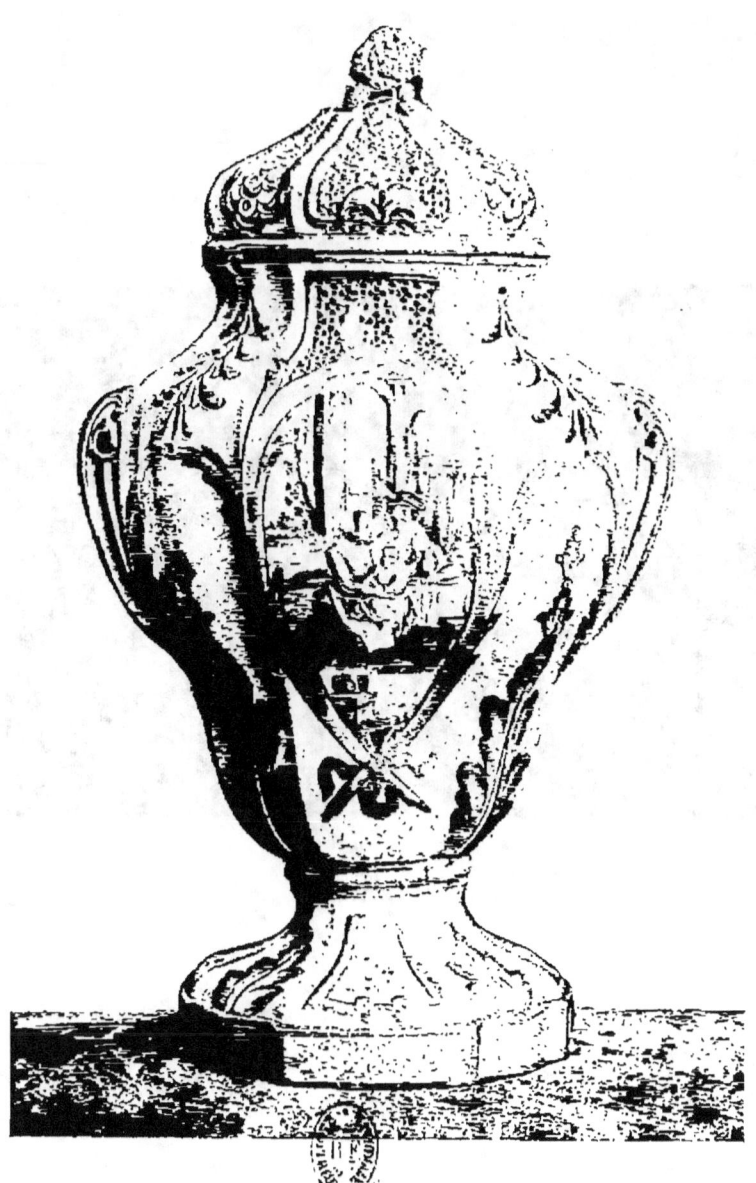

1553. — POT-POURRI.
Porcelaine de Sèvres.
(Mlle Grandjean.)

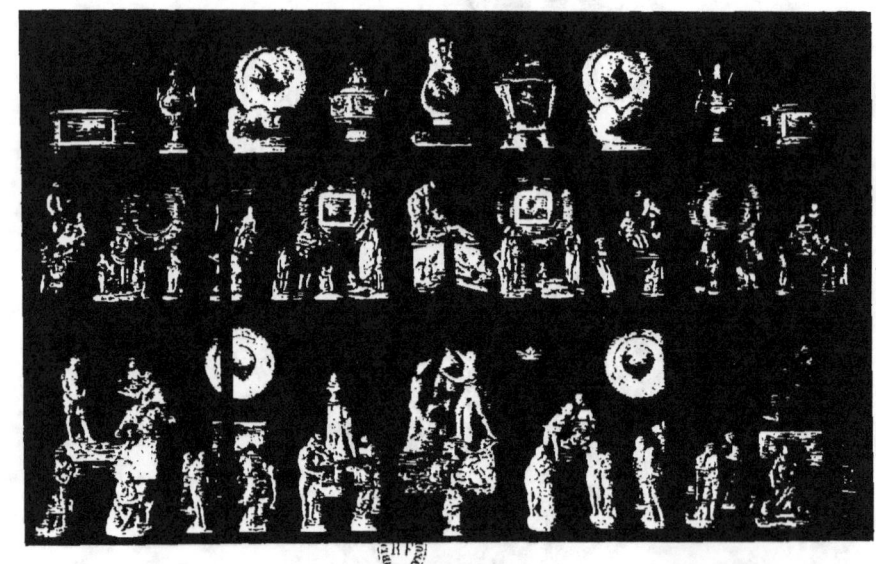
Vitrine.
Faïences de Sceaux et de Niederviller, Terres de Lorraine.
(M. Ch. Perrot.)

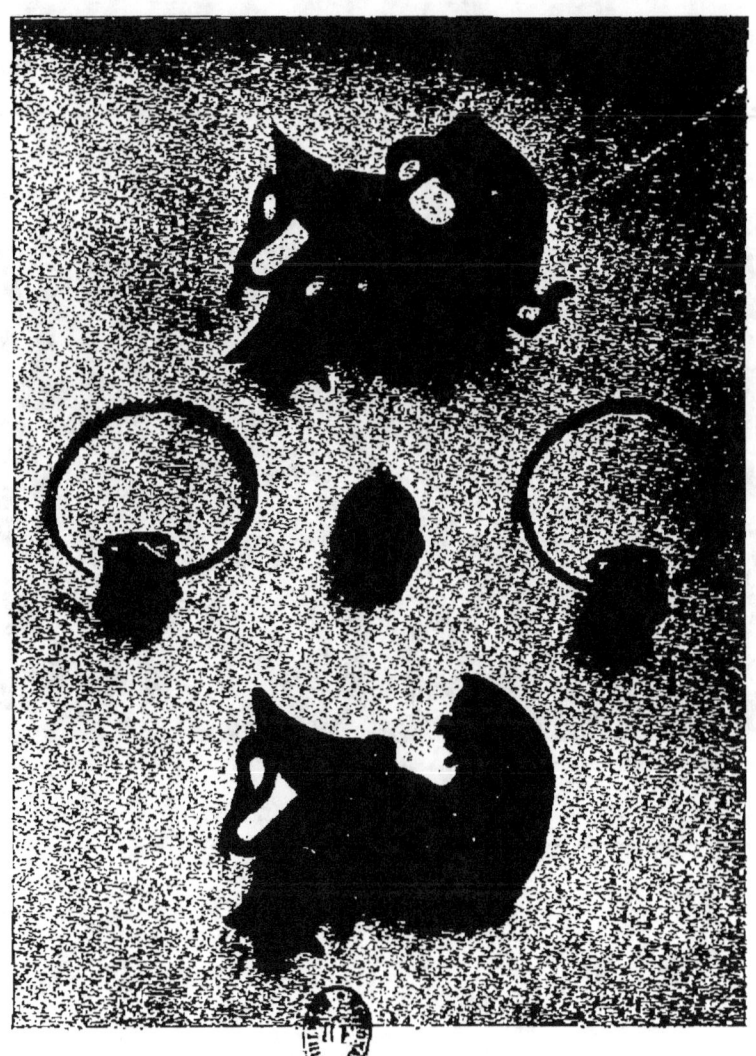

1941-1942. — Fibules et boucles d'oreilles.
Époque mérovingienne.
(Musée d'Arras.)

1577. — Châsse.
Cuivre doré, VIIe siècle.
(Églises de Saint-Benoit-sur-Loire et de Saint-Bonnet-Avalouze.)

1560. — Reliquaire de Pépin d'Aquitaine.
Or, émaux cloisonnés, cabochons, ixe siècle.
(Église de Conques.)

1578. — Tableau reliquaire.
Argent doré, cabochons, verroteries, vi^e au xiie siècle.
(Église de Conques.)

1573. — Tableau reliquaire.
Argent doré, cabochons, vɪᵉ au xɪɪᵉ siècle.
[Église de Conques.]

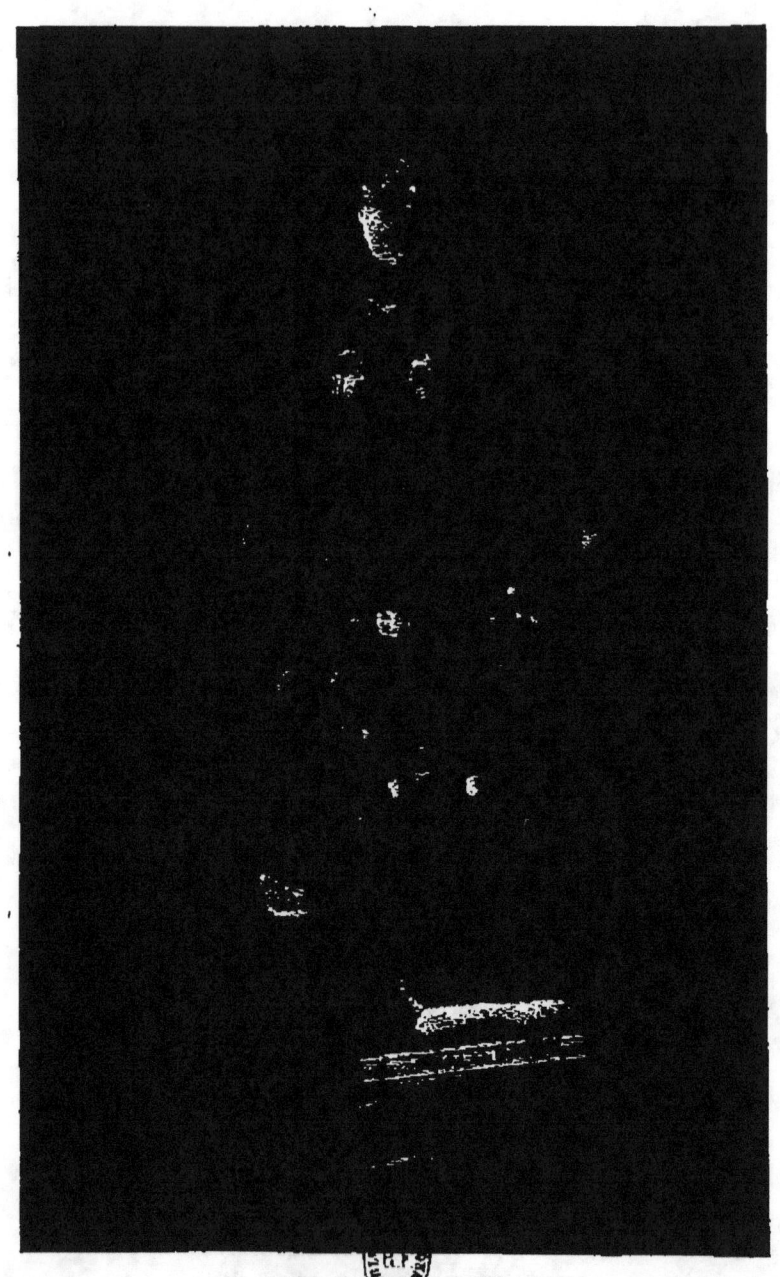

1562. — SAINTE FOY.
Statue d'or, xe siècle.
(Église de Conques.)

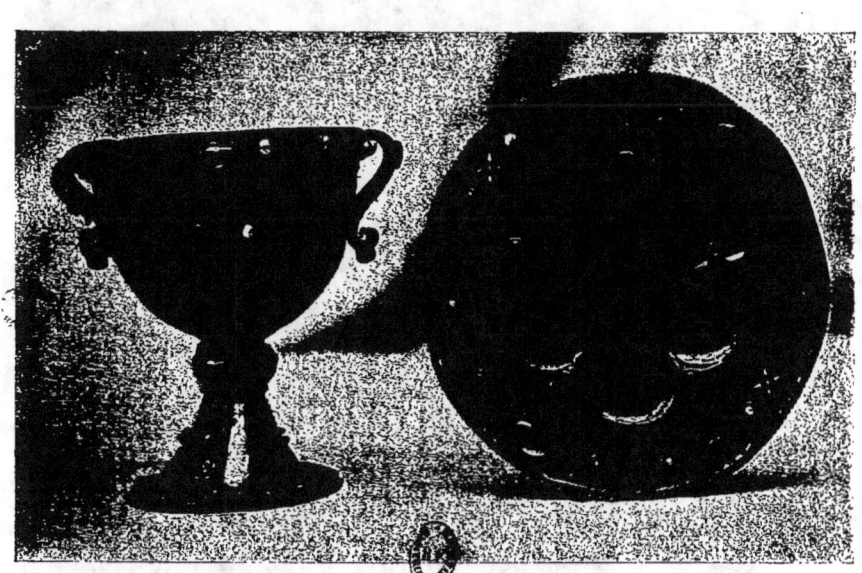

1584. — Calice et Patène de l'église de Saint Gauzelin.
Or sur argent, xe siècle.
(Cathédrale de Nancy.)

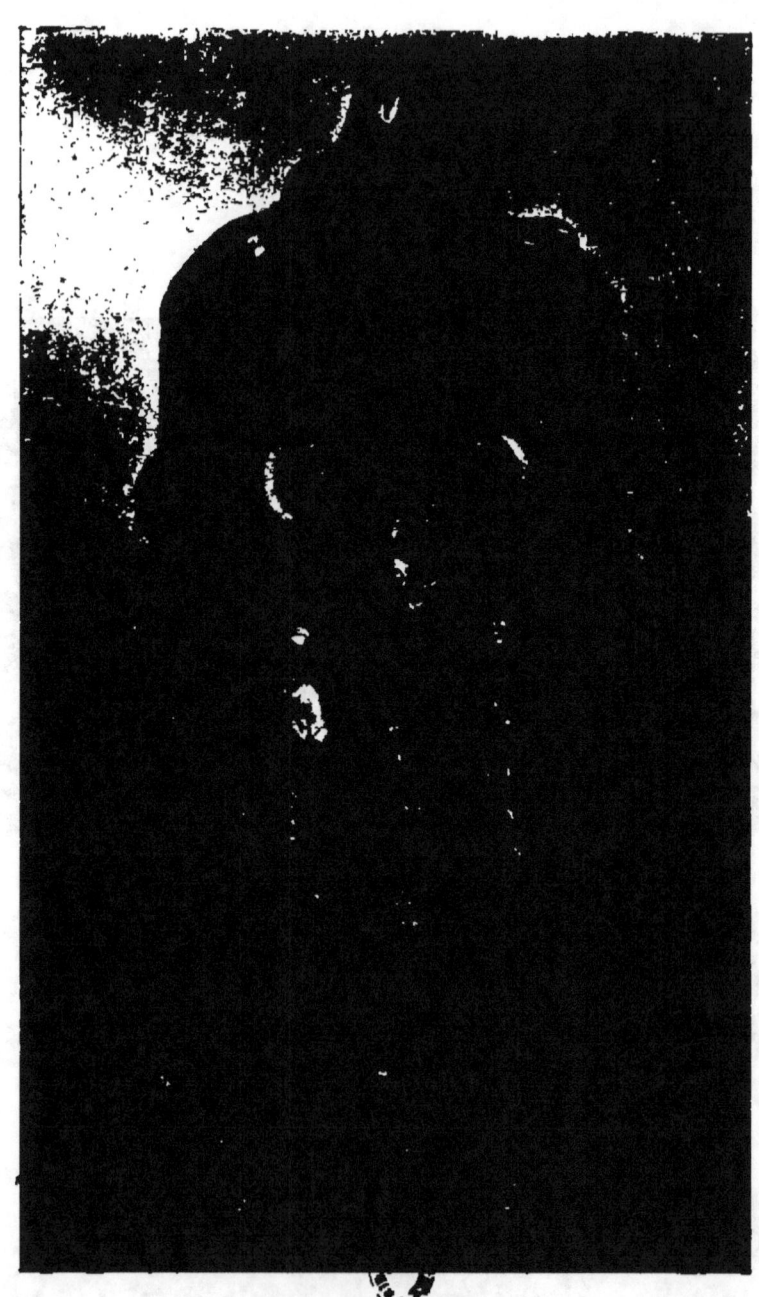

1567. — Reliquaire du pape Pascal II.
Argent doré, xie siècle.
(Église de Conques.)

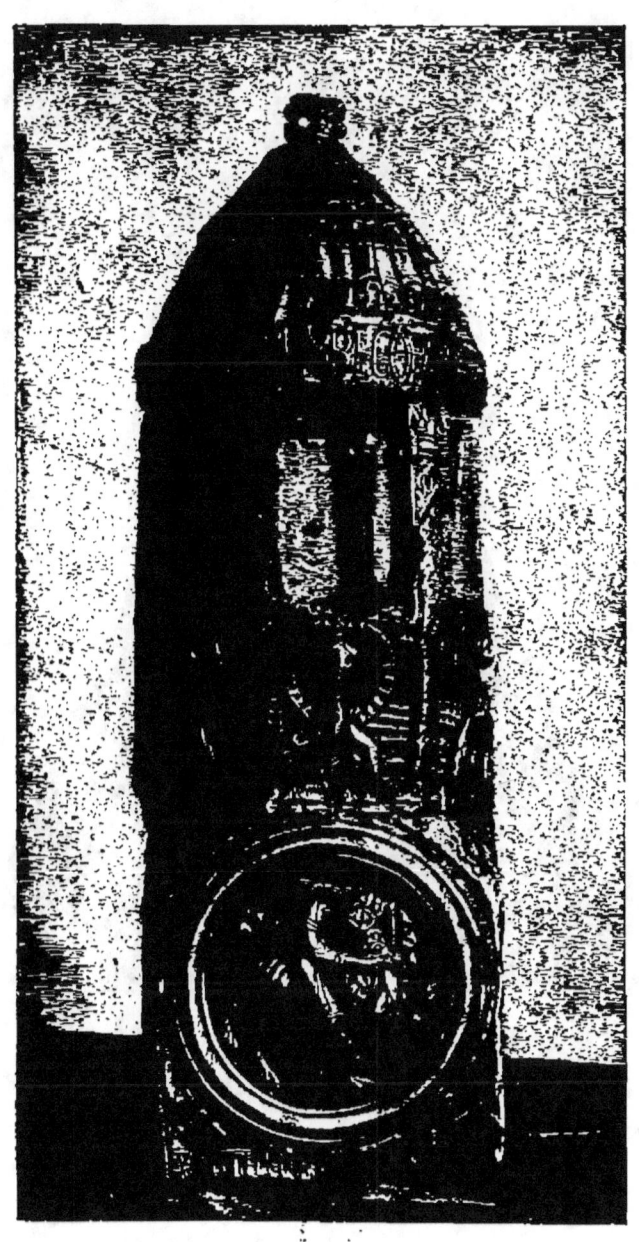

1586. — Reliquaire de Bégon.
Argent doré, xie siècle.
(Église de Conques.)

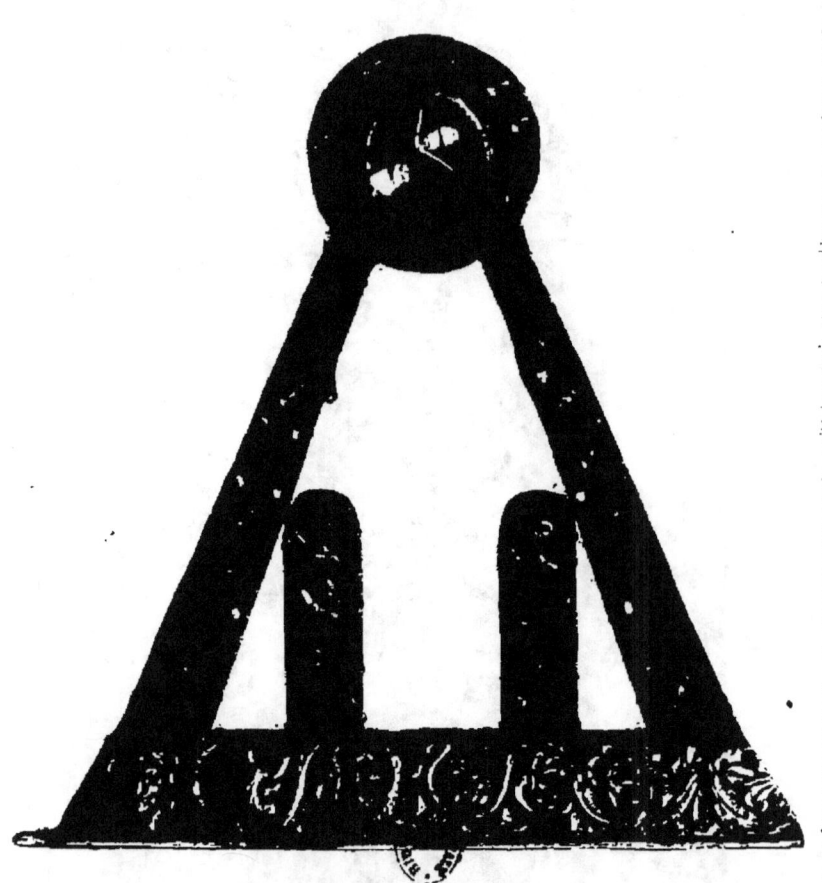

1581. — A, dit de Charlemagne.
Argent doré, xie siècle.
(Église de Conques.)

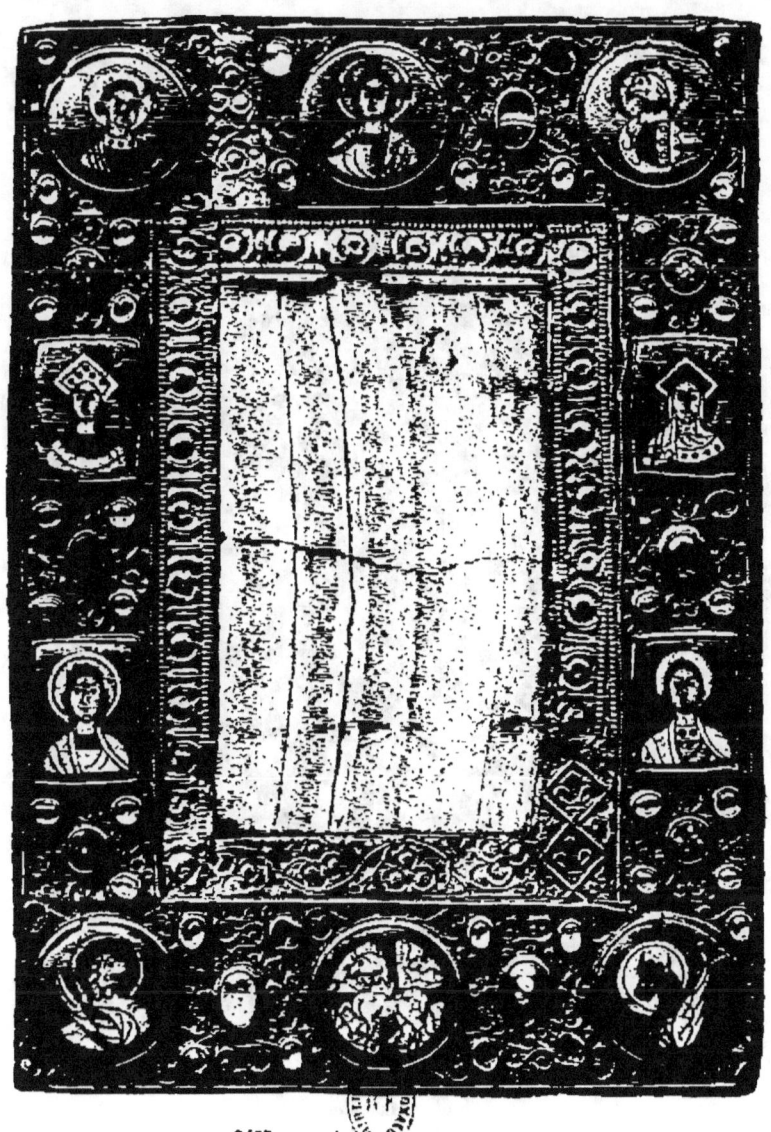

2405. — AUTEL PORTATIF.
Orfèvrerie, albâtre et émaux cloisonnés, XIIe siècle.
(Église de Conques.)

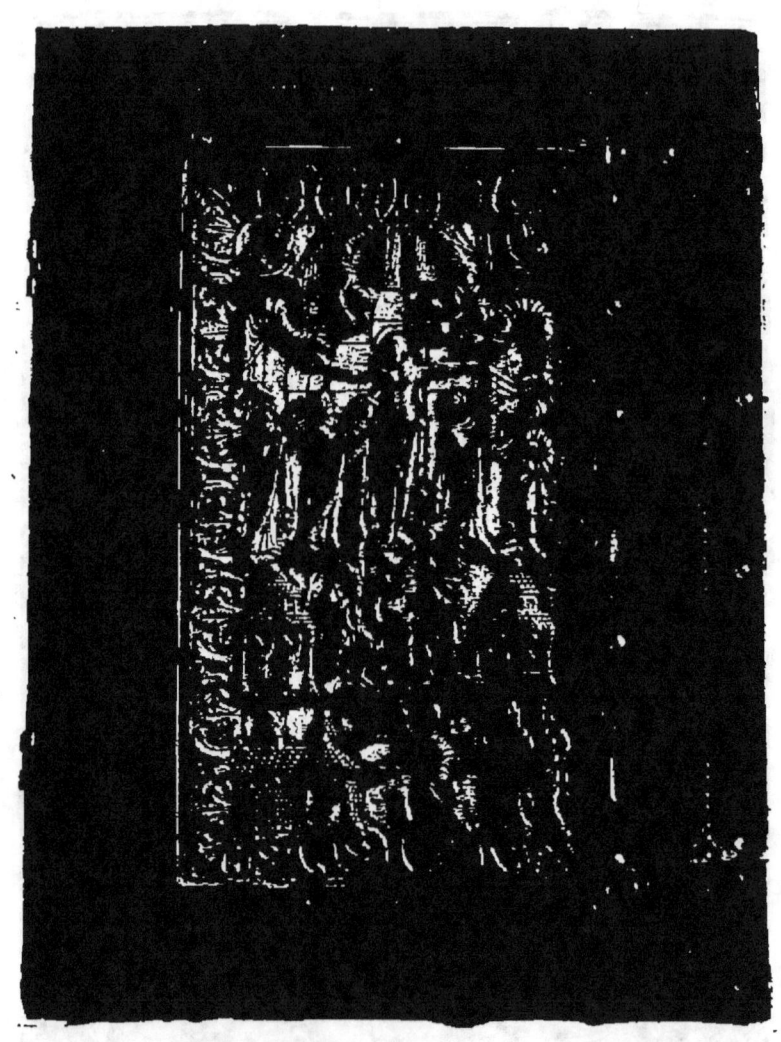

19. — Reliure d'Évangéliaire. — La Crucifixion (Face).
Ivoire, IXᵉ siècle.
(Église de Gannat.)

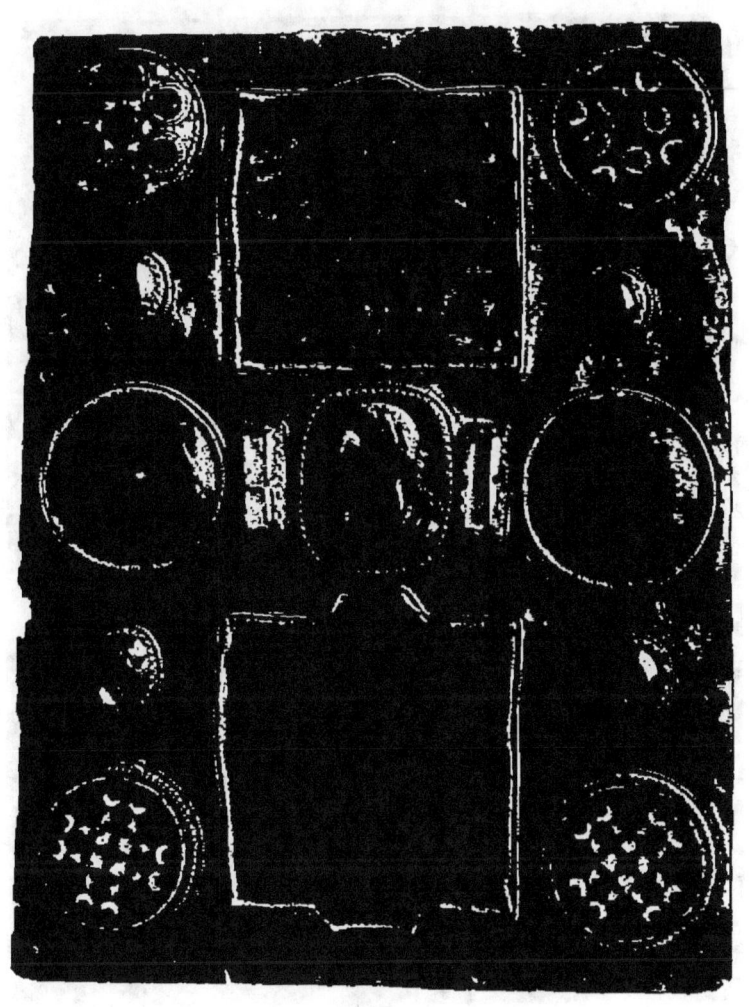

19. — Reliure d'Évangéliaire (Revers).
Camées, cabochons, émaux.
(Église de Gannat.)

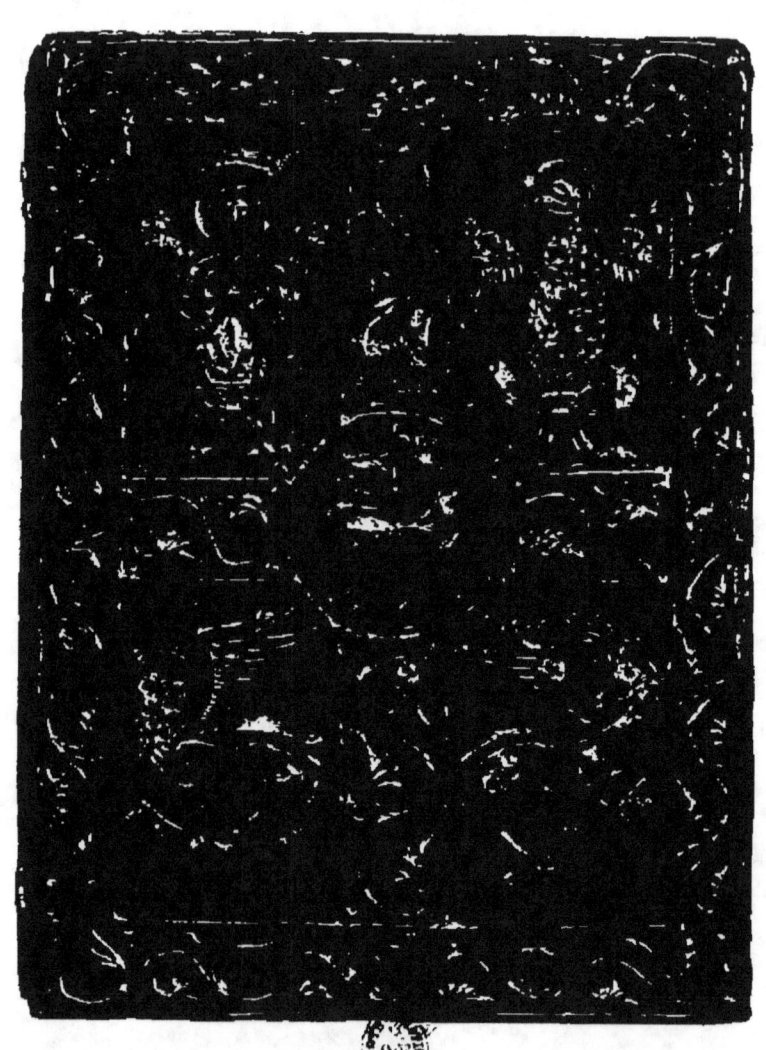

1583. — Évangéliaire de Saint Gauzelin.
Revers d'argent doré, xe siècle.
(Cathédrale de Nancy.)

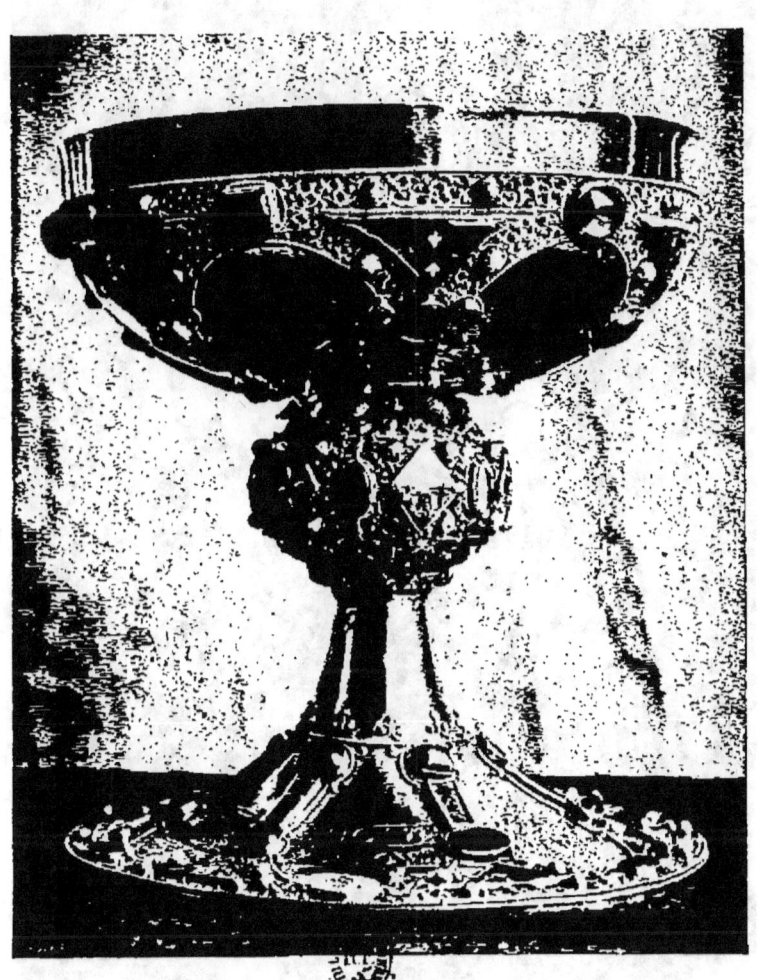

1600. — Calice de Saint Rémy.
Or, filigranes, émaux, xiie siècle.
(Cathédrale de Reims.)

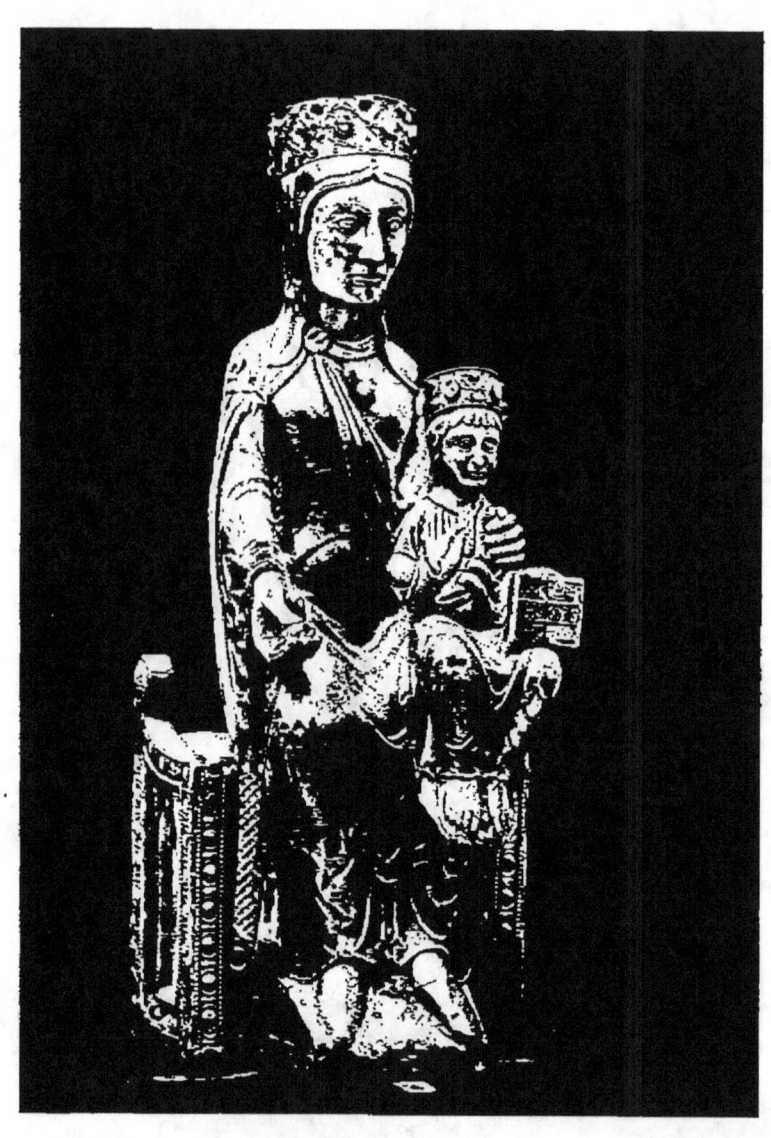

1689. — La Vierge et l'Enfant.
Argent, XIIᵉ siècle.
(Église de Beaulieu, Corrèze.)

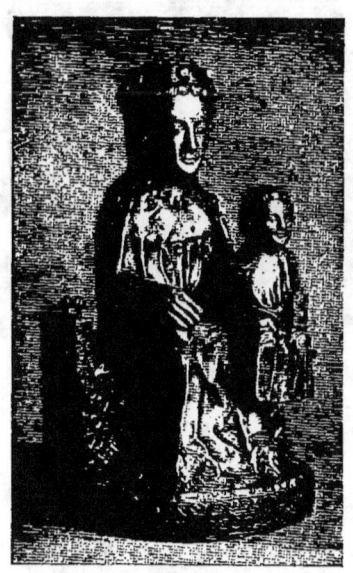

1597. — La Vierge et l'Enfant.
Argent, XIIIe siècle.
(Église de Conques.)

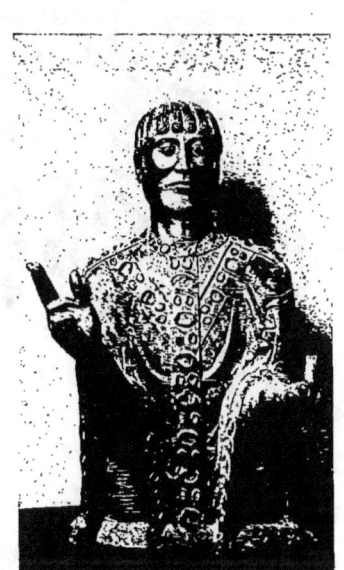

1614. — Chef-reliquaire de Saint Baudime.
XIIe siècle.
(Église de Saint-Nectaire.)

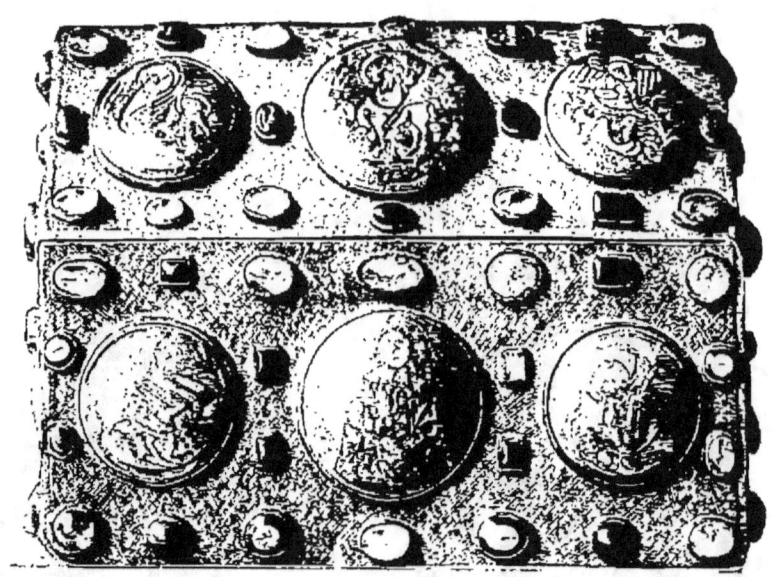

2407. — CHÂSSE.
Émaux champlevés, XII° siècle.
(Église de Bellac.)

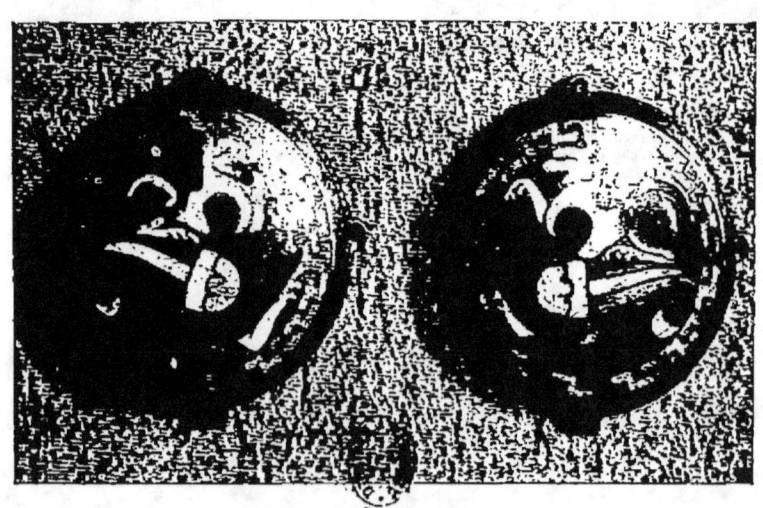

2409. — PLAQUES DE COFFRET.
Émaux champlevés, XII° siècle.
(M. S. Bardac.)

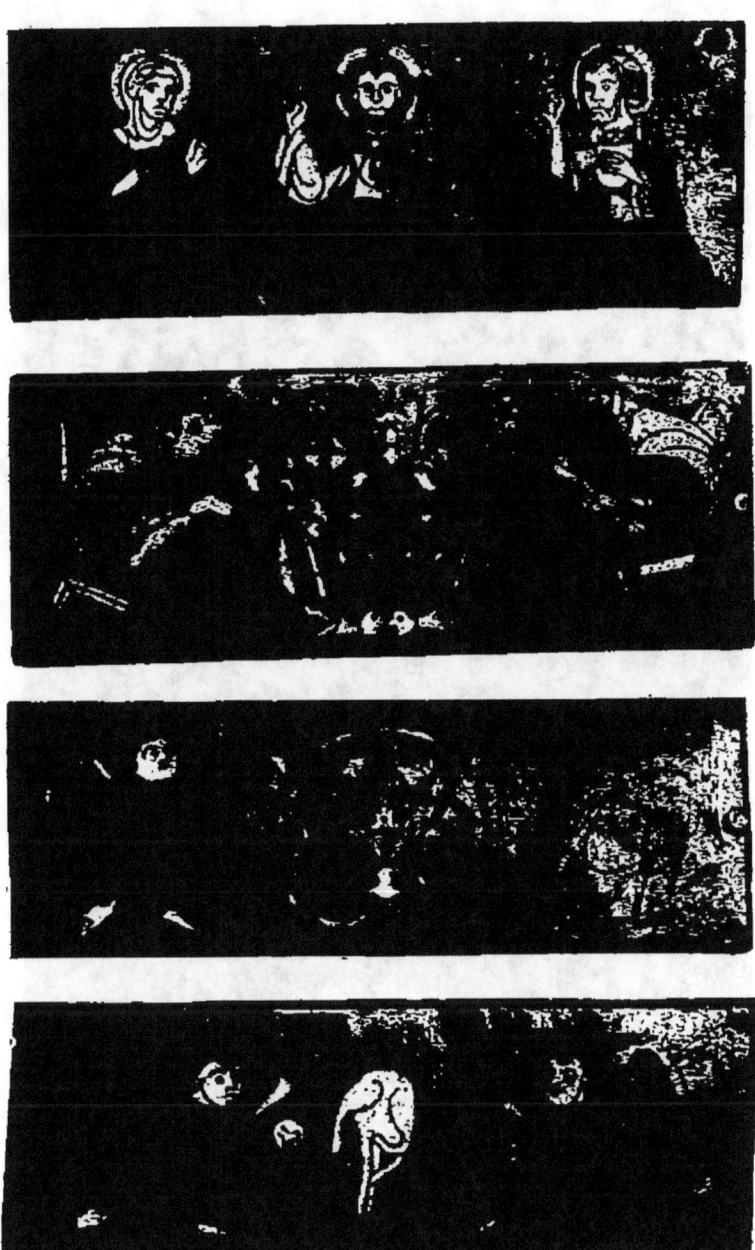

2408. — Plaques de châsse.
Émaux champlevés, XIIe siècle.
(M. Sigismond Bardac.)

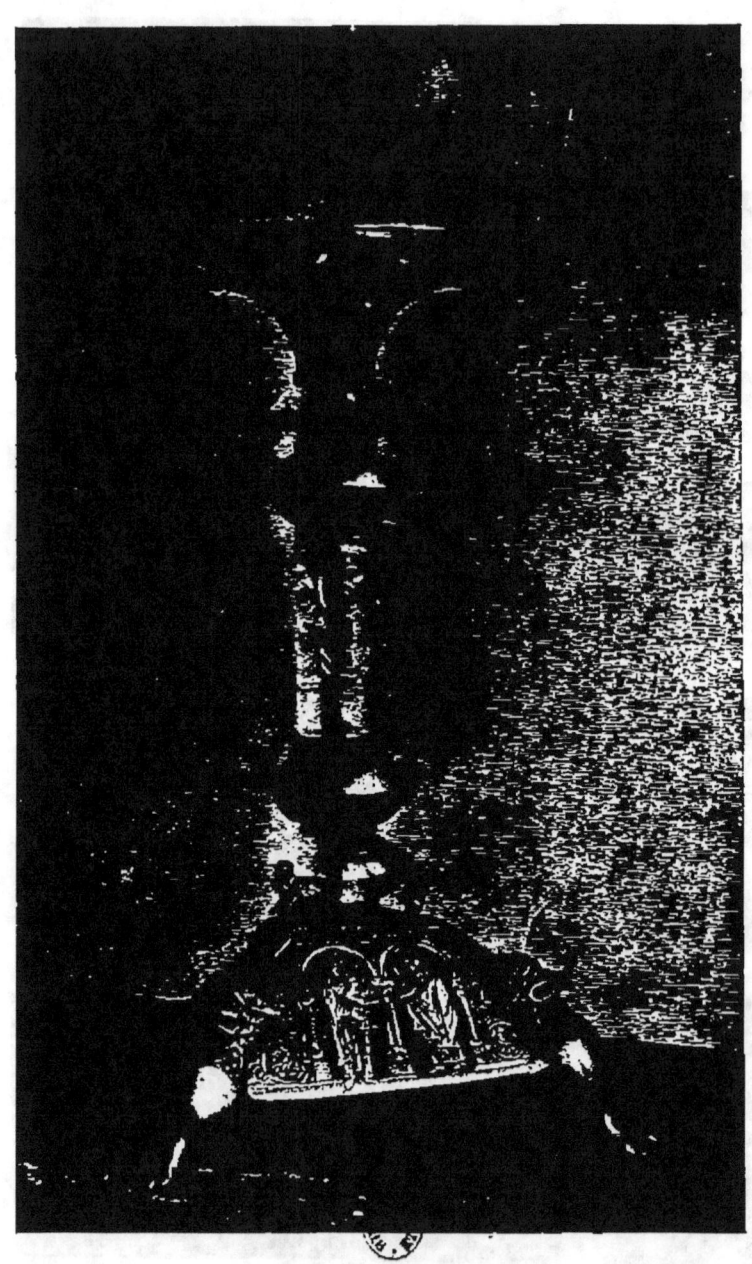

1592. — Flambeau.
Cristal de roche et bronze doré, XIIe siècle.
(M. le baron Oppenheim.)

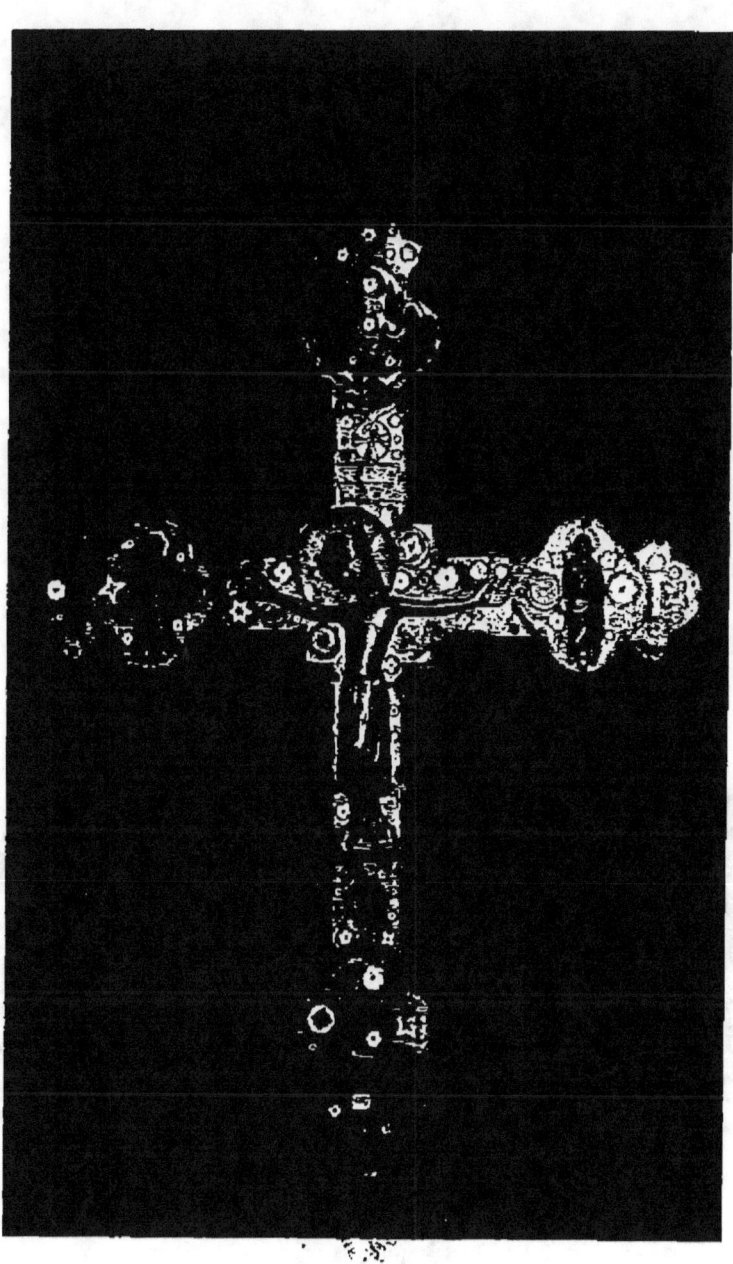

2561. — Croix d'autel.
Émail champlevé, xiiie siècle.
(Musée de Chartres.)

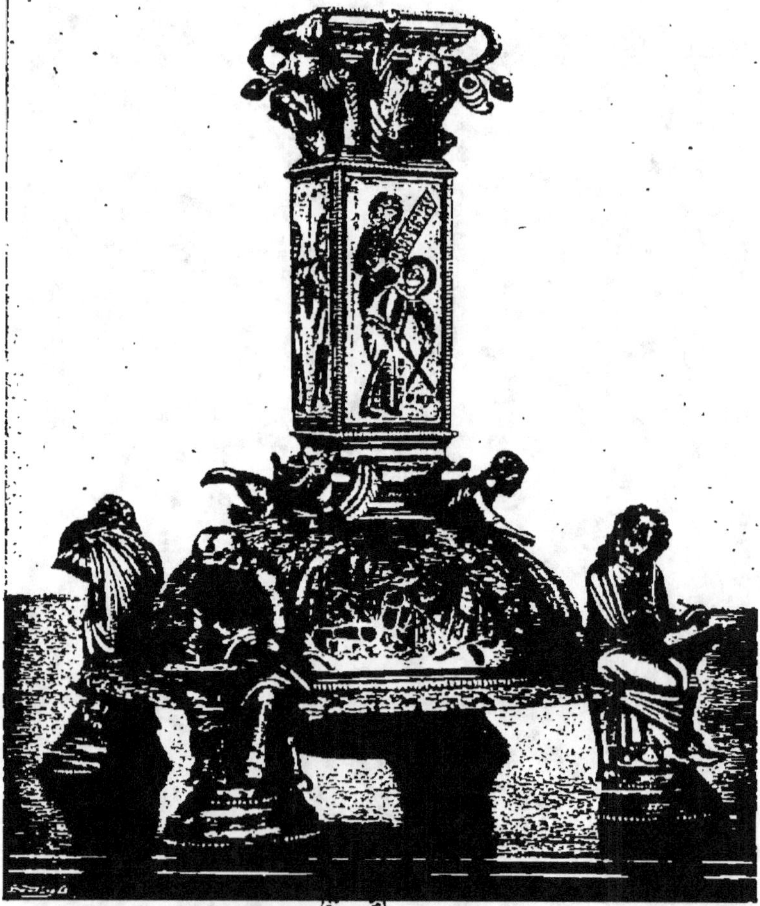

1593. — PIED DE CROIX.
Émaux champlevés, XIIe siècle.
(Musée de Saint-Omer.)

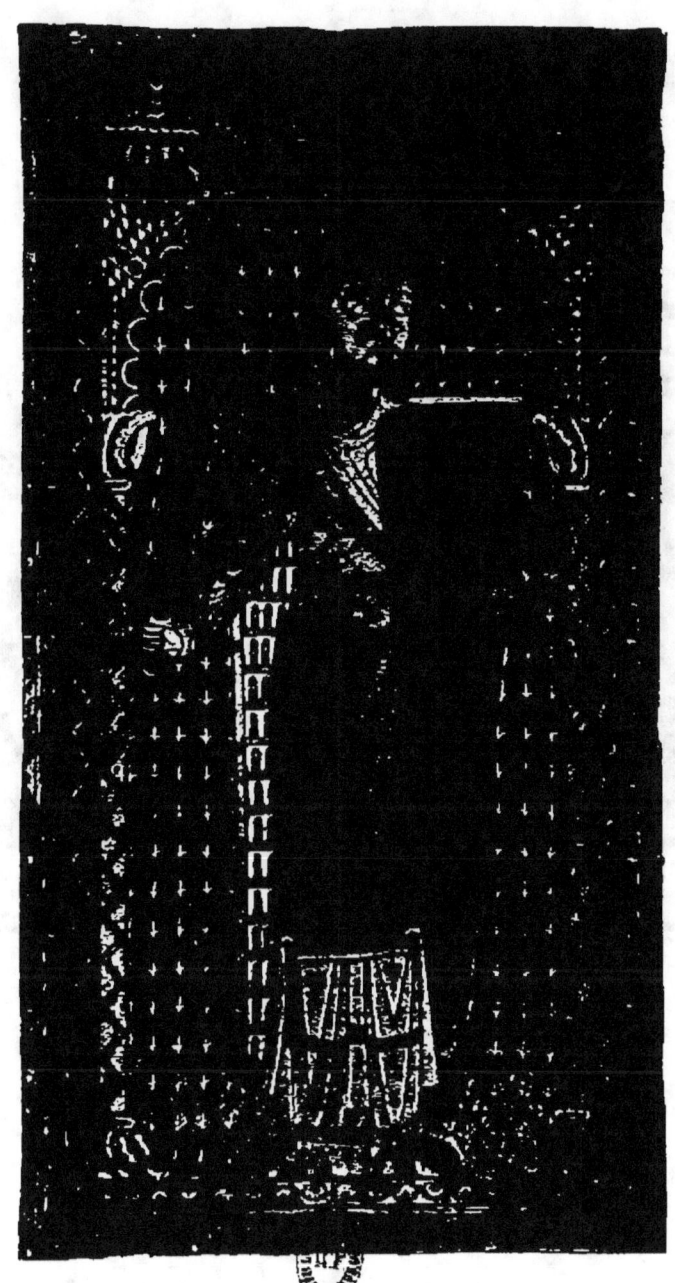

2515. — Geoffroy Plantagenet.
Émaux champlevés, xiiᵉ siècle.
(Musée du Mans.)

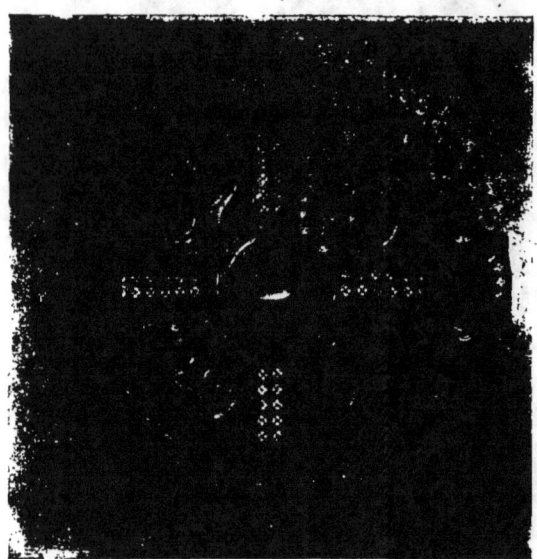

FLABELLUM.
Émaux et bronze doré, XIIIe siècle.
(M. Martin Le Roy.)

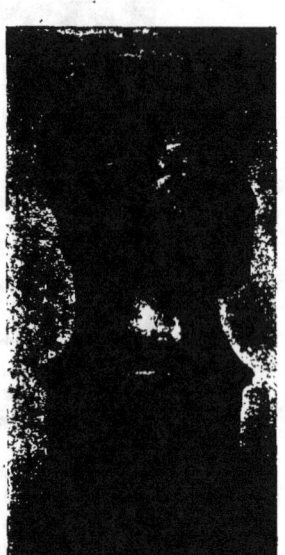

1881. — CHEF-RELIQUAIRE.
Bronze doré, XIIe siècle.
(Église Saint-Remy, à Reims.)

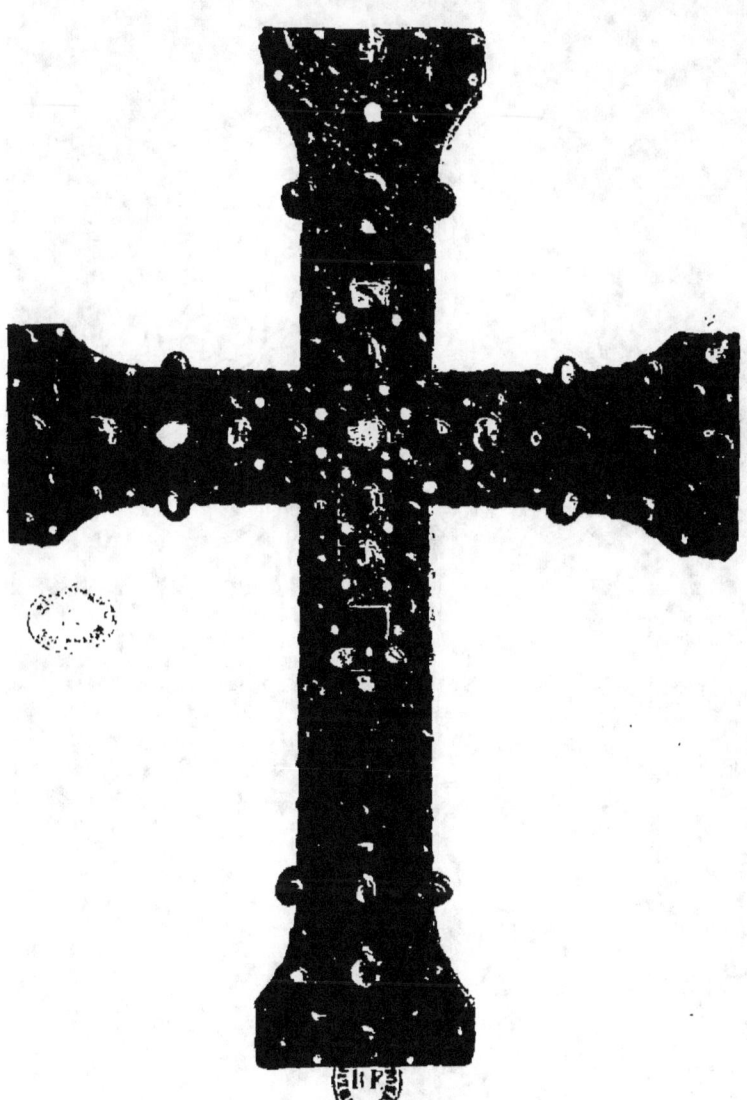

1607. — Croix reliquaire.
Argent, filigranes d'or, xiie siècle.
(Musée d'Antiquités de la Seine-Inférieure.)

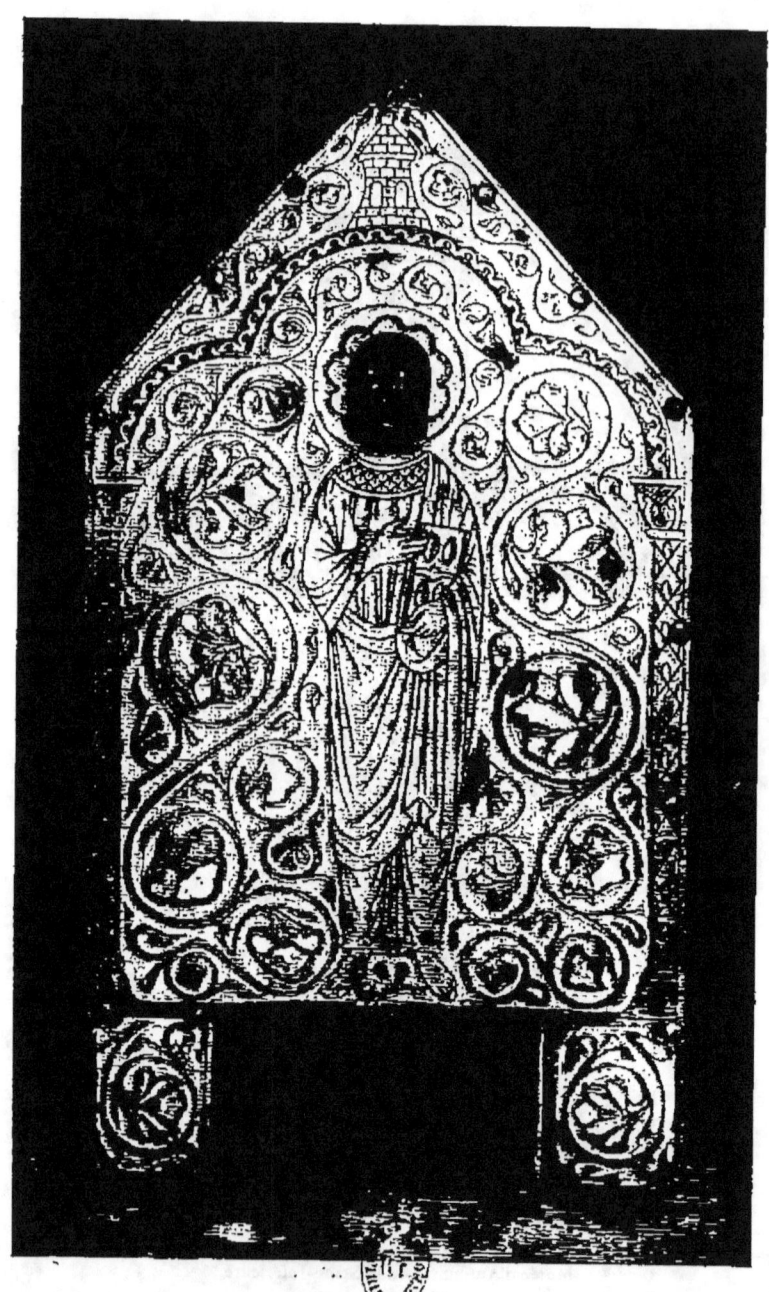

2512. — Plaques de châsse.
Émaux champlevés, xiiie siècle.
(Musée de Chartres.)

2400. — Châsse.
Émail champlevé, XIIIᵉ siècle.
(Église de Lamonjoie, Lot-et-Garonne.)

Châsse.
Émail champlevé, XIIIᵉ siècle.
(Église de Moissac.)

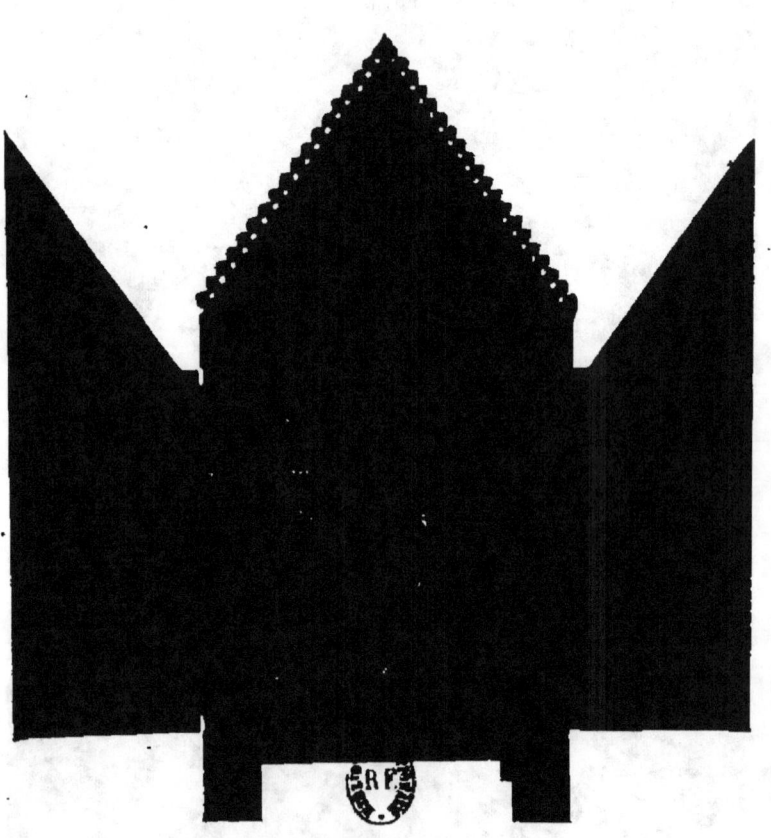

2547. — Châsse de Saint Aignan.
Émaux champlevés, XIIIe siècle.
(Cathédrale de Chartres.)

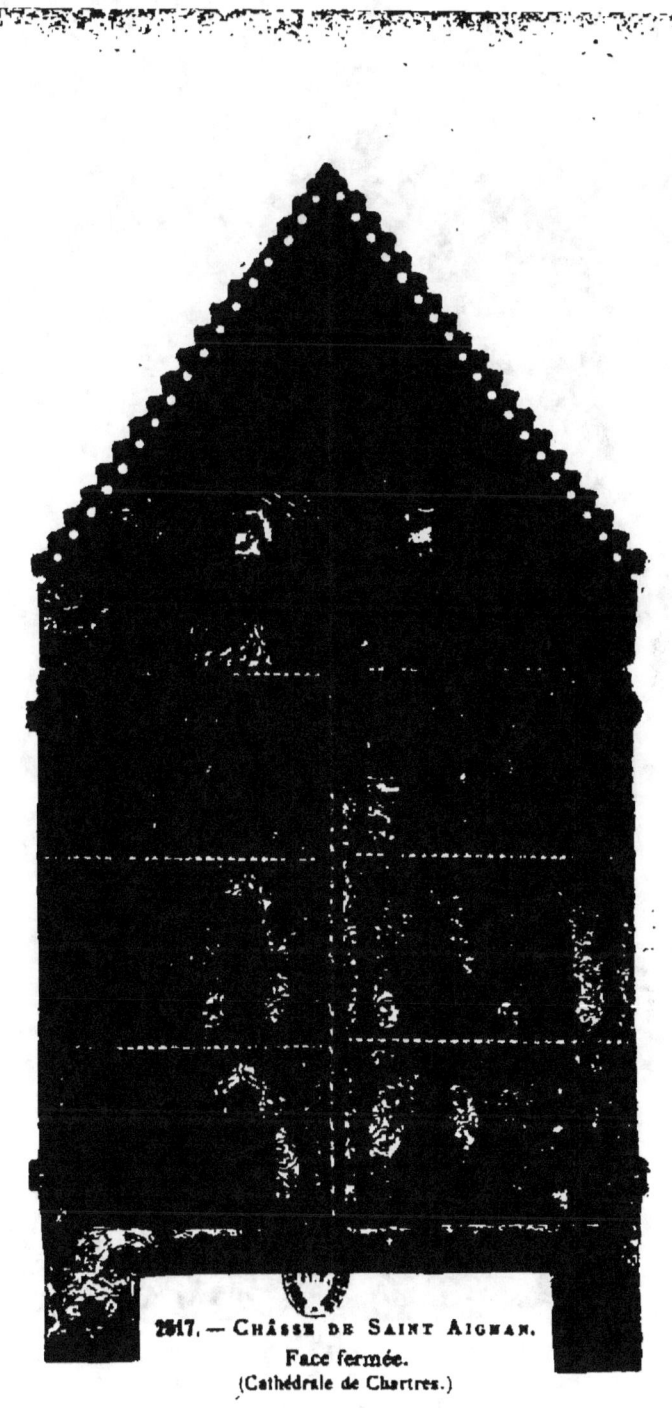

2517. — Châsse de Saint Aignan.
Face fermée.
(Cathédrale de Chartres.)

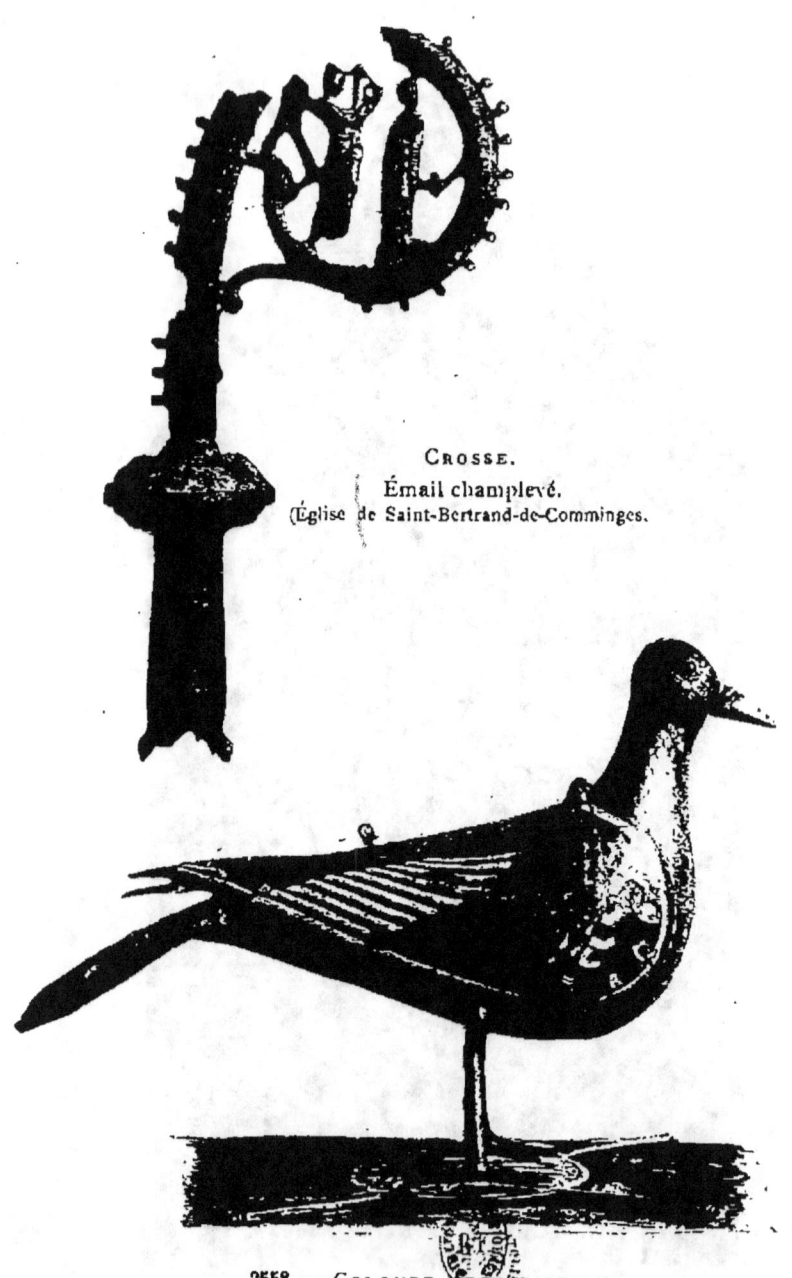

CROSSE.
Émail champlevé.
(Église de Saint-Bertrand-de-Comminges.)

2558. — COLOMBE EUCHARISTIQUE.
Émail champlevé; XIIIᵉ siècle.
(M. le comte Gaston Chandon de Briailles.)

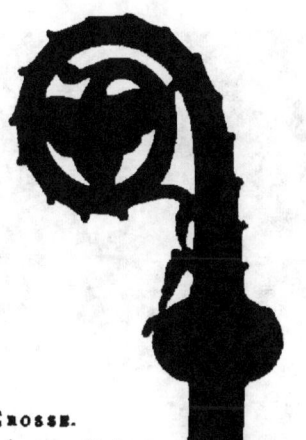

2579. — Crosse.
Émail champlevé, xiiie siècle.
(Cathédrale de Poitiers.)

2482. — Châsse.
Émail champlevé, xiiie siècle.
(M. le comte Gaston Chandon de Briailles.)

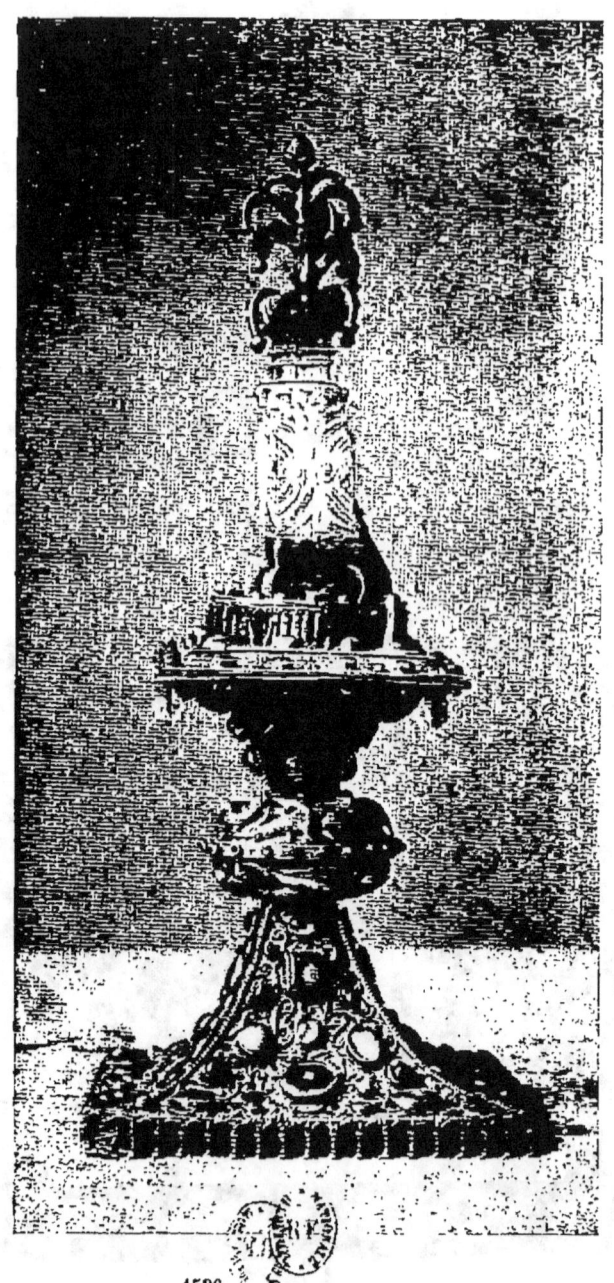

1596. — Reliquaire.
XIIIe siècle.
(Église de Château-Ponsac, Haute-Vienne.)

1637. — Reliquaire.
xiii siècle.
(Église d'Arnac-la-Poste, Haute-Vienne.)

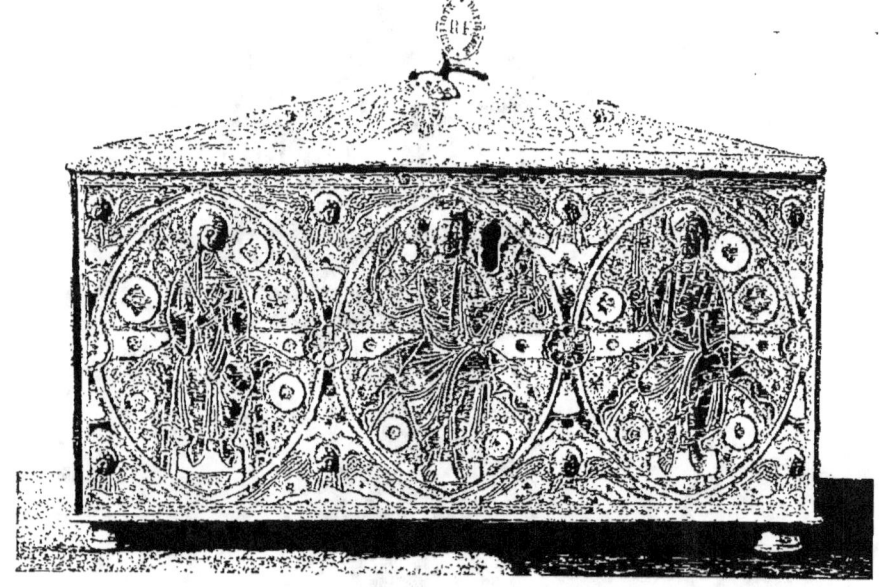

2590. — COFFRET.
Émaux champlevés, XIIIe siècle.
(Musée de Limoges.)

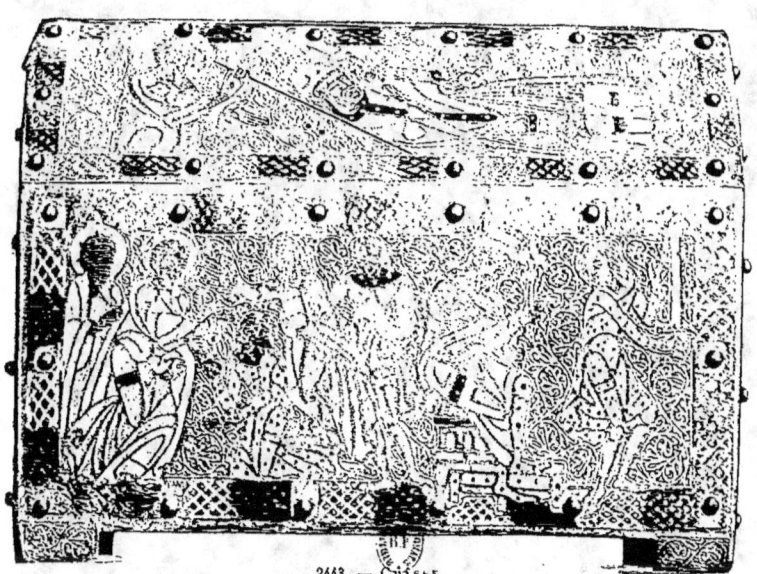

2443. — Châsse.
Émail champlevé, xiiie siècle.
(M. Martin Le Roy.)

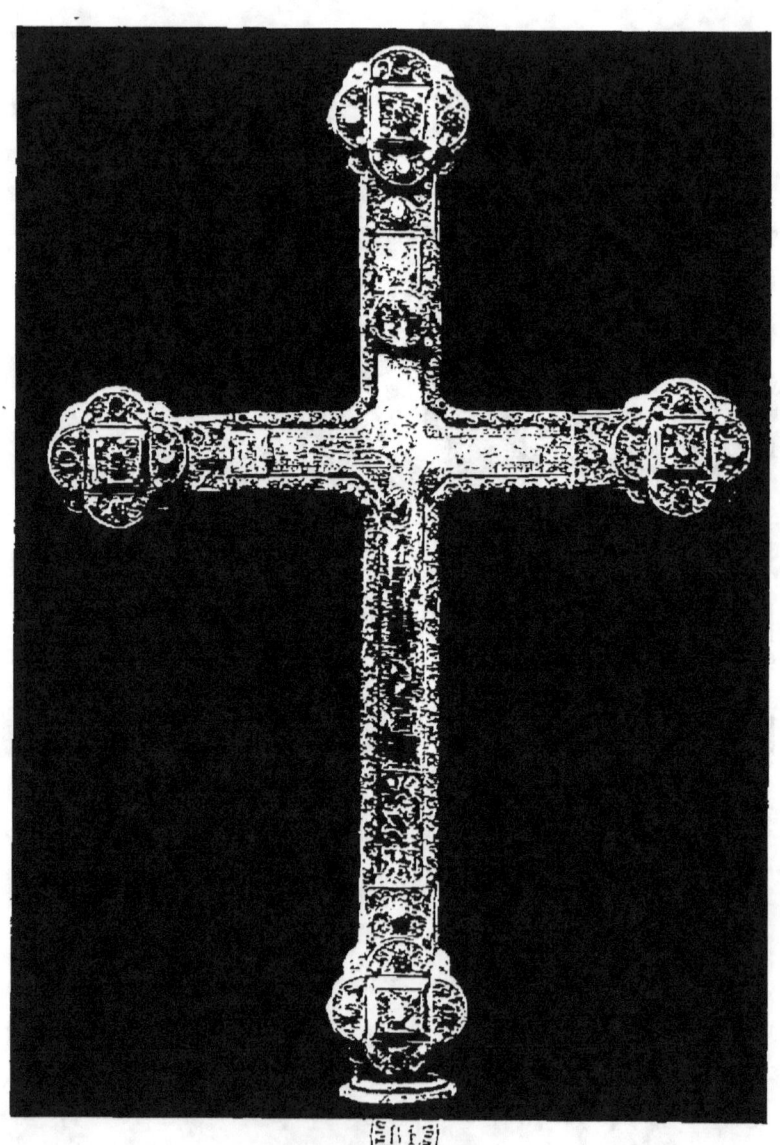

1644. — Croix-reliquaire provenant de l'abbaye du Paraclet.
Argent doré, XIIIᵉ siècle.
(Cathédrale d'Amiens.)

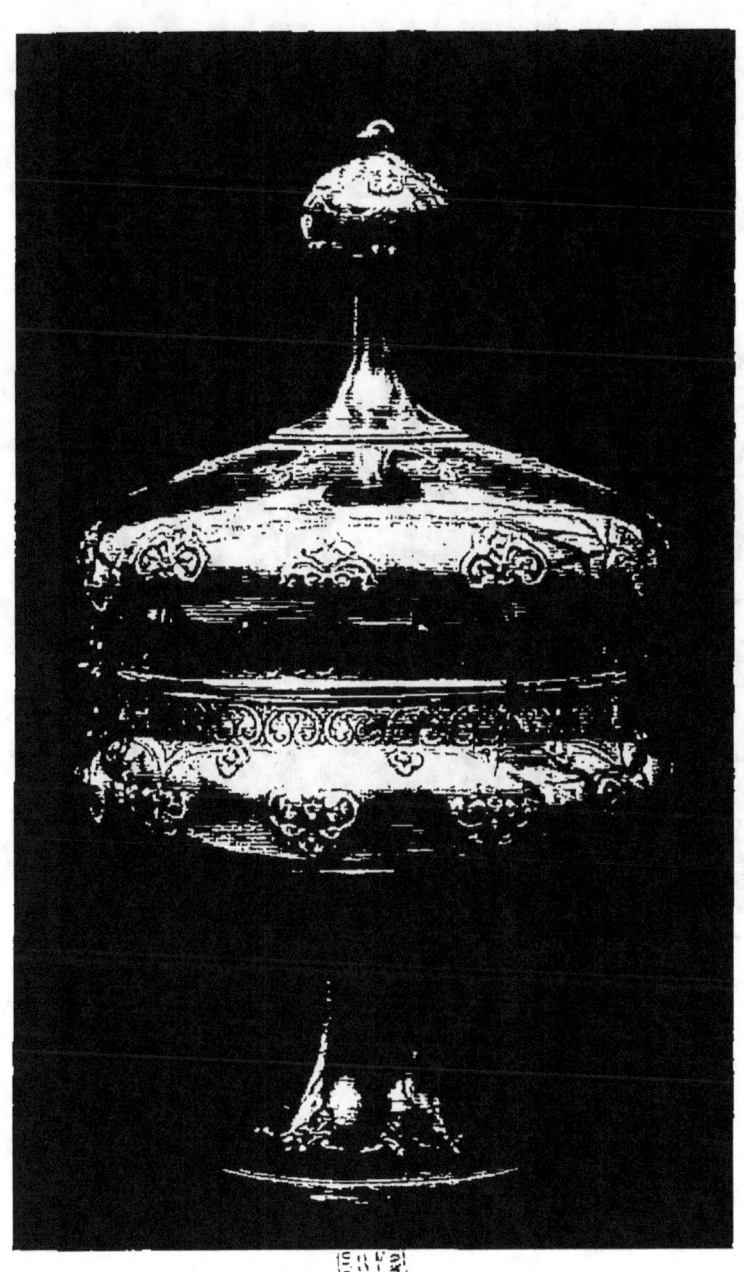

1617. — CIBOIRE.
Argent doré, XIIIe siècle.
(Cathédrale de Sens.)

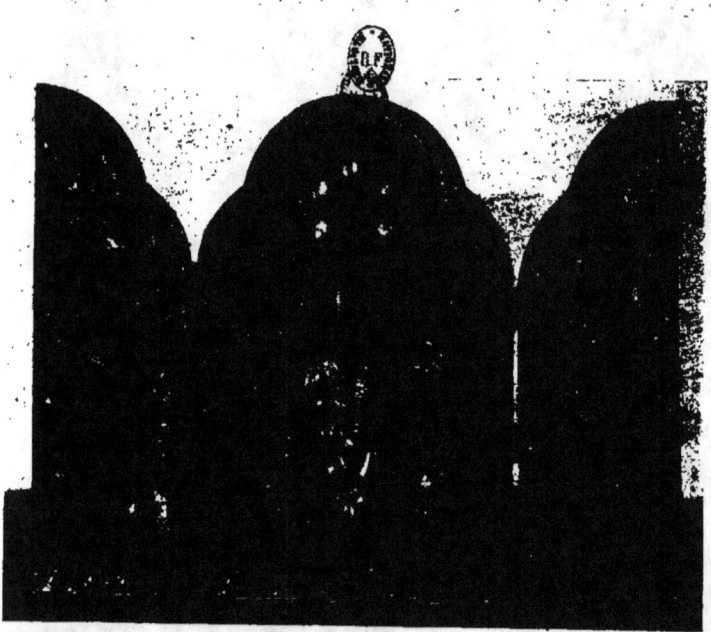

TRIPTYQUE-RELIQUAIRE.

1642. — Reliquaire. 1589. — Reliquaire de la Sainte-Épine. 1643. — Reliquaire.
XIIIe siècle. XIIIe siècle. XIIIe siècle.
(Église de Saint-Riquier.) (Religieuses ... d'Arras.) (Église de Saint-Riquier.)

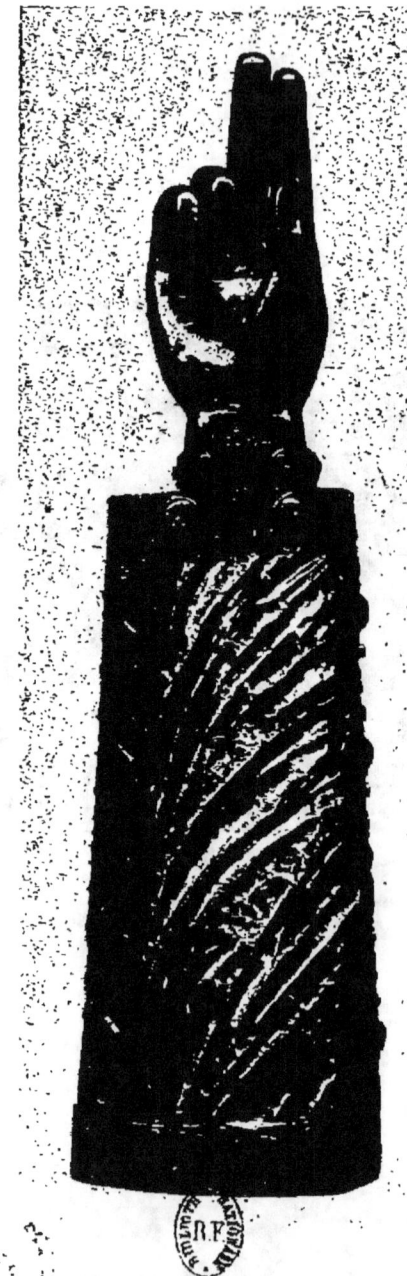

Bras-reliquaire.
Argent, xiiie siècle.
(Église de Crespin, Nord.)

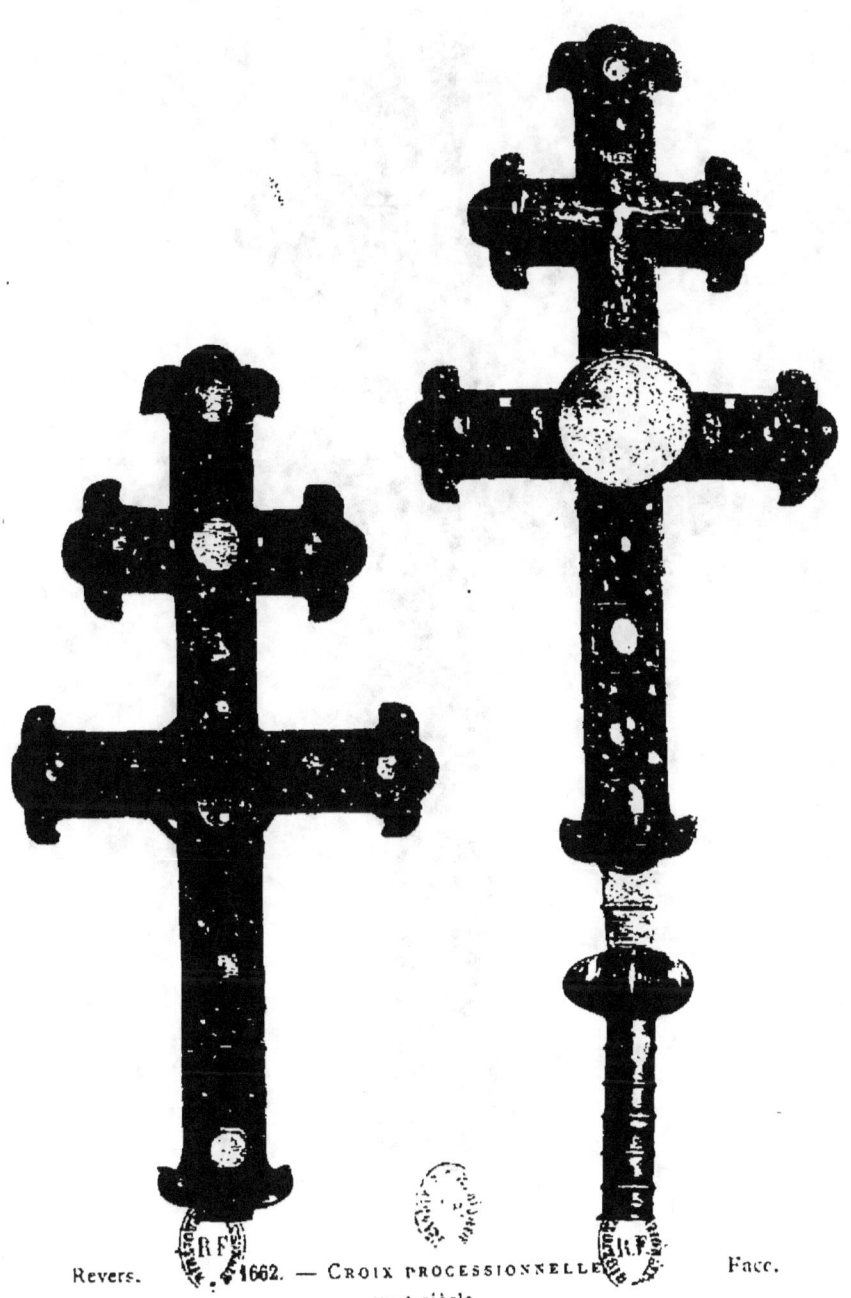

Revers. 1662. — Croix processionnelle Face.
XIIIᵉ siècle.
(Église de Rouvres, Côte-d'Or.)

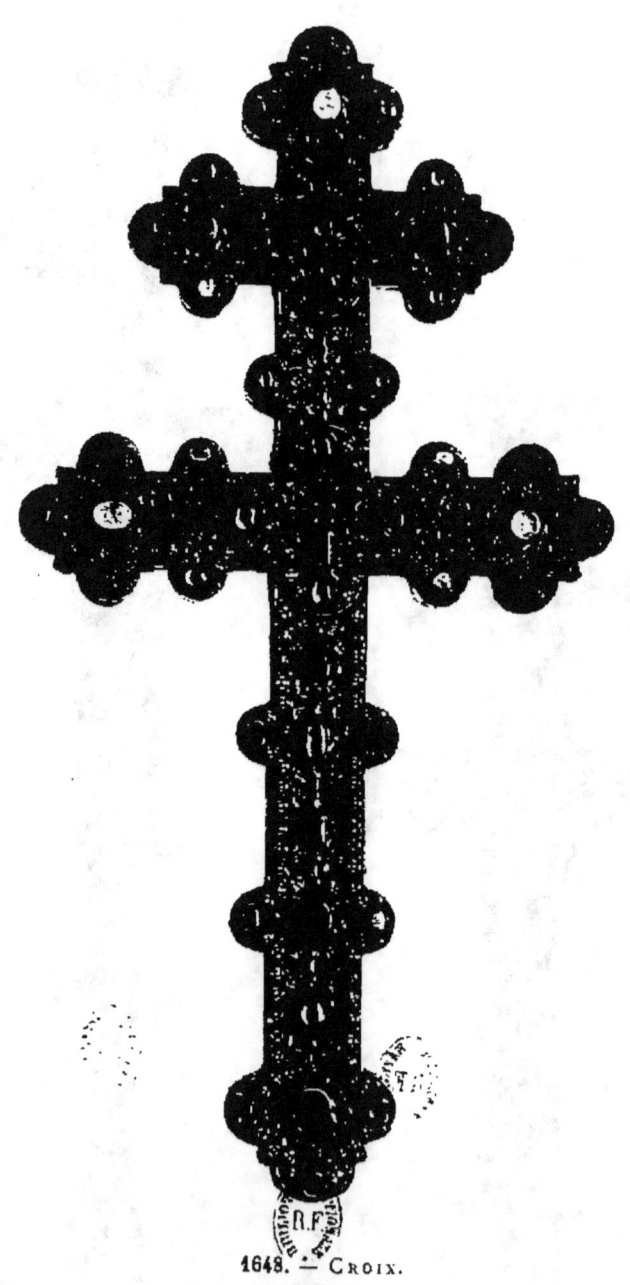

1648. — Croix.
XIIIᵉ siècle.
(Église de Blanchefosse, Ardennes.)

100

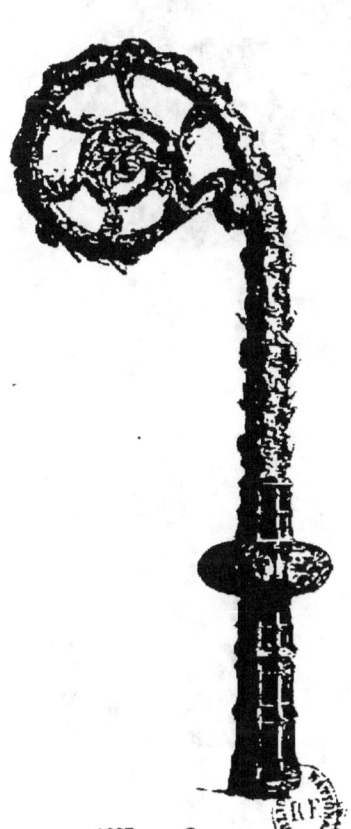

1627. — Crosse.
Argent doré, xve siècle.
(Église de Maubeuge.)

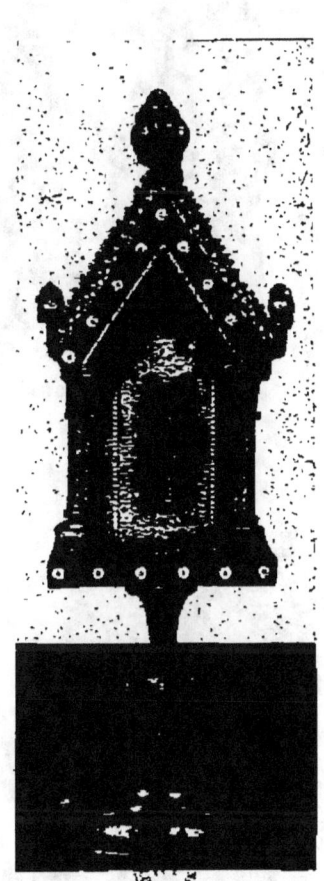

1602. — Reliquaire de Saint Samson.
xiiie siècle.
(Cathédrale de Reims.)

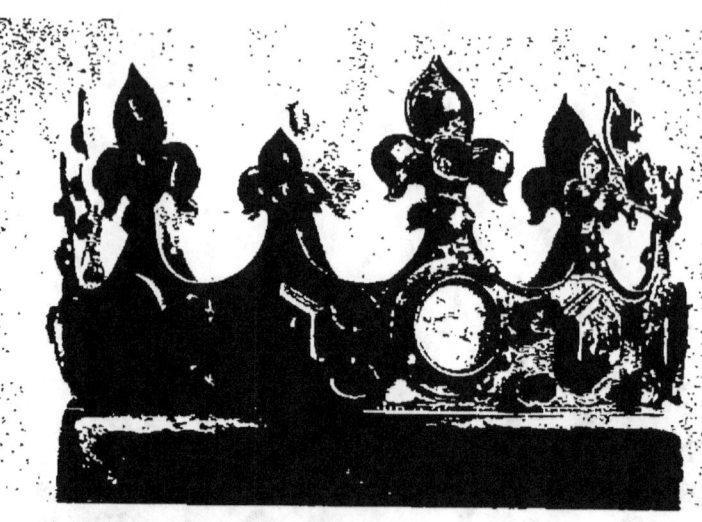

1645. — Couronne reliquaire du Paraclet.
Argent doré, XIIIe siècle.
(Cathédrale d'Amiens.)

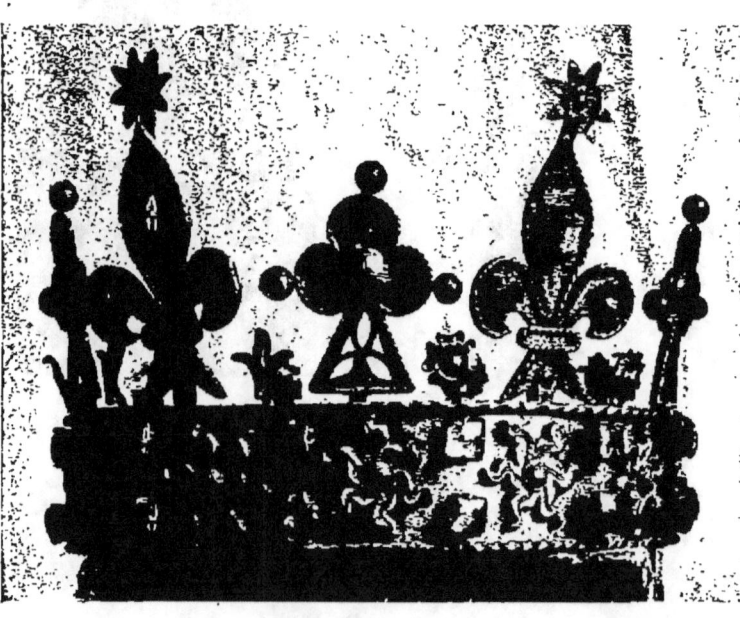

1749. — Couronne, dite de Marguerite de Bourgogne.
Cuivre doré, XVe siècle.
(Musée de Dijon.)

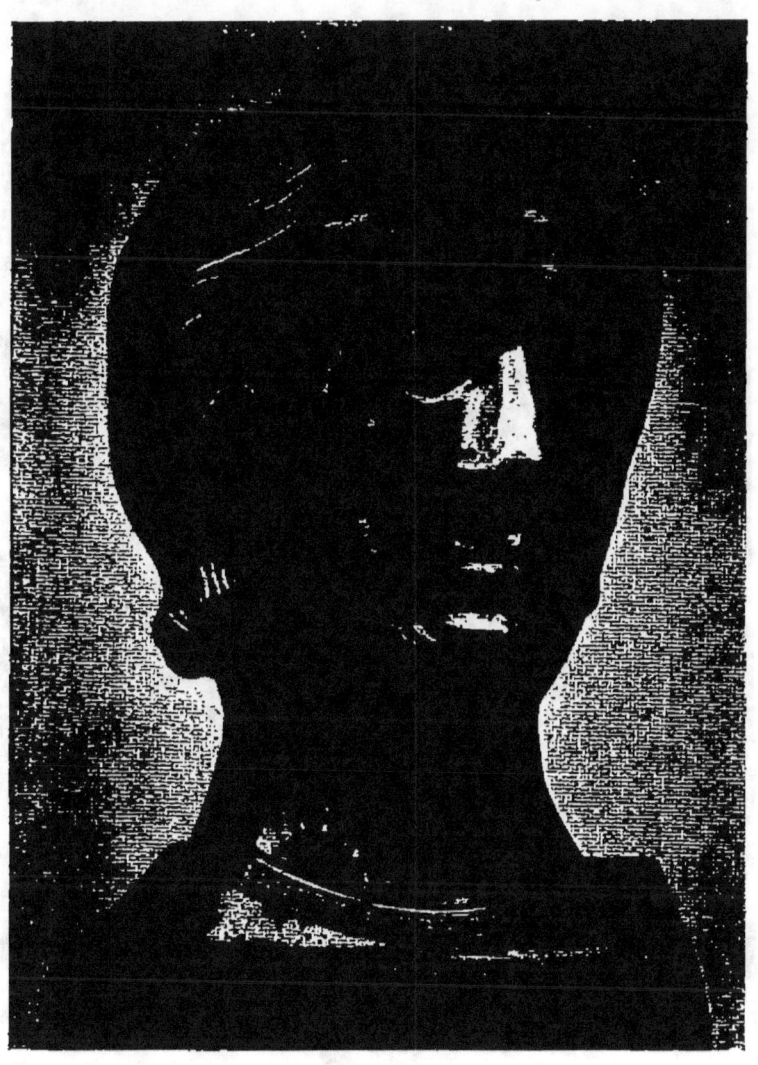

1658. — Chef de Saint Adrien.
Argent doré, XIIIe siècle.
(Cathédrale de Tours.)

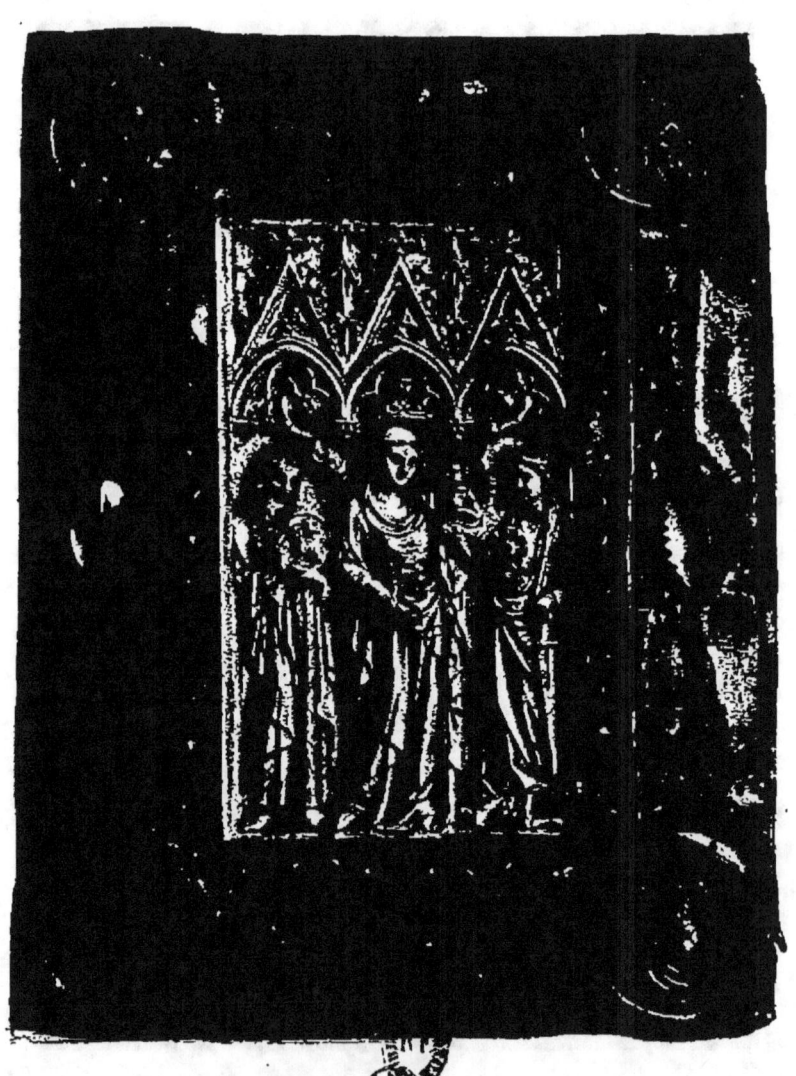

3336. — Couverture d'évangéliaire.
Ivoire et argent, XIVᵉ siècle.
(Bibliothèque d'Épinal.)

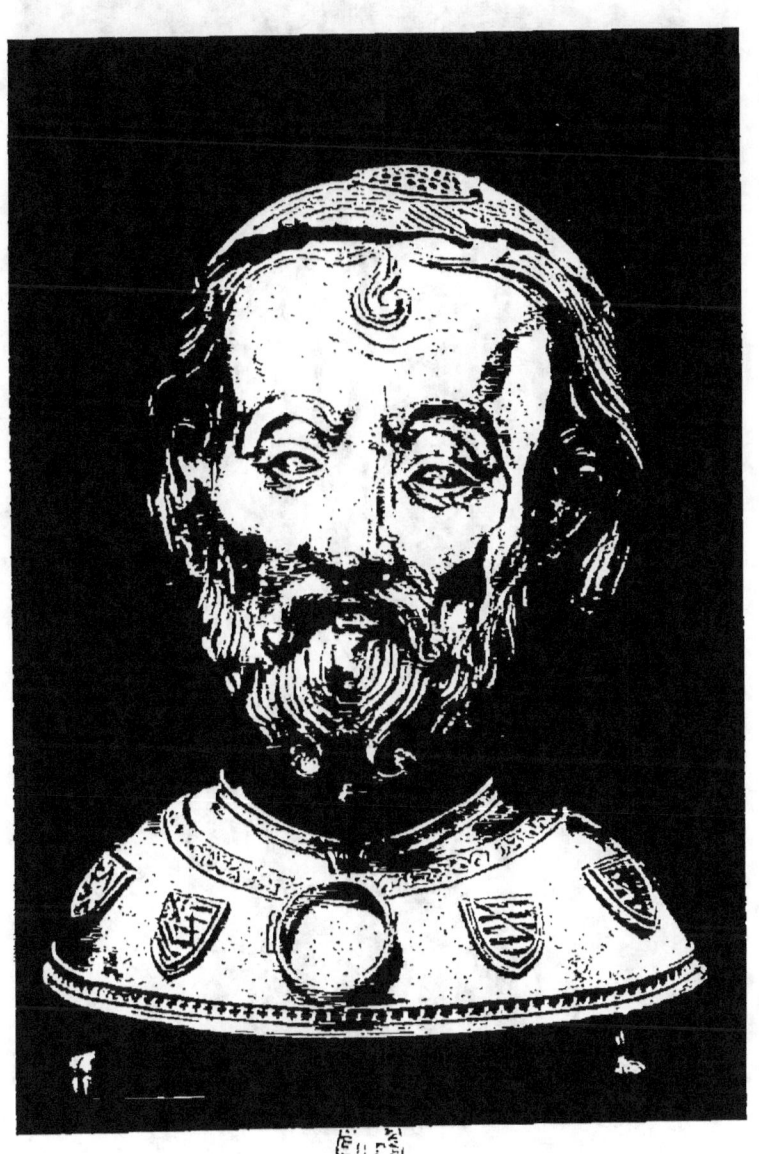

1703. — Buste reliquaire de Saint Dumine.
Cuivre doré, xive siècle.
(Église de Gimel.)

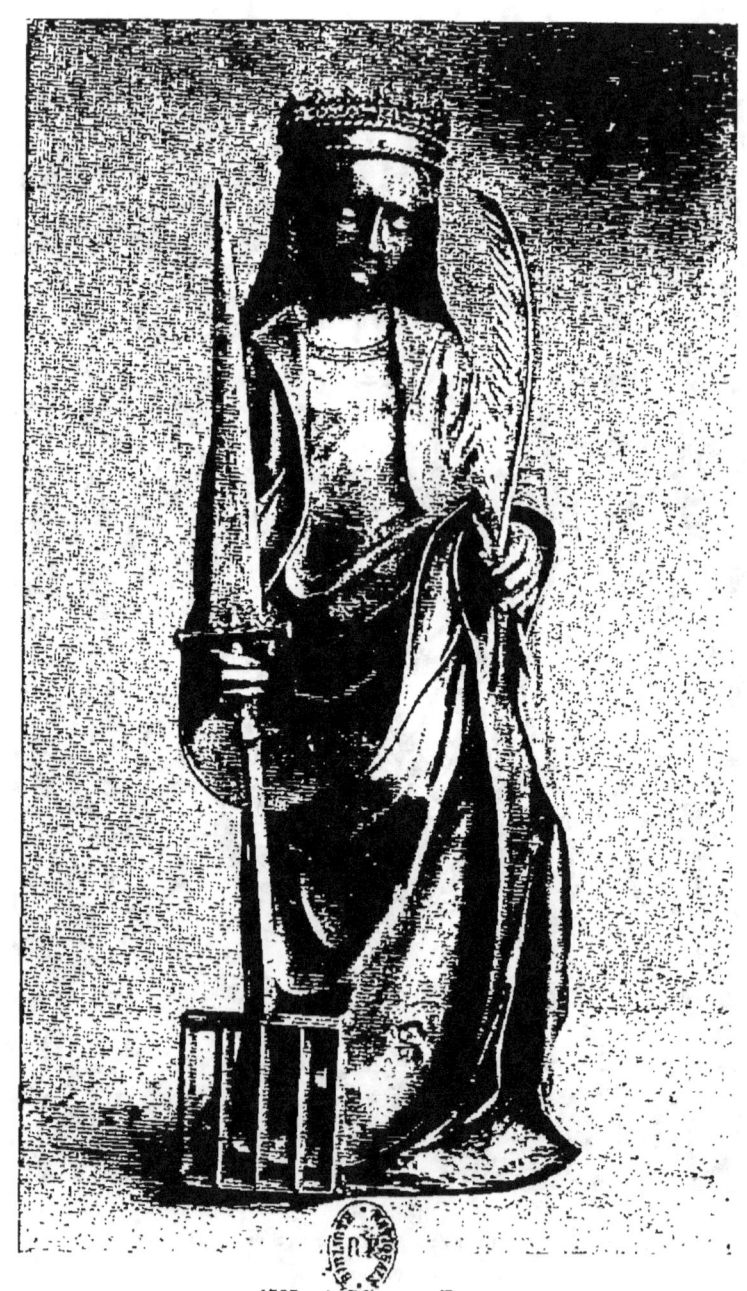

1707. — Sainte Foy.
Argent, xve siècle.
(Église de Conques.)

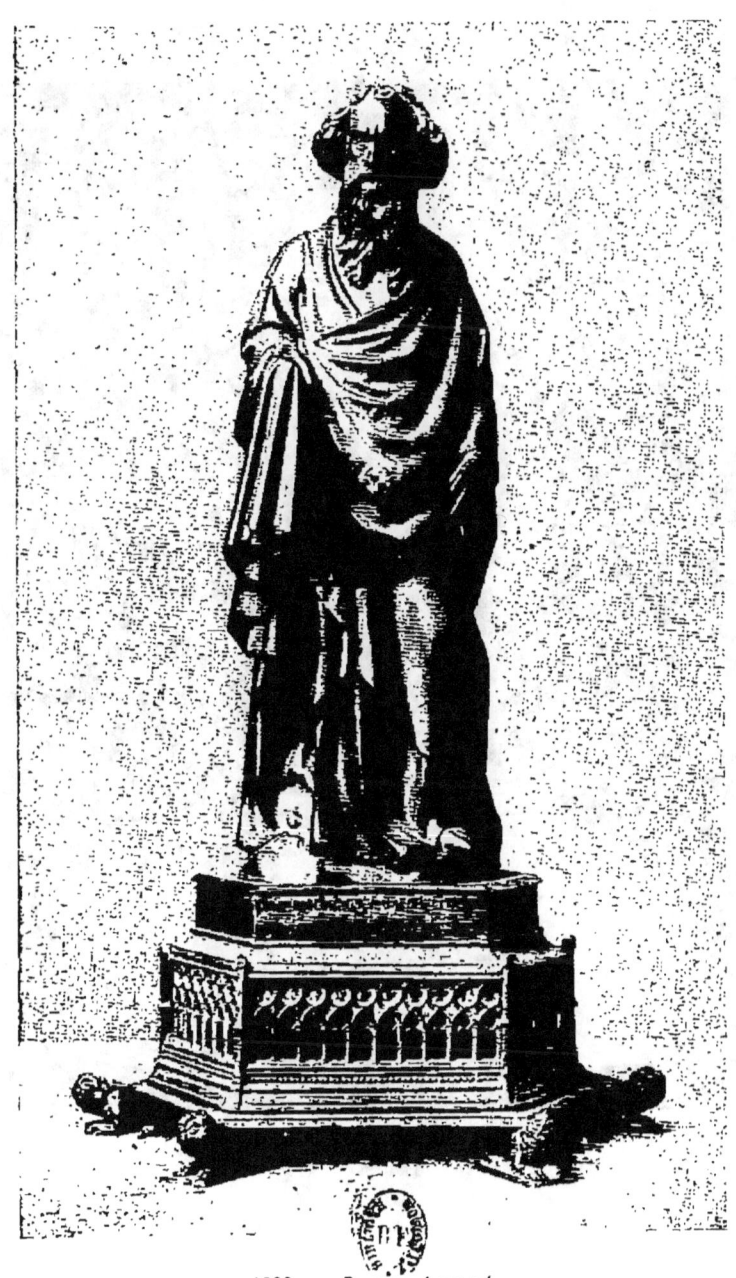

1686. — SAINT ANDRÉ.
Bronze doré, XIVᵉ siècle.
(Église Saint-André, à Reims.)

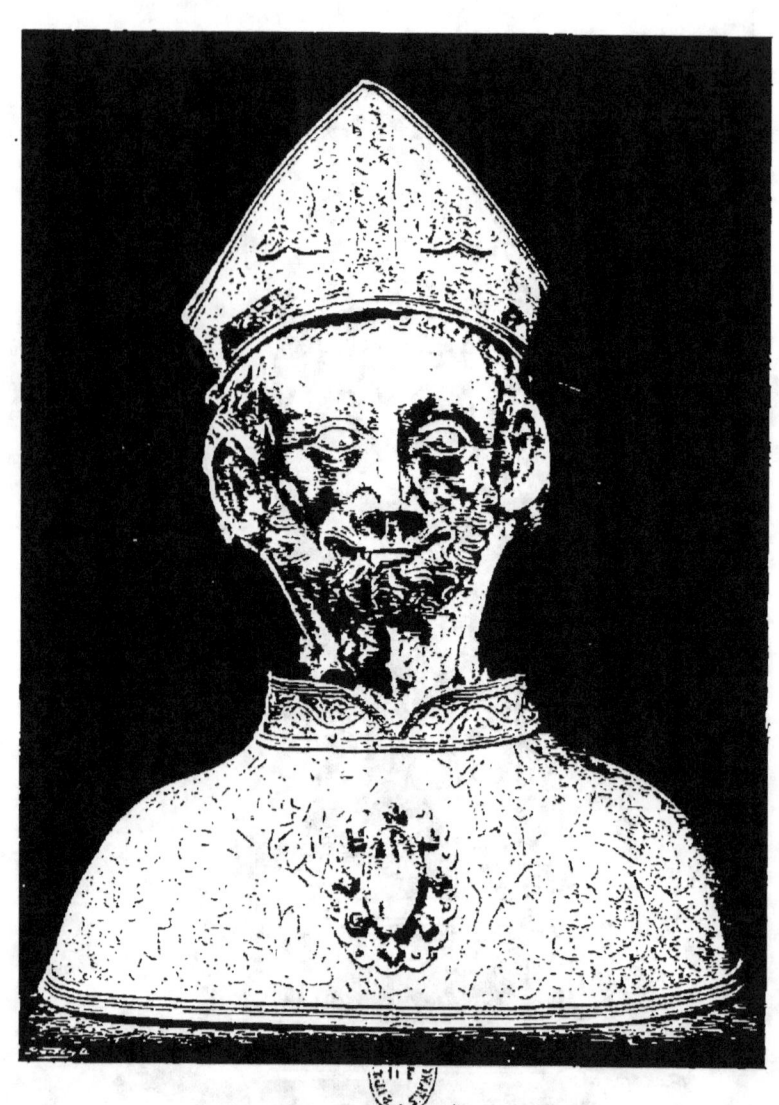

BUSTE RELIQUAIRE DE SAINT MARTIN.
Cuivre doré, xve siècle.
(Église de Sondeilles, Corrèze.)

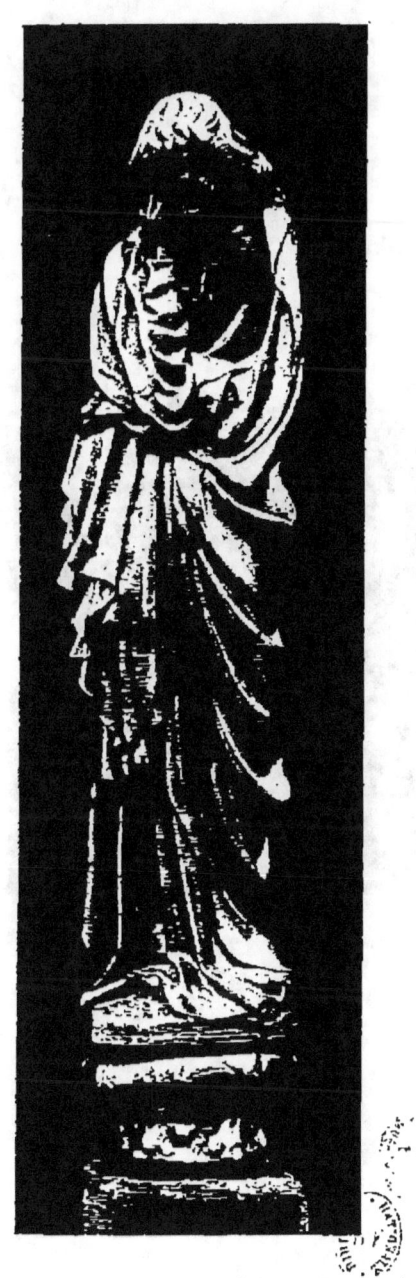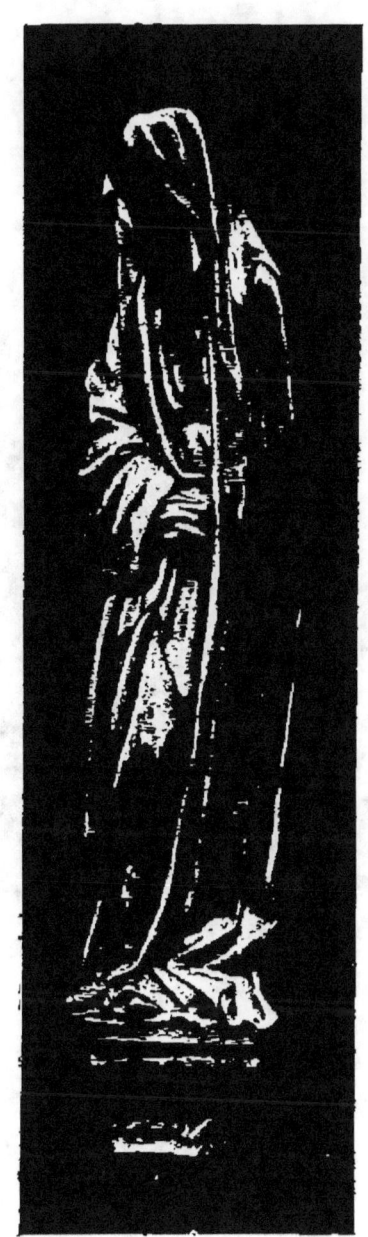

1679. — Saint Jean et la Vierge.
Or, xve siècle.
(M. Ed. Corroyer.)

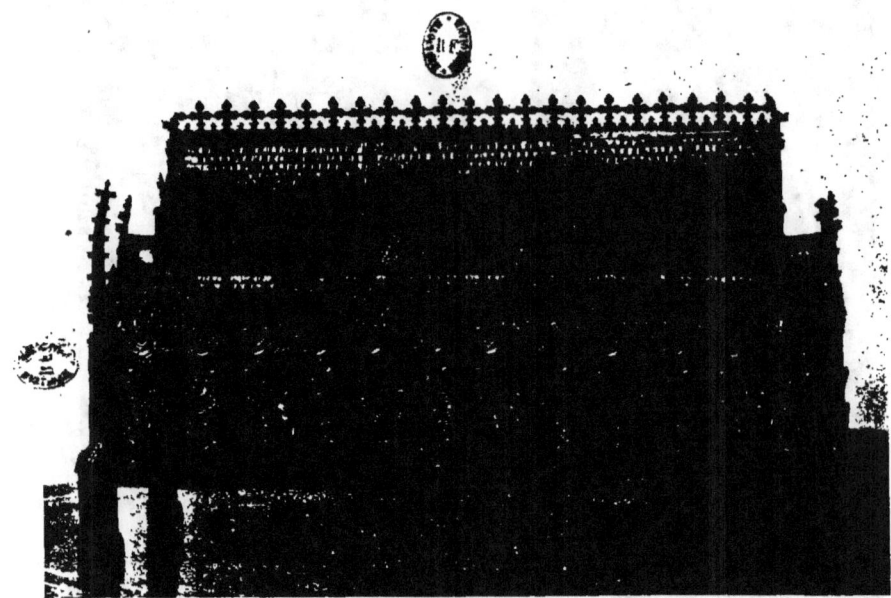

1712. — CHÂSSE.
Cuivre argenté, xvᵉ siècle.
(Église de Murtin.)

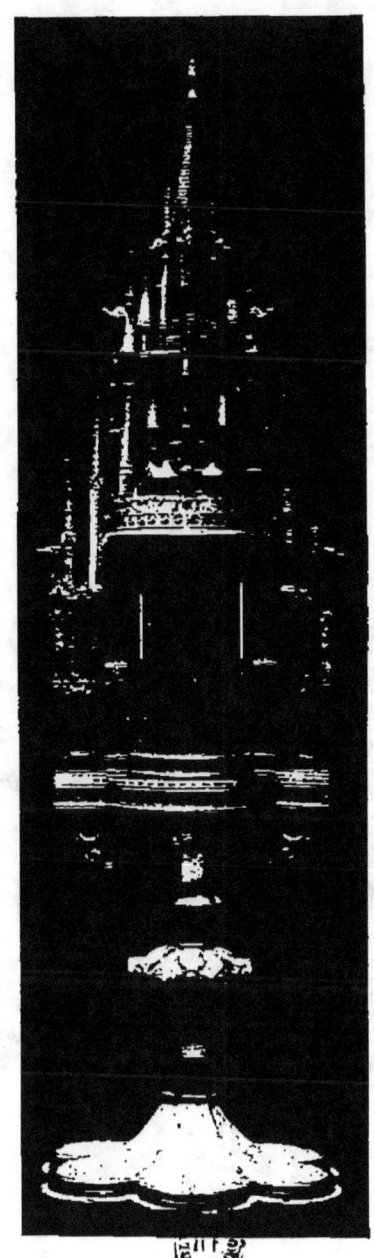

MONSTRANCE.
Cuivre doré, xvie siècle.
(Cathédrale de Rouen.)

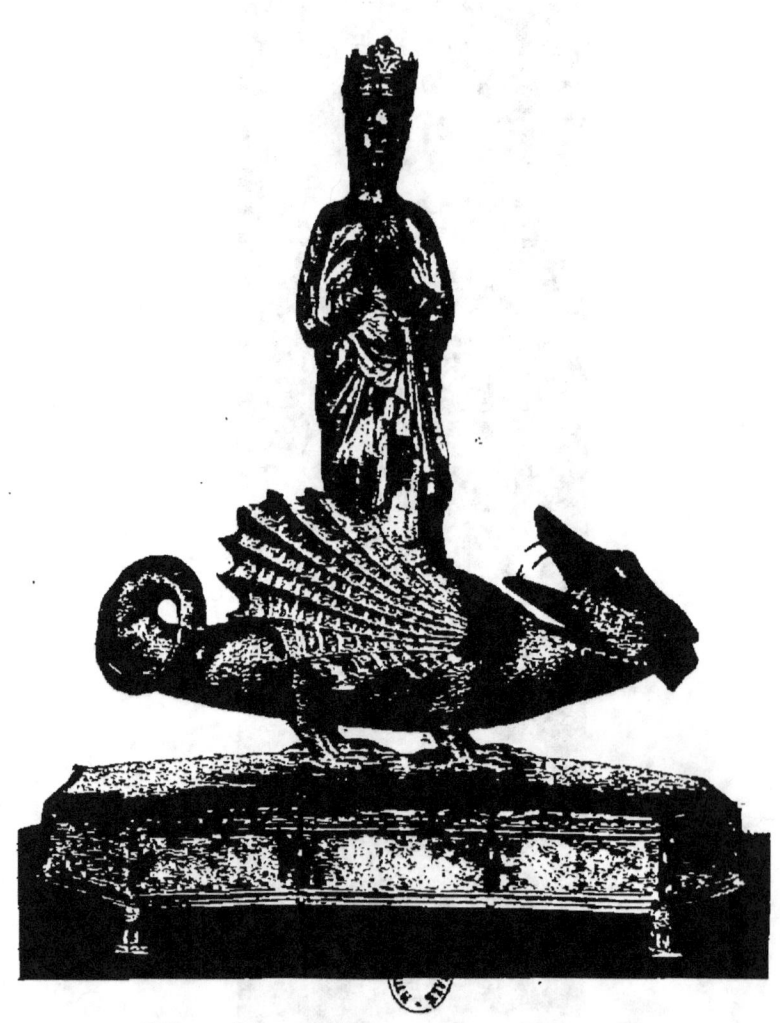

1767. — Sainte Marthe et la Tarasque.
Argent, xvᵉ siècle.
(Église de Lucéram, Alpes-Maritimes.)

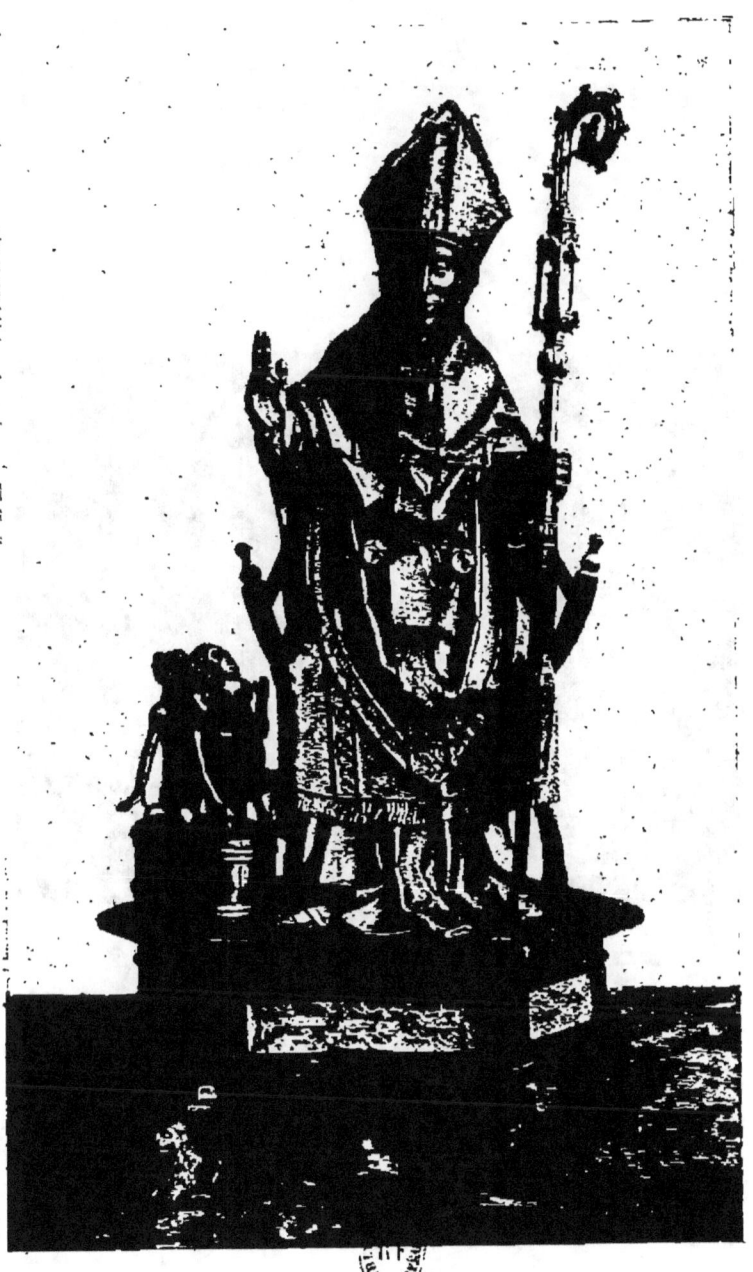

1709. — SAINT NICOLAS.
Cuivre doré, XVᵉ siècle.
(Église Saint-Jacques, à Amiens.)

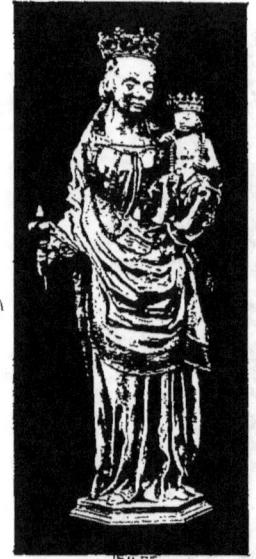

La Vierge et l'Enfant.
Argent, xvᵉ siècle.
(Église d'Évron, Mayenne.)

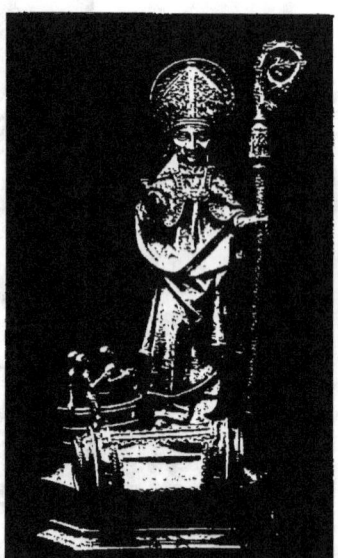

1746. — Saint Nicolas.
Argent, xvᵉ siècle.
(Église d'Avesnes-le-Comte, Pas-de-Calais.)

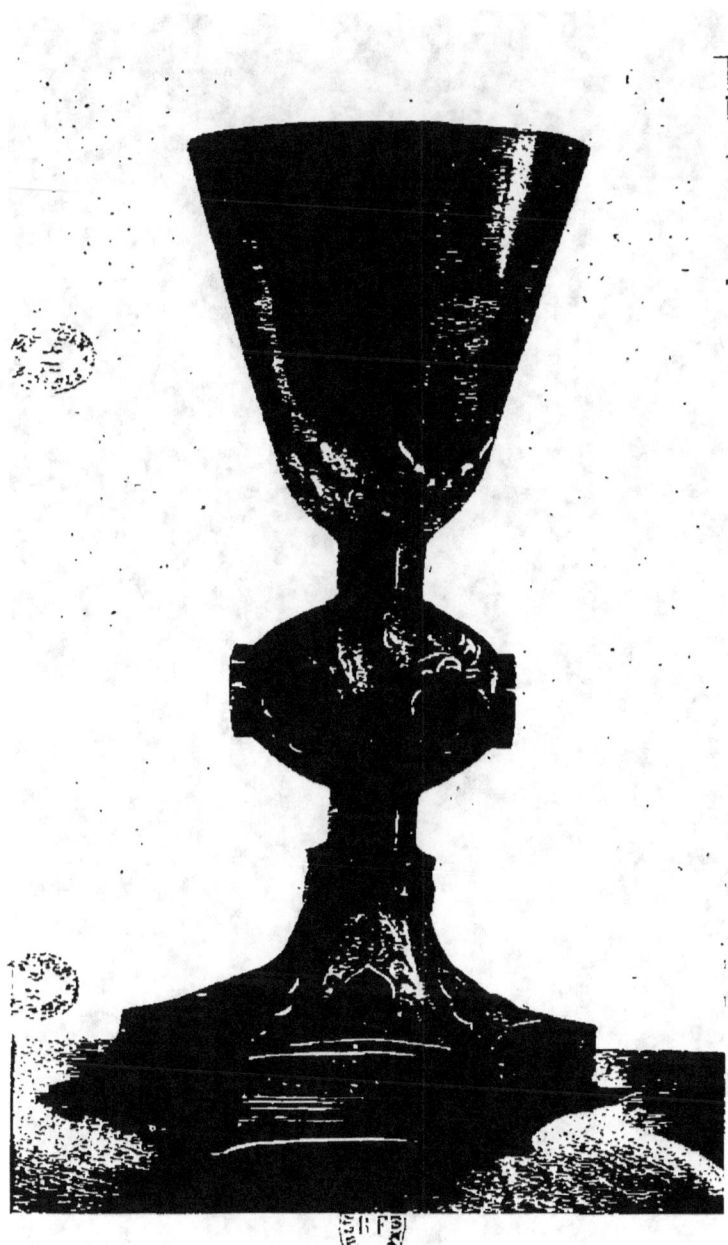

1715. — CALICE.
Argent doré, xve siècle.
(Église de Saint-Dalmas de Valdeblore, Alpes-Maritimes.)

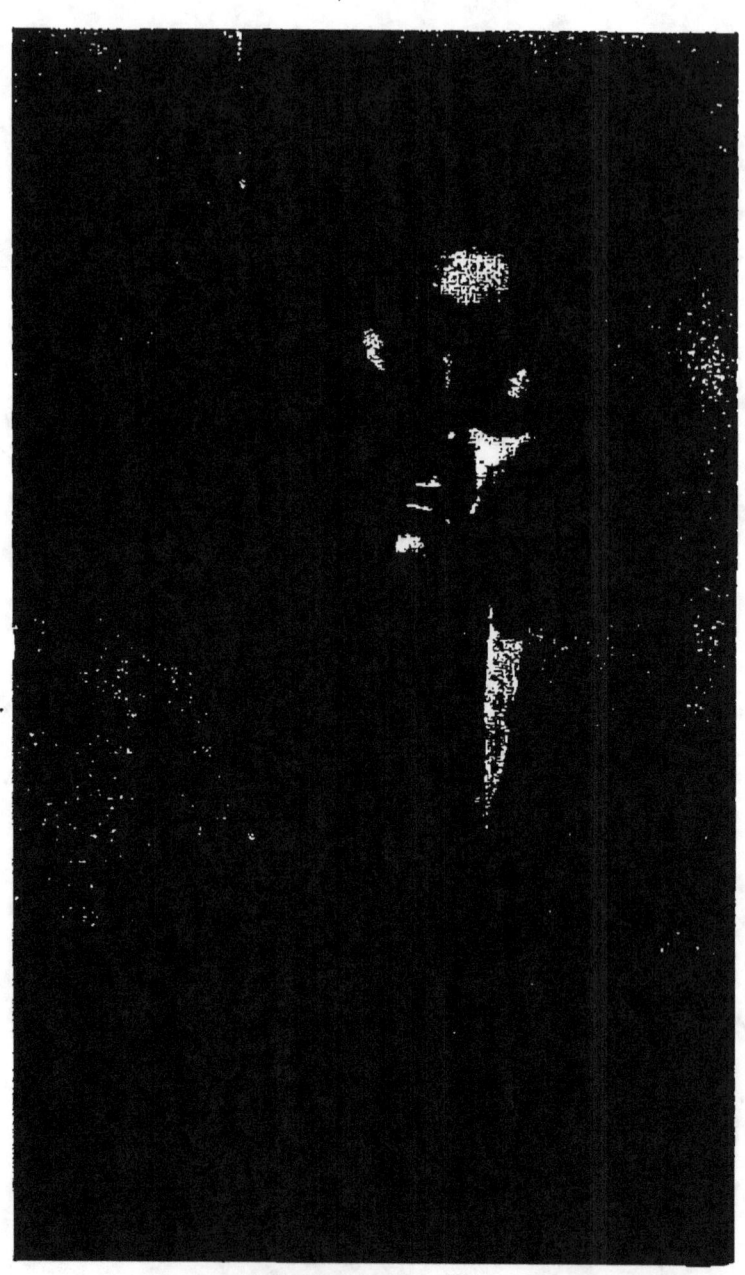

1733. — Chef reliquaire de Sainte Fortunade.
Bronze étamé, xvᵉ siècle.
(Église de Sainte-Fortunade, Corrèze.)

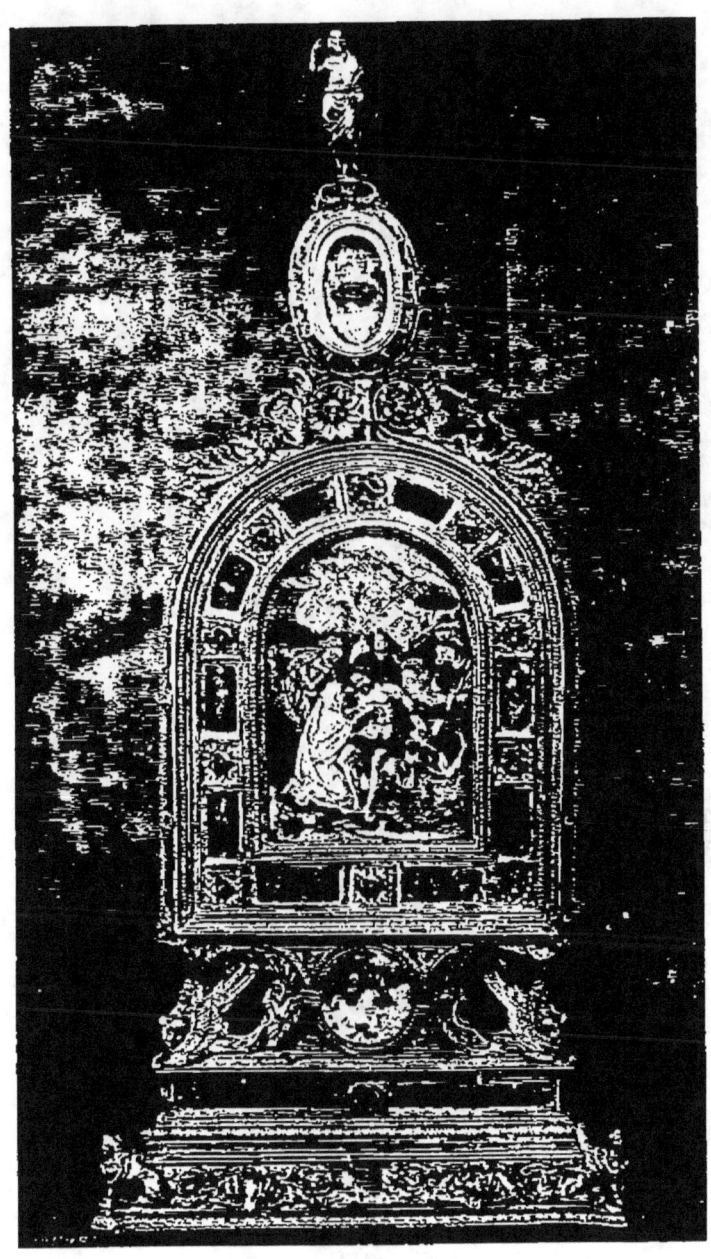

1697. — Baiser de paix.
Argent doré et émaux translucides, XVIe siècle.
(Cathédrale de Nice.)

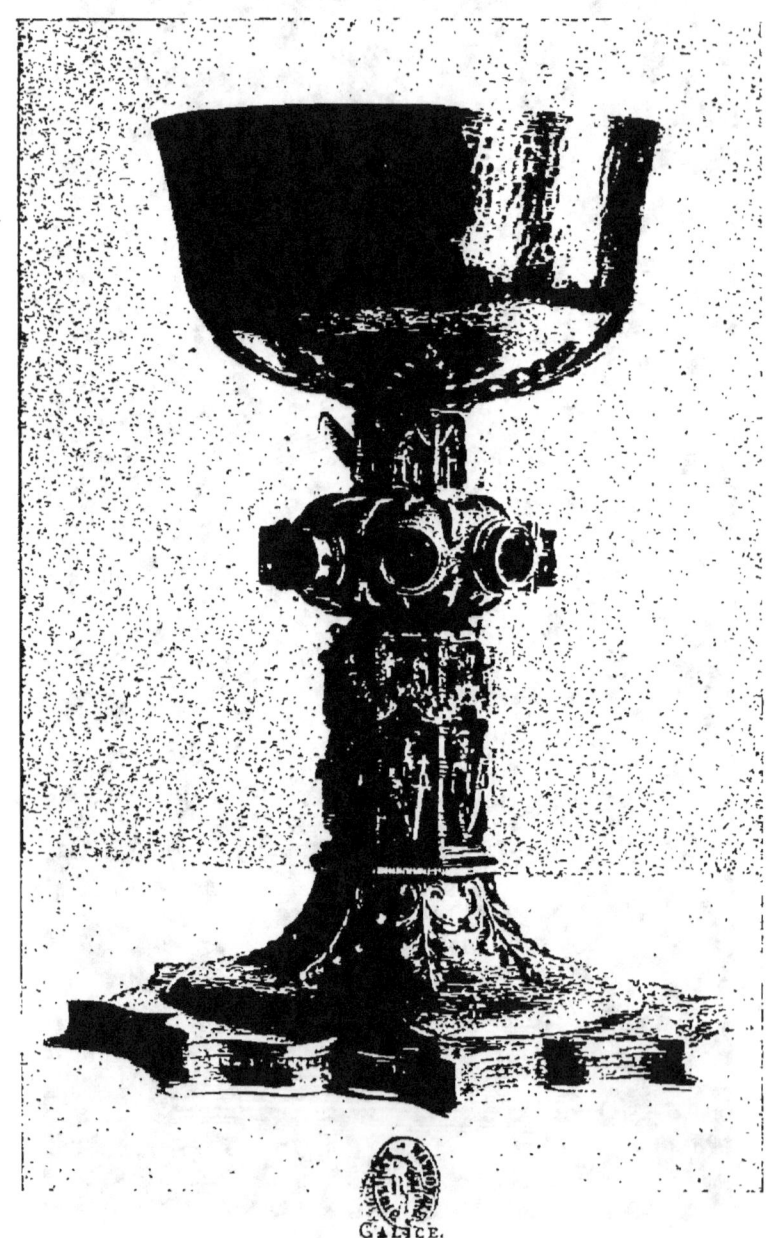

CALICE.
Argent doré, XVIᵉ siècle.
(Église de Saint-Marc-sur-Couesnon.)

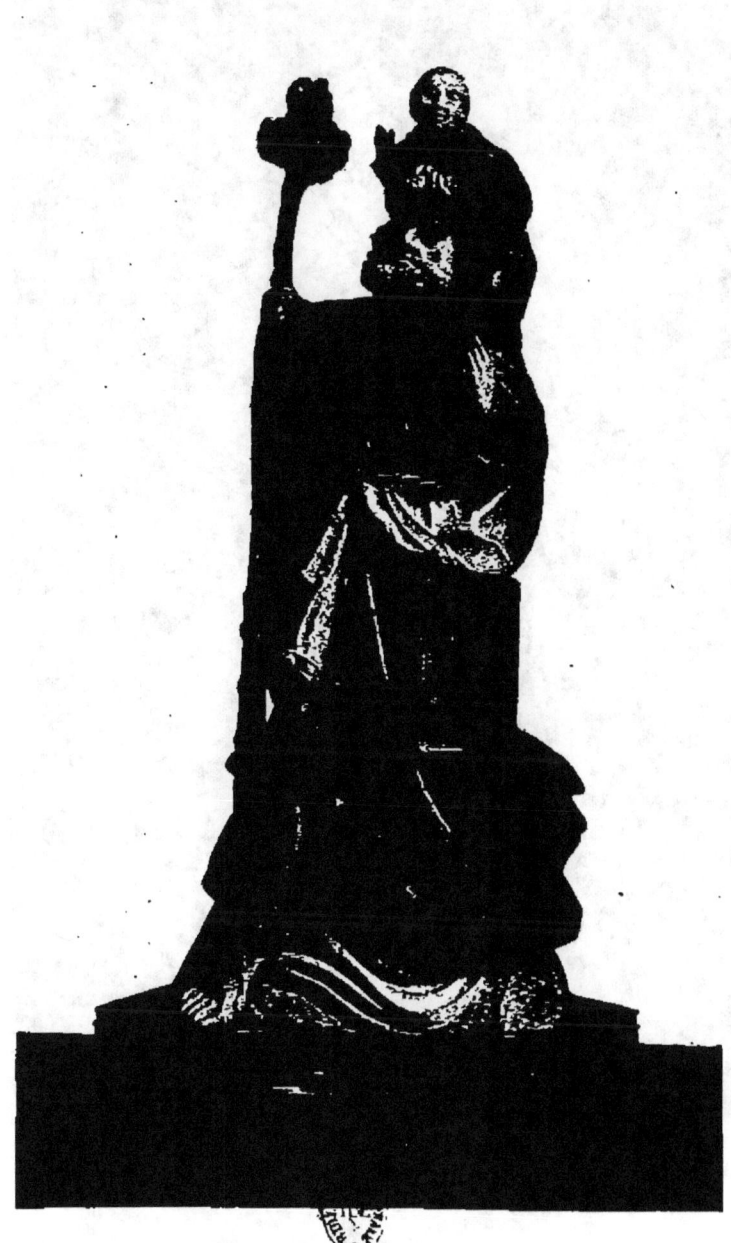

1711. — Saint Christophe.
Argent, XVIᵉ siècle.
(Église de Longpré-les-Corps-Saints, Somme.)

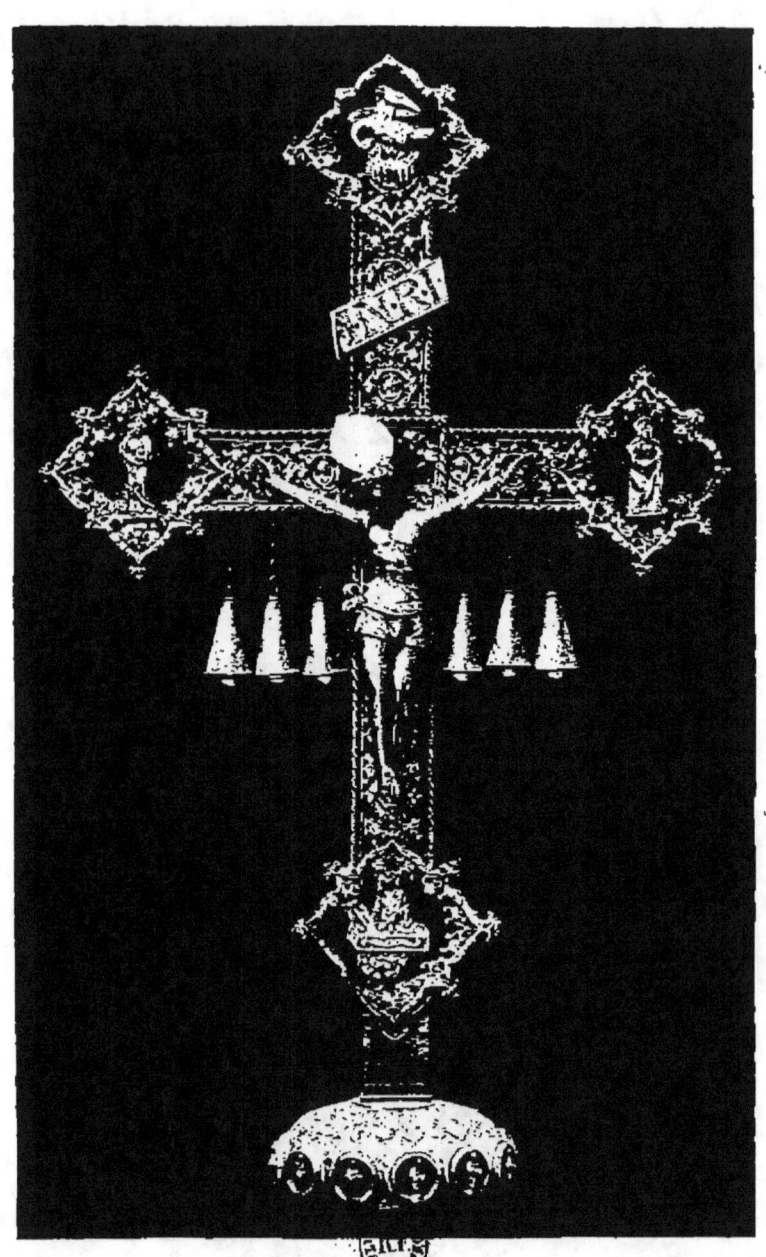

1732. — CROIX PROCESSIONNELLE.
Argent doré, XVIᵉ siècle.
(Église d'Ahetze, Basses-Pyrénées.)

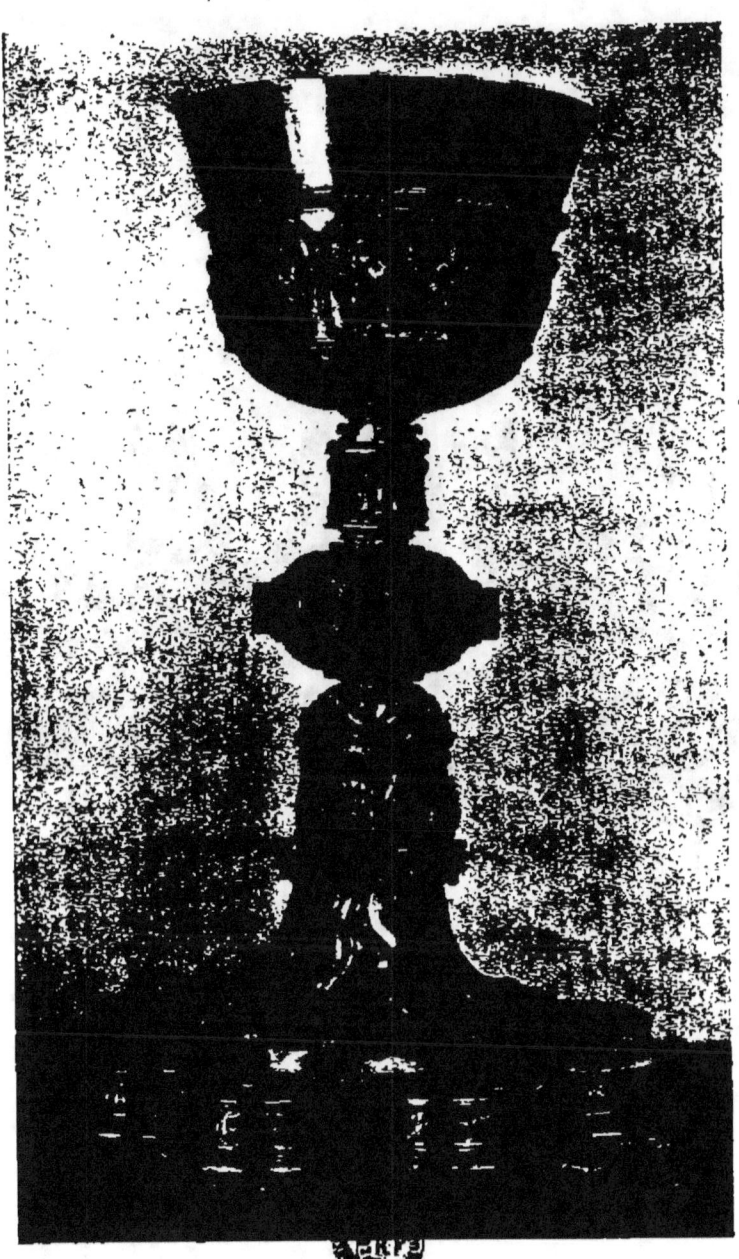

CALICE.
Argent doré, xvi⁰ siècle.
(Cathédrale de Tours.)

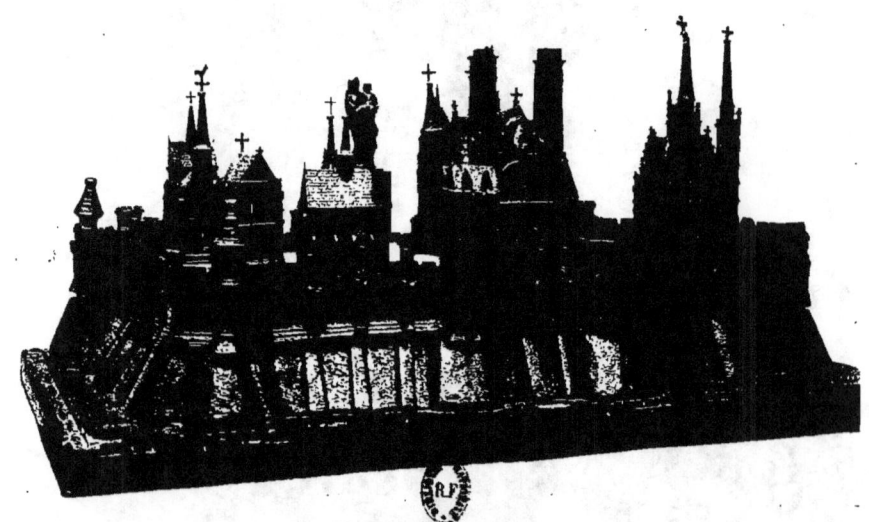

1779. — Plan de Soissons.
Cuivre doré, xvie siècle.
(Cathédrale de Soissons.)

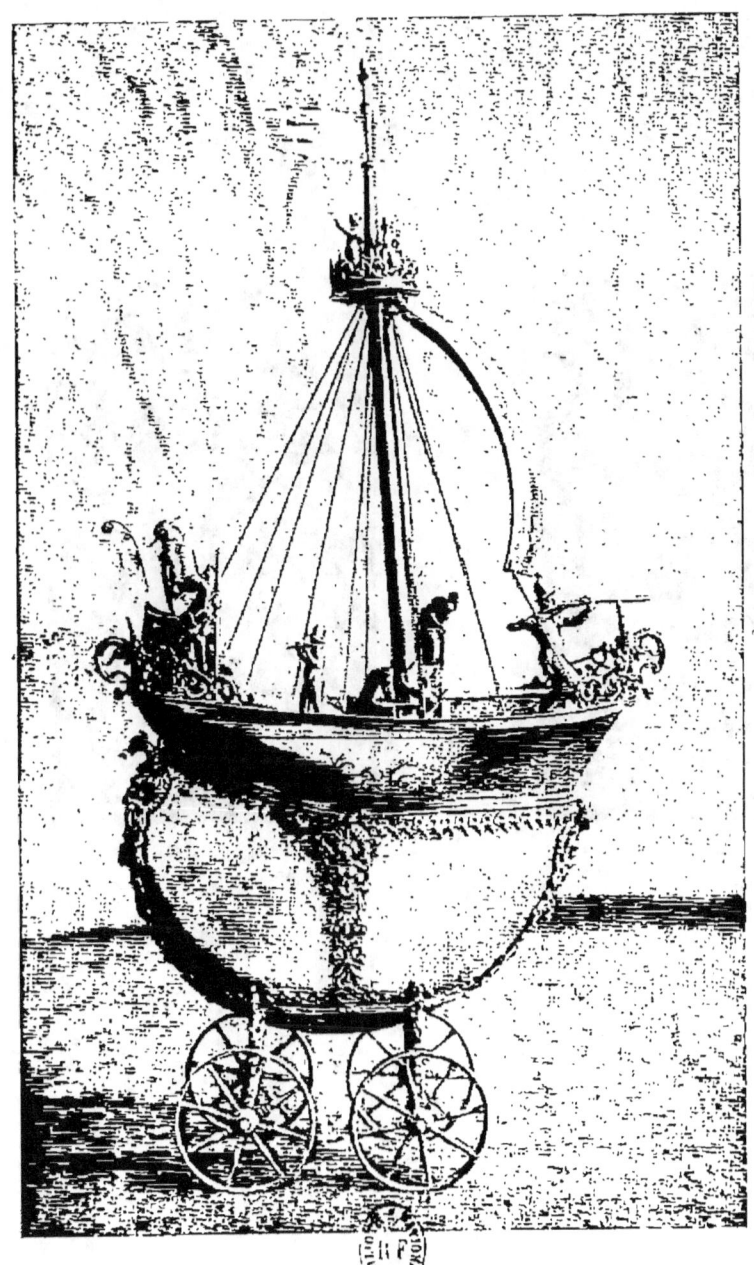

1782. — Nef.
Nacre et argent doré, XVIe siècle.
(Église de Saint-Nicolas-du-Port.)

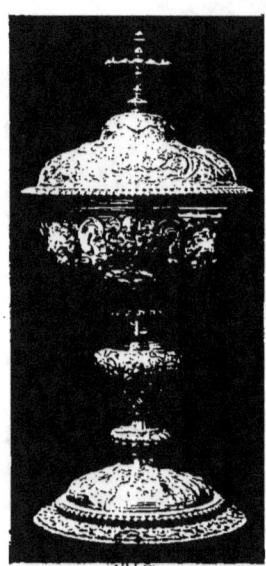

1812. CIBOIRE.
Argent doré, XVIIe siècle.
(Église de La Riche, Indre-et-Loire.)

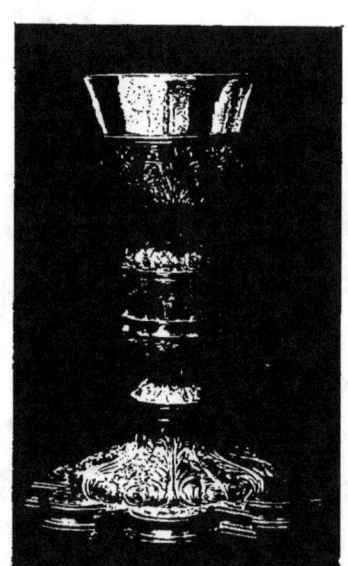

1795. CALICE.
Argent doré, XVIe siècle.
(Église de Plourach, Côtes-du-Nord.)

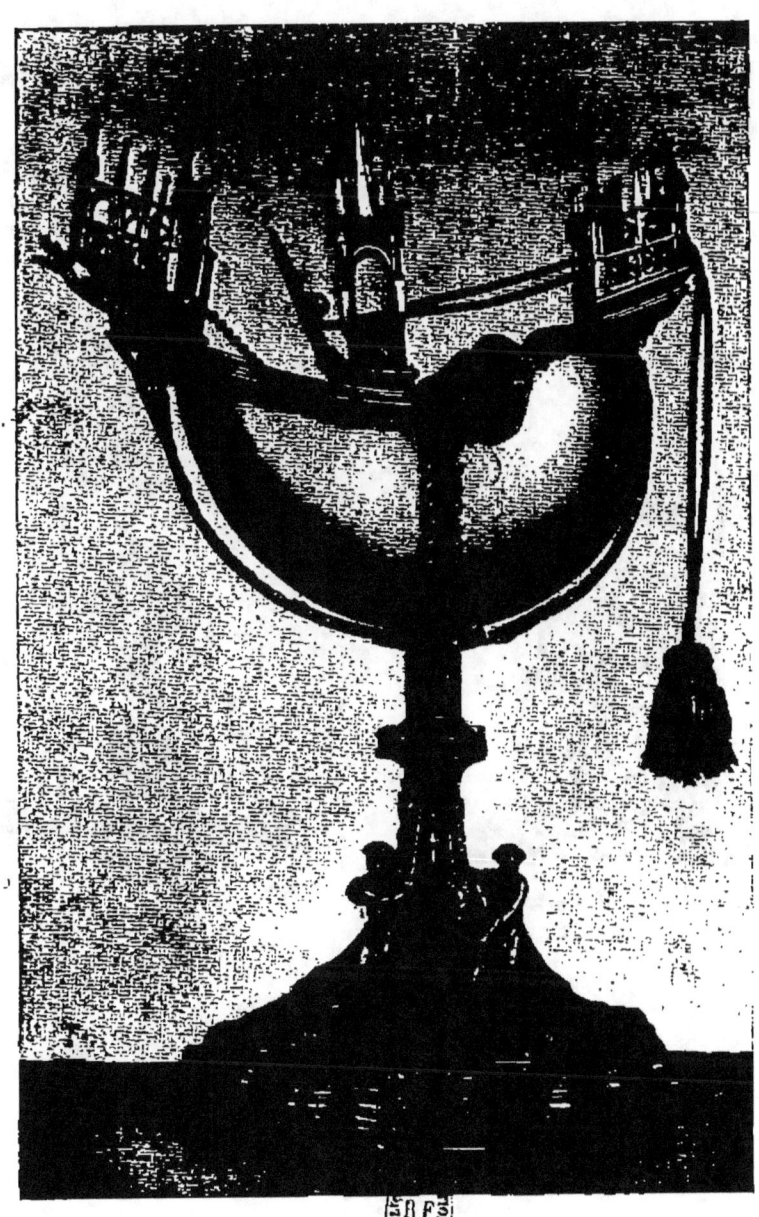

1786. — Navette a encens.
Nacre et argent doré, xvi⁰ siècle.
(Cathédrale de Chartres.)

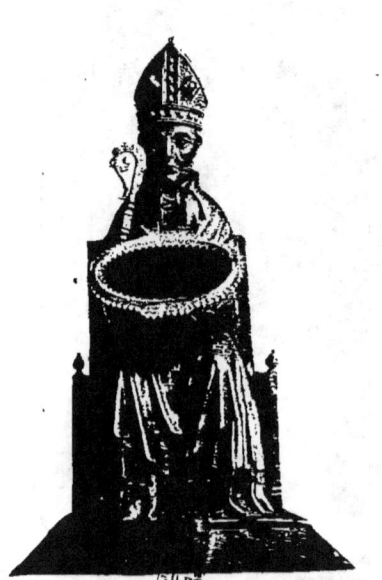

1702. — Reliquaire de Saint-Vivien.
Cuivre xiv siècle.
(Église de Bruyères, Seine-et-Oise.)

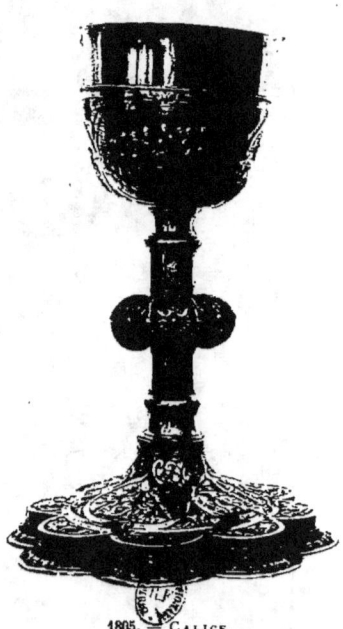

1805. — Calice.
Argent doré, xvii siècle.
(Grand Séminaire d'Arras.)

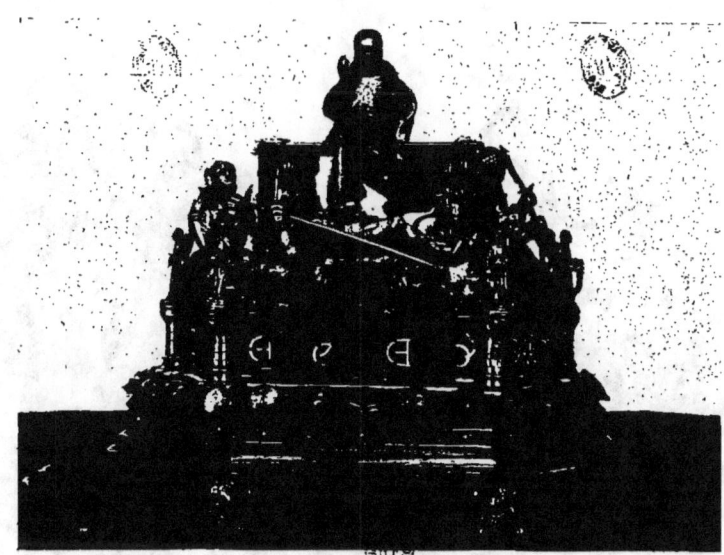

1760. — La Résurrection.
Vermeil, cuivre doré, émaux, xvi⁰ siècle.
(Cathédrale de Reims.)

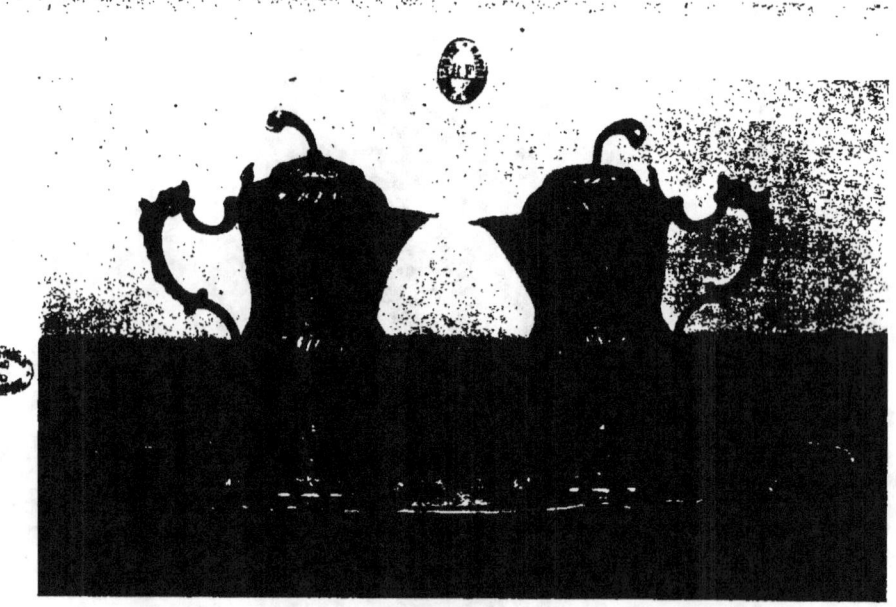

1860. — Burettes.
Argent doré, époque de Louis XV.
(Cathédrale de Nancy.)

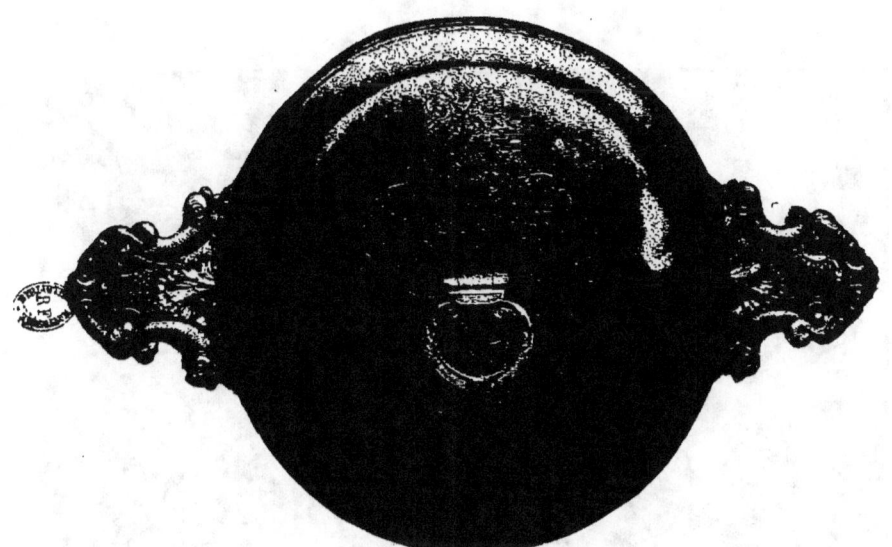

1827. — Écuelle de chasse du Grand Dauphin.
Vermeil, xviie siècle.
(M. Ed. Corroyer.)

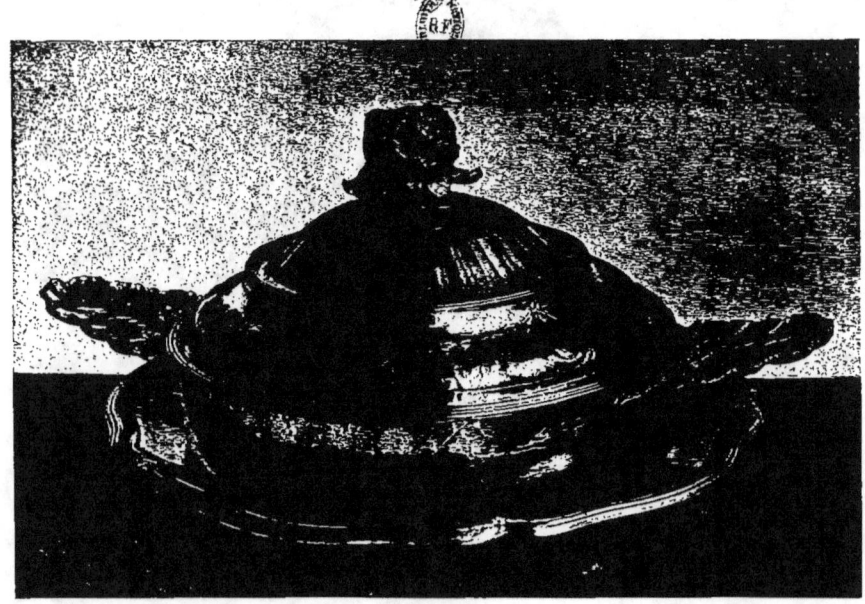

1843. — ÉCUELLE A BOUILLON.
Vermeil, XVIIIe siècle.

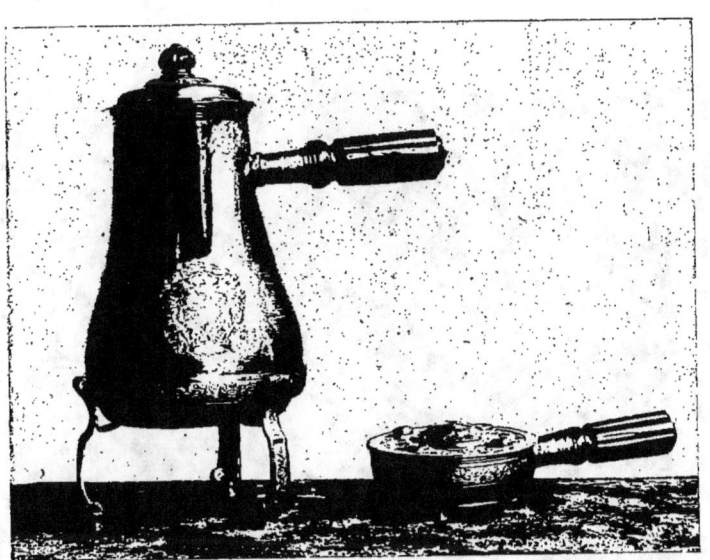

1842. — Bouilloire et réchaud.
Or, XVIIᵉ siècle.
(M. Parisot.)

2631. — TRIPTYQUE.
Email peint, xvie siècle.
(Mme Gramigosa.)

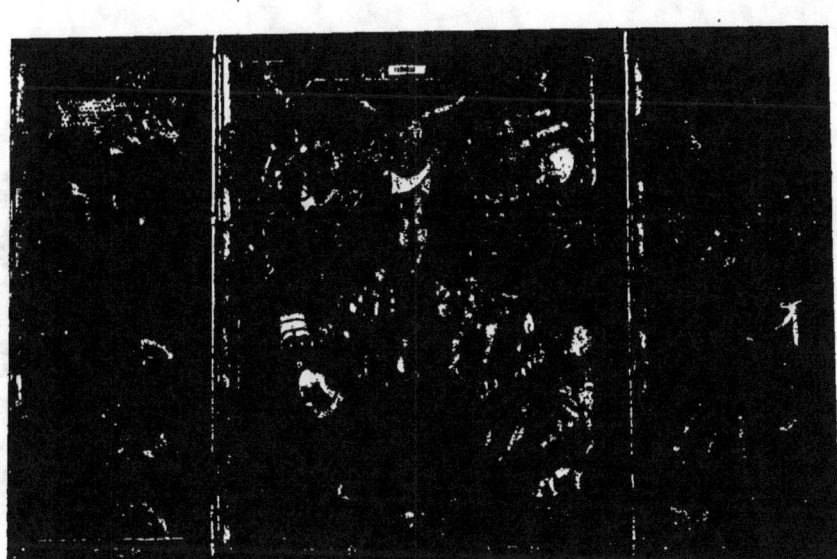

2627. — ST... ...QUE.
Émail peint, XVIe siècle.
(M. Boy.)

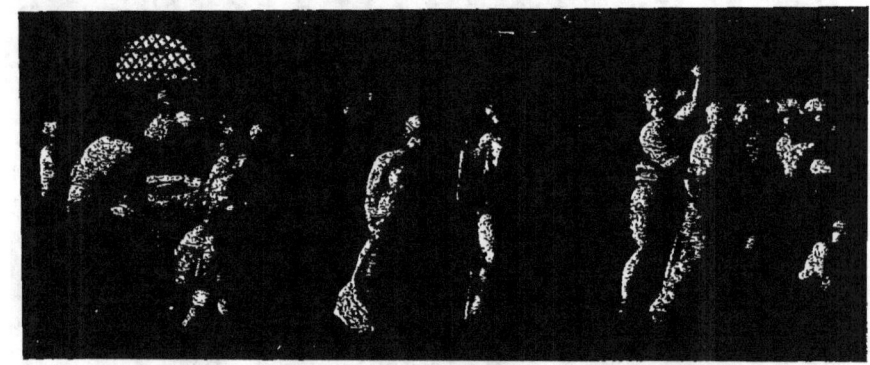

2647. — Livre pliant.
Émail peint, xvi⁰ siècle.
(M. S. Bardac.)

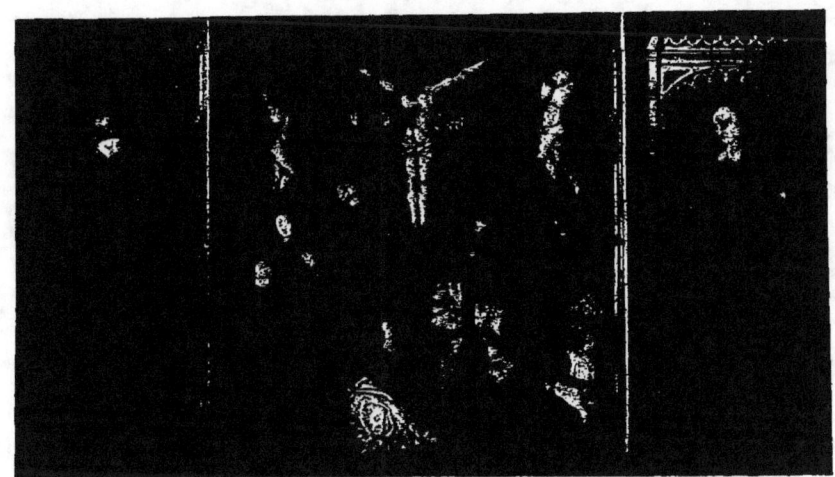

2618. — Triptyque.
Émail peint, XVIe siècle.
(M. Cottereau.)

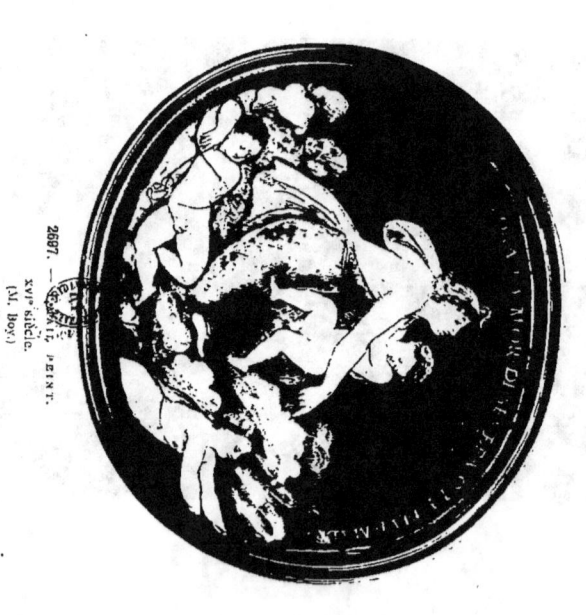

2697. — ÉMAIL PEINT.
XVIᵉ siècle.
(M. Boy.)

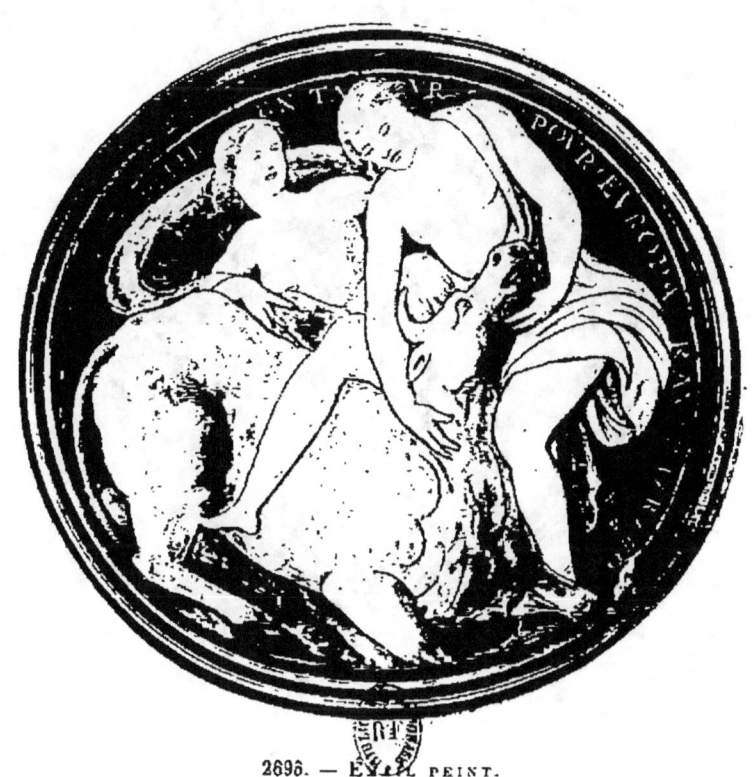

2696. — ÉMAIL PEINT.
XVIe siècle.
(M. Boy.)

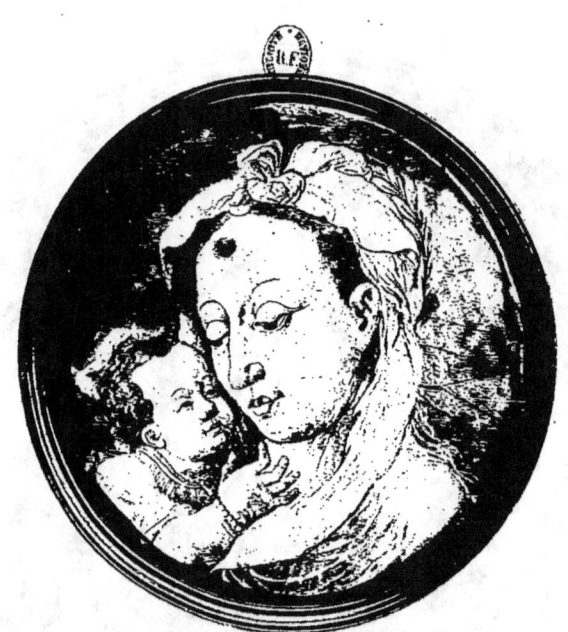

2694. — LA CHARITÉ.
Émail peint, XVIᵉ siècle.

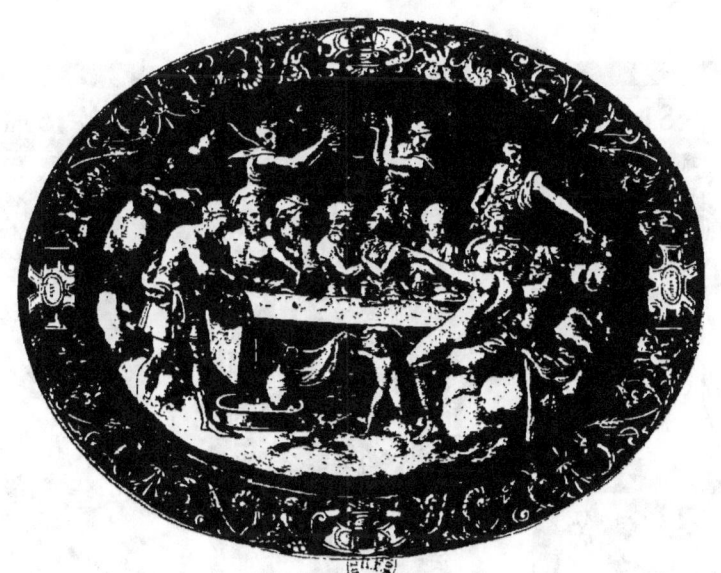

2747. — Le Festin des Dieux.
Émail peint, xvie siècle.
(M. le baron Oppenheim.)

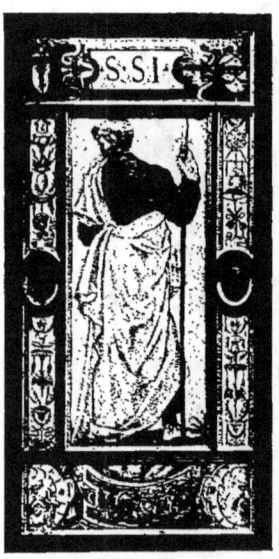 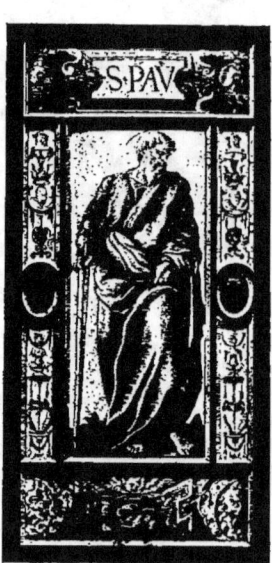 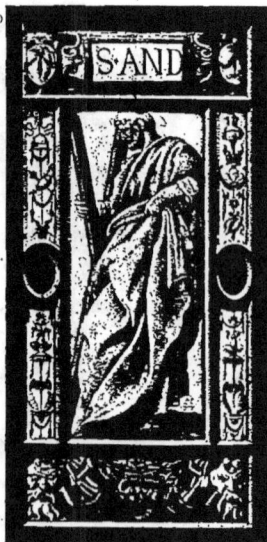

2690. — LES APÔTRES.
Émaux peints, XVIᵉ siècle.
(Église Saint-Père, à Chartres.)

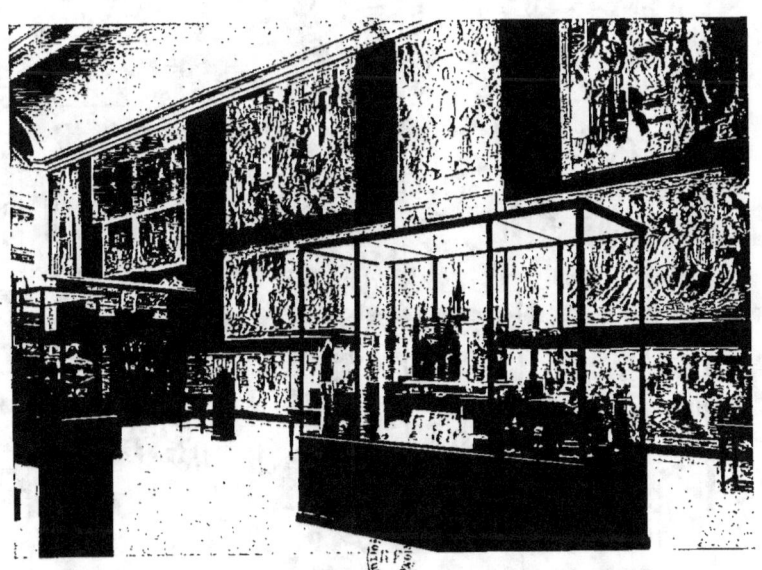
Orfèvrerie religieuse.

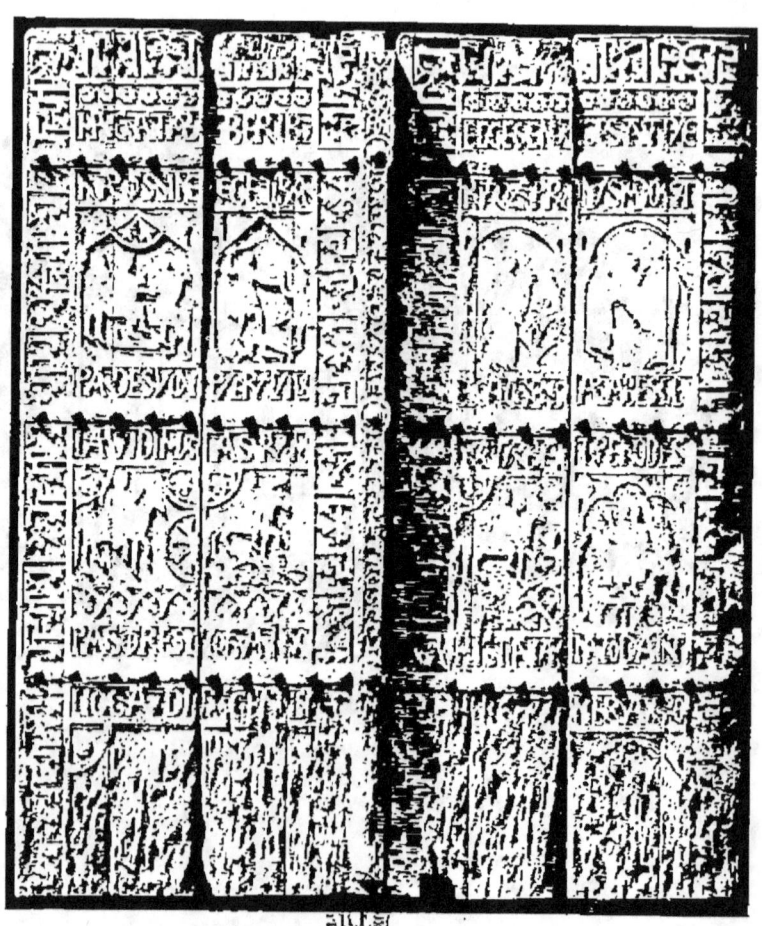

PORTE DE LA CATHÉDRALE DU PUY.
Bois peint, XIe siècle.

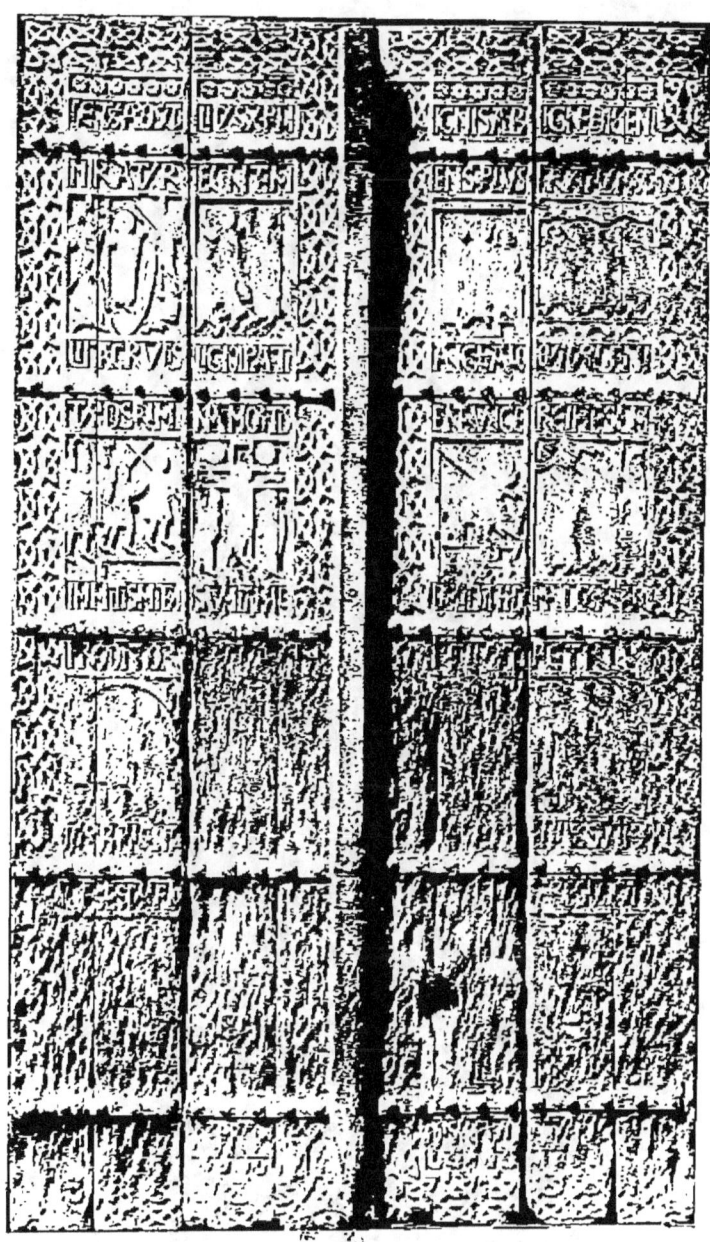

3029 bis. — Porte de la cathédrale du Puy.
Bois sculpté et peint, xi⁰ siècle.

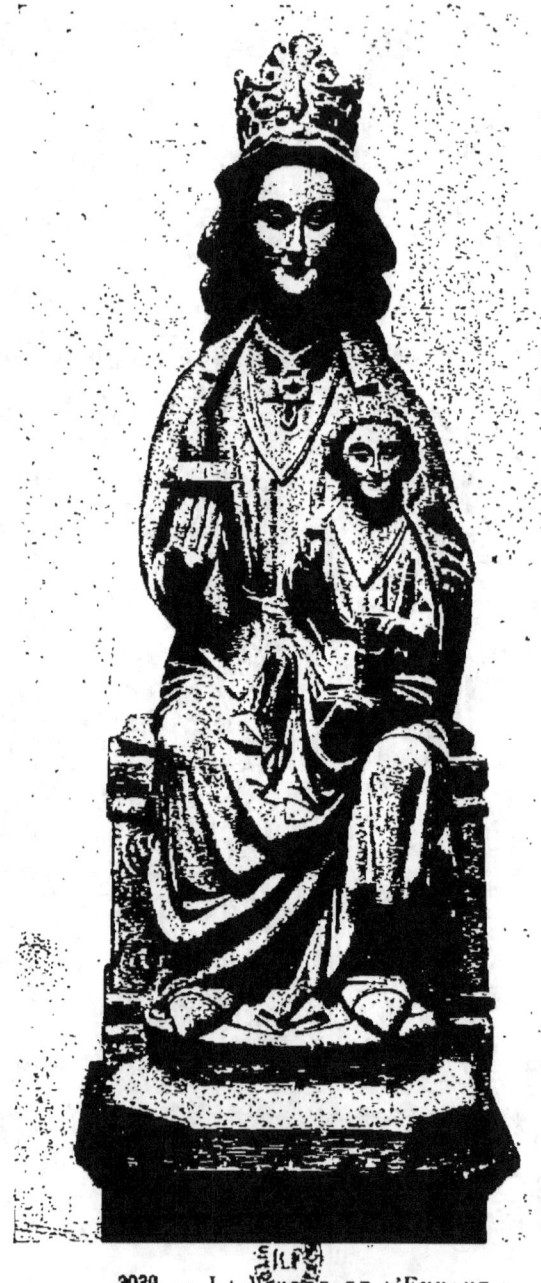

3039. — LA VIERGE ET L'ENFANT.
Bois peint, XIIIe siècle.
(M. Boy.)

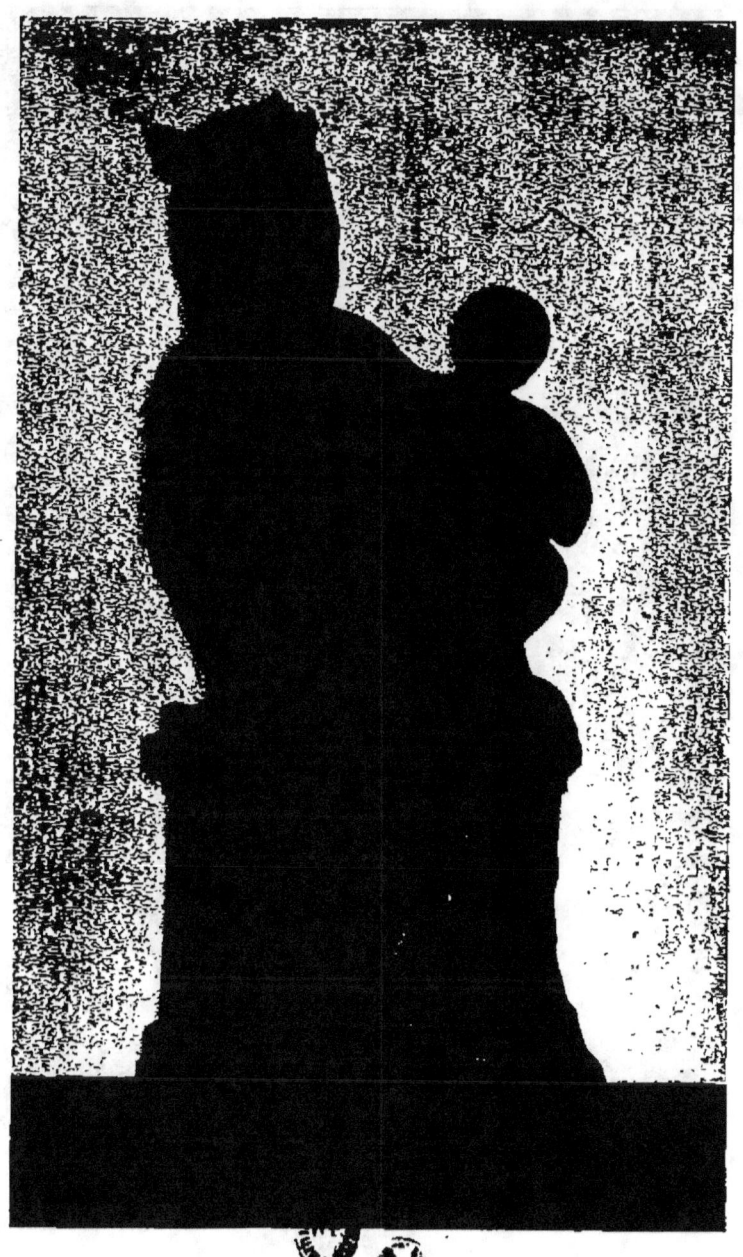

3038. — La Vierge et l'Enfant.
Bois, xiiiᵉ siècle.
(M. Bossy.)

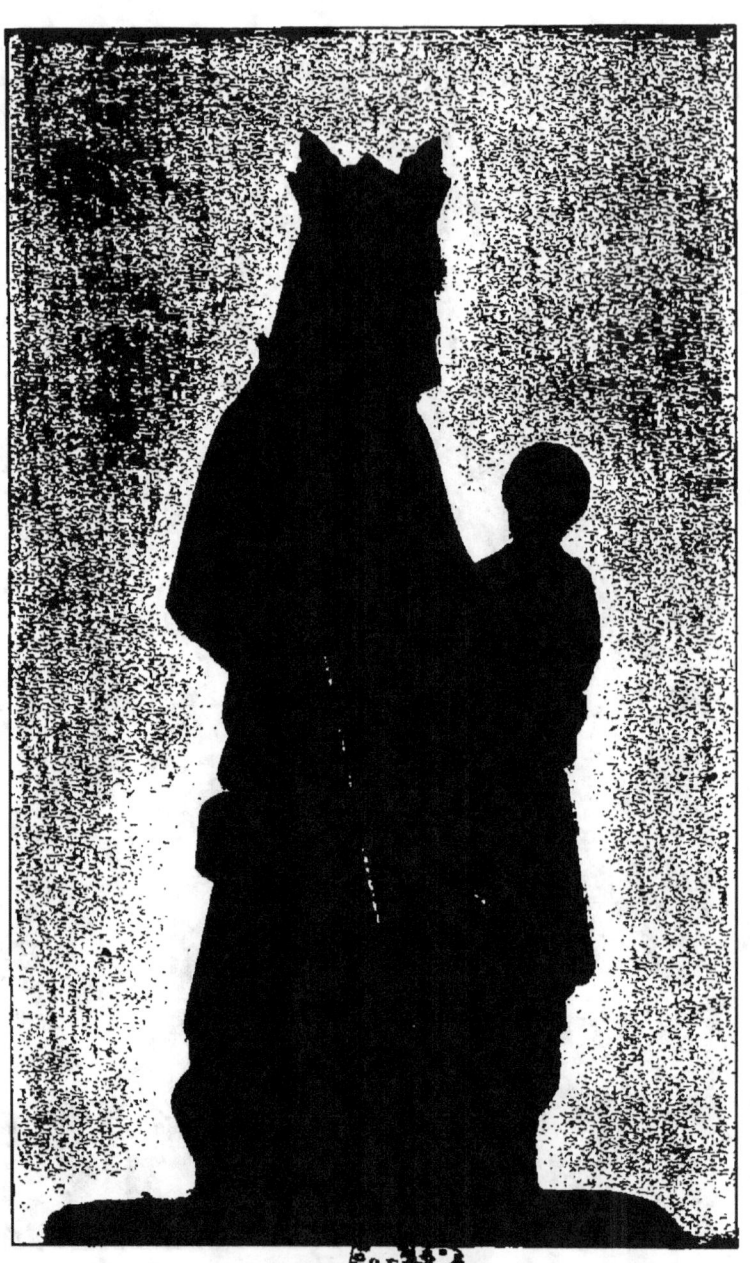

3036. — LA VIERGE ET L'ENFANT.
Bois, XIIIe siècle.
(Église de Taverny, Seine-et-Oise.)

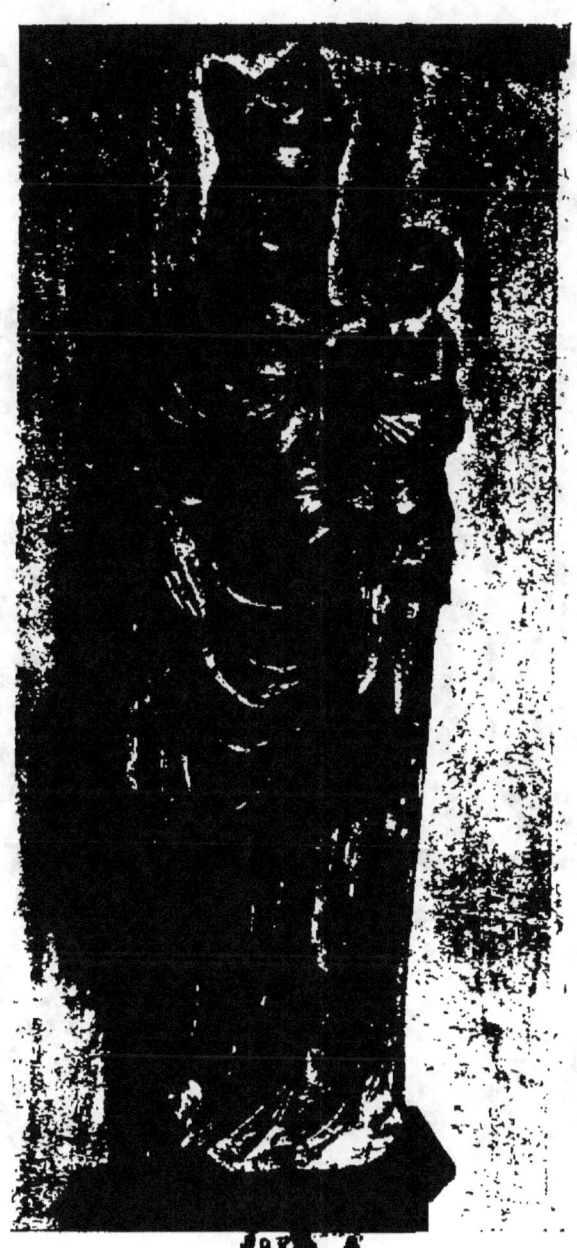

3043. VIERGE.
Bois, xive siècle.
(M. Boy.)

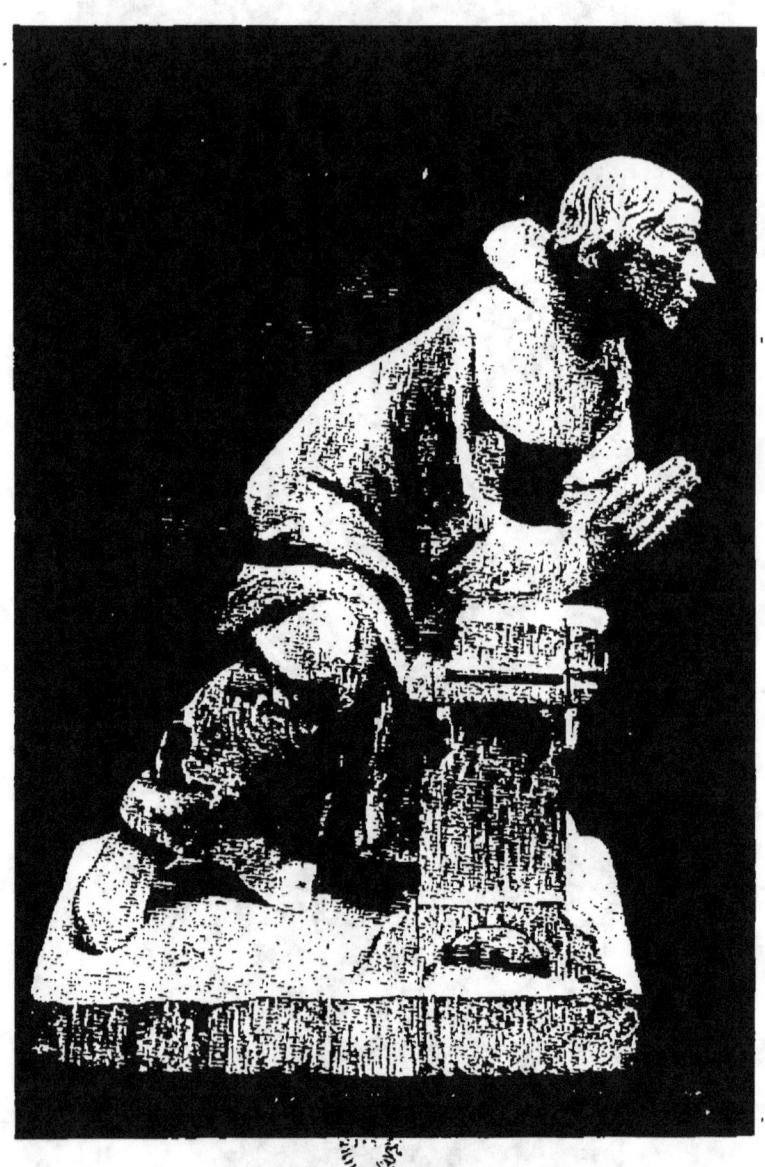

3048. — STATUETTE.
Bois, XVe siècle.
(M. Ed. Corroyer.)

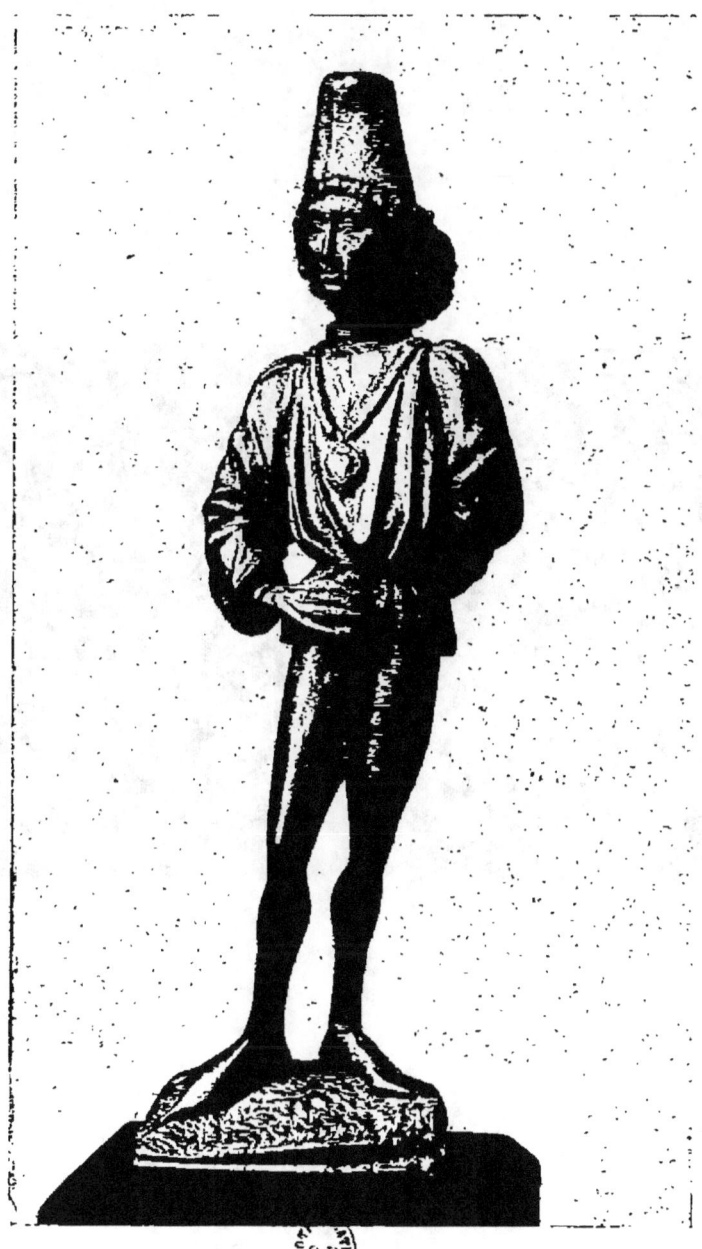

3071. STATUETTE.
Bois, xve siècle.
(M. le baron Oppenheim.)

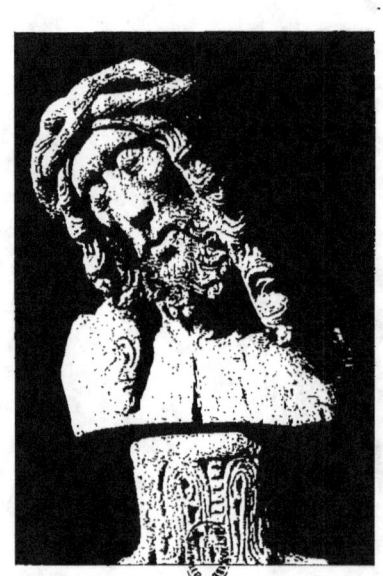

3067. — Tête de Christ.
Bois. xv⁰ siècle.

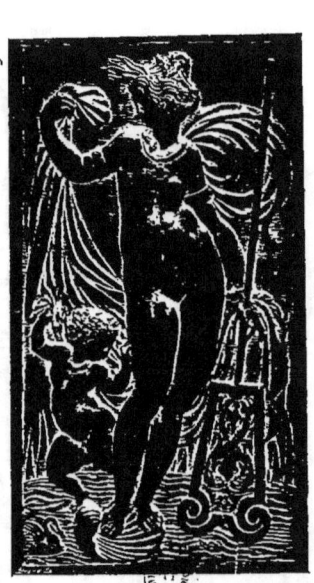

2853. — Anneau.
Bois. xvi⁰ siècle.

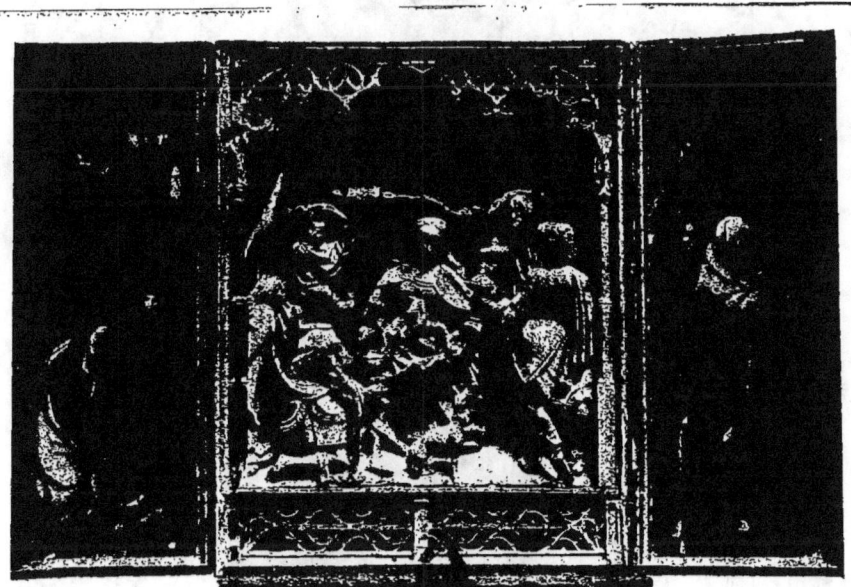

4547. — Triptyque.
Bois sculpté et peint, xve siècle.
(Église de Thenay, Loir-et-Cher.)

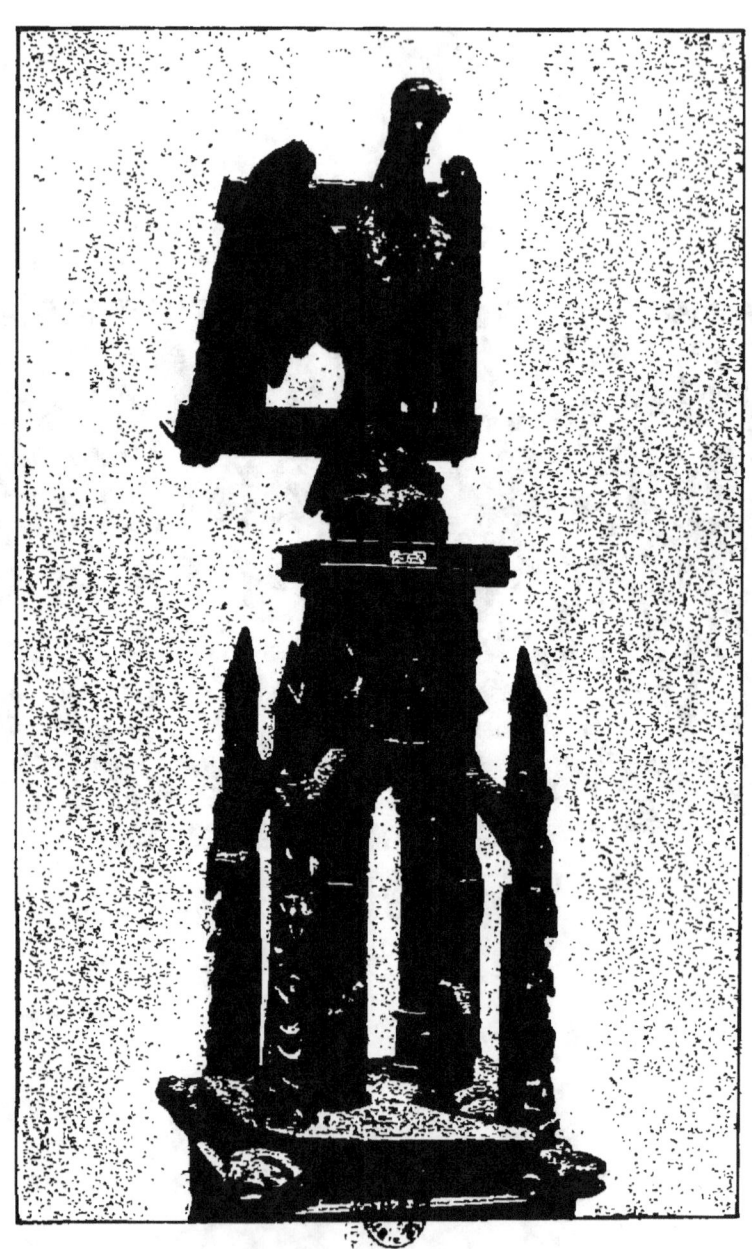

3056 *bis*. — Lutrin.
Bois, XVe siècle.
(Église de Puligny, Côte-d'Or.)

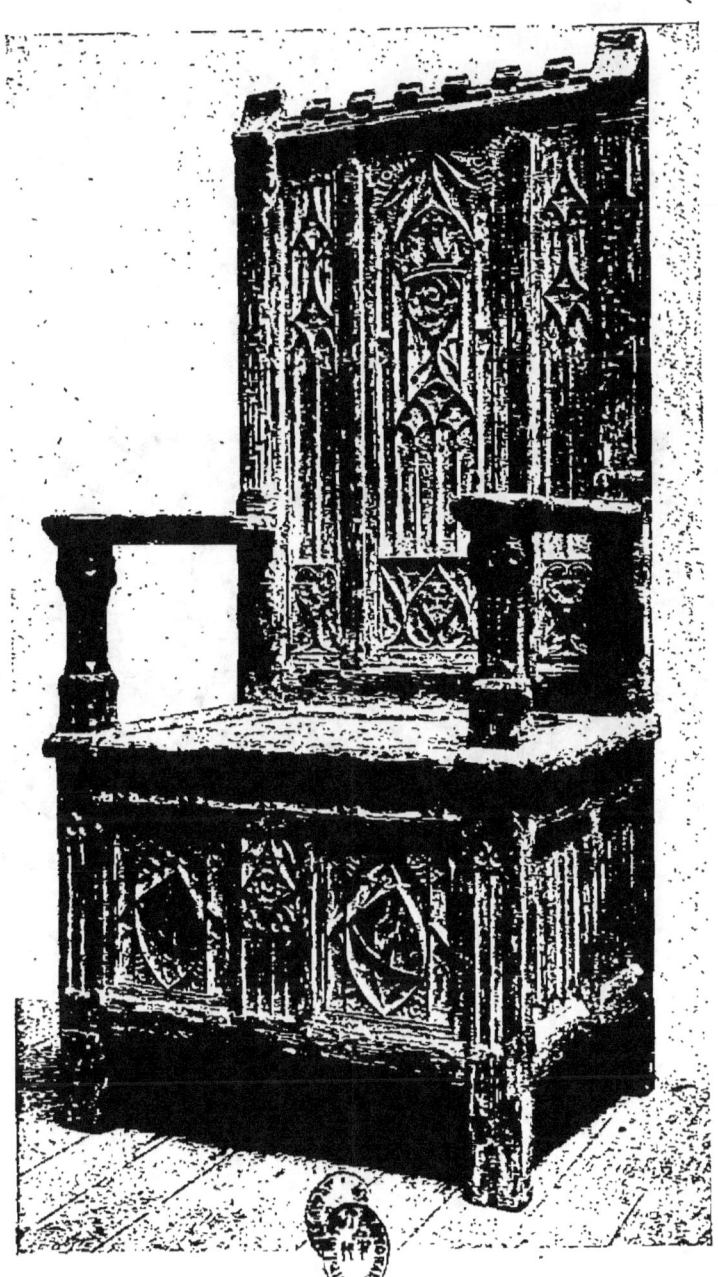

2798. — CHAISE.
Bois, XVᵉ siècle.
(M. Boy.)

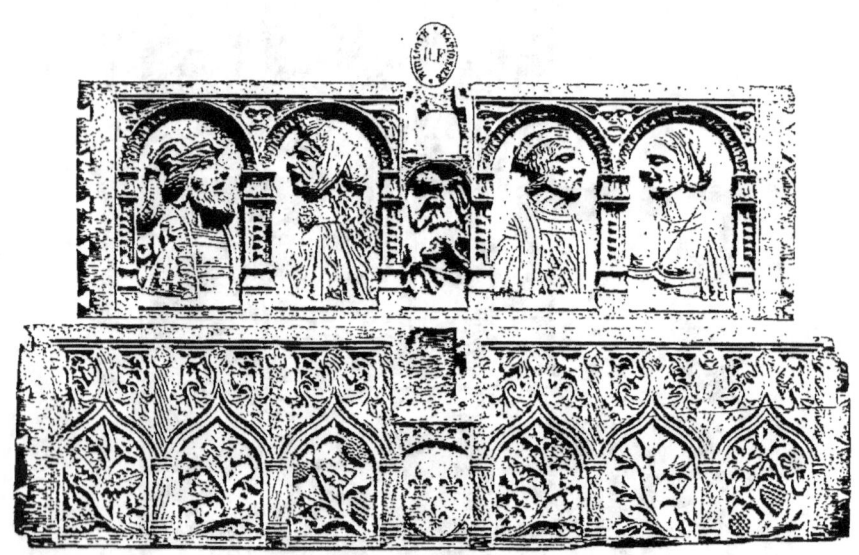

2847-2854. — Panneaux de coffres.
xvɪᵉ siècle.
(M. Bay.)

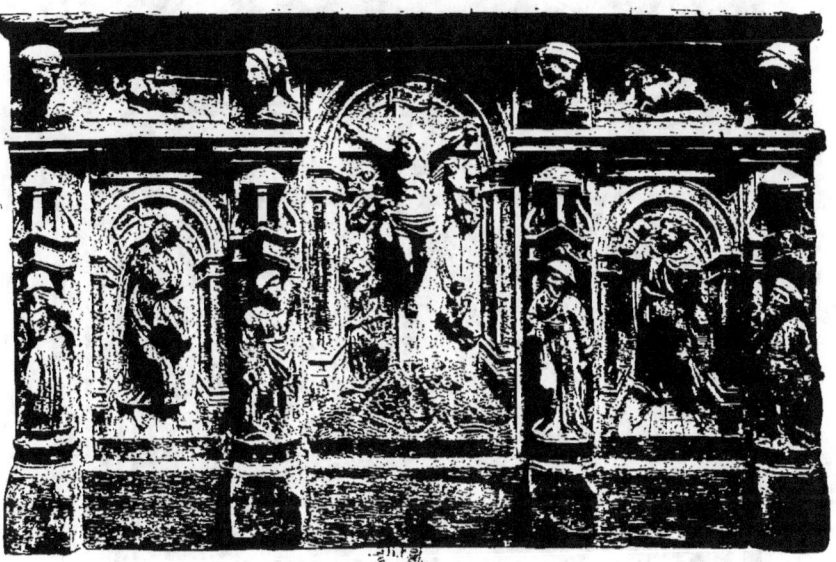

2816. — Panneau de coffre.
XVIᵉ siècle.
(M. Boy.)

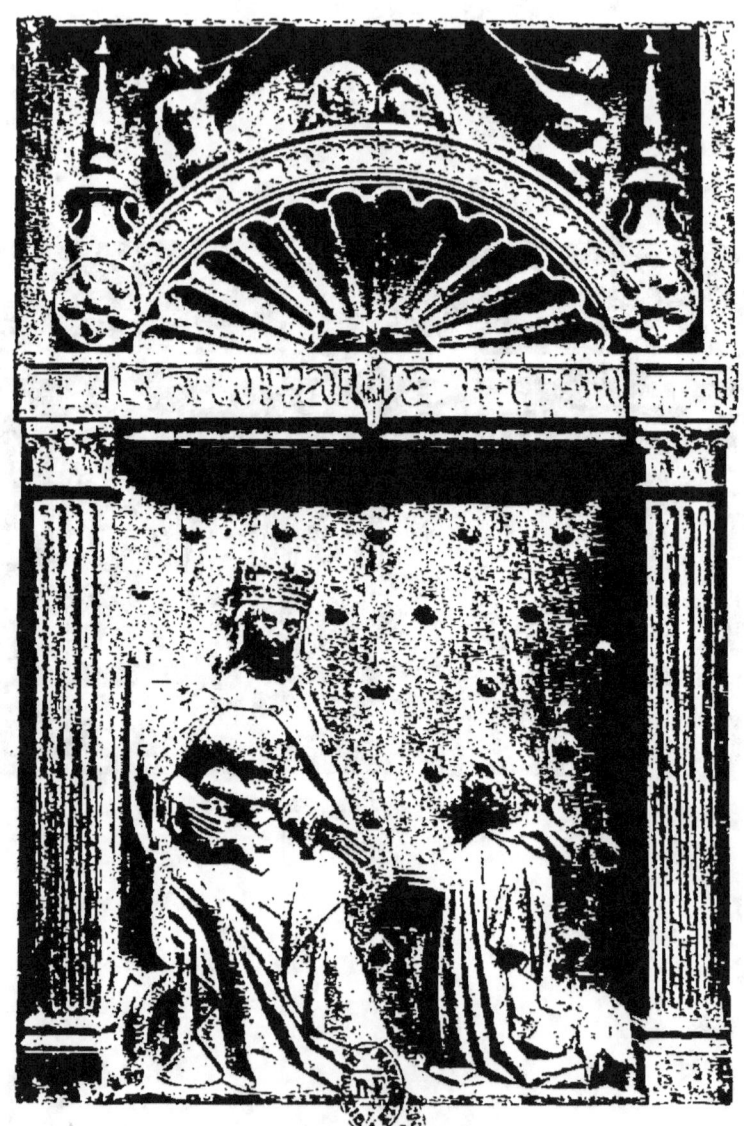

2819. — PANNEAU.
Bois, XVIᵉ siècle.
(M. Boy.)

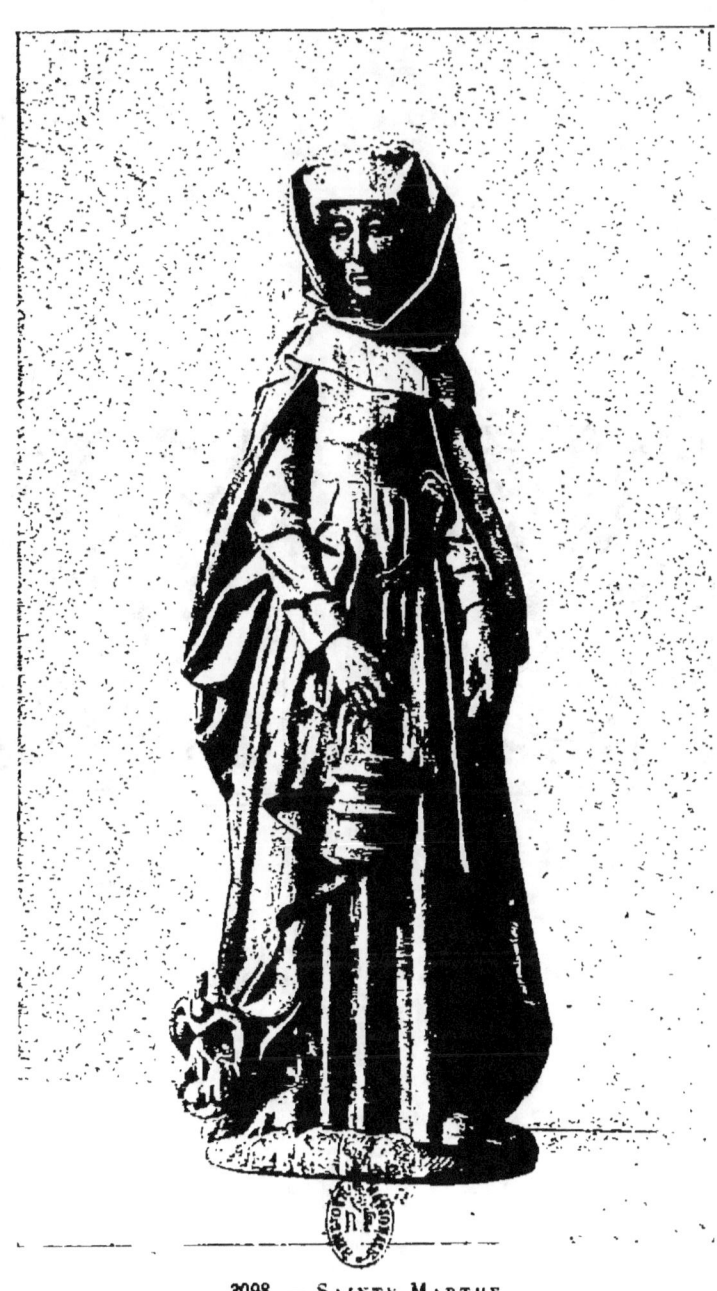

3098. — Sainte Marthe.
Bois, xvie siècle.
(Musée de Château Gontier.)

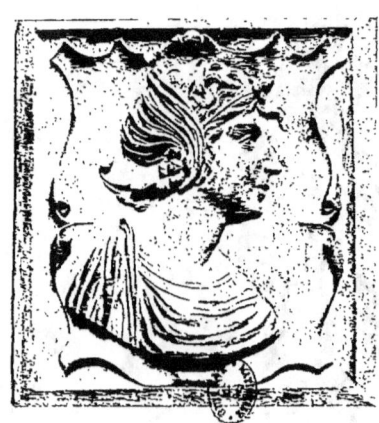

2813. — Panneau.
Bois, xvie siècle.
(M. Boy.)

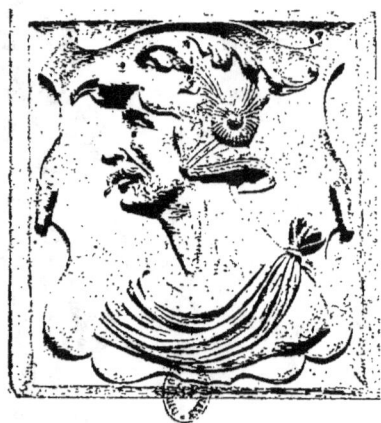

2813. — Panneau.
Bois, xvie siècle.
(M. Boy.)

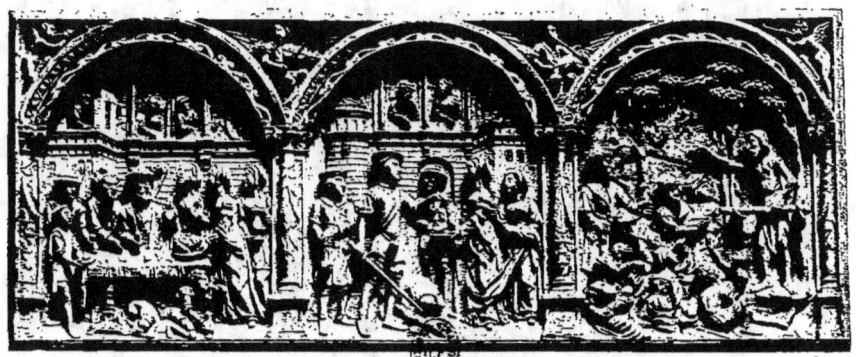

2812. — Devant de coffre.
Bois, XVIe siècle.
(M. Boy.)

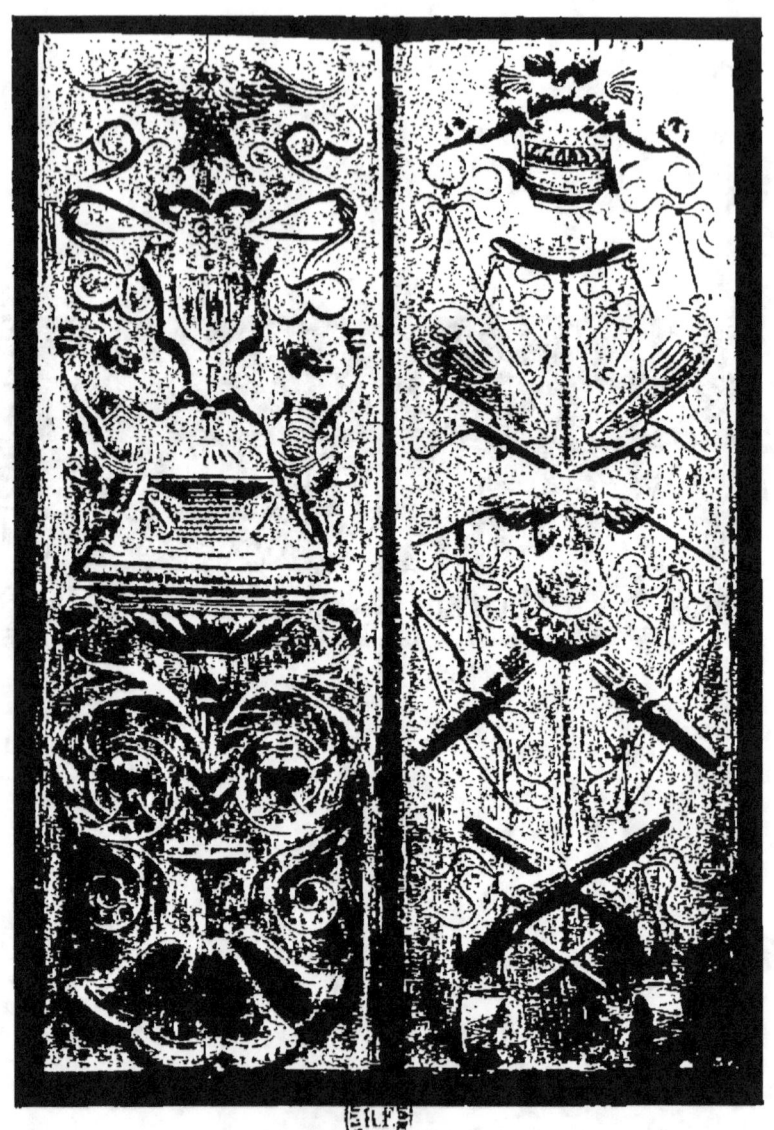

2815. — PANNEAUX.
Bois, XVIᵉ siècle.
M. Boy.)

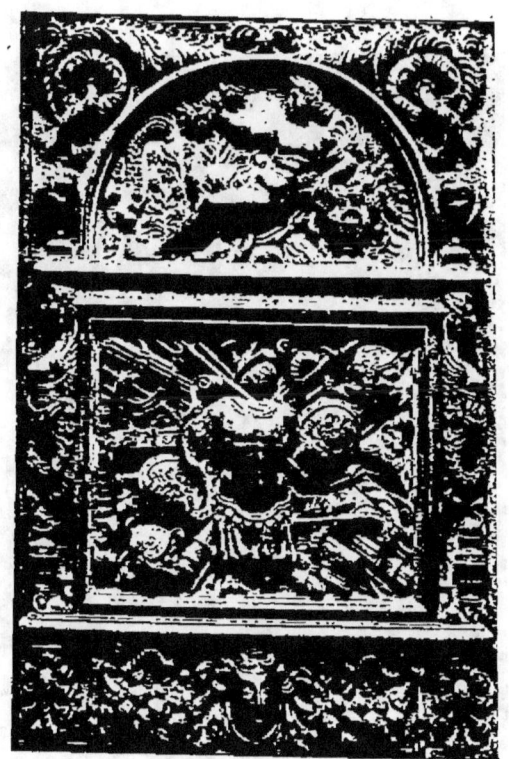

2863. — PANNEAU. Bois, XVIᵉ siècle.
(M. Boy.)

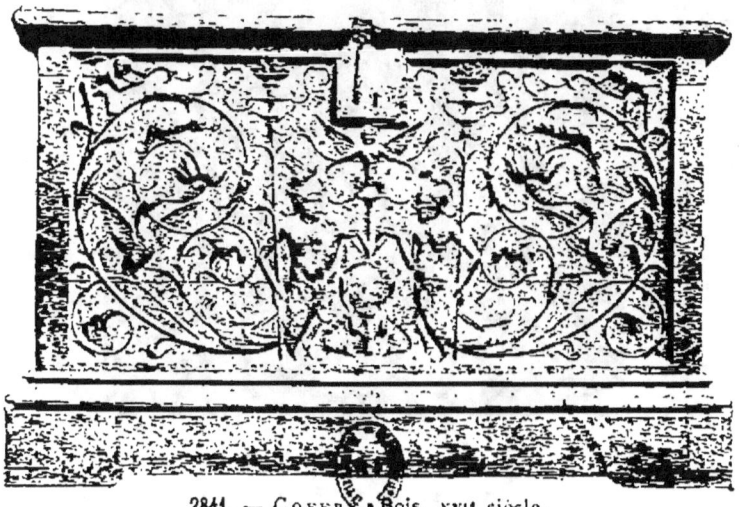

2841. — COFFRE. Bois, XVIᵉ siècle.
(M. Boy.)

2264. — Porte.
Par Hugues Sambin, bois, xvie siècle.
(Musée de Dijon.)

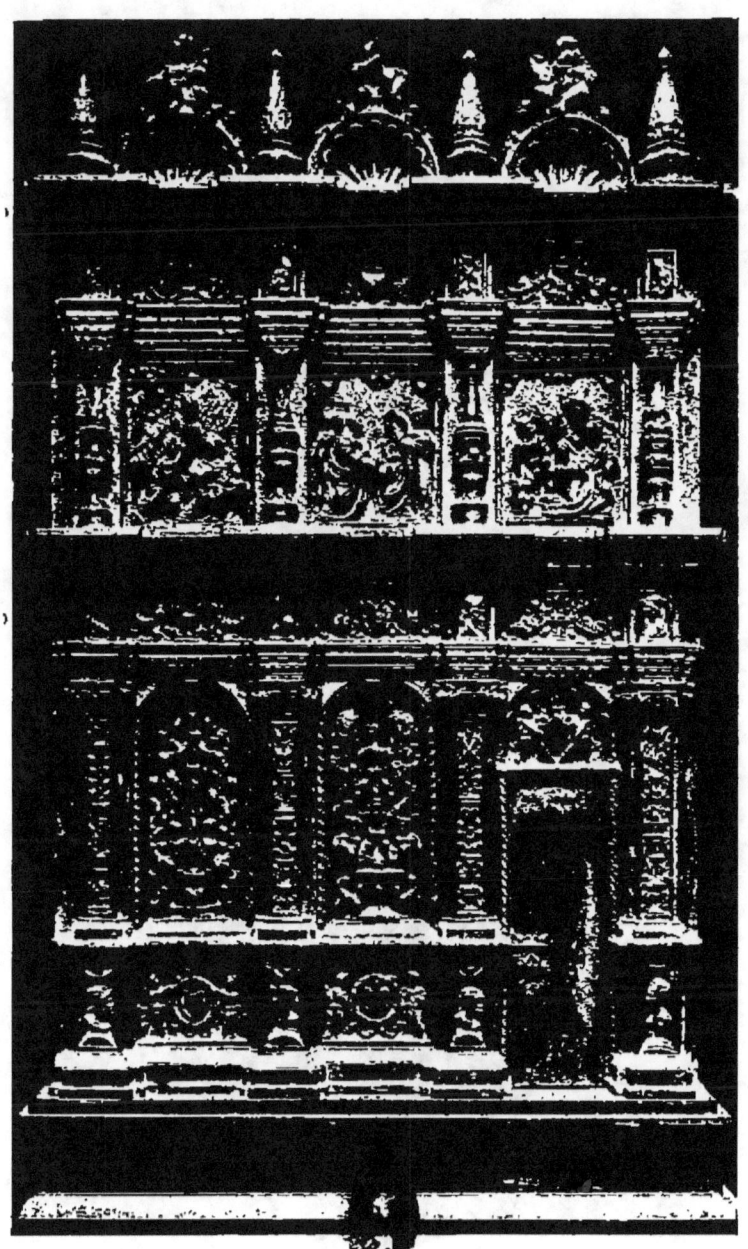

3120. — Modèle d'une cloture du chœur de la cathédrale de Rodez.
Bois, xvie siècle.
(M. Boy.)

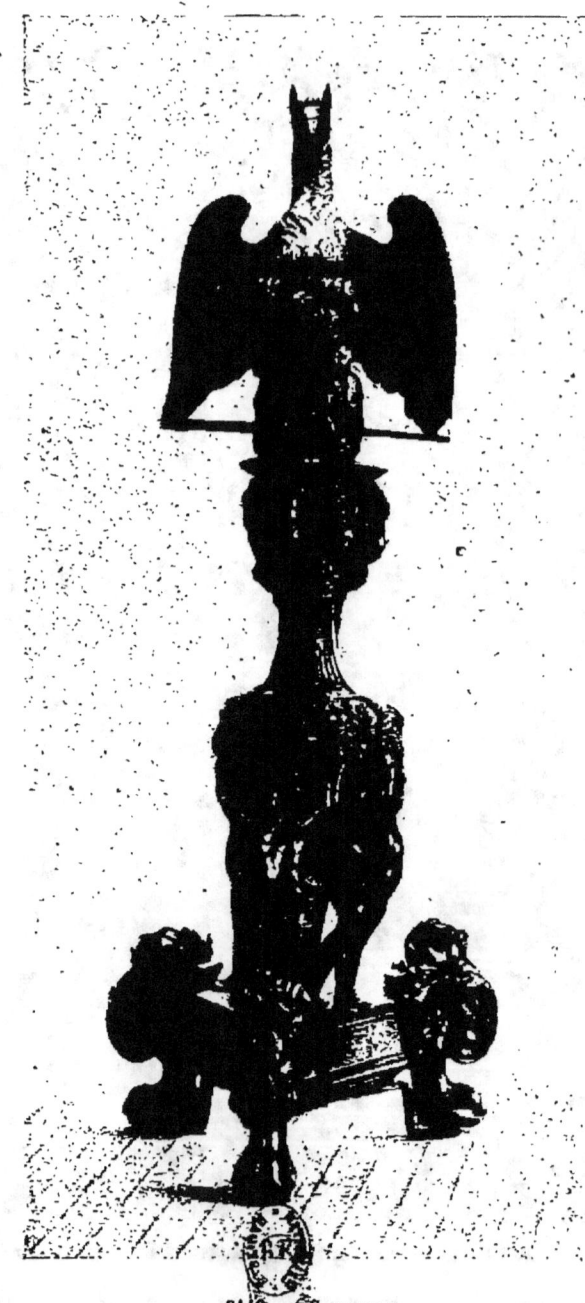

3148. — Lutrin.
Bois, XVIIᵉ siècle.
(Église de Saint-Jouin-de-Marnes, Deux-Sèvres.)

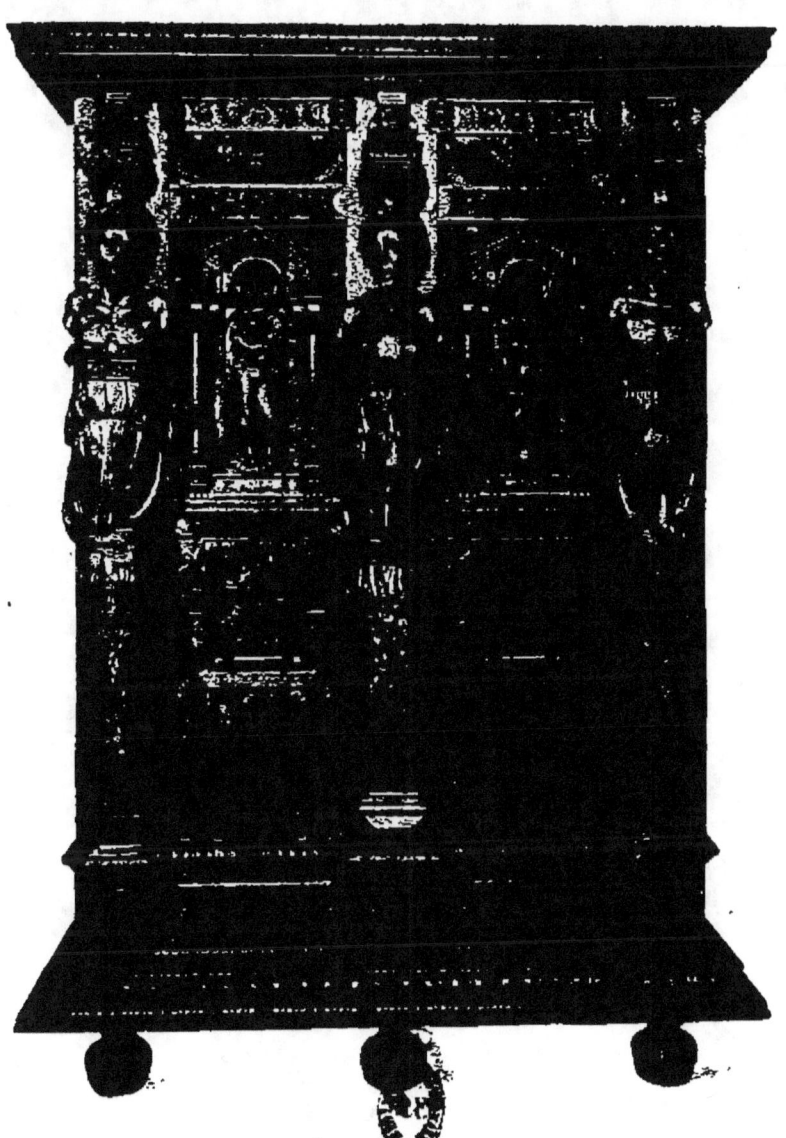

2362. — ARMOIRE.
Par Hugues Sambin, xvie siècle
(Mme la marquise Arconati-Visconti.)

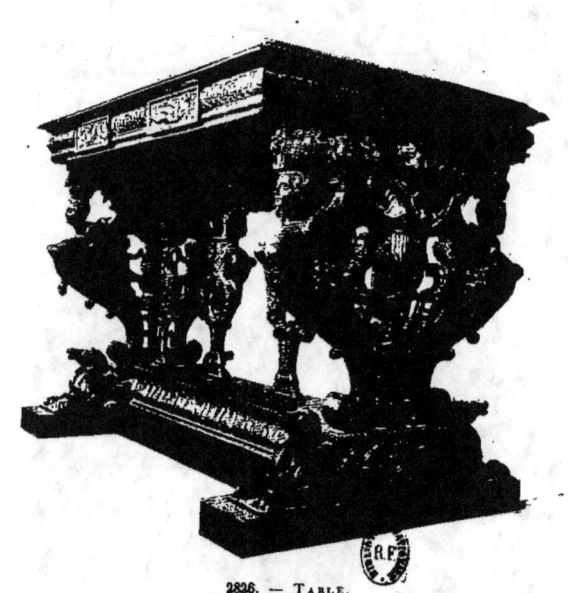

2826. — Table.
XVIᵉ siècle.
(Musée de Compiègne.)

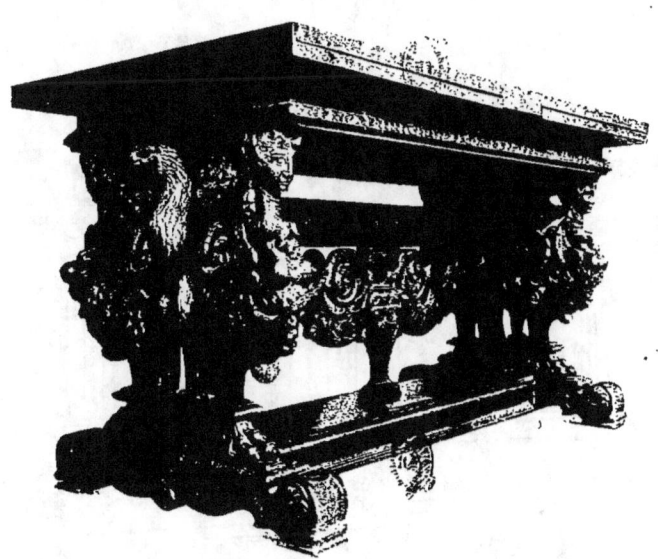

2843. — Table.
XVIᵉ siècle.
(Musée de Dijon.)

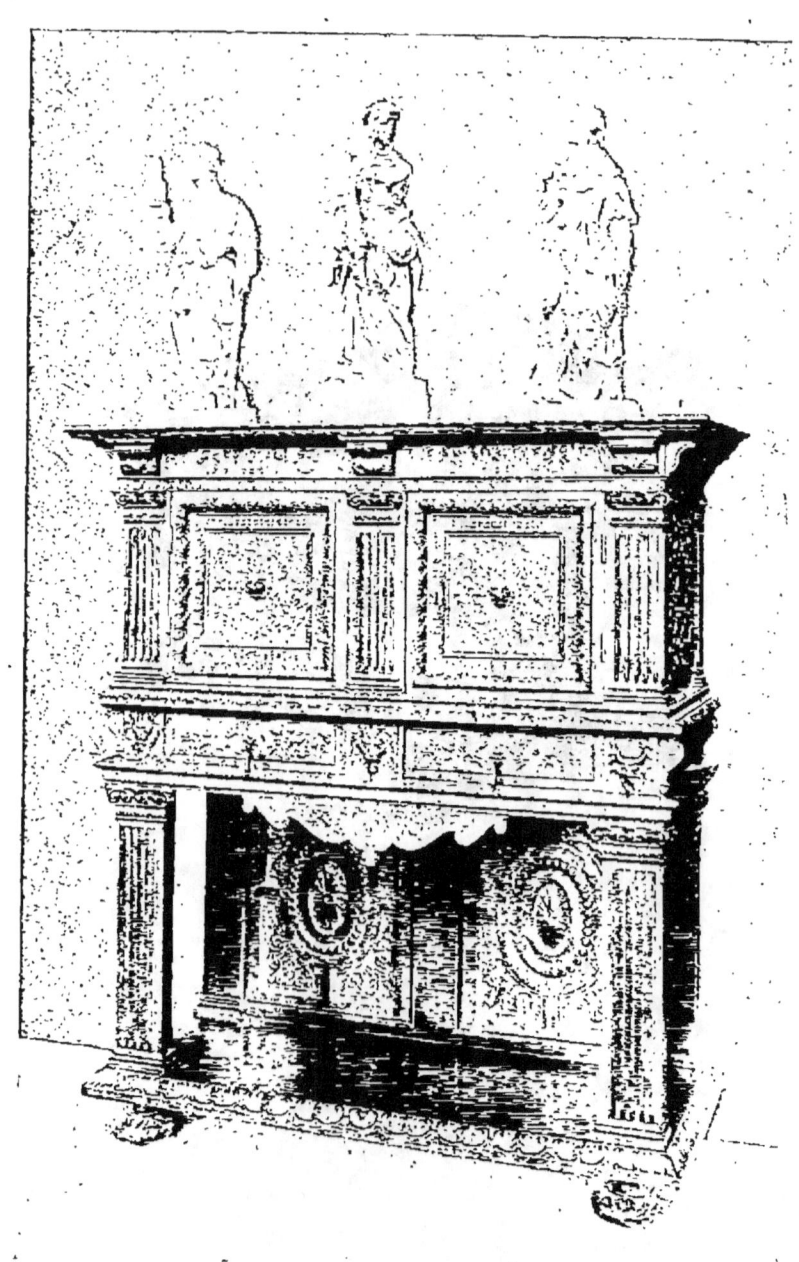

2836. CRÉDENCE.
Bois, XVIe siècle.
(M. Chabrières-Arlès.)

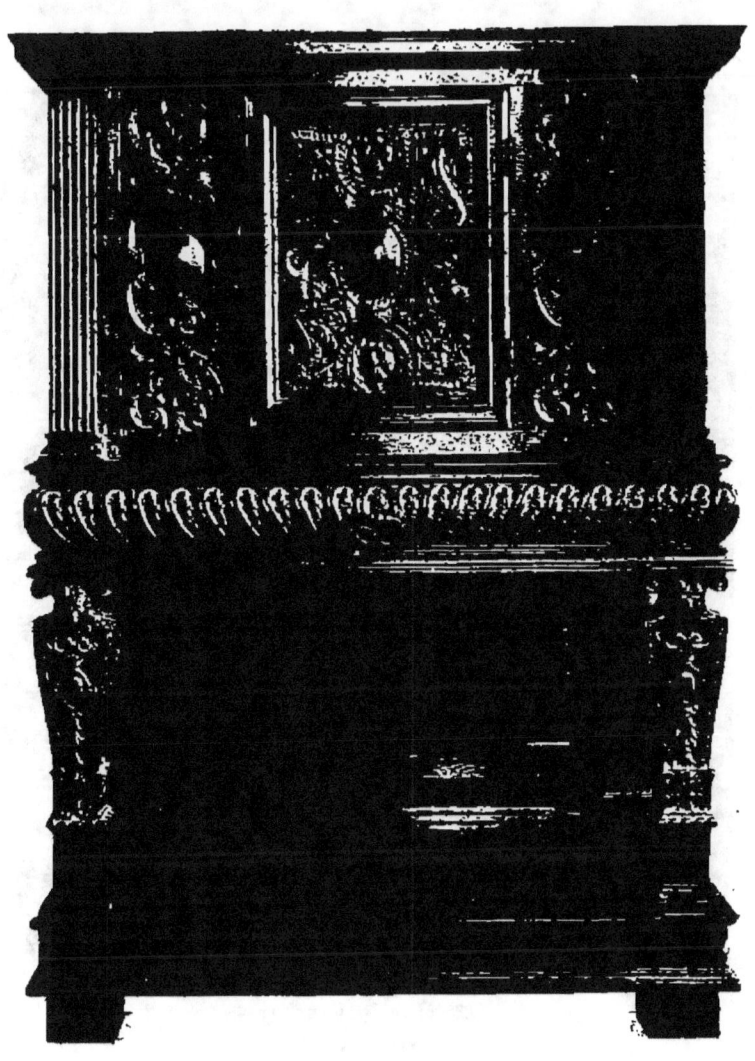

2850. — Dressoir.
xvie siècle.
(Mme la marquise Arconati-Visconti.)

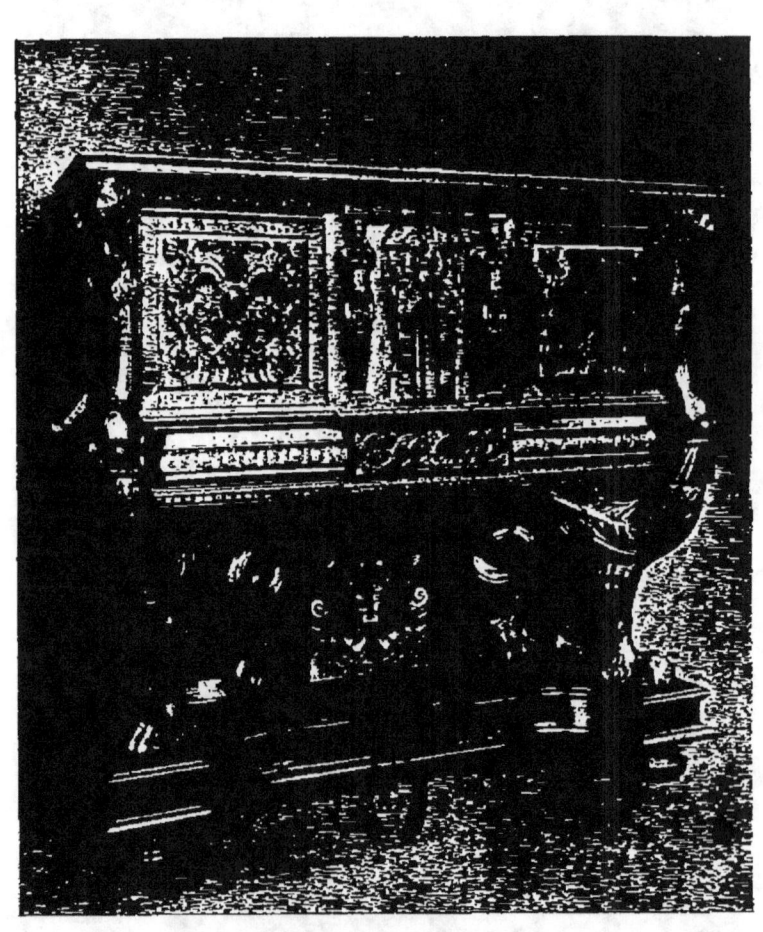

2835 bis. — Dressoir.
xvie siècle.
(M. Chabrières-Arlès.)

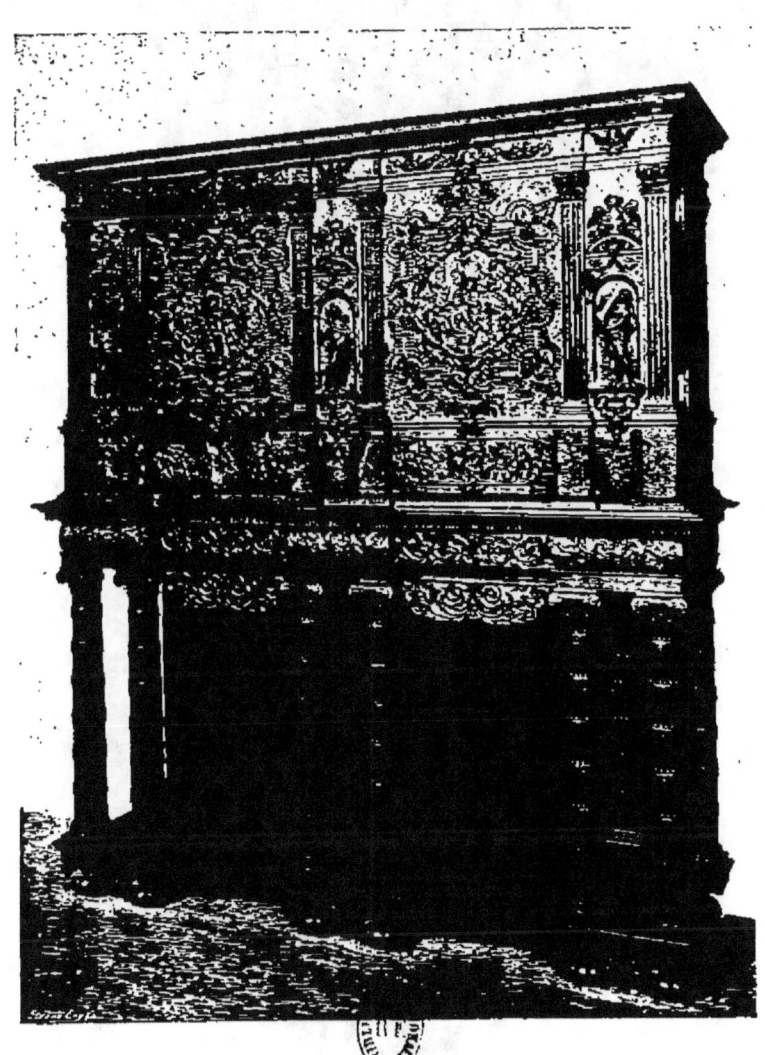

2868. — CABINET.
Ébène, XVIIe siècle.
(Palais de Fontainebleau.)

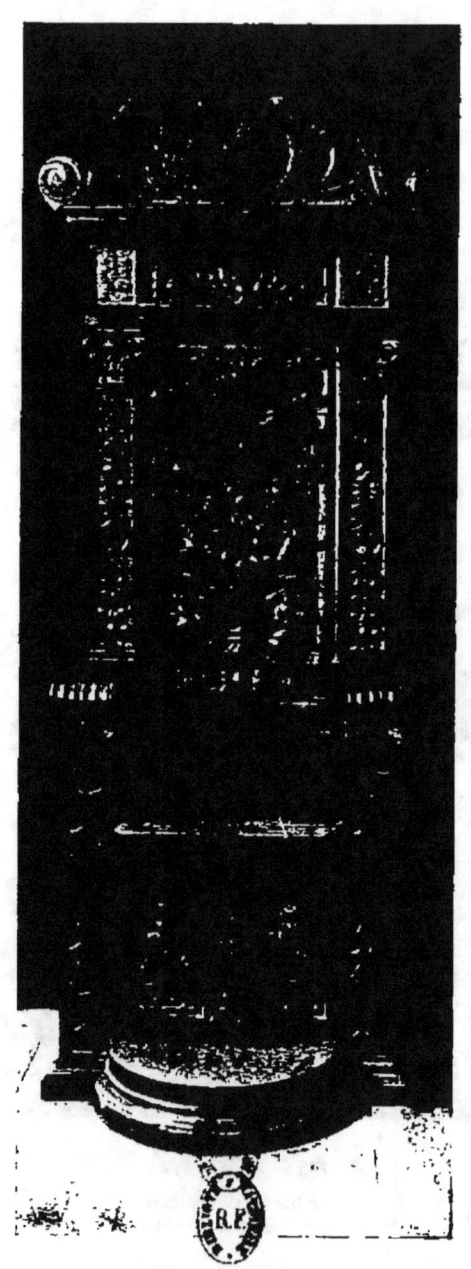

2833. — Chaise.
Bois, xvi siècle.
(M. Chabrières-Arlès.)

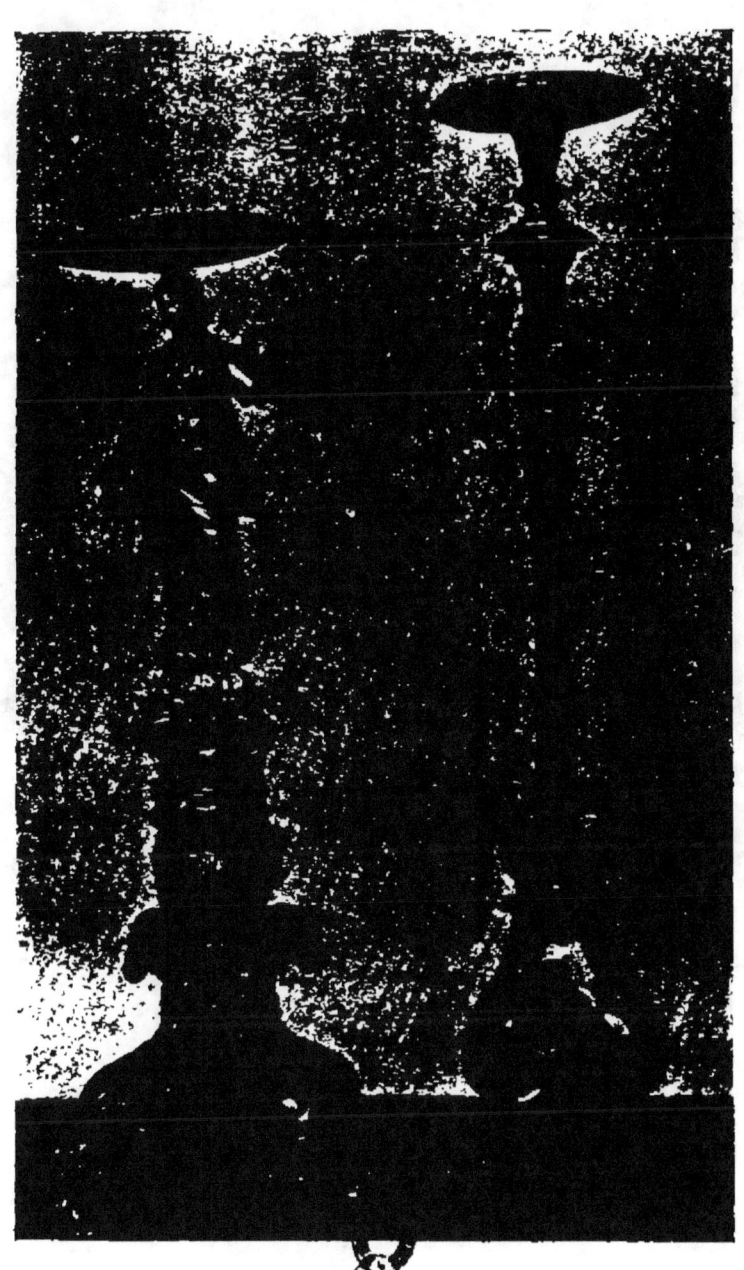

2873-2884 bis. — TORCHÈRES.
Bois doré XVIIe siècle.
(École des Beaux-Arts. — Palais de Fontainebleau.)

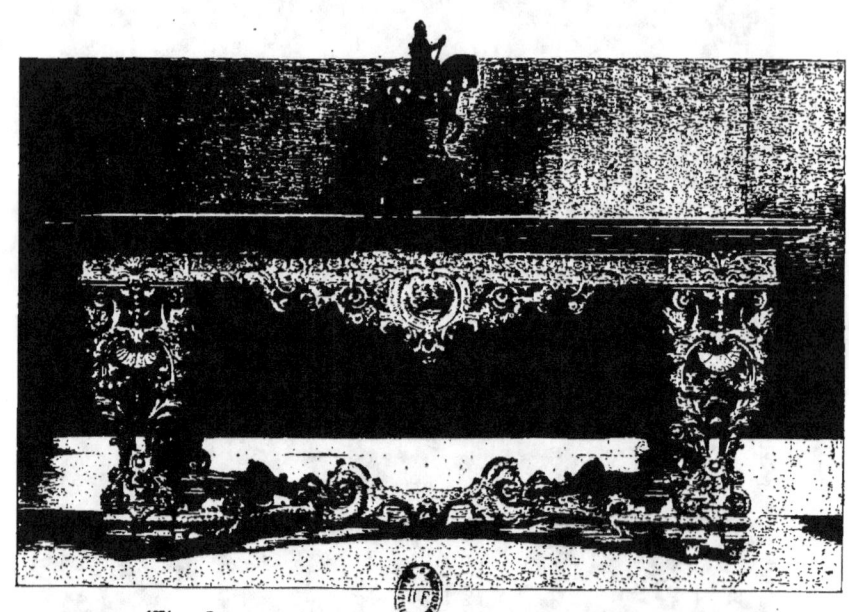

4674. — Console.
Bois doré, xviie siècle.

(Garde-meuble national.)

Henri IV.
Bronze.

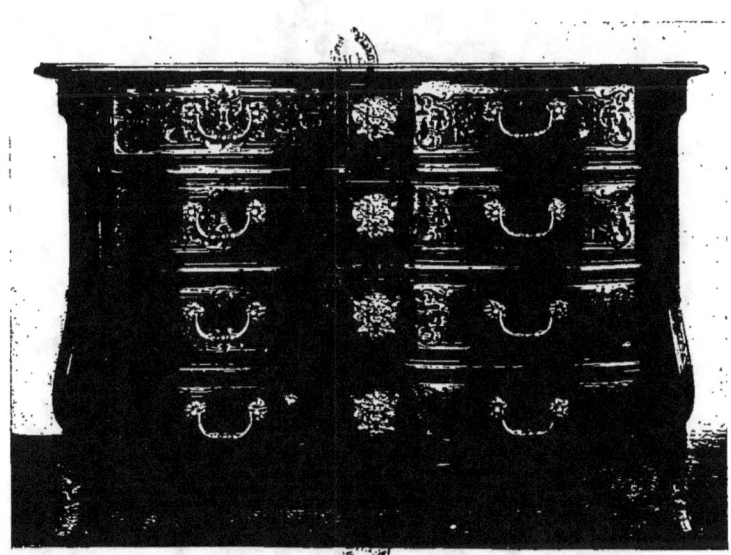

3011. — COMMODE.
Marqueterie de Boulle, XVIIe siècle.
(Palais de Fontainebleau.)

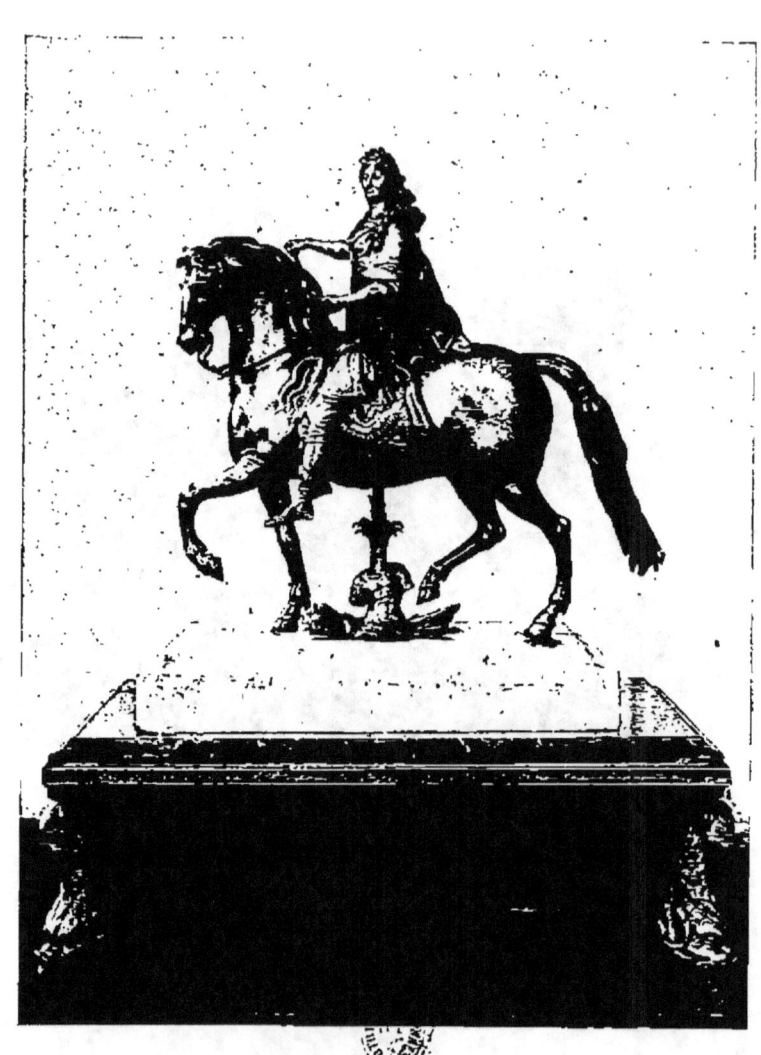

4681 bis. — Louis XIV.
Fer ciselé.
(M. Dolstau.)

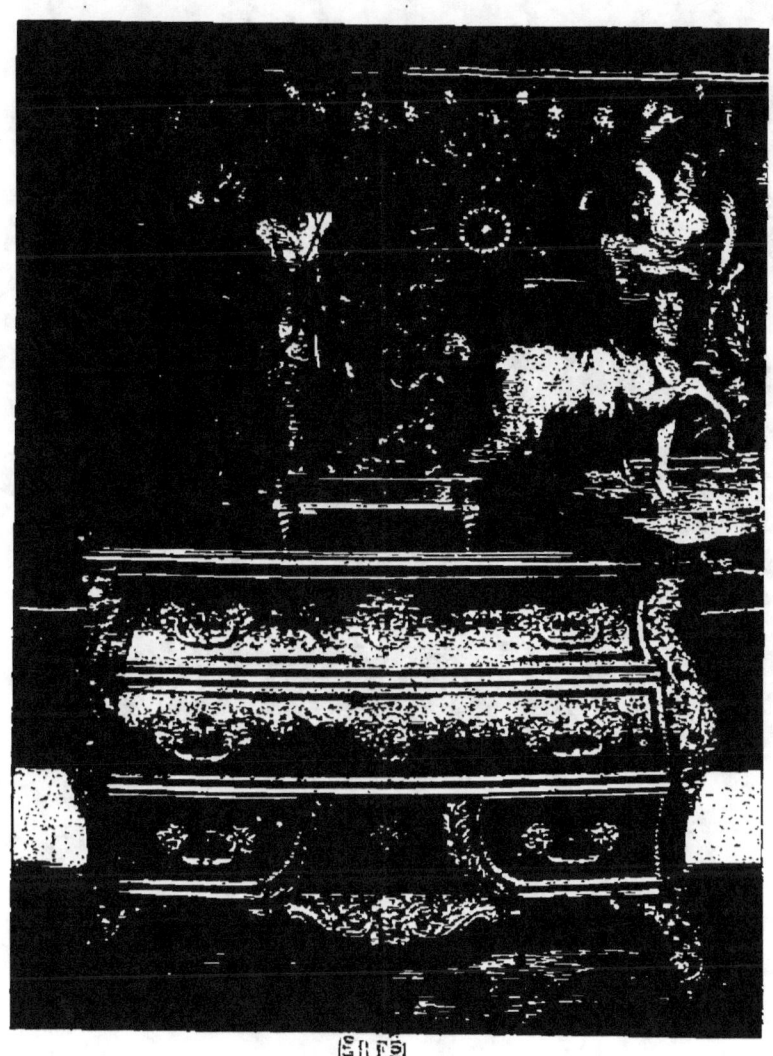

2882. — COMMODE.
Marqueterie, XVIIe siècle.
(Garde-meuble national.)

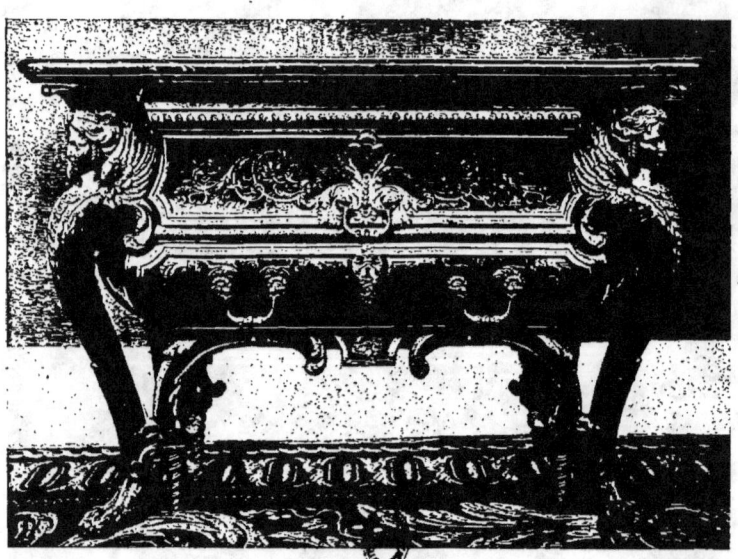

2874. — COMMODE.
Marqueterie de cuivre et d'écaille, par A.-Ch. Boulle.
(Bibliothèque Mazarine.)

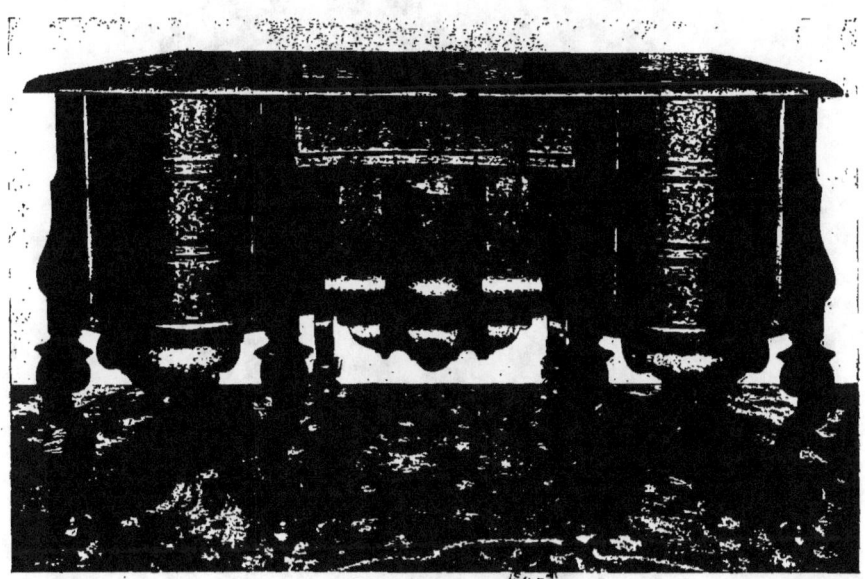

2876. — BUREAU.
Marqueterie de Boulle, XVIIᵉ siècle.
(M. Bernard Franck.)

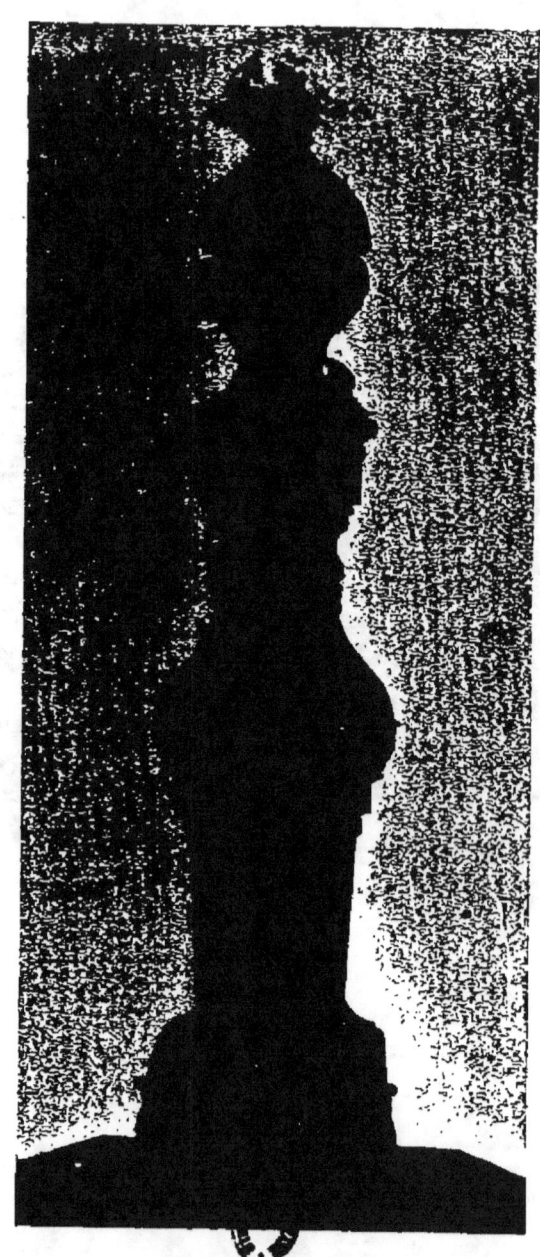

2879 bis. — Régulateur.
Époque de Louis XIV.
(Imprimerie Nationale.)

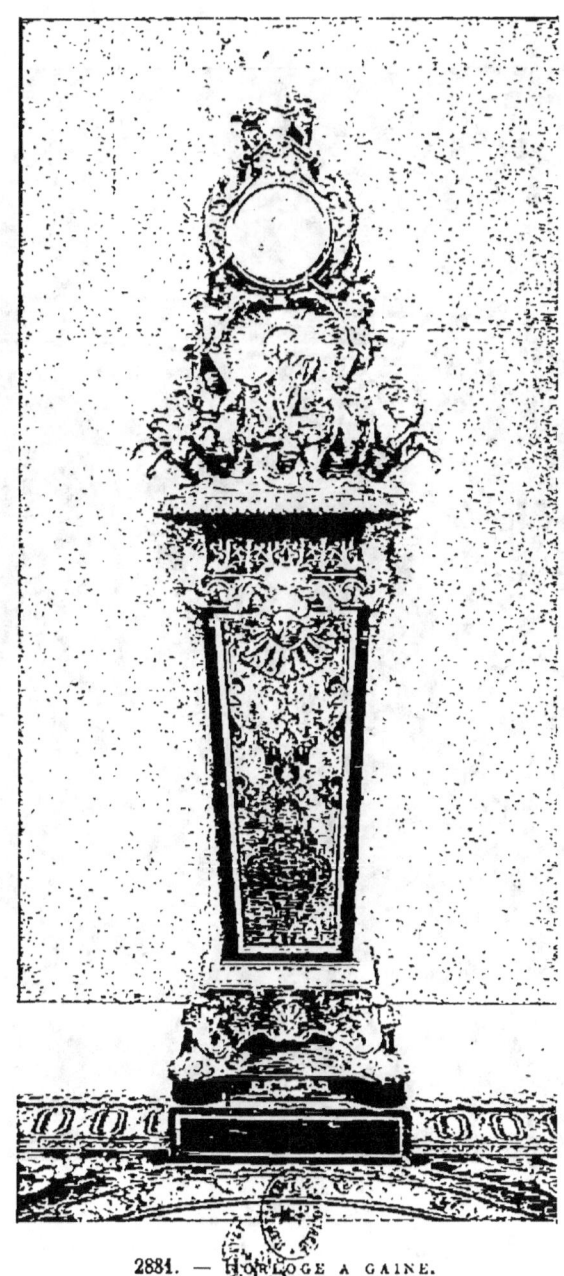

2881. — HORLOGE A GAINE.
Marqueterie de cuivre et d'écaille, atelier de Boulle.
(Palais de Fontainebleau.)

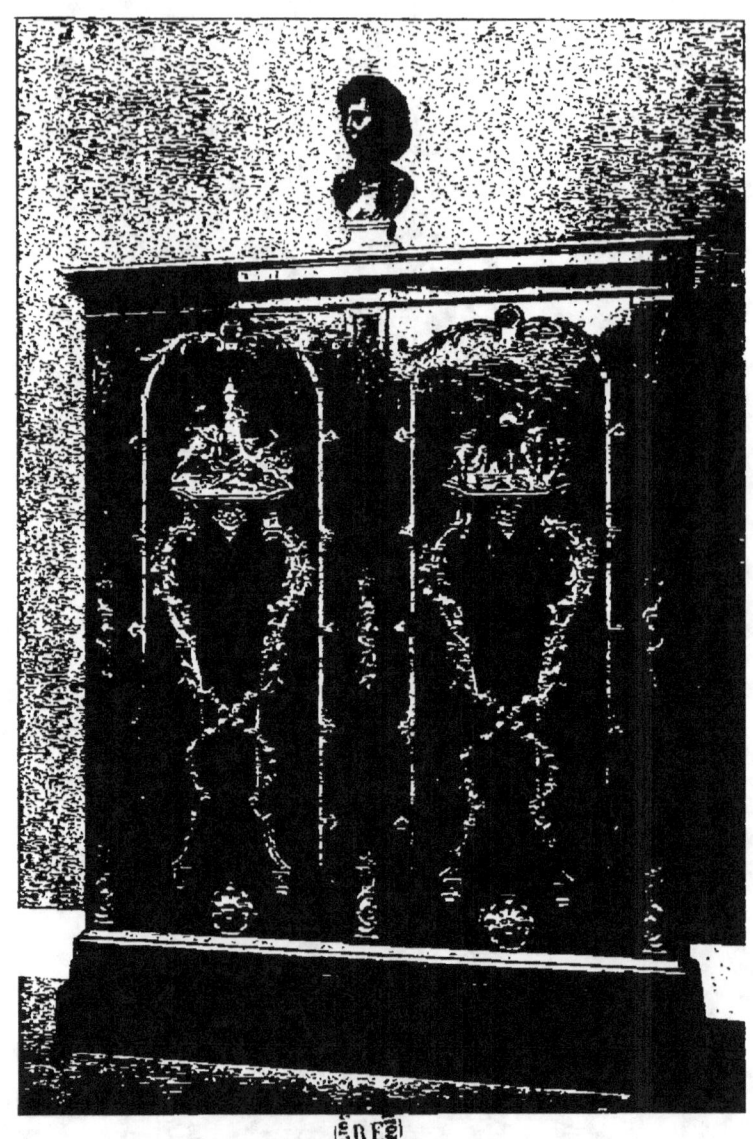

2886 ARMOIRE.
Bois de rose et bronzes dorés, par Ch. Cressent.
(M. Chappey.)

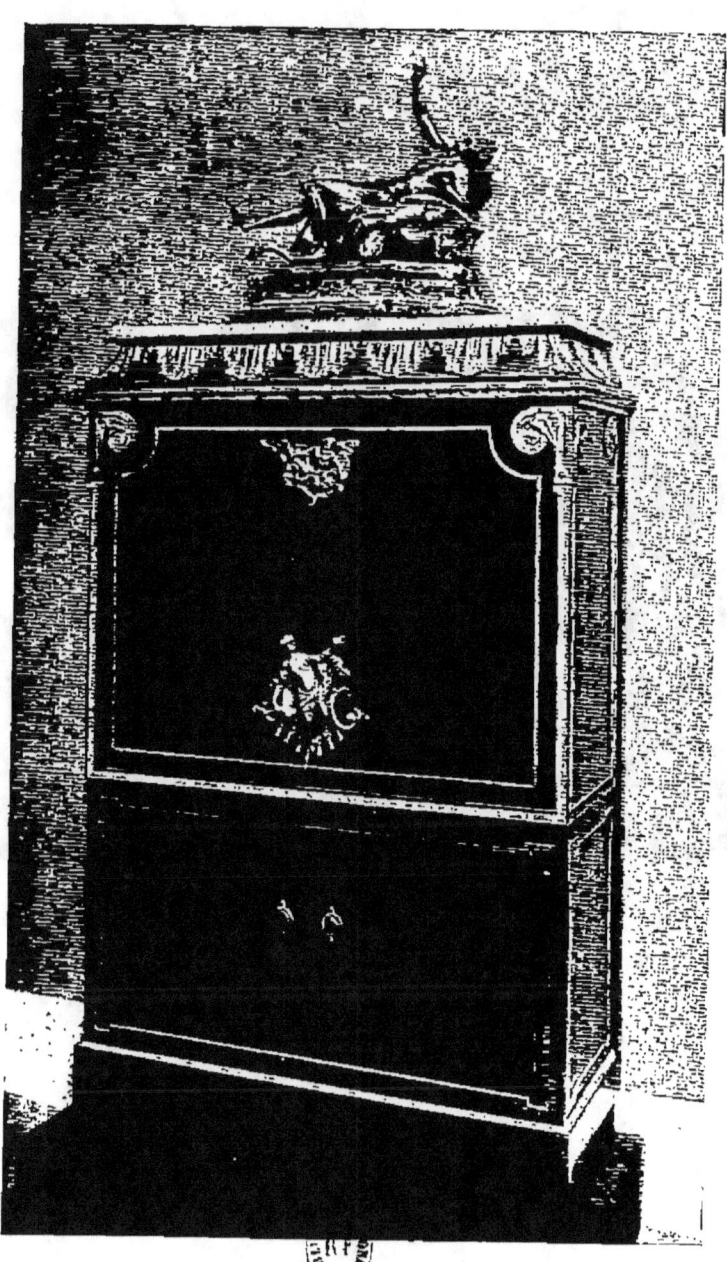

2868. — SECRÉTAIRE.
Époque de la Régence.
(M. Chappey.)

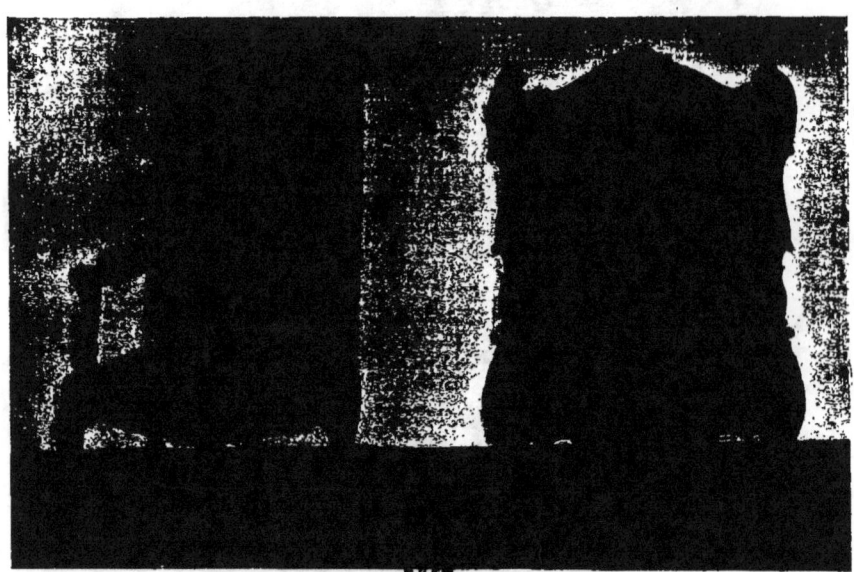

2287-2288. — FAUTEUIL ET ÉCRAN.
Tapisserie et bois doré. — Époque de la Régence.

2287. — CANAPÉ EN TAPISSERIE.
Époque de la Régence.
(M. Chappey.)

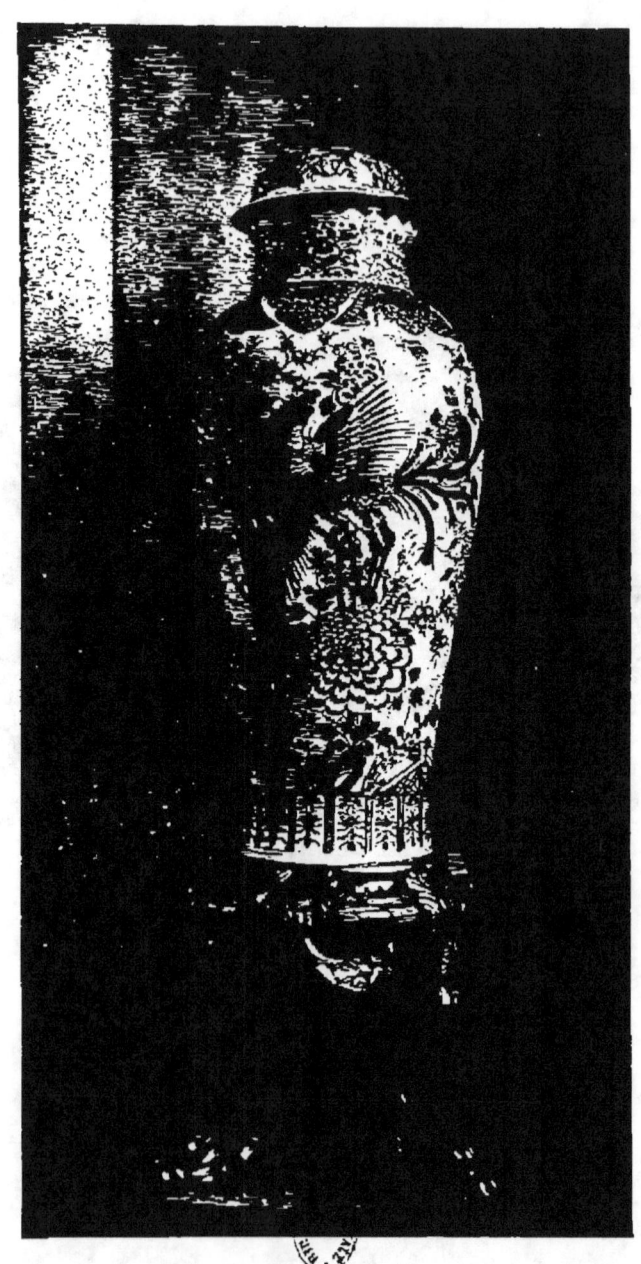

2907. — Vase.
Porcelaine de la Chine.
(M. Chappey.)

2880. — PENDULE.
Bois doré, époque de la Régence.
(M. Chappey.)

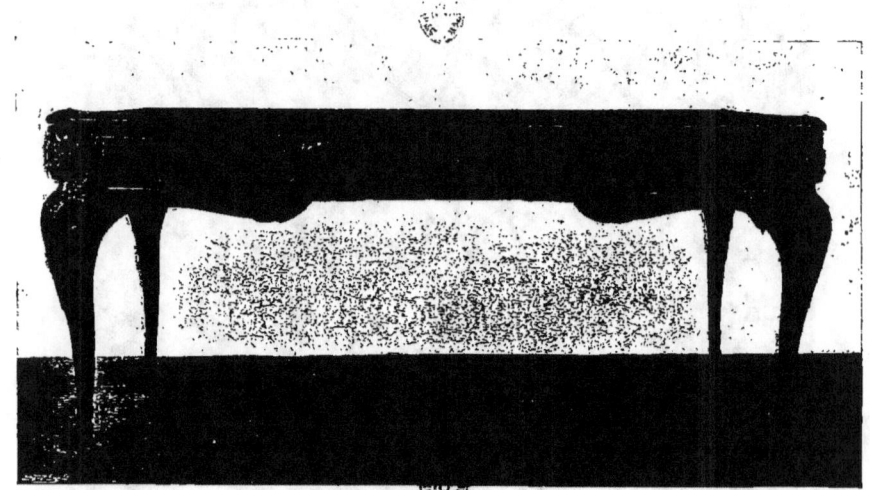

2904. — BUREAU.
Époque de la Régence.
(M. Chappey.)

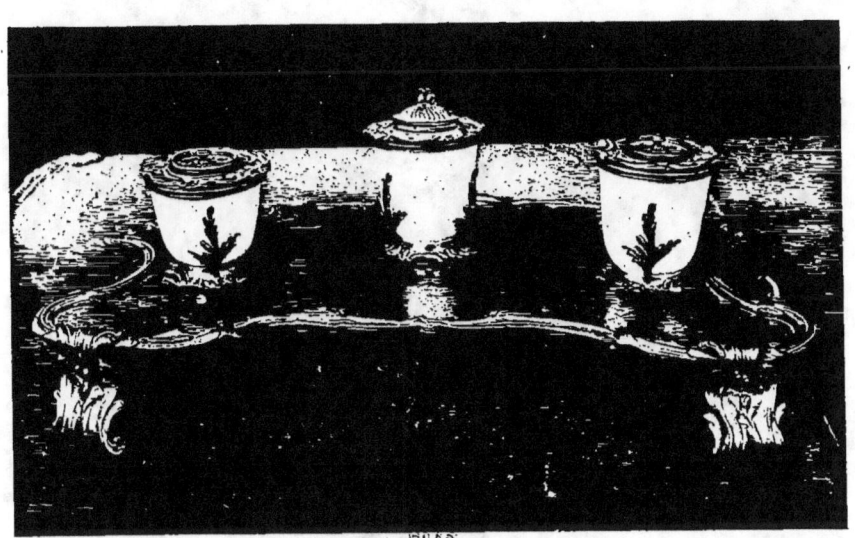

2903. — ENCRIER.
Époque de la Régence.
(M. Chappey.)

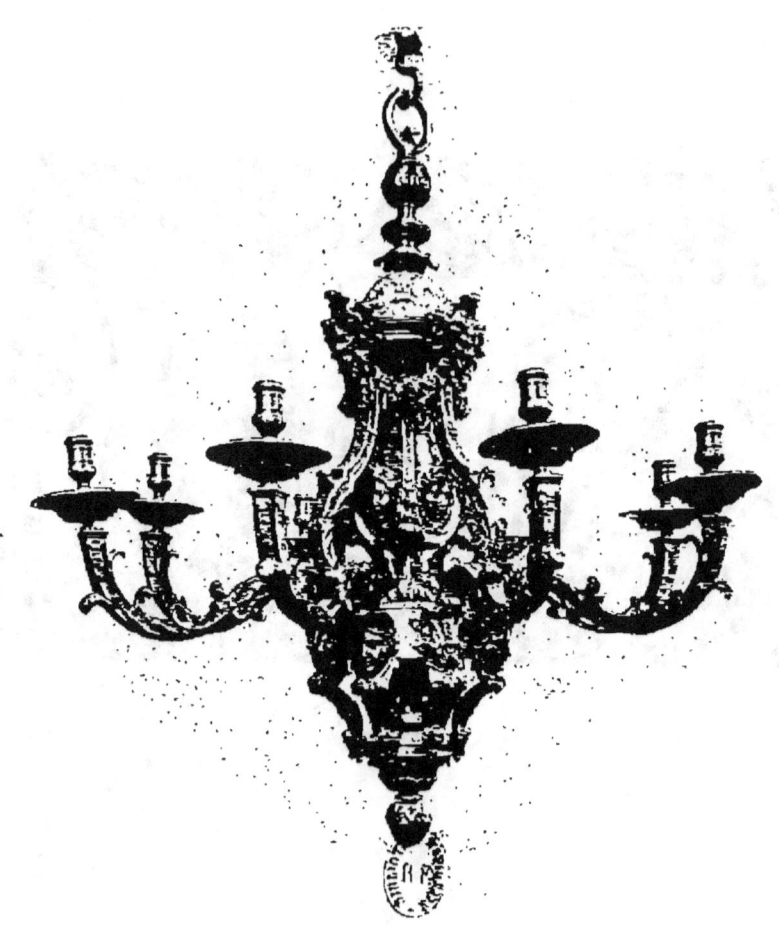

2891. — Lustre.
Bronze doré, époque de la Régence.
(M. Chappey.)

2915. — Médaillier du roi Louis XV.
(Bibliothèque Nationale.)

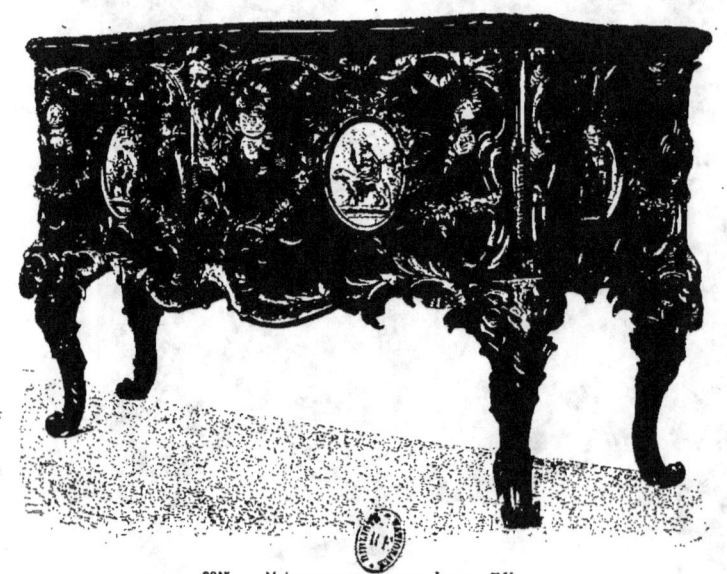

2915. — Médaillier du roi Louis XV.
(Bibliothèque Nationale).

COMMODE.
Laque et bronzes dorés, époque de Louis XV.
(Préfecture d'Indre-et-Loire.)

2823. — Chenets.
Bronze doré, époque de la Régence.
(Palais de Fontainebleau.)

2925. — CARTEL.
Bronze doré, par Cressent.
(Hôtel de ville de Marseille.)

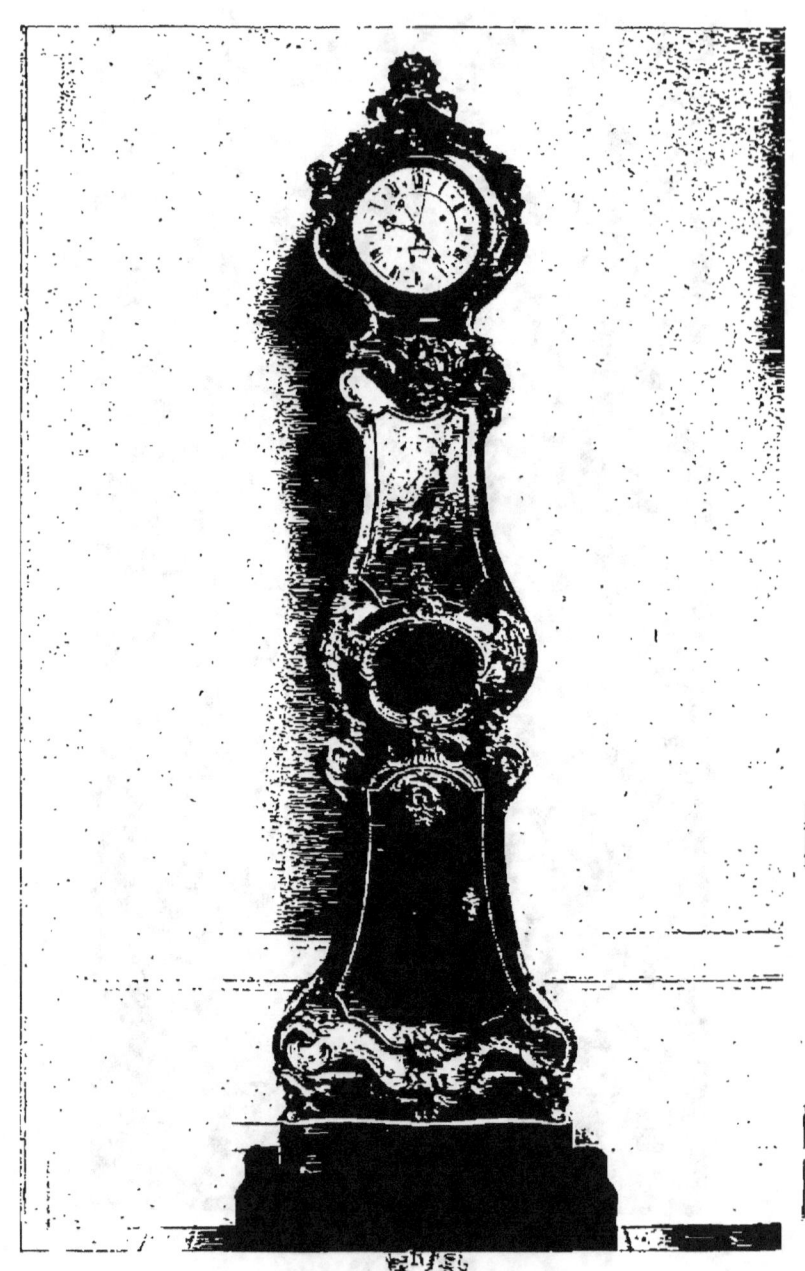

2919. — CARTEL.
Époque de Louis XV.
(M. Boucheron.)

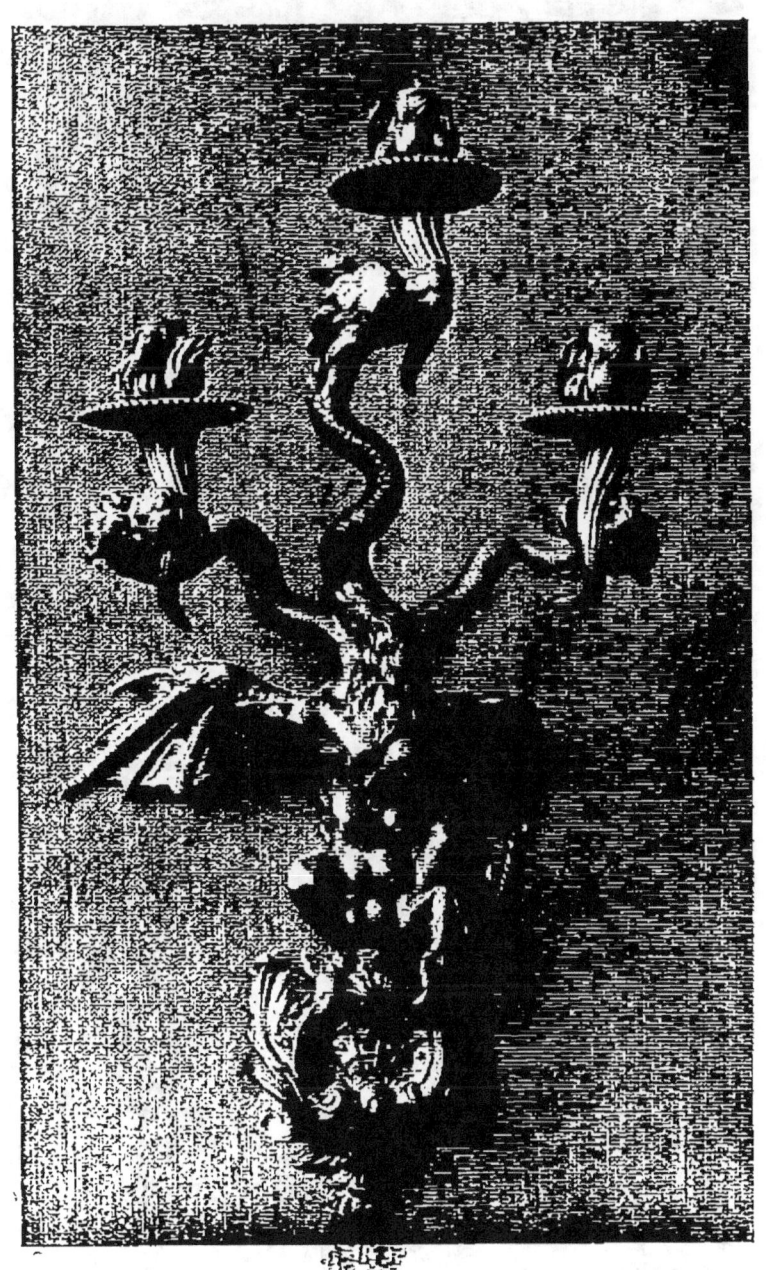

2593. — APPLIQUE.
Bronze doré, époque de la Régence.
(M. Chappey.)

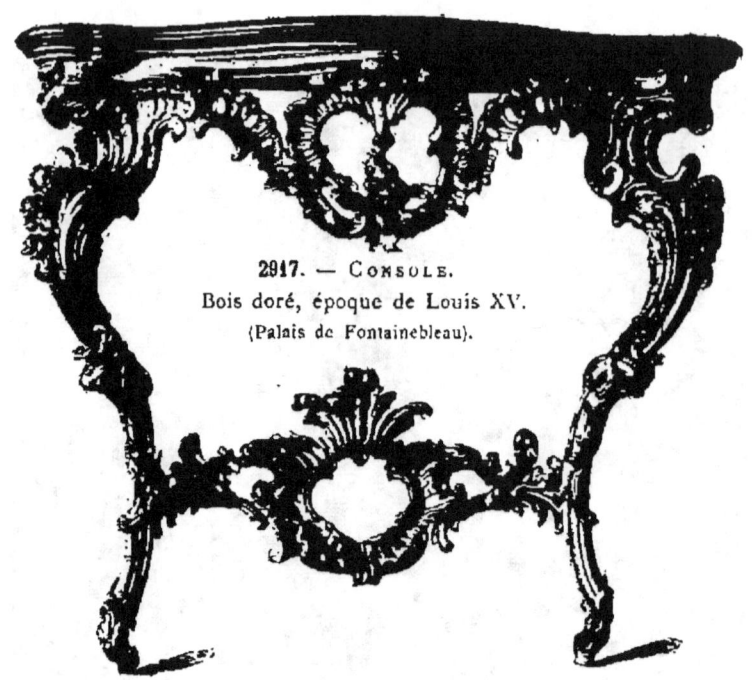

2917. — Console.
Bois doré, époque de Louis XV.
(Palais de Fontainebleau).

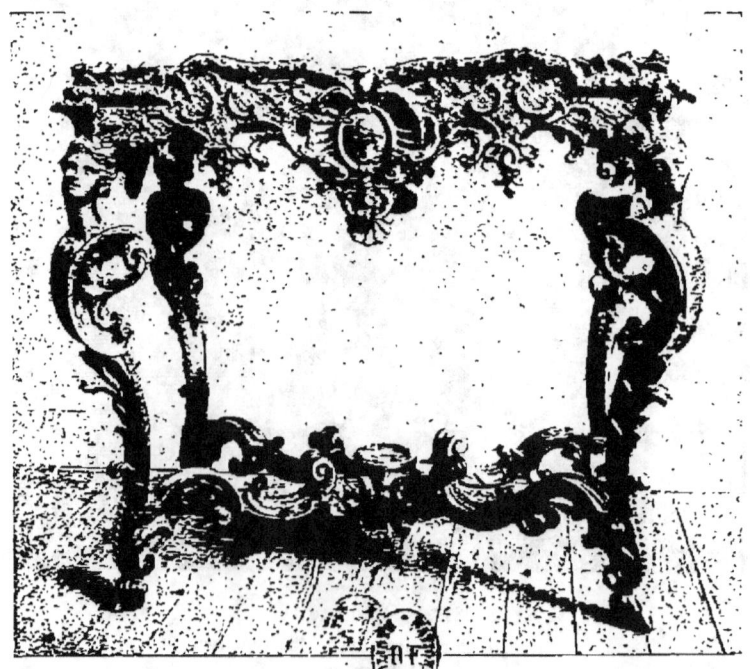

2912. — Table. Bois doré, époque de Louis XV. (Musée de Narbonne.)

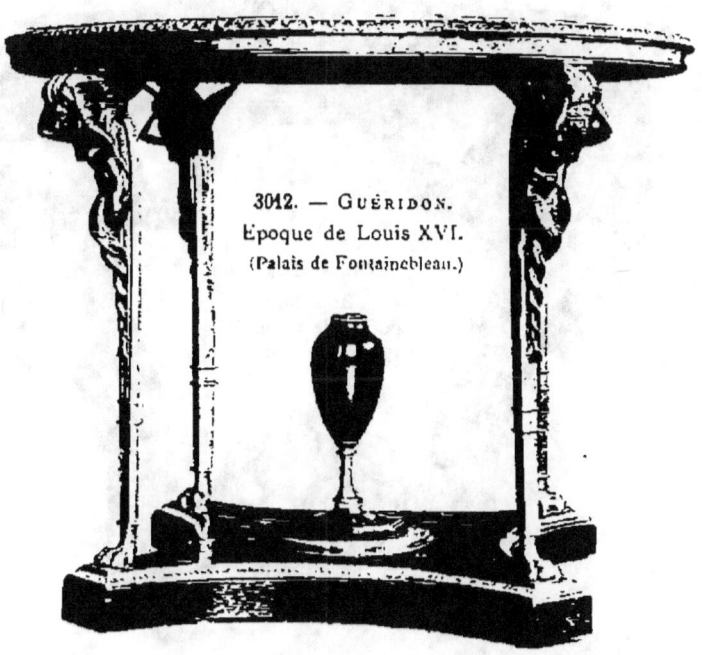

3012. — Guéridon.
Époque de Louis XVI.
(Palais de Fontainebleau.)

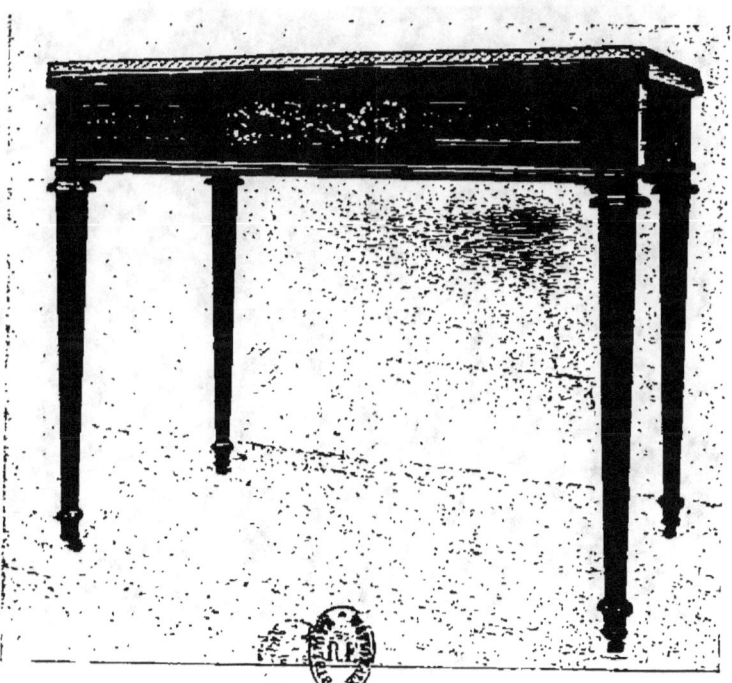

2937. — Table. Époque de Louis XVI. (M. Scott.)

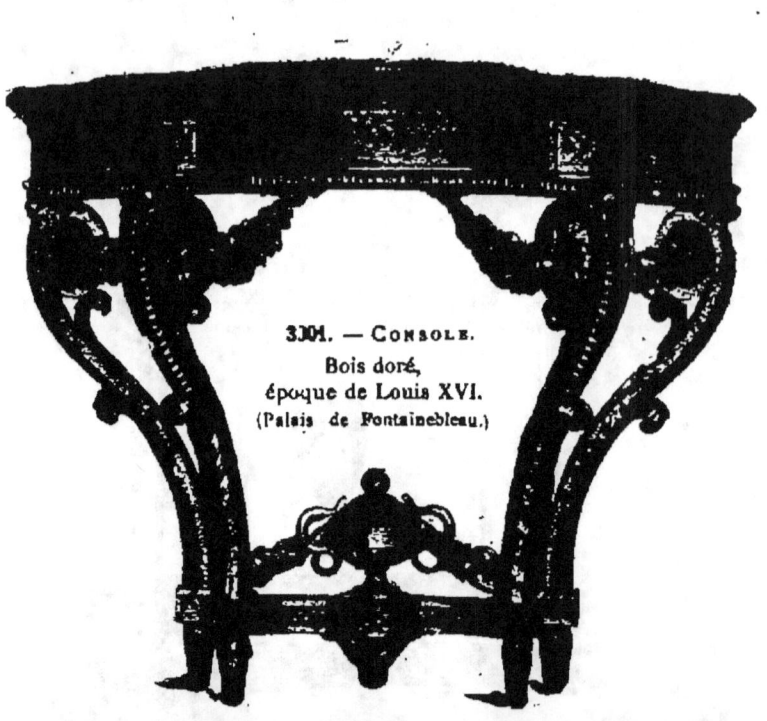

3101. — CONSOLE.
Bois doré,
époque de Louis XVI.
(Palais de Fontainebleau.)

2938. — FLAMBEAU.
Bronze doré, époque de Louis XV.
(M. Scott.)

2995. — ÉCRAN.
xviiie siècle.
(Palais de Fontainebleau.)

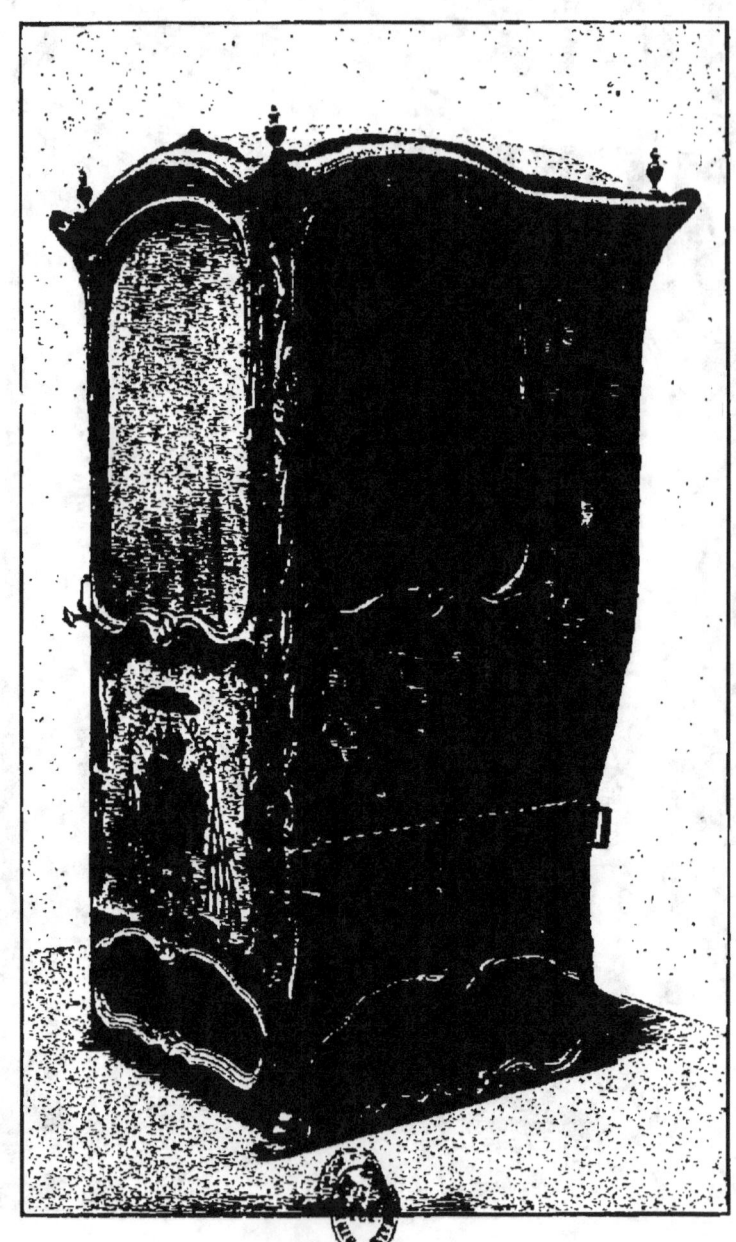

2989. — CHAISE A PORTEURS.
Époque de Louis XV.
(Musée d'Albi.)

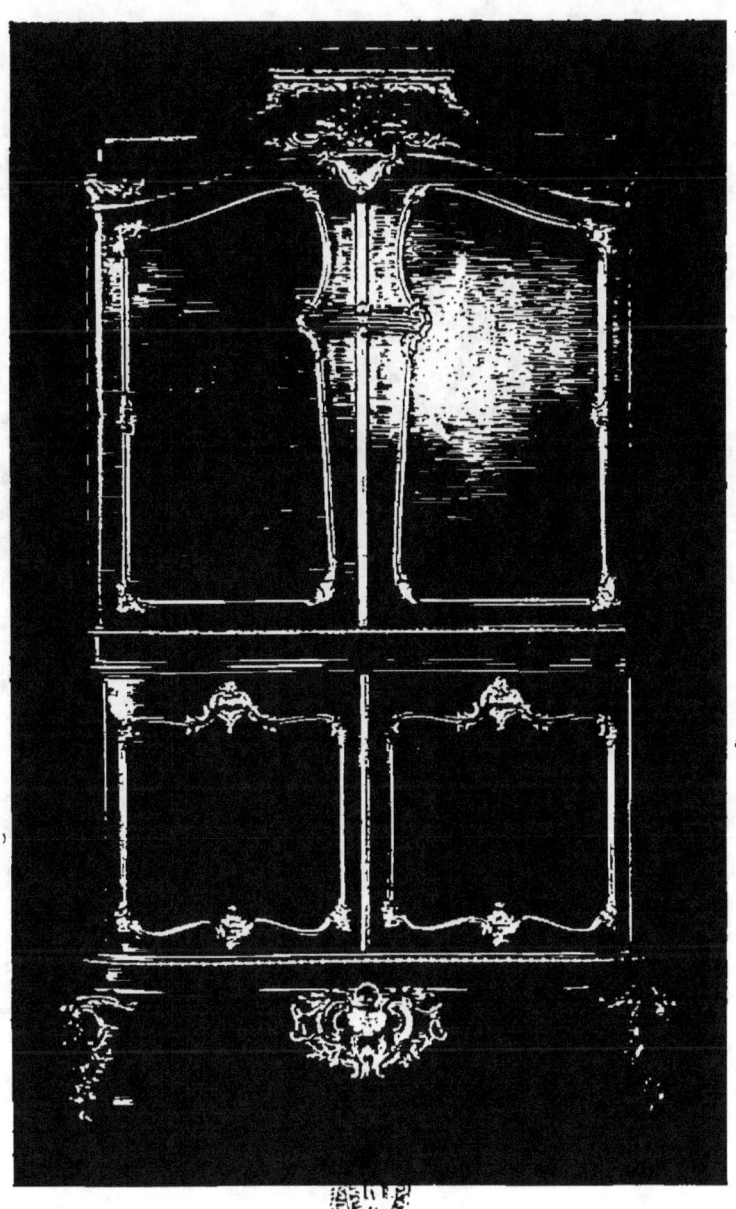

2911. — Médaillier.
Par Cressent, xviiie siècle.
(Bibliothèque nationale.)

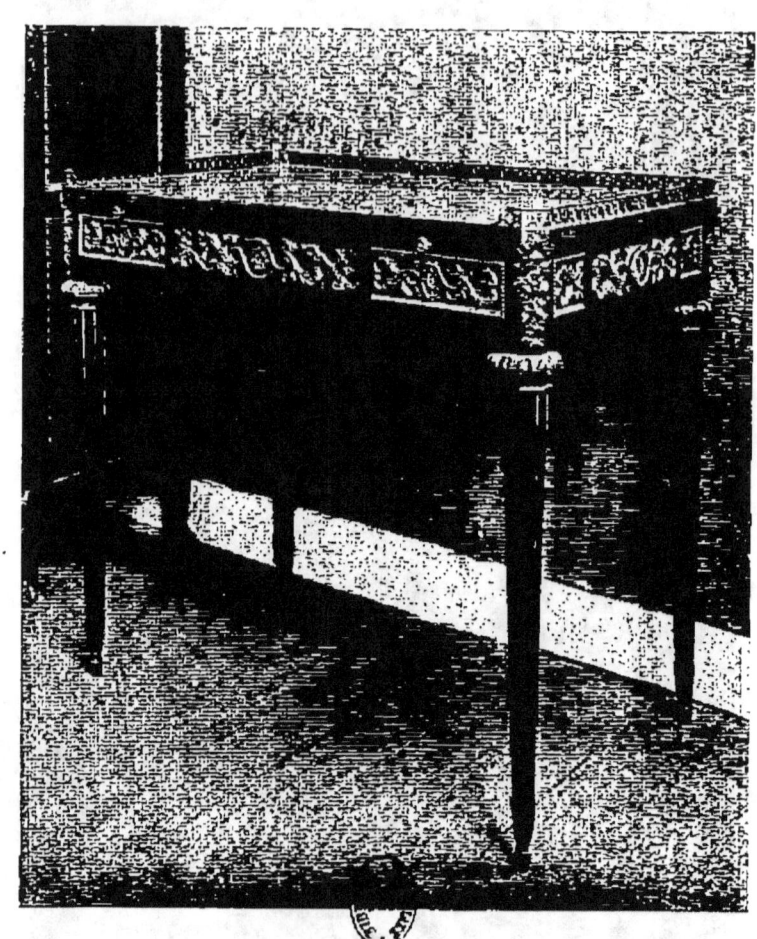

3002 *bis*. — Table.
Acajou et bronzes dorés, époque de Louis XVI.
(Garde-meuble national.)

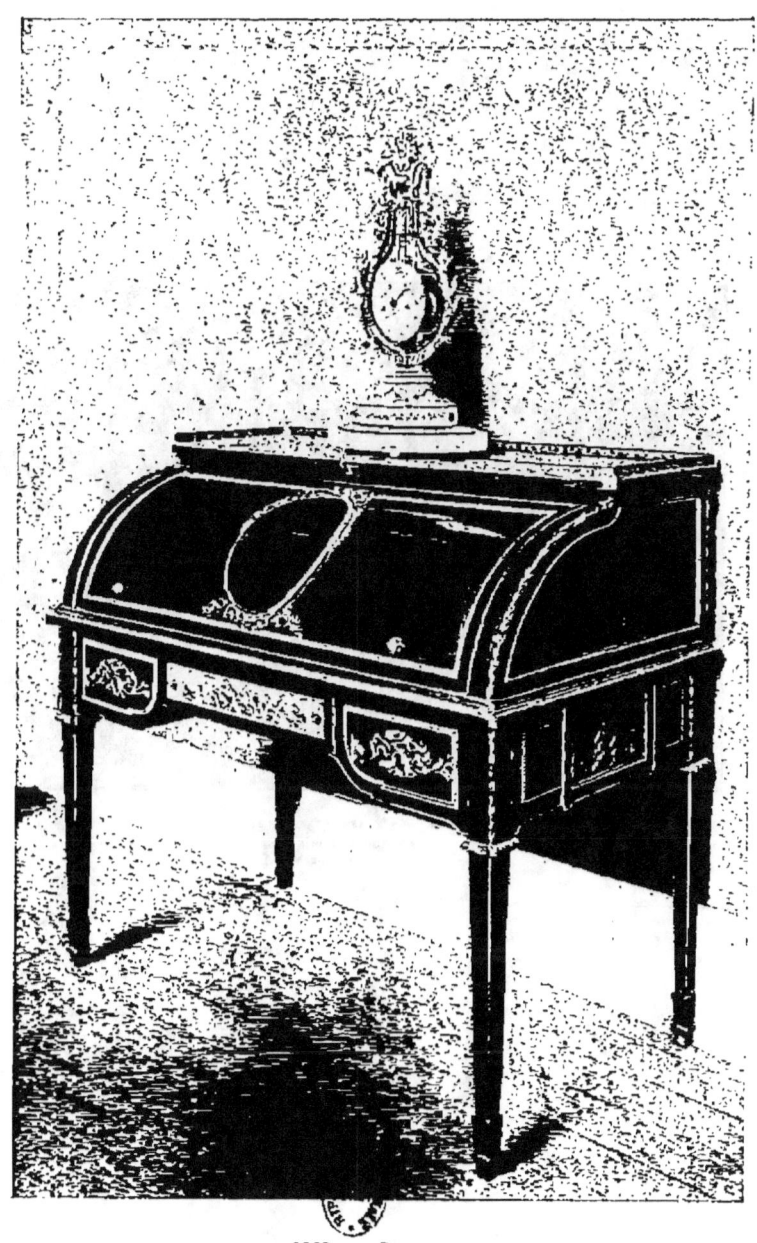

2968. — Bureau.
Par Riesener, époque de Louis XVI.
(Garde-meuble national.)

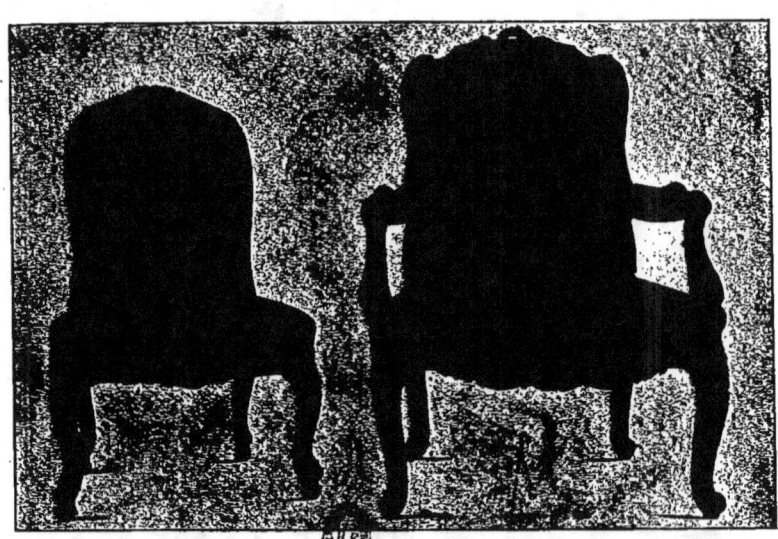

2922. — CHAISE ET FAUTEUIL.
Époque de Louis XV.
(Palais de Fontainebleau.)

2302. — COMMODE.
Marqueterie par J.-N. Riesener.
(Palais de Fontainebleau.)

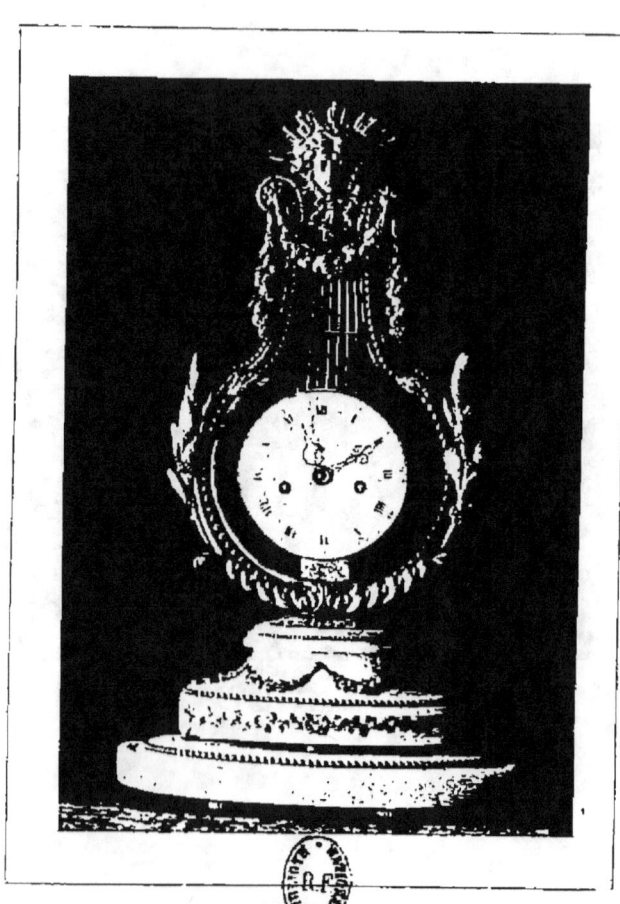

3013. — PENDULE.
Époque de Louis XVI.
(Palais de Fontainebleau.)

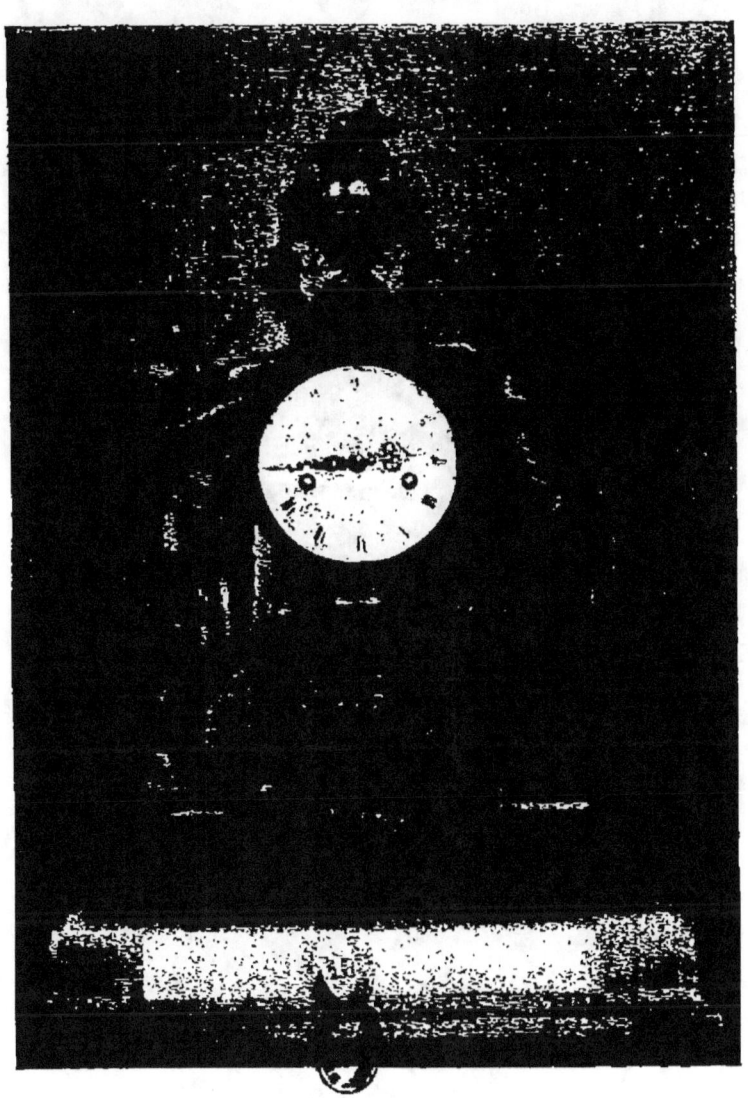

2978. — Pendule.
Bronze doré, époque de Louis XVI.
(M. Bianchi.)

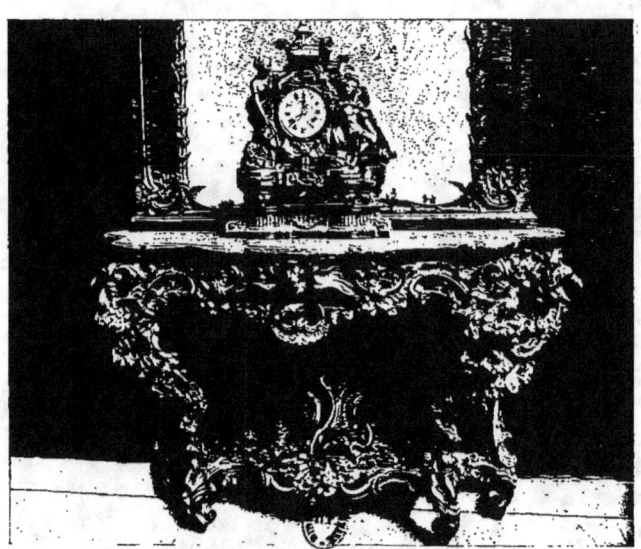

2926. — CONSOLE.
Bois, XVIIIᵉ siècle.
(M. Doistau.)

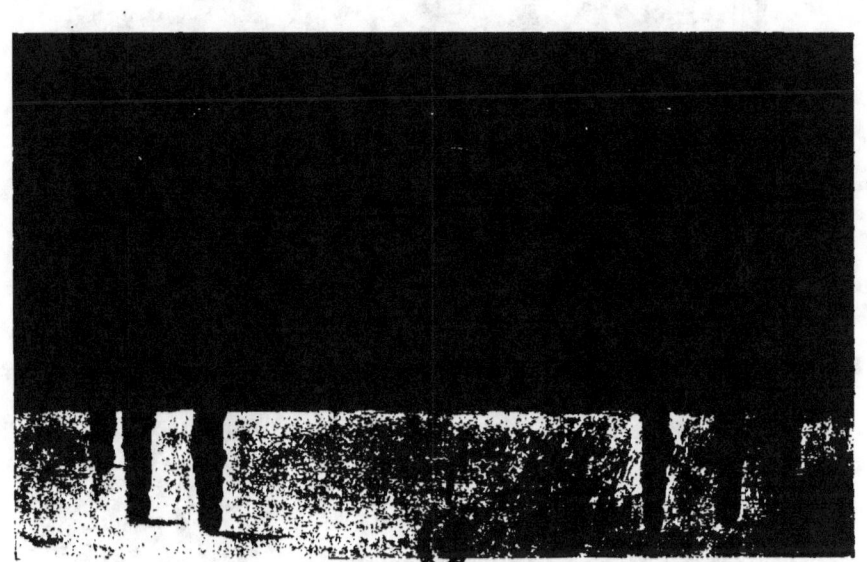

2983 *bis*. — Console.
Bois doré, époque de Louis XVI.
(Ministère de l'Intérieur.)

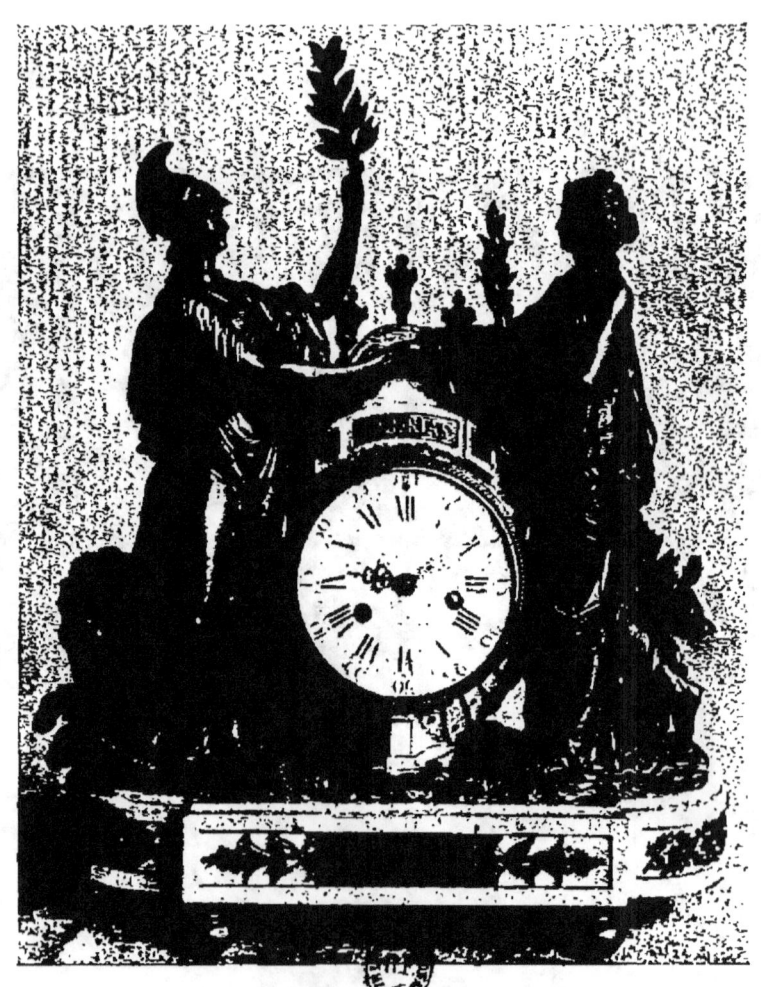

2984. — PENDULE.
Bronze doré et marbre, époque de Louis XVI.
(M. Doistau.)

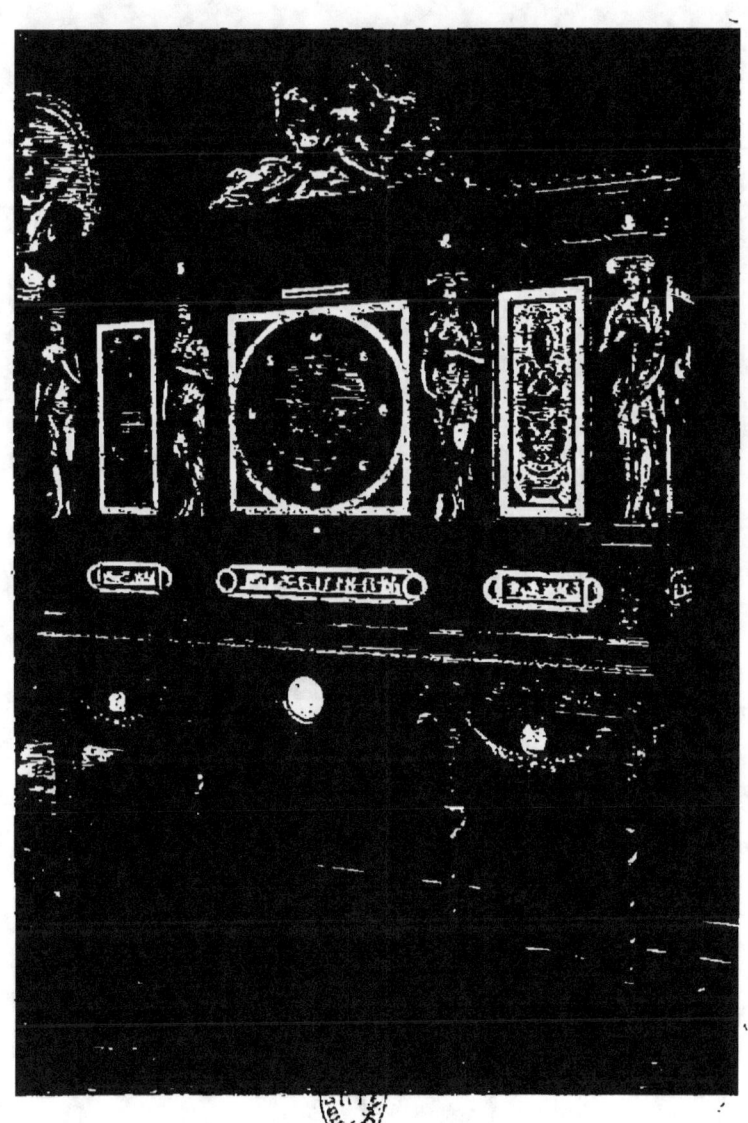

3023. — Armoire a bijoux de Marie-Antoinette.
XVIIIᵉ siècle.
(Palais de Trianon.)

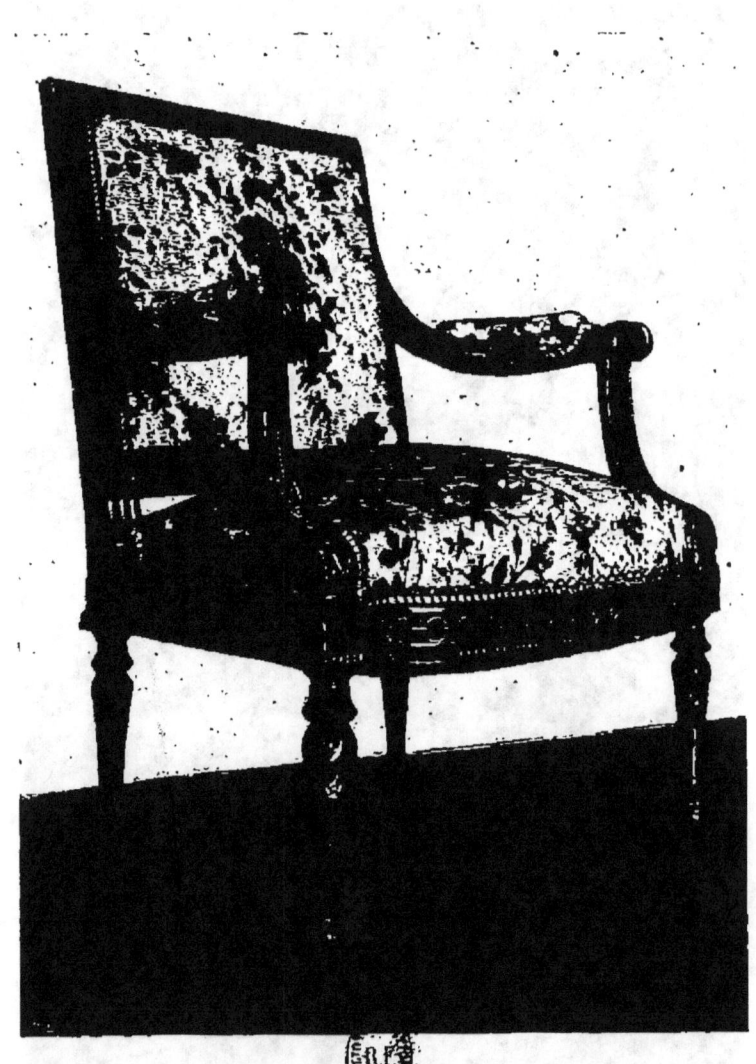

2998. — FAUTEUIL.
Époque de Louis XVI.
(Palais de Fontainebleau.)

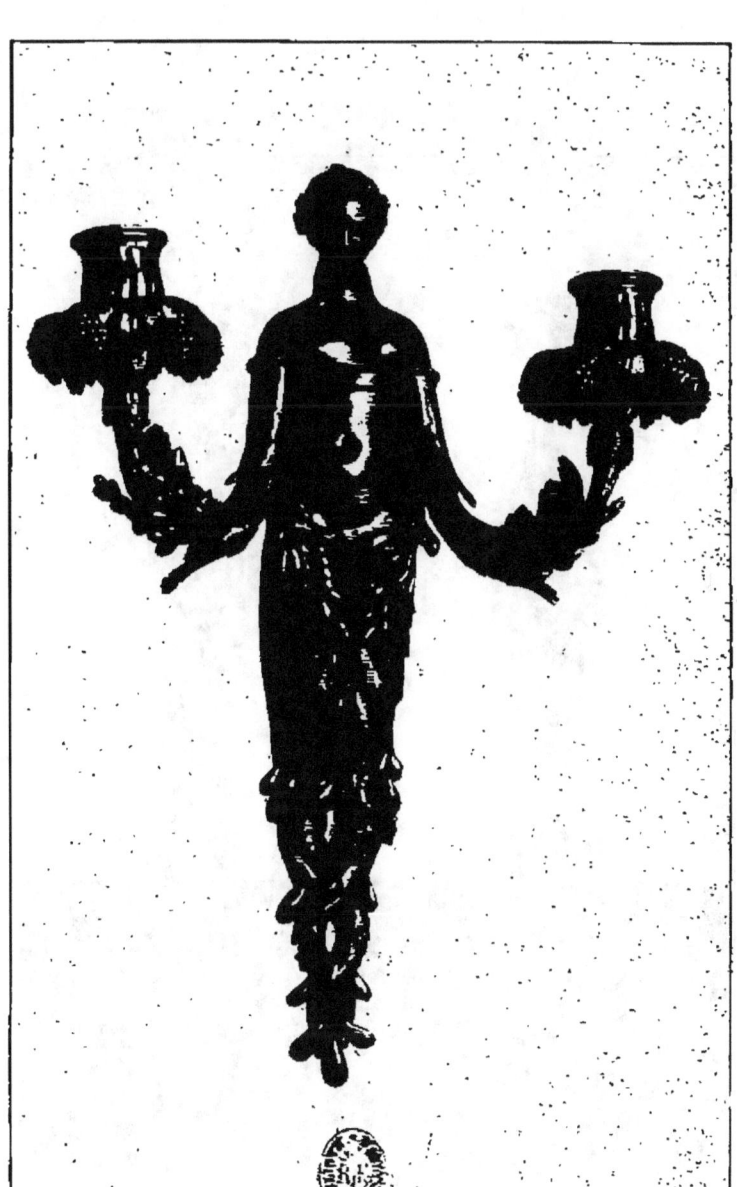

3021. — Appliques.
Bronze doré, xviiie siècle.
(Mlle Grandjean.)

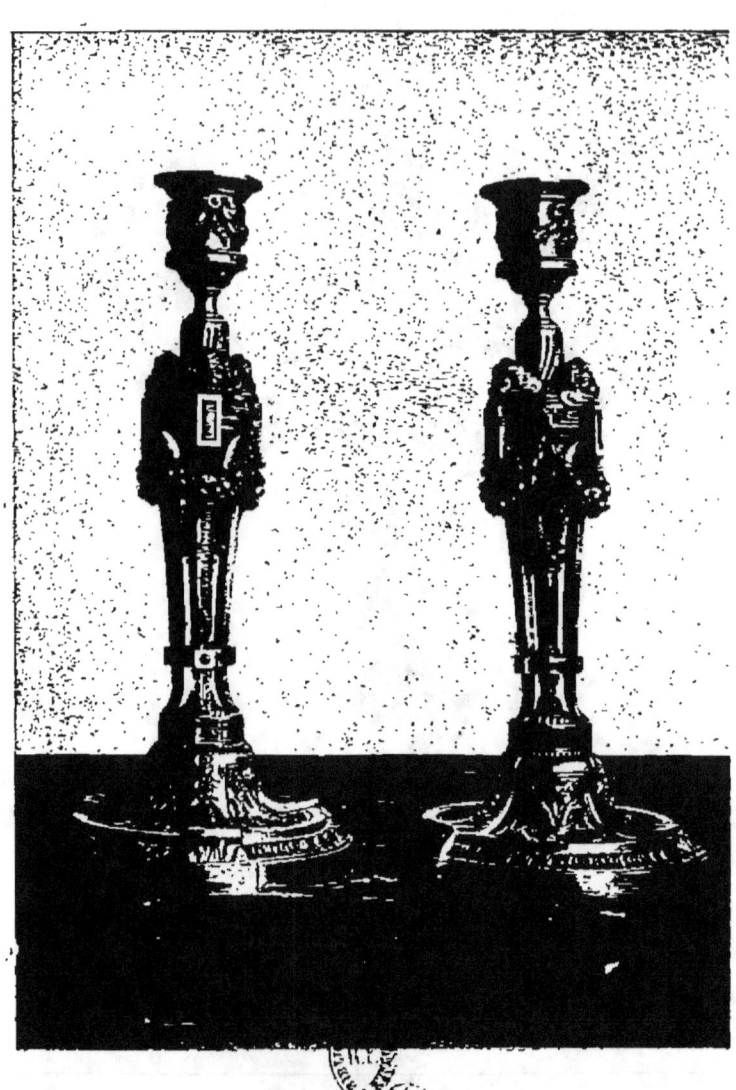

2895. — FLAMBEAUX.
Bronze doré, époque de Louis XVI.
(M. Chappey)

3015 bis. — Fauteuil.
Époque de Louis XVI.
(M. Lutz.)

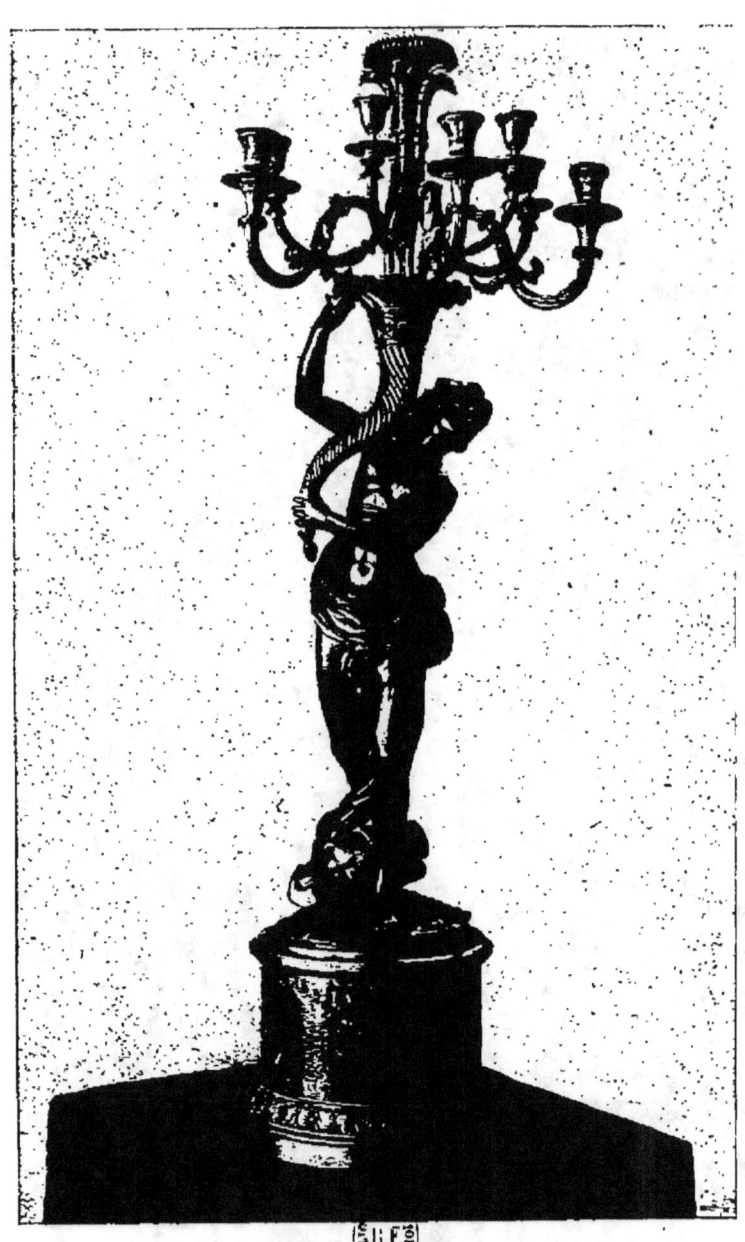

2969. — FLAMBEAU.
D'après Clodion.
(Garde-meuble national.)

2063. — SECRÉTAIRE.
Époque de Louis XVI.
(M. Scott.)

2993 bis. — SECRÉTAIRE.
Époque de Louis XVI.
(M. Scott.)

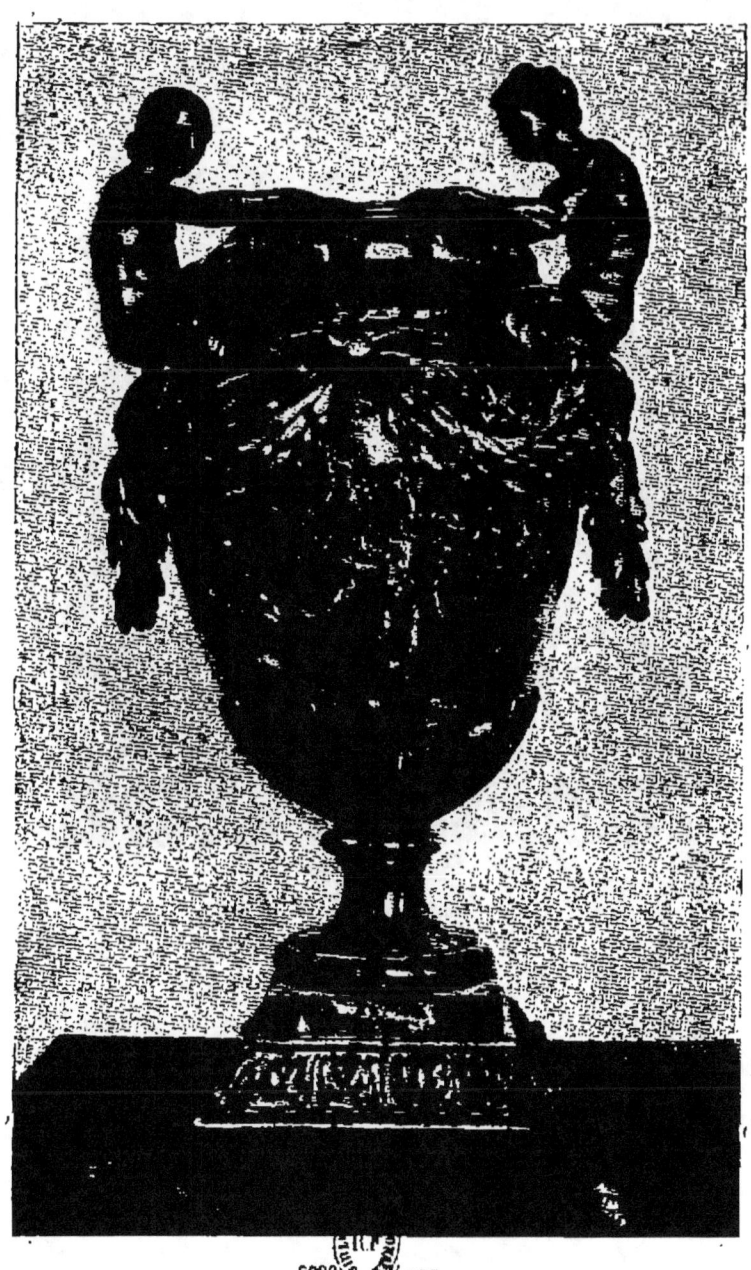

2980. — VASE.
Marbre et bronze doré, époque de Louis XVI.
(M. Scott.)

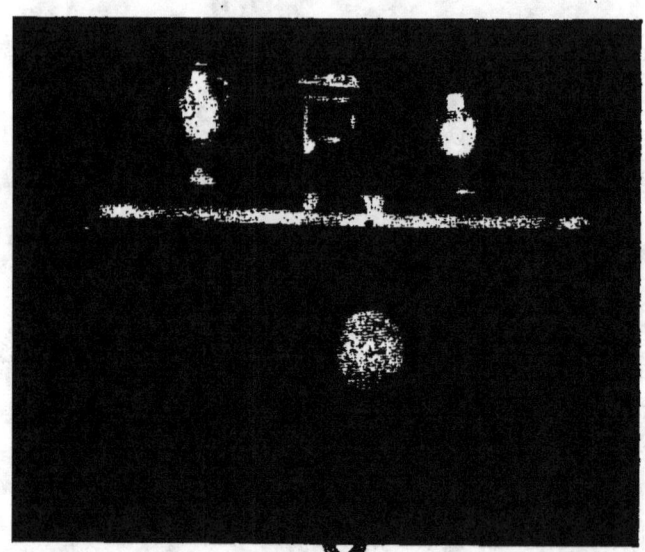

2003. — COMMODE.
Par Bennemann.
(Mobilier national.)

2961. — Vase.
Porcelaine de Sèvres et bronze doré.
(Garde-meuble national.)

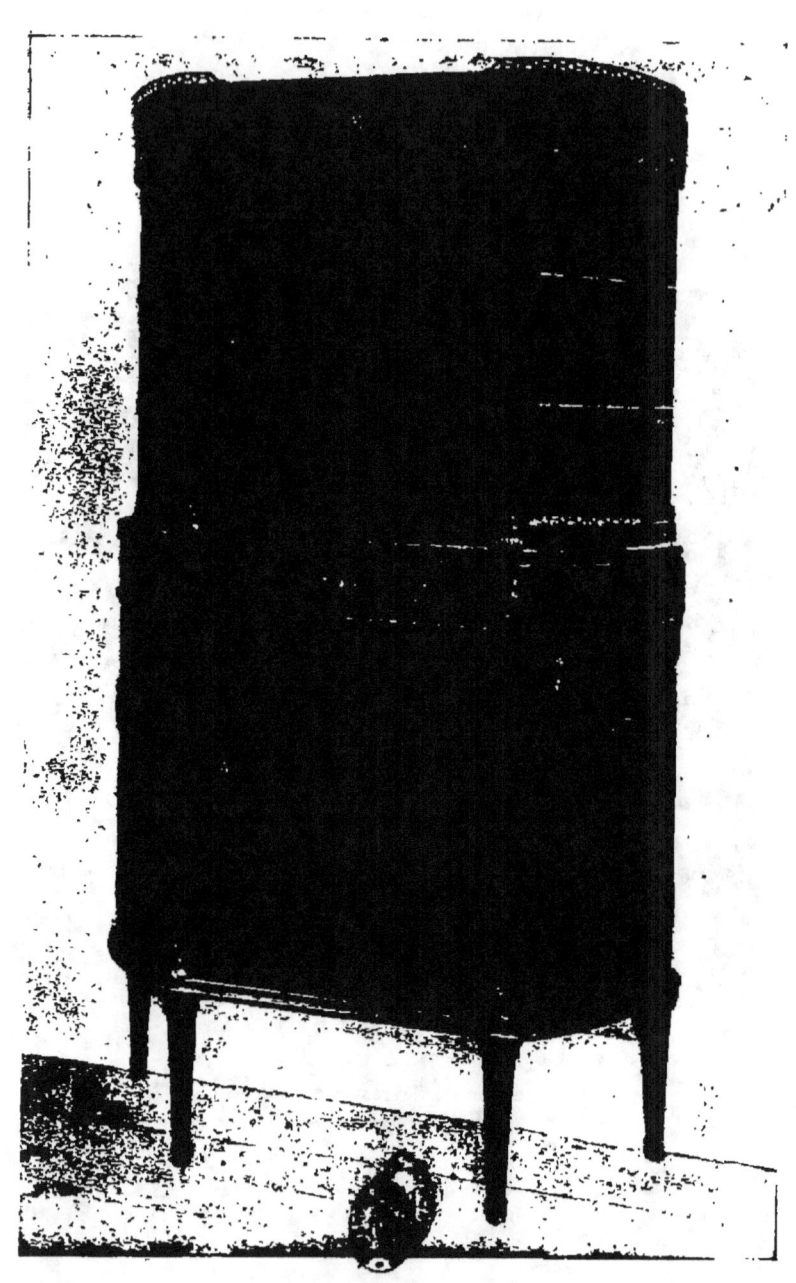

2988. — Secrétaire.
Époque de Louis XVI.
(M. Klotz.)

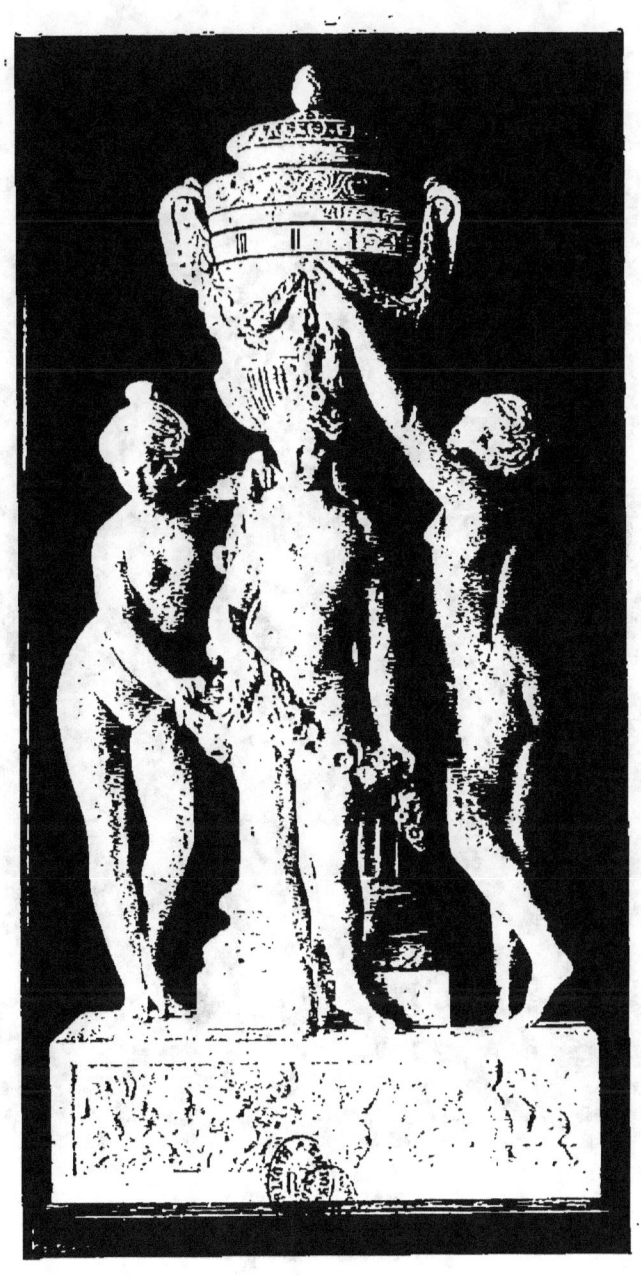

4708. — Pendule.
Les Trois Grâces, par Falconet.
(M. le comte I. de Camondo.)

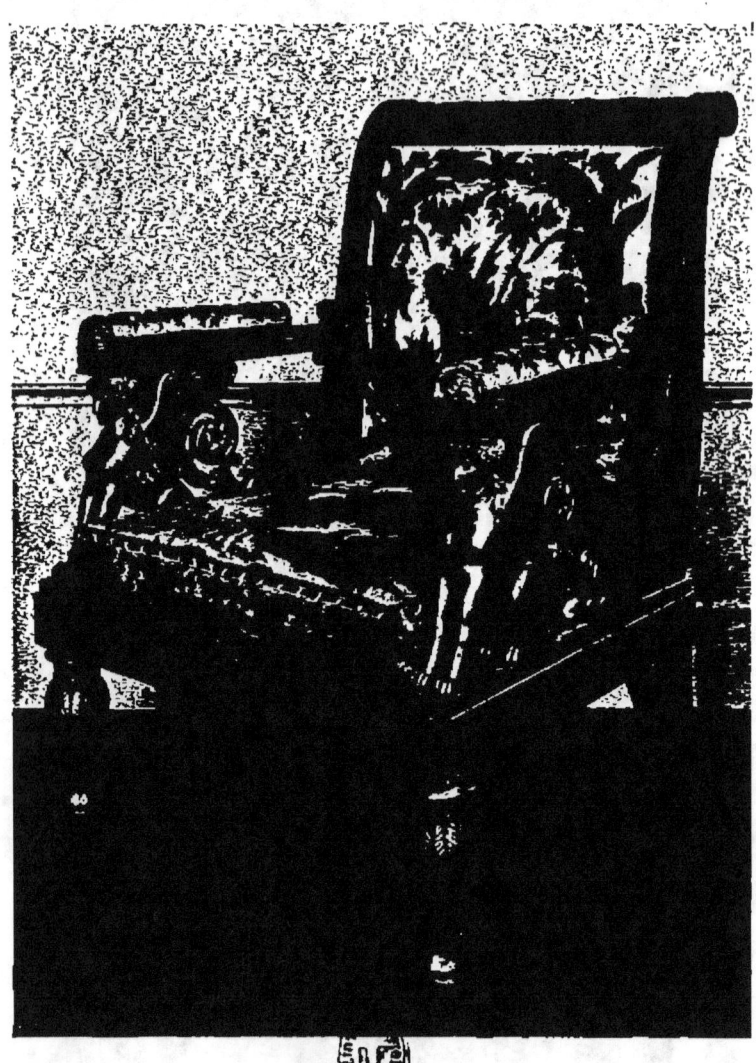

3018. FAUTEUIL.
Époque de Louis XVI.
(Palais de Fontainebleau.)

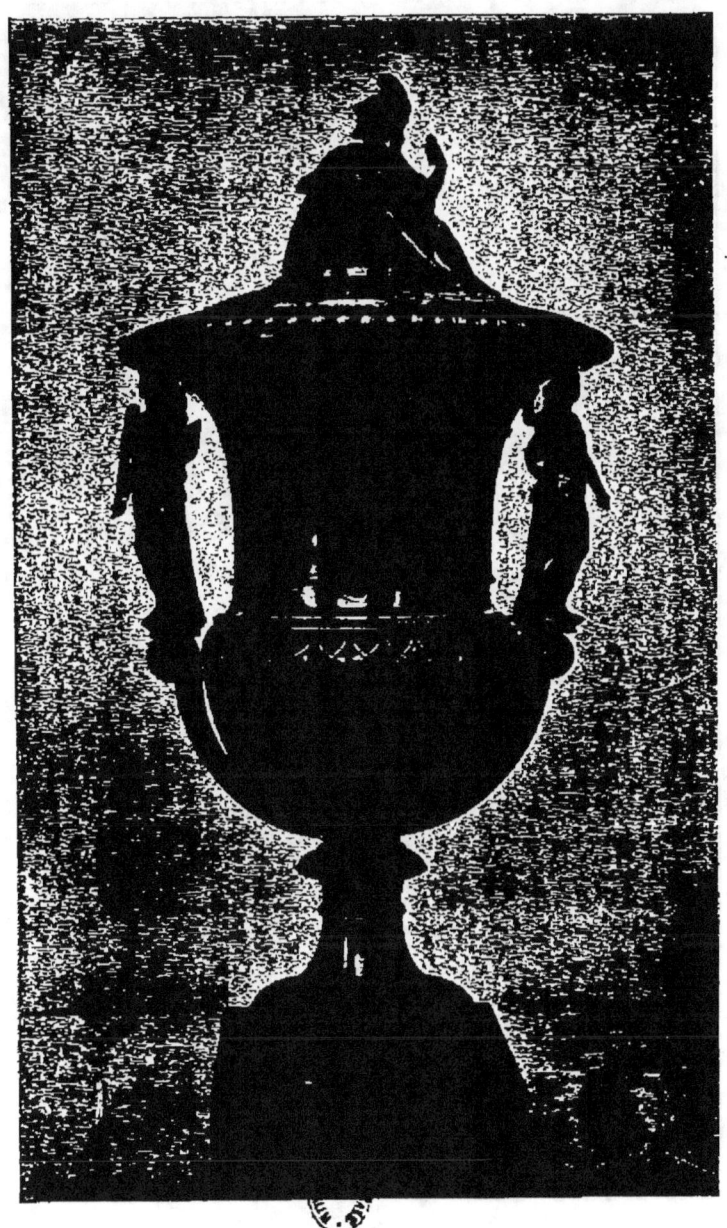

3009. — Vase.
Porcelaine de Sèvres, époque de Louis XVI.
(Palais de Fontainebleau.)

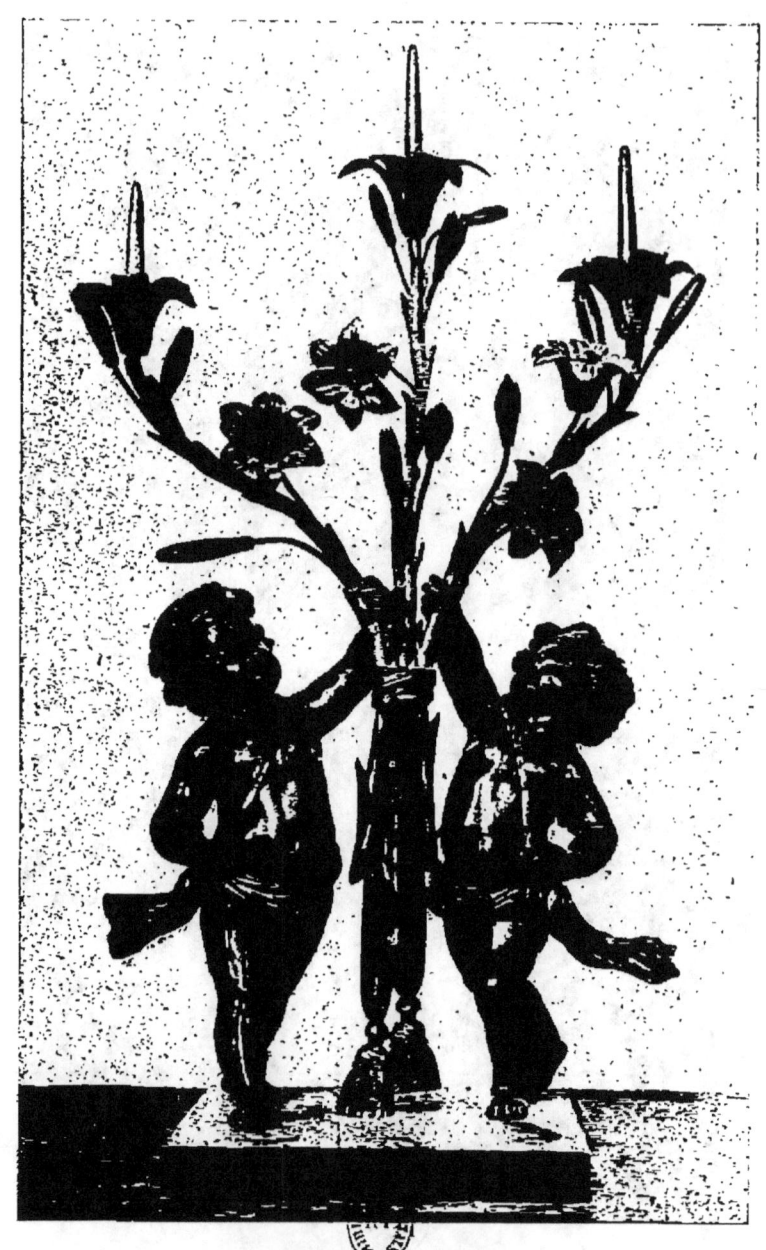

2930 bis. — CANDÉLABRE.
Bronze, époque de Louis XVI.
(Lycée de Reims.)

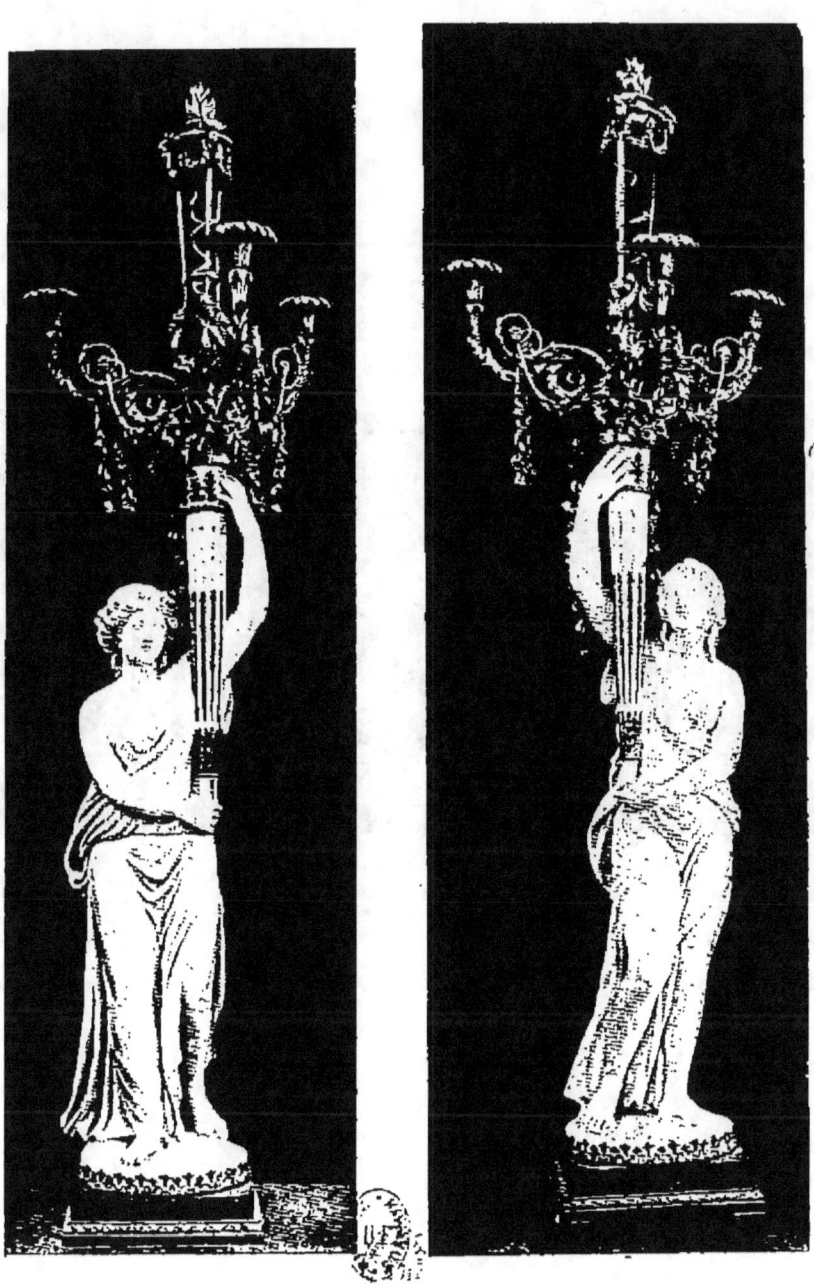

TORCHÈRES.
Marbre et bronze doré, par Lorta.
(Garde-meuble national.)

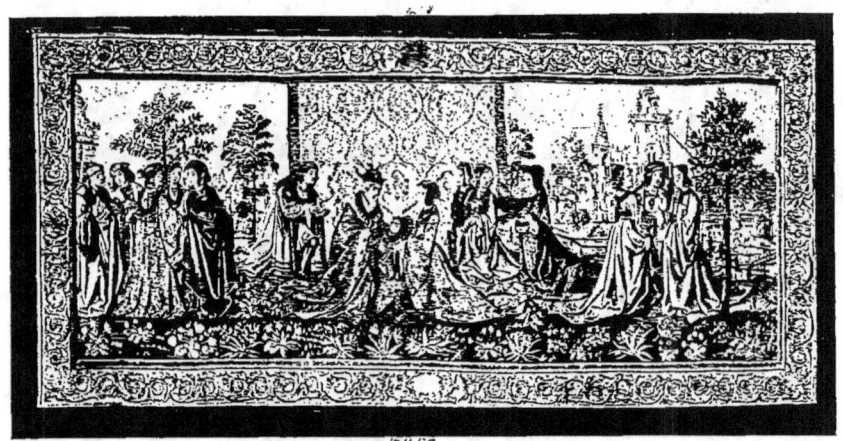

3167. — Parement d'autel.
Tapisserie, xvᵉ siècle.
(Cathédrale de Sens.)

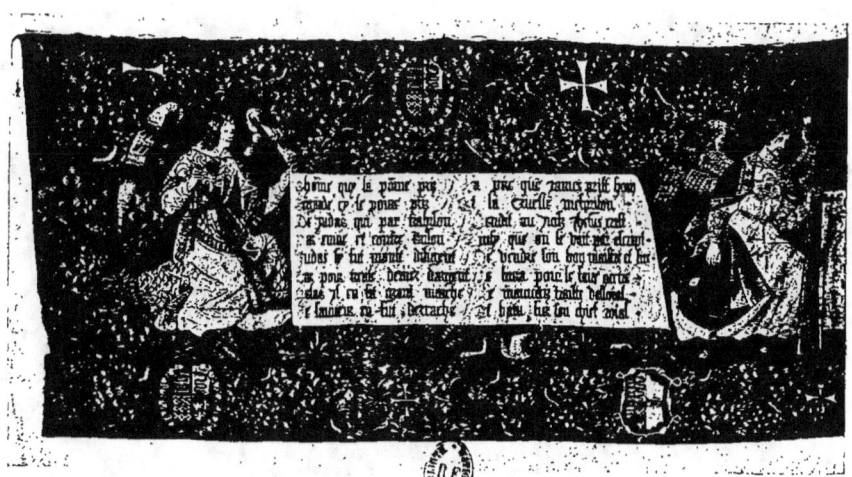

3201. — Tapisserie des Instruments de la Passion.
XVᵉ siècle.
(Cathédrale d'Angers.)

3178. — PAREMENT DE RETABLE.
Couronnement de la Vierge par le Christ, de Bethsabée par Salomon, d'Esther par Assuérus, tapisserie, xv⁰ siècle.
(Cathédrale de Sens.)

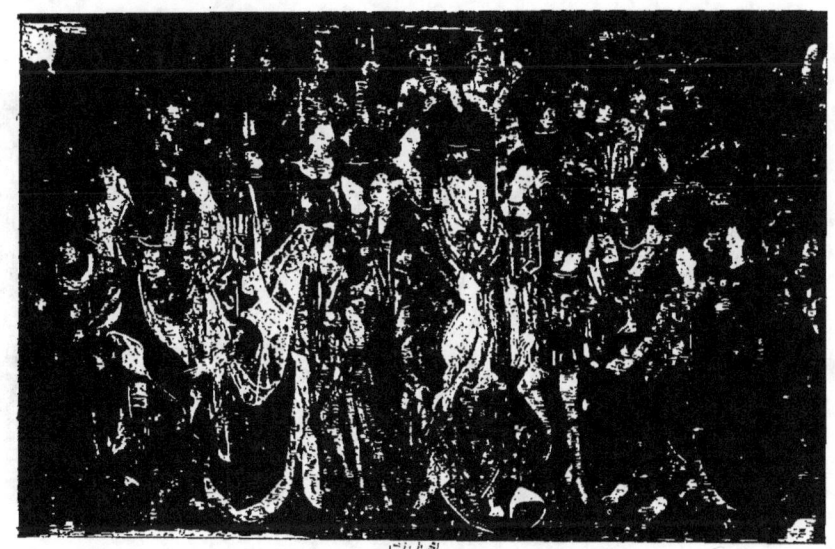

3165. — Le bal des Sauvages.
Tapisserie, XVIe siècle.
(Église Notre-Dame de Nantilly, à Saumur.)

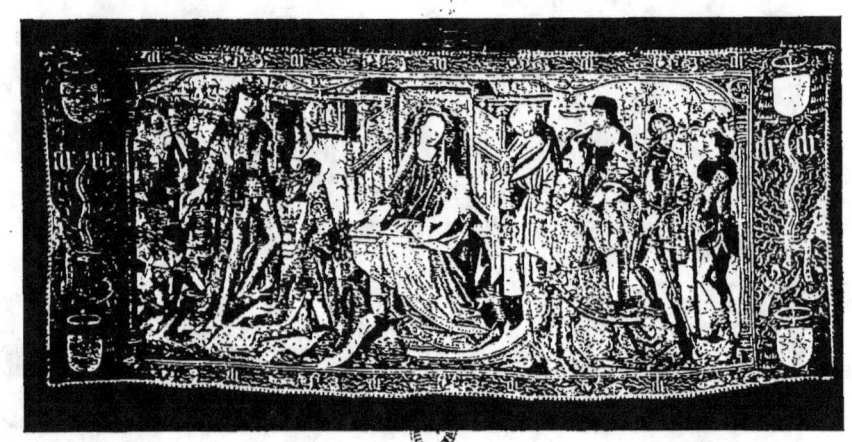

3209. — Histoire de Saint-Jean-Baptiste.
Tapisserie, xvie siècle.
(Château de Pau.)

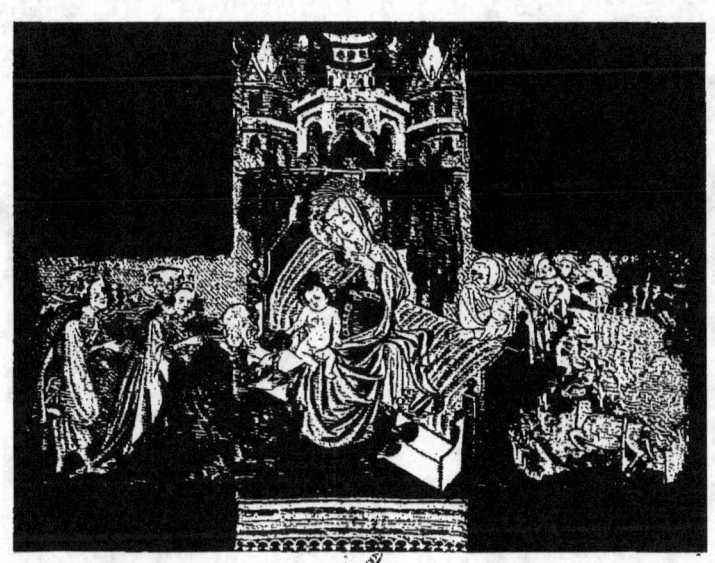

3261. — Chasuble brodée.
XIVe siècle.
(M. Martin Le Roy.)

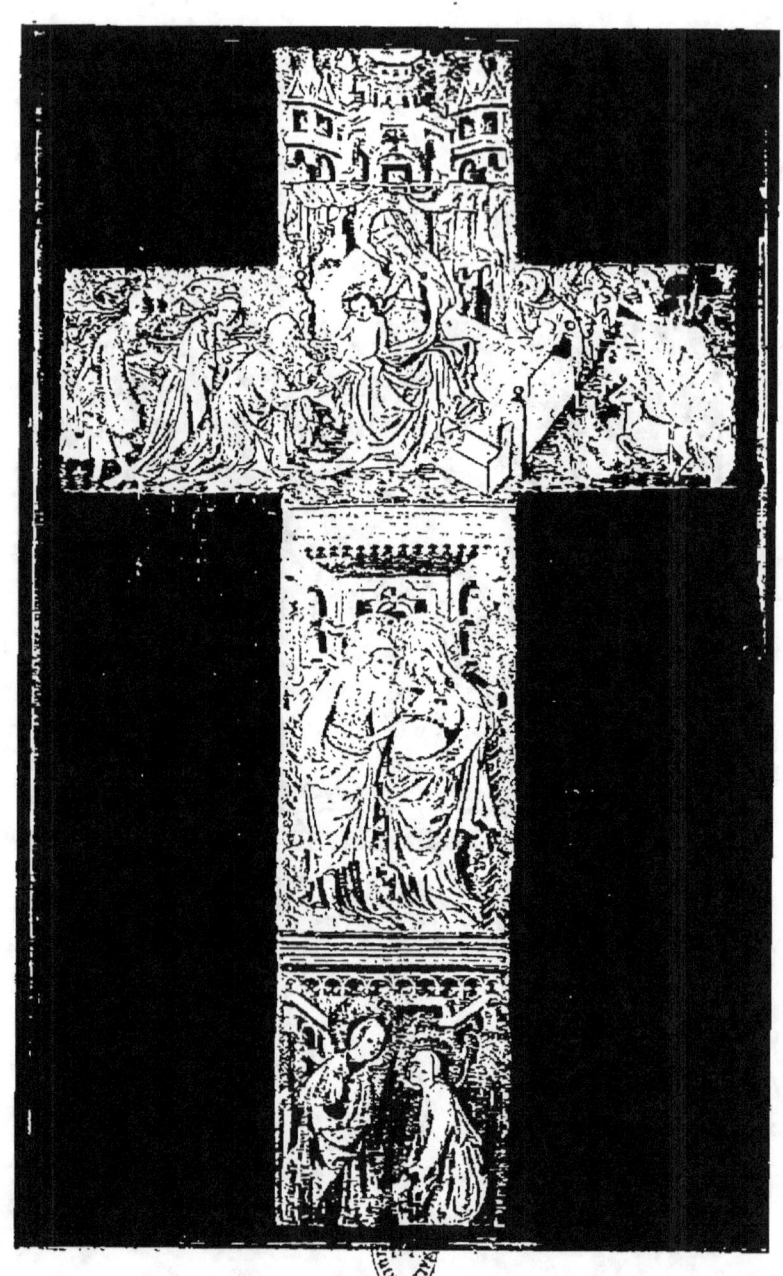

3261. — CHASUBLE BRODÉE.
xive siècle.
(M. Martin le Roy.)

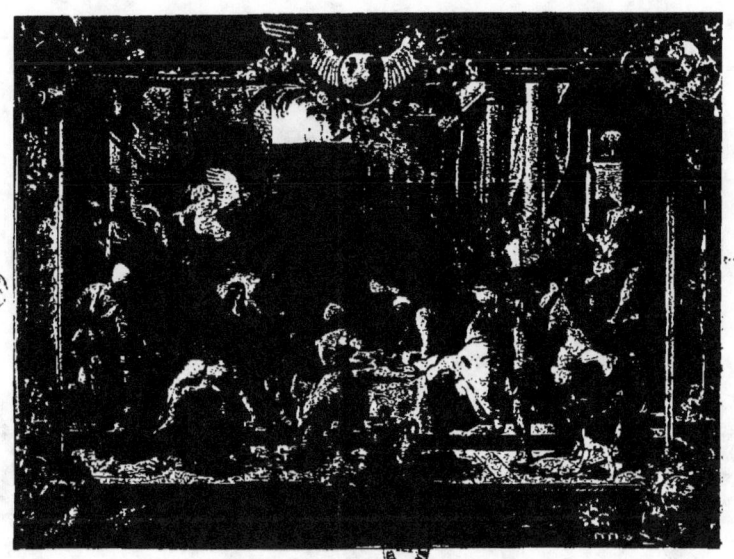

Le repas chez Simon.
Tapisserie des Gobelins, XVIIIᵉ siècle.

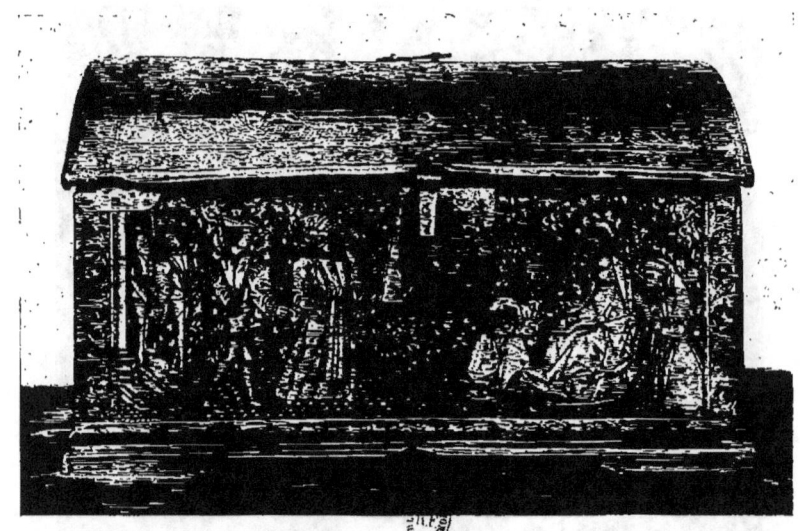

3293. — COFFRET.
Cuir incisé et doré, XVe siècle.
(Musée de Clermont-Ferrand.)

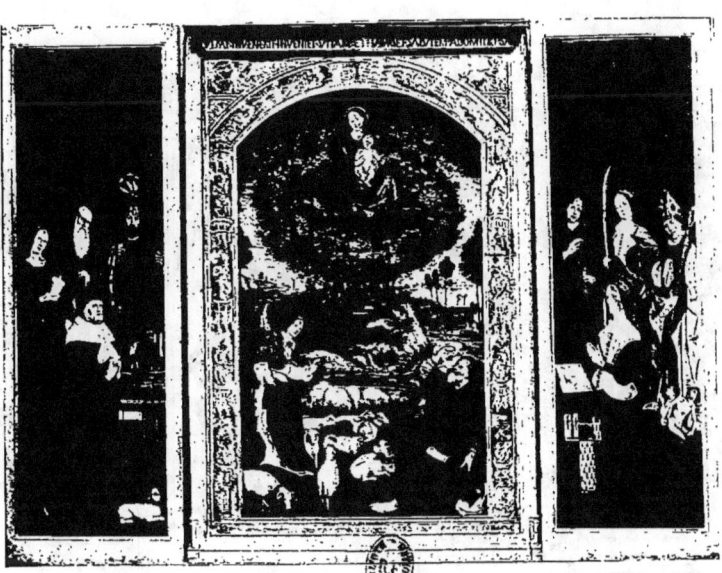

4544. — Le Buisson ardent.
Triptyque peint par Nicolas Froment.
(Cathédrale d'Aix.)

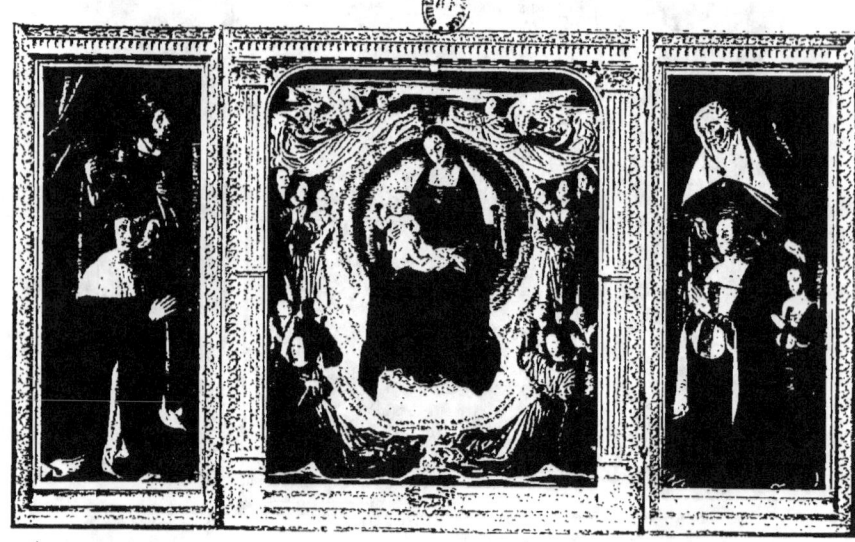

4545. — Triptyque.
Pierre II de Bourbon et Anne de Beaujeu, xv⁵ siècle.
(Cathédrale de Moulins.)

4553. — Tableau de la Confrérie de Notre-Dame du Puy d'Amiens.
XVIᵉ siècle.
(Musée d'Amiens.)

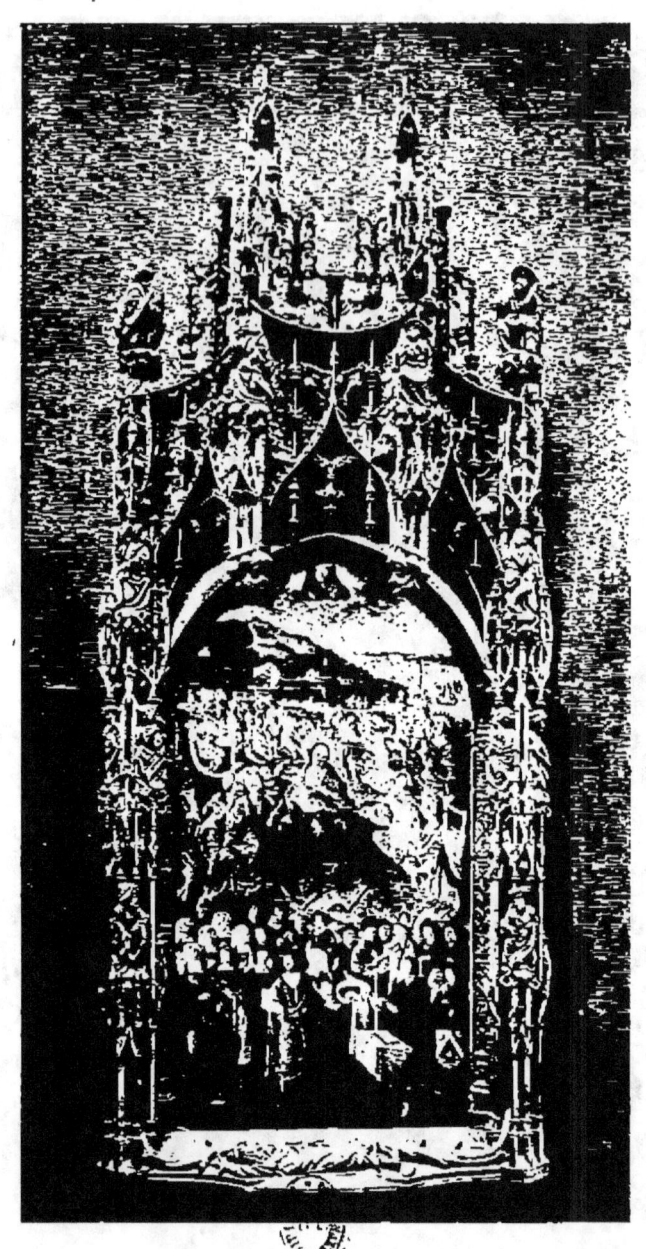

4553. — Tableau de la Confrérie de Notre-Dame du Puy d'Amiens.
XVIe siècle.
(Musée d'Amiens.)

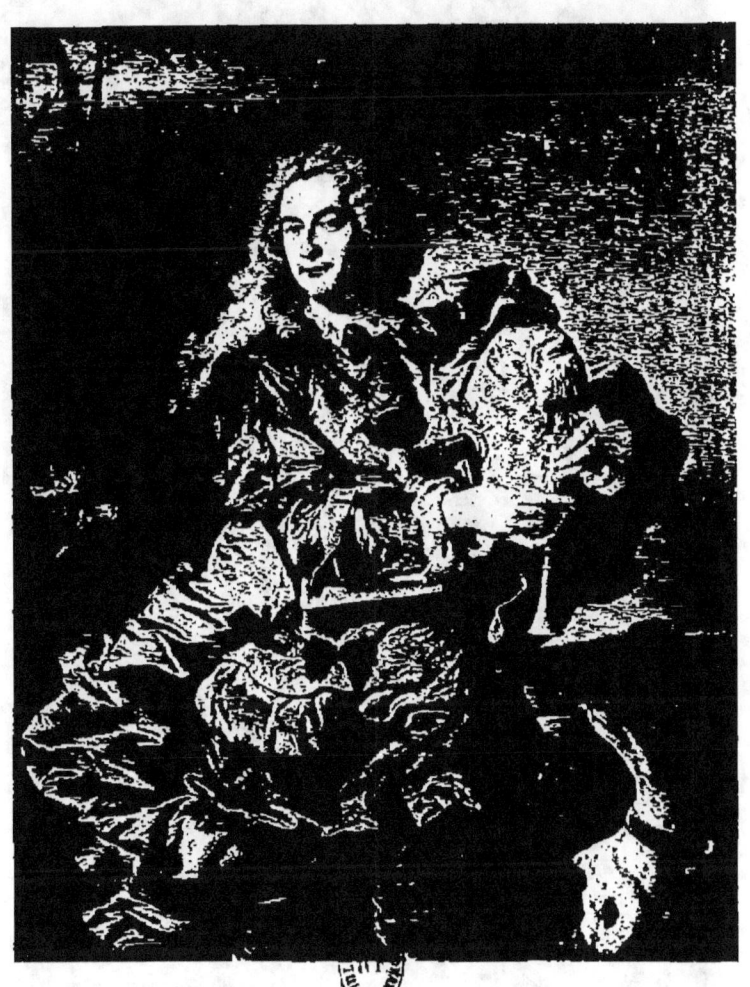

4567. — Gaspard de Gueidan.
Par H. Rigaud.
(Musée d'Aix.)

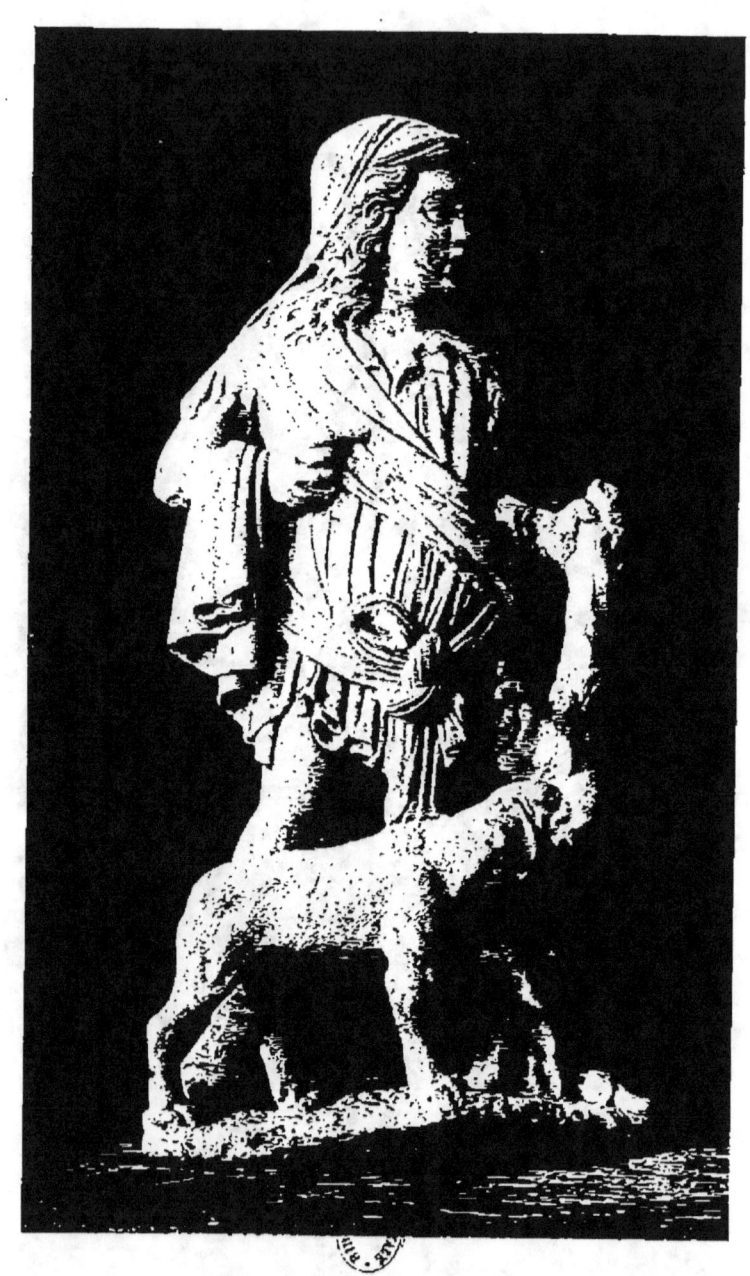

4638. — Saint Bénezet (?)
Statue, marbre, XIVᵉ siècle.
(Musée d'Avignon.)

4874. — BAS-RELIEF.
Marbre, XVIe siècle.
(Église Saint-Nicolas, à Troyes.)

4668. — LA FORCE.
Pierre, xvıe siècle.
(M. Raymond Koechlin.)

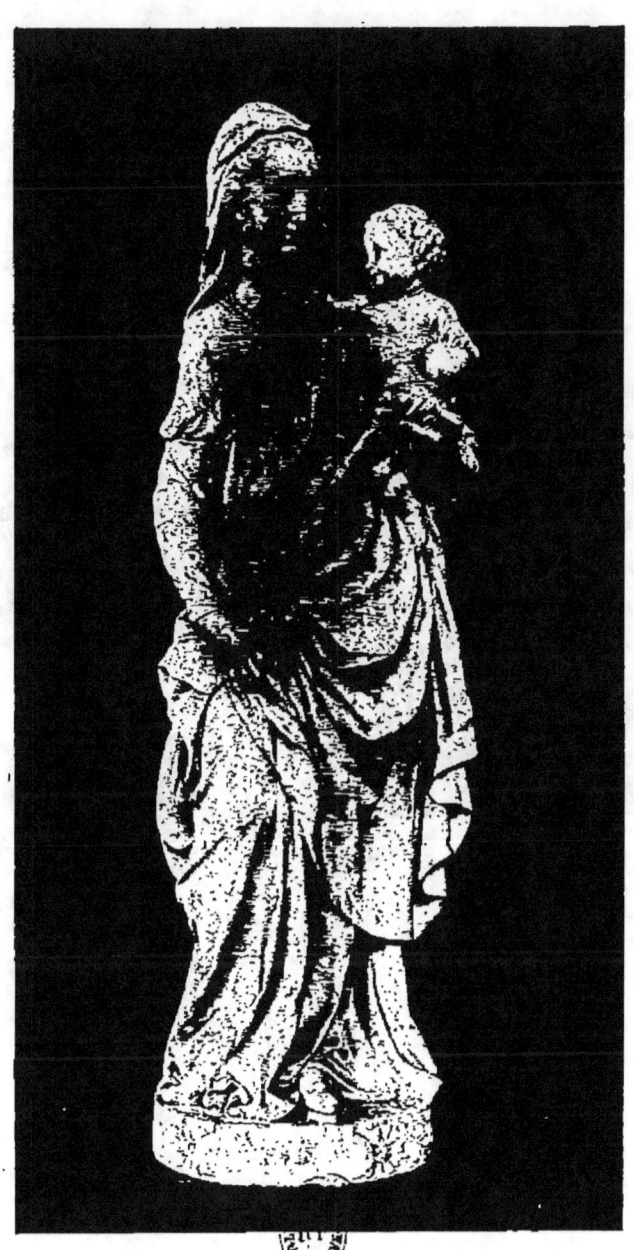

4673. — La Vierge et l'Enfant.
Marbre par Germain Pilon.
(Eglise de Notre-Dame de la Couture, au Mans.)

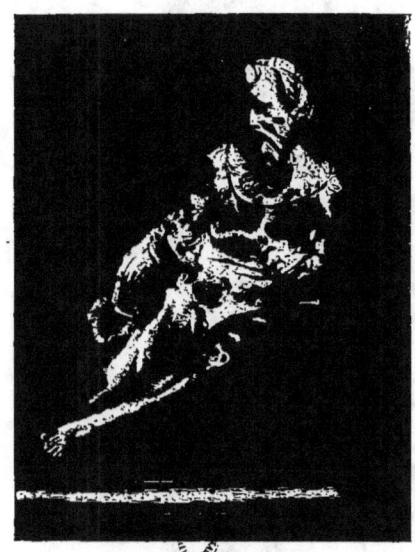

350 *bis*. — UN FLEUVE.
Bronze, xvie siècle.
(Musée de Châlons-sur-Marne.)

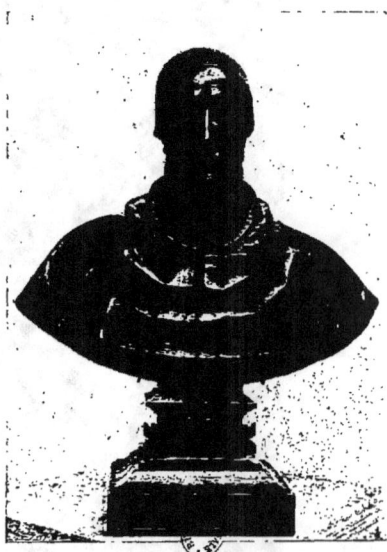

4672. — JEAN DE MORVILLIERS.
Bronze, par Germain Pilon.
(Évêché d'Orléans.)

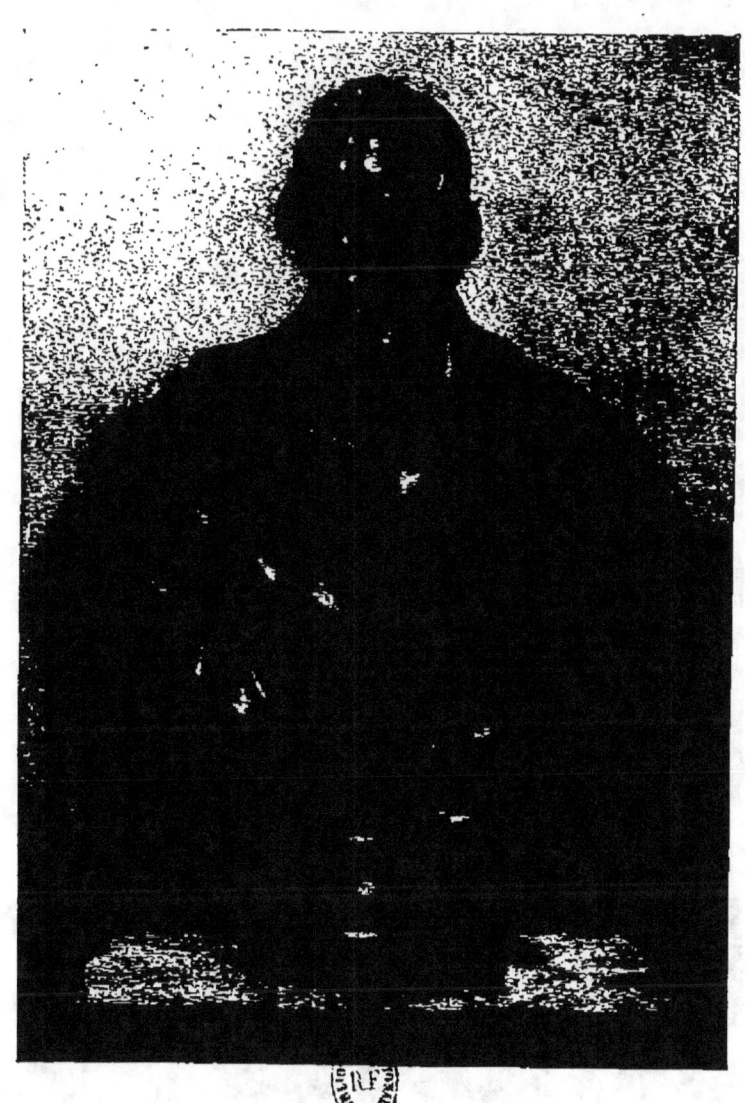

4577. — Le Cardinal de Richelieu.
Bronze, par Varin.
(Bibliothèque Mazarine.)

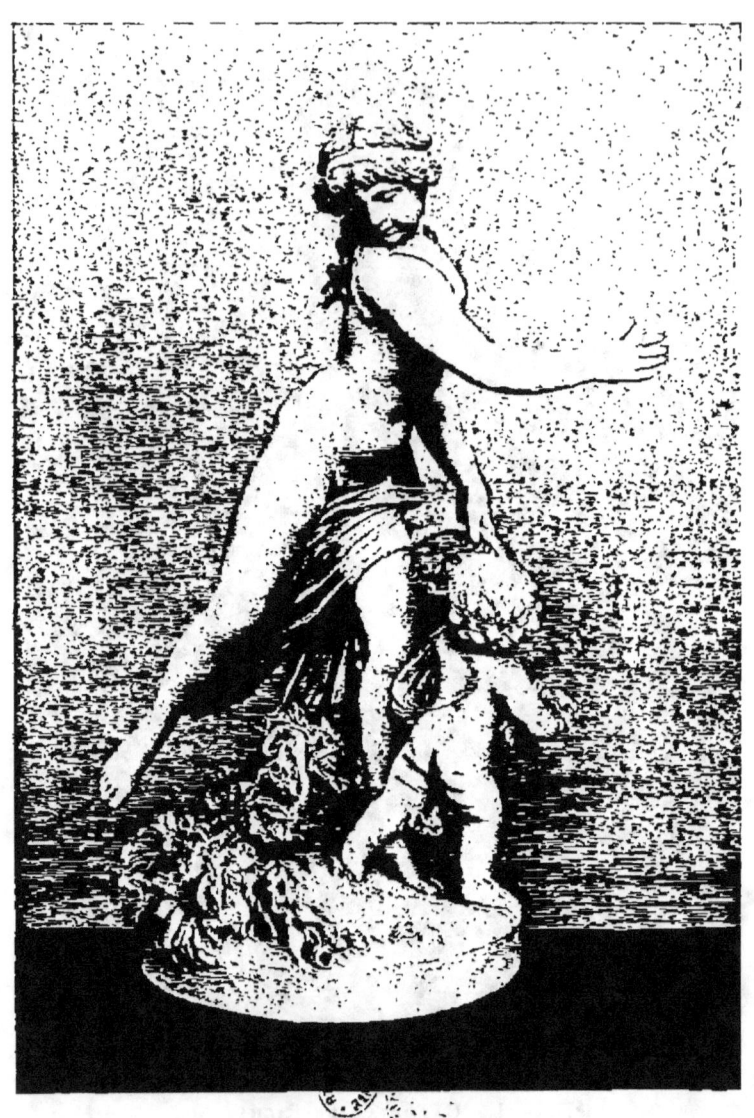

4727. — LA SURPRISE.
Terre cuite, par Clodion.
(M. Ladan-Bokary.)

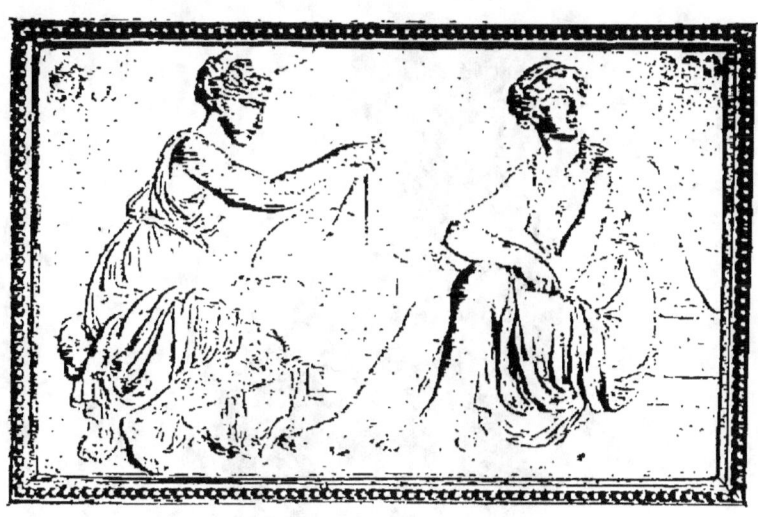

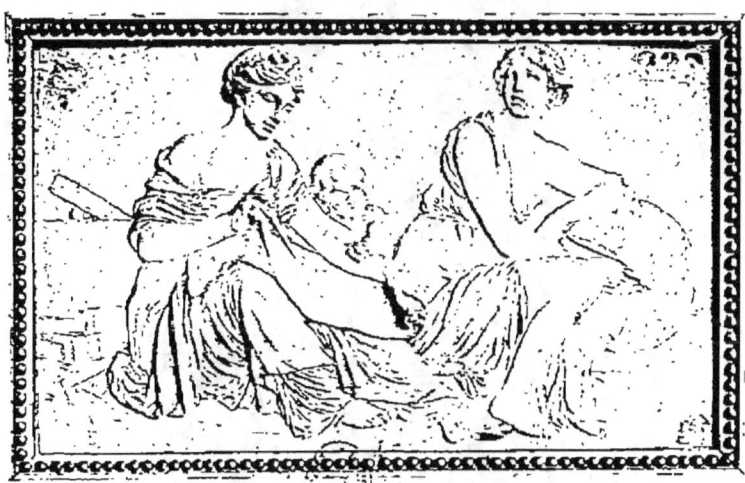

4722. — L'Astronomie. — La Géométrie.
Bas-relief, terre cuite, par Clodion.
(Musée de Cherbourg.)

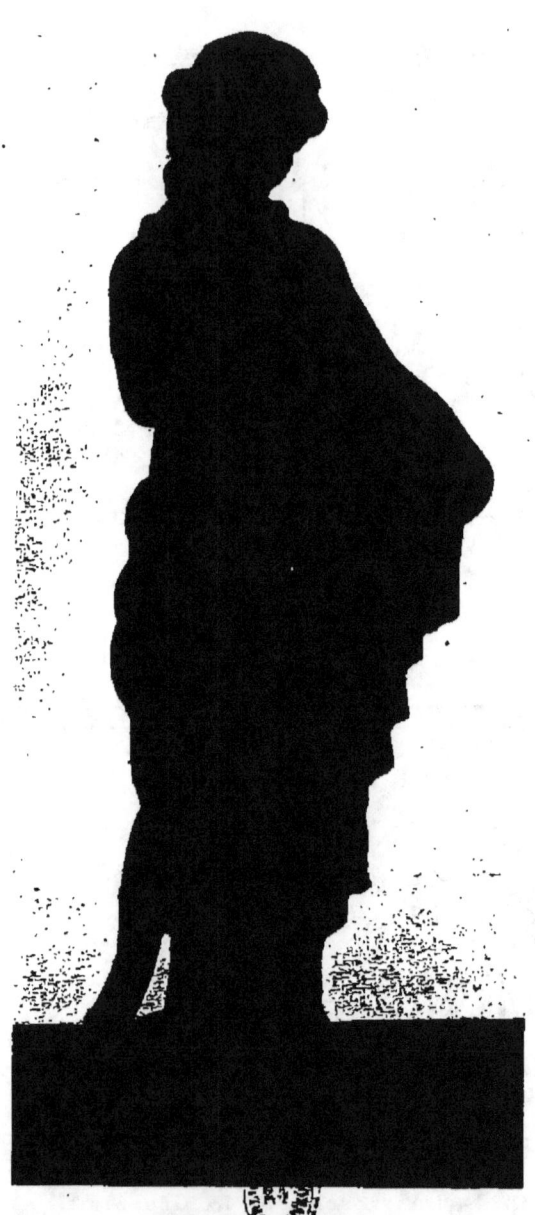

4721. — POMONE.
Terre cuite, par Clodion.
(Musée de Mâcon.)

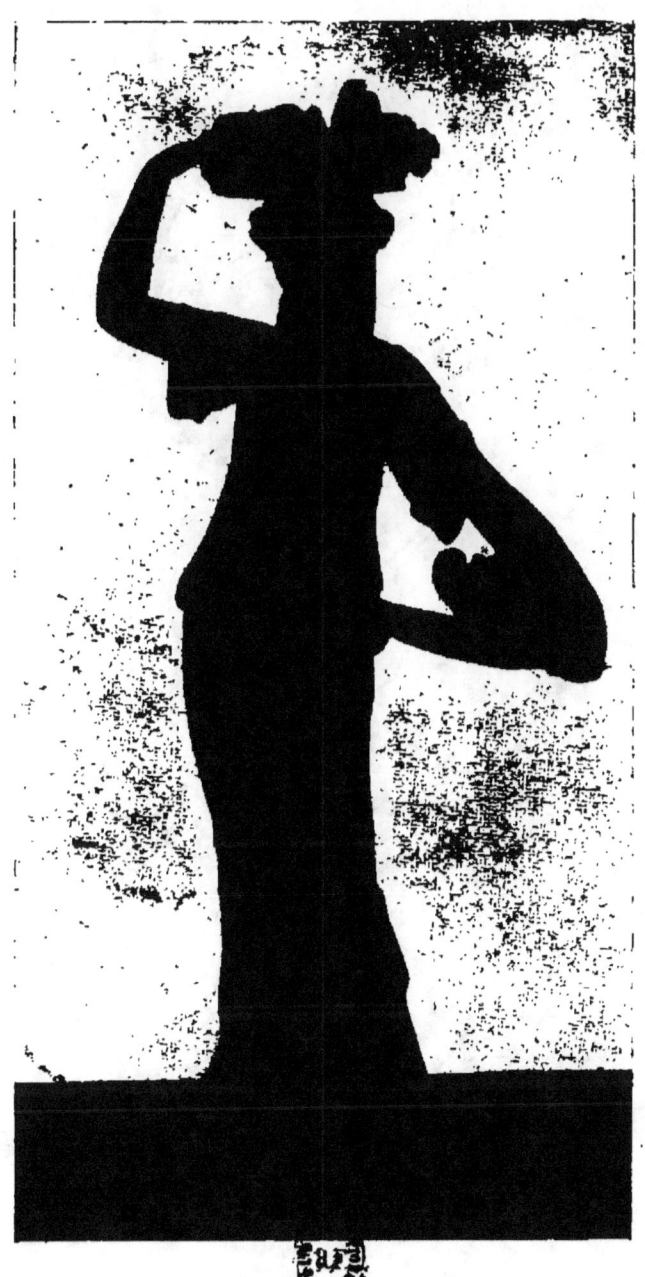

4721. — FLORE.
Terre cuite, par Clodion.
(Musée de Mâcon.)

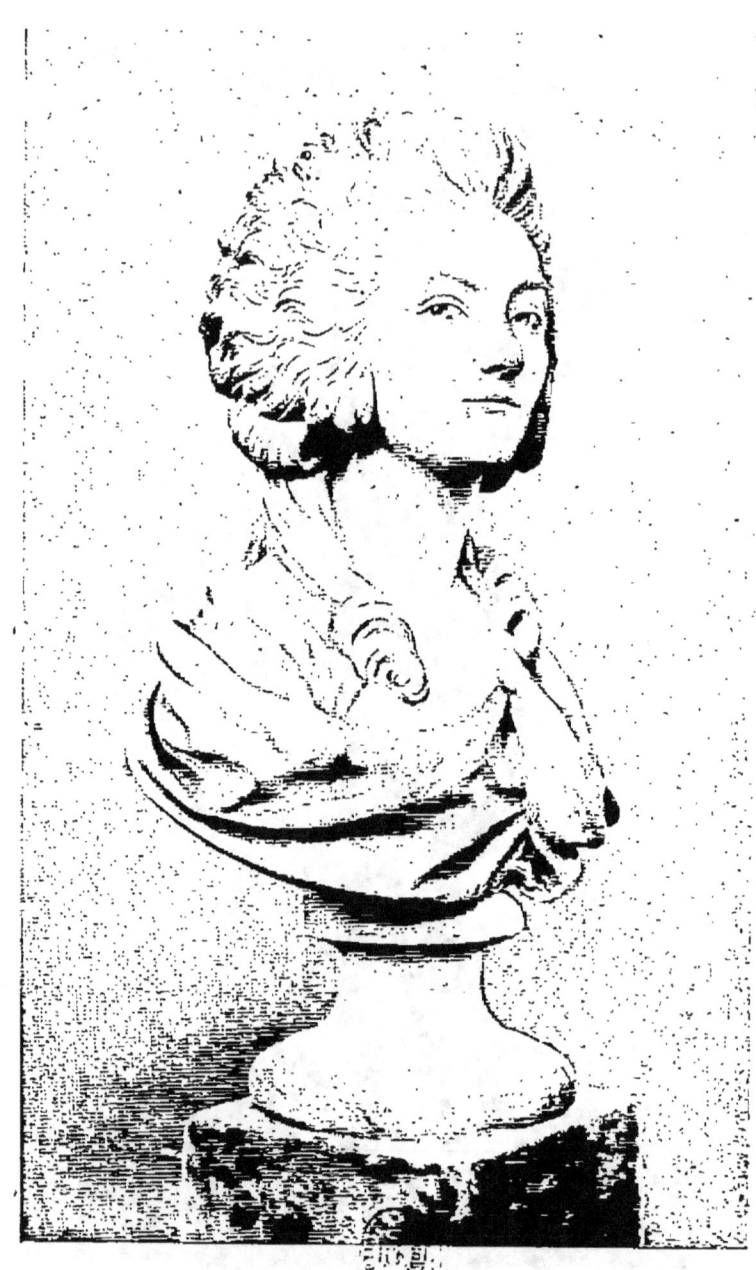

4694. — Buste de femme.
Terre cuite, xviiie siècle.
(Musée de Nevers.)

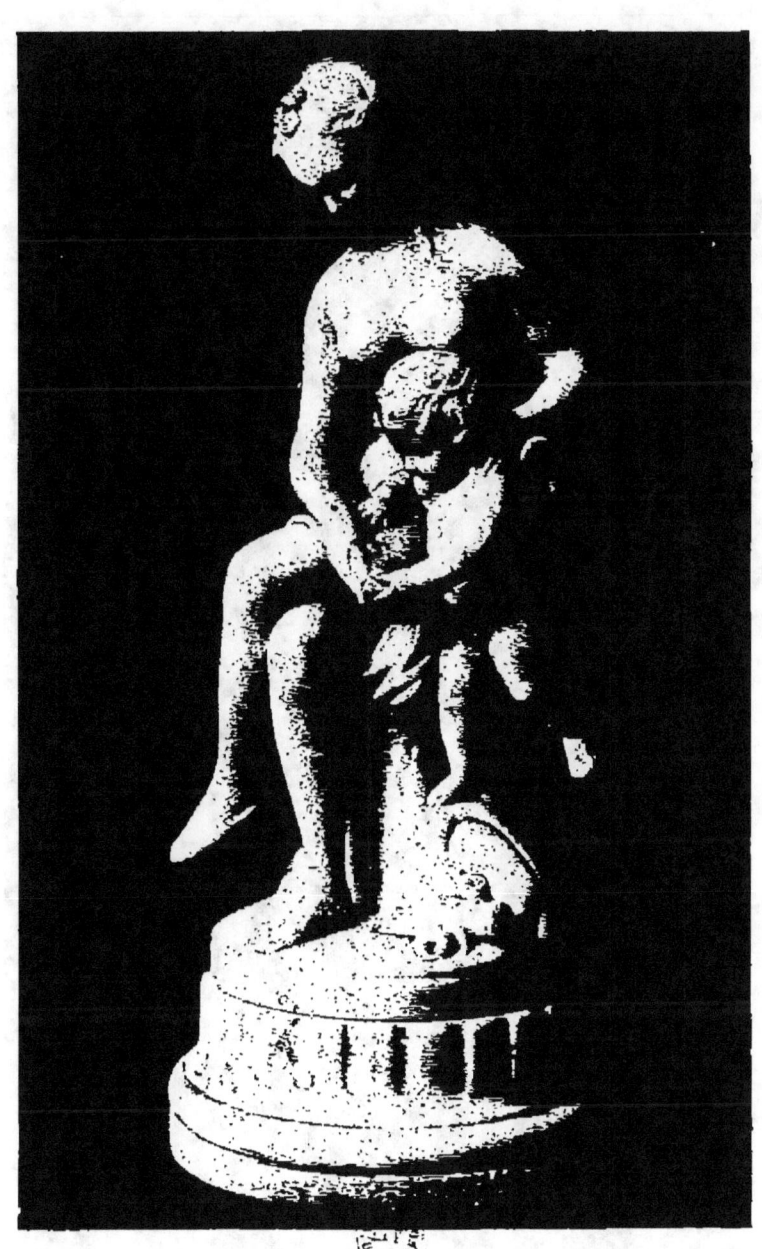

4714. — VÉNUS ET L'AMOUR.
Groupe, marbre, par Falconet.
(M. Boy.)

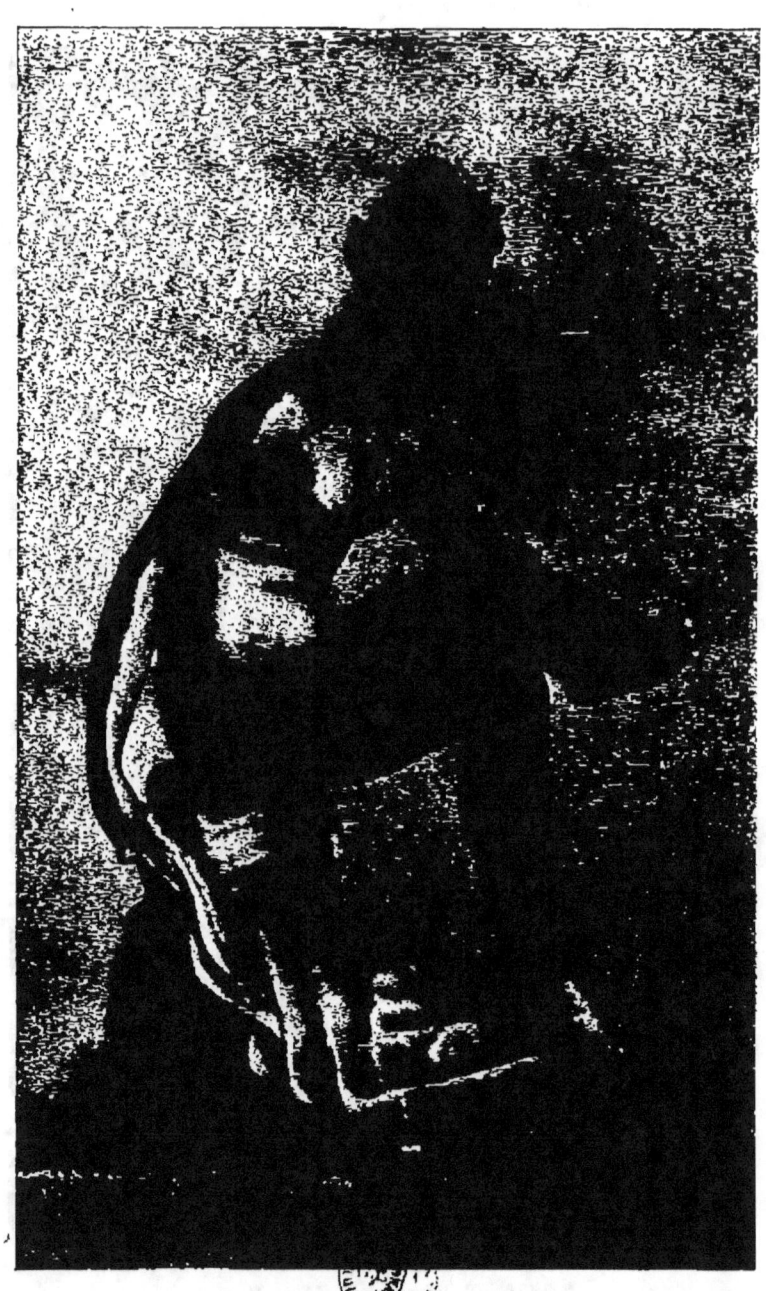

4715. — Baigneuse.
Cire, par Falconet.
(M. Leblanc-Barbedienne.)

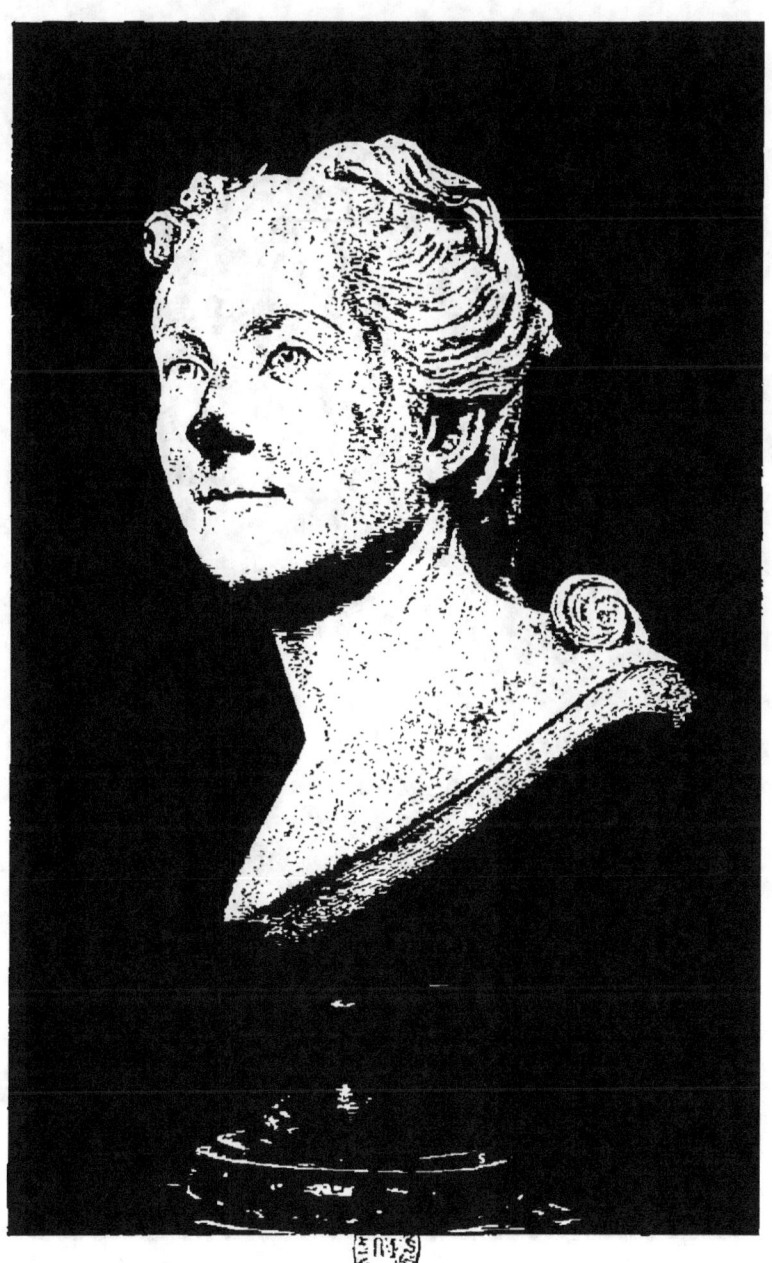

4704. — Madame de Fonville.
Terre cuite, par Defernex.
(Musée du Mans.)

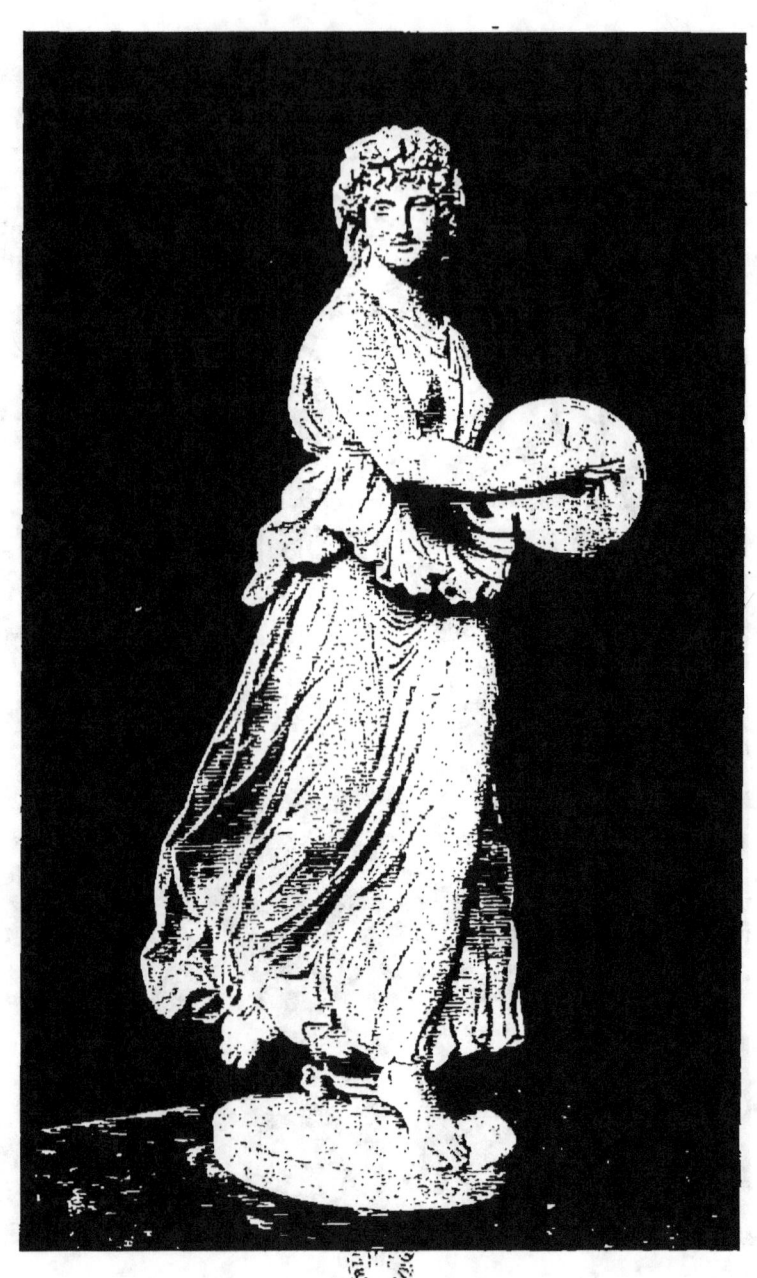

4698. — DANSEUSE.
Marbre, par Loria.
Palais de Trianon.

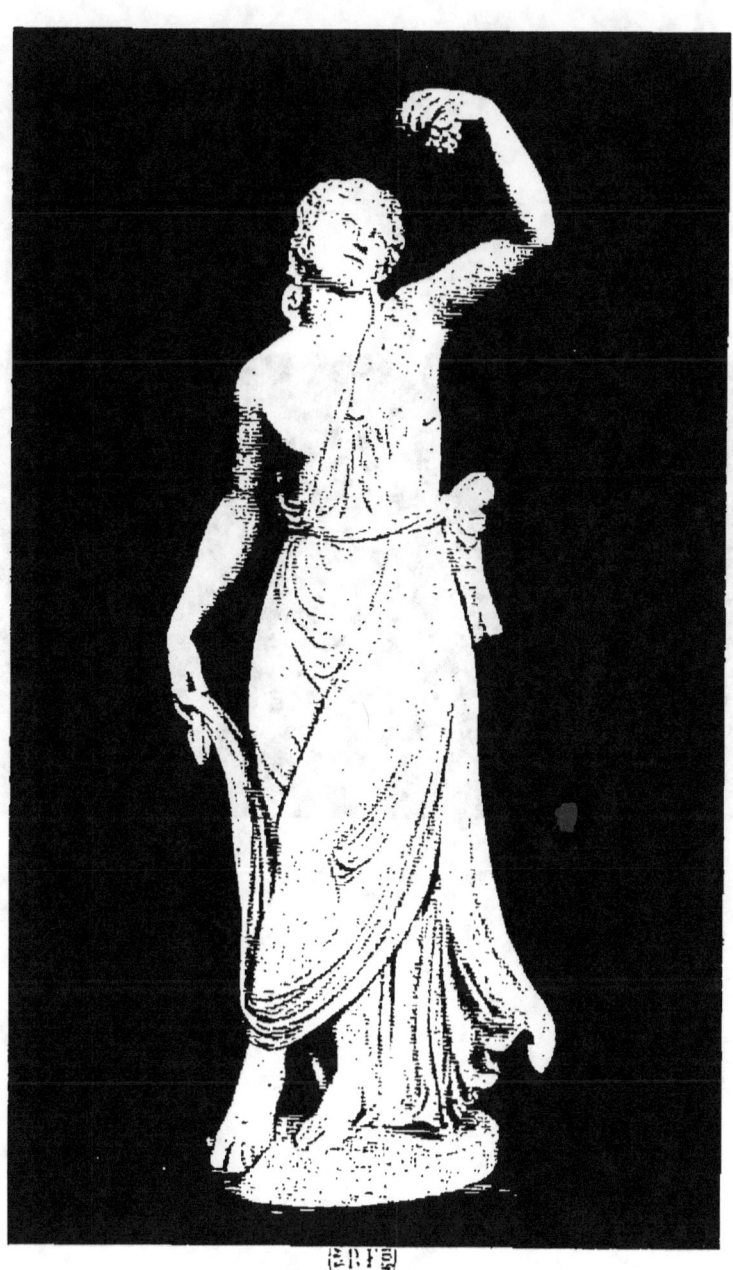

4397. — DANSEUSE.
Marbre, par Loria.
(Palais de Trianon.)

VERRES.
Époque gallo-romaine.
(M. Boulanger.)

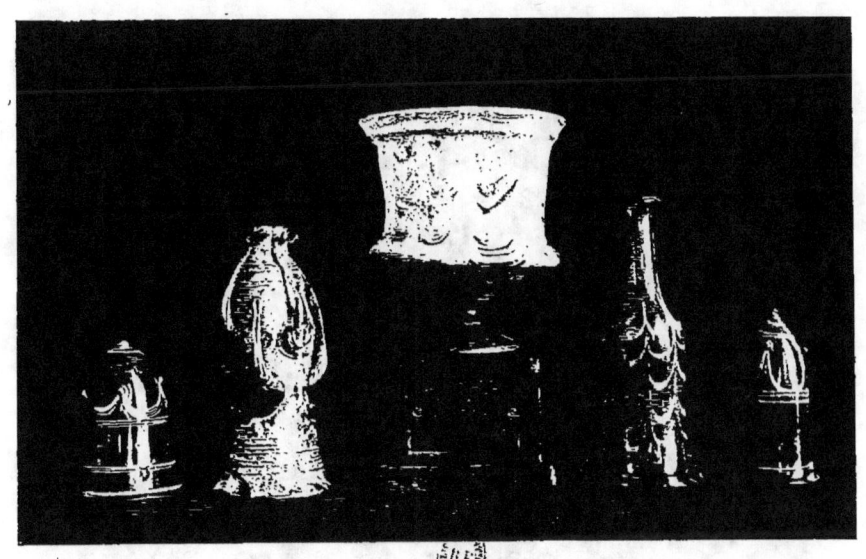

VERRERIE.
Époque gallo-romaine.
(M. Boulanger.)

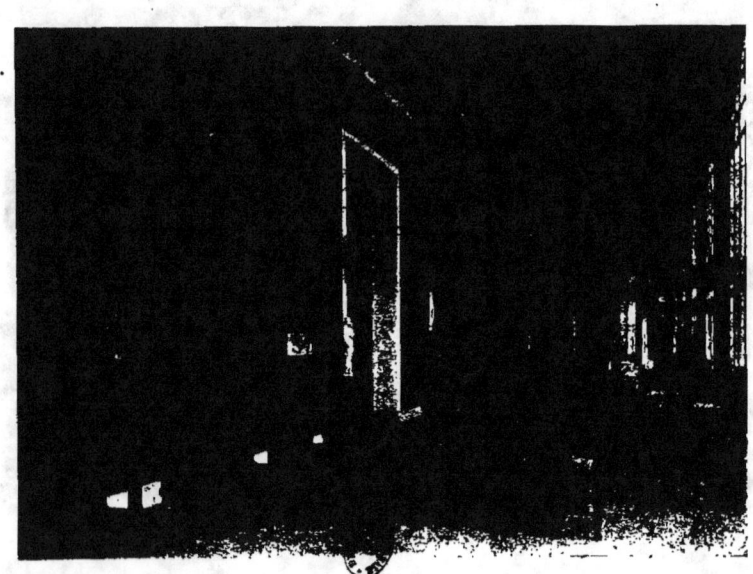

Vue d'ensemble.

EXPOSITION RÉTROSPECTIVE

DE

L'ART FRANÇAIS

DES ORIGINES A 1800

I

Ivoires.

1. **Tête de Femme de style grec.** — Musée de Vienne.
2. **Peigne, époque barbare.** Musée de Cambrai.
3. **Peigne en os à deux rangs de dents**, epoque barbare. — Musée de Reims.
4. **Peigne, epoque barbare.** — Musée de Reims. Collection Habert.
5. **Peigne, epoque barbare.** — Société archéologique de Touraine.
6. **Grand Peigne,** époque barbare. — M. Boulanger.
7. **Peigne.** — M. Boulanger.
9. **Dyptique consulaire,** vi° siècle. — M. Sig. Bardac.
10. **Diptyque consulaire,** vi° siecle. — Musée de Bourges.
11. **Diptyque romain,** vi° siècle. — Bibliothèque de Sens.
12. **Pyxide cylindrique,** v° siecle. — Musée d'antiquités de la Seine-Inférieure.
13. **Pyxide,** vi° siècle. — Cathédrale de Sens.
14. **Deux Pyxides pédiculées,** vi° siecle. — Eglise de la Voûte-Chilac (H¹ᵉ-Loire).
15. **La Nativité,** vi° siècle. — Musée archeologique de Nevers.
16. **Petit bas-relief,** viii° siècle. — Musée de Besançon.
17. **Ceinture de St Césaire,** viii° siècle. — Eglise de N.-D. de la Major, à Arles.
18. **Feuillet de diptyque,** ix° siècle. — Cathédrale de Nancy.
19. **Reliure d'Evangéliaire,** ix° siecle. — Eglise de Gannat (Allier).
20. **Grande plaque rectangulaire,** ix° siècle — Musée historique d'Orléans.
21. **Peigne liturgique,** de St Loup, ix° siècle. — Cathédrale de Sens.
22. **Peigne liturgique,** de St Gauzelin, x° siècle. — Cathédrale de Nancy.
23. **Le Baptême de Clovis,** x° siecle. — Musée d'Amiens.
24. **Evangéliaire,** de Morienval, x° siecle. — Ancienne cathédrale de Noyon.
25. **Coffret rectangulaire,** xi° siècle. — Cathédrale de Troyes.
26. **Plaque,** xi° siècle. — M. Campe, à Hambourg.
27. **Le Christ,** xi° siecle — Musée de Compiègne.
28. **Plaque,** x° ou xi° siècle. — Musée d'antiquités de la Seine-Inférieure.
29. **Tau,** xi° siecle. — Musée d'antiquités de la Seine-Inferieure.
30. **Tau,** de l'abbaye de Coulombs, xi° siècle. — Musée de Chartres.
31. **Tau,** de l'abbaye de Coulombs, xi° siecle. — Musée de Chartres.
32. **Crosse,** xi° siecle. — Cathédrale de Vannes.
33. **Olifant,** xi° siècle. Eglise Saint-Trophime, à Arles.
34. **Olifant,** xi° siècle. — Musée du Puy.
35. **Olifant de Valmont.** xi° siècle. — Musée d'antiquités de la Seine-Inférieure.
36. **Olifant,** xi° siècle. — Musée Saint-Jean, à Angers.
37. **Olifant,** xi° siècle. — Musée Saint-Raymond, à Toulouse.
38. **Olifant,** xi° siècle — Musée de Clermont-Ferrand.
39. **Fragment de Croix,** xi° siècle. M. Ch. Mannheim.
40. **Plaque,** xii° siècle. — Musée d'antiquités de la Seine-Inférieure.
41. **Plaque,** xii° siècle. — Musée d'antiquités de la Seine-Inférieure.
42. **Reliquaire de Saint-Mandry.** — Eglise de Colettes (Loir-et-Cher).
43. **Couvercle d'une boîte,** xii° siècle. — Musée de Clermont-Ferrand.
44. **Pion de tric-tac,** xii° — Musée de Chartres.
45. **Pion de tric-tac,** xii° siècle. — Musée de Compiègne.
46. **Pion d'échiquier,** xi° siècle. — M. Alb. Maignan.
47. **Pion d'échiquier,** xii° siècle. — Musée d'antiquités de la Seine-Inférieure.
48. **Pion d'échiquier,** xii° siècle. — M. P. Garnier.
49. **Matrice de sceau,** xii° siècle. — Musée d'Abbeville.

50. Vierge ouvrante, dite de Bourbon, XIII° siècle. — M. Sailly.
51. Crosse, XII° siècle. — M. Boy.
52. Crosse, XII° siècle. — M. Boy.
53. Crosse, XII° siècle. — Eglise Saint-Trophime, à Arles.
54. Sceau de l'Abbaye de Saint-Bertin, XIII° siècle. — Musée de Saint-Omer.
55. La Vierge et St Jean, XIII° siècle. — Musée de Saint-Omer.
56. Vierge assise, XIII° siècle. — M. Boy.
57. Vierge assise, fin du XII° siècle. — M. Boy.
58. Vierge de l'Annonciation, XIII° siècle. — M. P. Garnier.
59. Ange de l'Annonciation, XIII° siècle. — M. Georges Chalandon.
60. La Nativité, XIII° siècle. — M. Alb. Maignan.
61. La Vierge assise, fin du XIII° siècle. — M. le baron Oppenheim.
62. La Vierge et l'Enfant, fin du XIII° siècle. — M. Doistau.
63. La Vierge sur un âne, XIII° siècle. — Musée de Saint-Omer.
64. Vierge, XIII° siècle. — M°° Nodet.
65. La Vierge et l'Enfant Jésus, XIII° siècle. — Eglise d'Unienville (Aube).
67. Christ assis et bénissant, XIII° siècle. — M. Doistau.
68 Groupe d'applique, XIII° siècle. — M. Doistau.
69. Vierge assise, XIII° siècle. — M. Boy.
70. Vierge assise, XIII° siècle. — Musée d'antiquités de la Seine-Inférieure.
71. Crosse, XIII° siècle. — Sigismond Bardac.
72 Crosse, XIII° siècle. — M. Sigismond Bardac.
73. Crosse, de St Loup, XIII° siècle. — Eglise Saint Vincent de Chalon-sur-Saône.
77. Volute d'une crosse, XIII° siècle. — Musée de Chambéry.
75. Crosse, fin du XIII° siècle. — M. Ch. Mannheim.
76. Panneau d'un triptyque, XIII°-XIV° siècle. — Musée d'Abbeville.
77 Triptyque, fin du XIII° siècle. — Musée historique d'Orléans.
78. Diptyque six compartiments, XIII° siècle. — Musée de Dijon.
79. Petite plaque rectangulaire, XIII° siècle. — M. Ch. Gillot.
80. Petite plaque rectangulaire, XIII° siècle. — M. Ch. Gillot.
81. Pion d'Echiquier, XIII° siècle. — Musée de Compiègne.
82. La Vierge et l'Enfant Jésus, XIV° siècle. — Eglise de Villeneuve-lez-Avignon.
83 Plaque rectangulaire, XIV° siècle. — M. Doistau.
84. Vierge assise, XIV° siècle. — M. Martin Le Roy.
85 La Vierge et l'Enfant-Jésus, XIV° siècle. — Musée de Compiègne.
86. La Vierge et l'Enfant, XIV° siècle. — Musée de Narbonne.
87. Deux Vierges, XIV° siècle. — Musée d'antiquités de la Seine-Inférieure.
88. Petite Vierge debout, XIV° siècle. — M. Albert Bossy.
89. Vierge assise, XIV° siècle. — C. Ch. Gillot.
90. La Vierge et l'Enfant debout, XIV° siècle. M. Boy.
91. Vierge assise, XIV° siècle. — M. Boy.
92. La Vierge et l'Enfant, XIV° siècle — M Boy.
93. Petite Vierge assise, XIV° siècle — M Doistau
94. Petite Vierge debout, XIV° siècle. — M. Doistau.
95. La Vierge et l'Enfant, XIV° siècle. — M. Doistau.
96 La Vierge assise, XIV° siècle. — M. Ed. Corroyer.
97. La Vierge de l'Annonciation, XIV° siècle. — M. Ed. Corroyer.
98. La Vierge, XIV° siècle. — M. Ed Corroyer.
99 La Vierge debout, XIV° siècle. M Ed Corroyer.
100. La Vierge et l'Enfant, XIV° siècle. — M. Cardon, à Bruxelles.
101 Deux petites Figures d'Anges, XIV° siècle. — Cathédrale de Rouen
102 Boite cylindrique, XIV° siècle. — Musée de Dijon.
103 Pyxide circulaire, XIV° siècle. — Musée de Reims.
104 Polyptyque, XIV° siècle. — Musée de Reims.
105 Diptyque, XIV° siècle — M. Ed. Corroyer.
106 Diptyque La Crucifixion, XIV° siècle. — M. Ed. Corroyer.
107 Diptyque, XIV° siècle. — M. Ed. Corroyer.
108. Diptyque, XIV° siècle. — M. Alb. Maignan.
109 Diptyque, XIV° siècle. — M. Alb. Maignan.
110. Petit diptyque, XIV° siècle. — M. Ed. Corroyer.
111 Polyptyque, XIV° siècle. — M. Boy.
112. Tetraptyque, XIV° siècle — M. le baron Oppenheim.
113 Triptyque, XIV° siècle. — M. Campe, à Hambourg.
114 Grand triptyque, XIV° siècle. M. Campe, à Hambourg.
115 Triptyque, XIV° siècle. Musée Pincé, à Angers.
116. Triptyque, XIV° siècle. — M. le baron Oppenheim.
117. Triptyque, XIV° siècle. — Musée de Grenoble.
118. Petit feuillet de diptyque, XIV° siècle. — M. Doistau.
119 Diptyque, XIV° siècle. — Musée de Laval.
120. Petit diptyque, XIV° siècle. — M. Etienne Moreau-Nélaton.
121. Diptyque, XIV° siècle. — Musée de Dunkerque.

122. Diptyque, xiv° siècle. — Mlle Granjean.
123. Diptyque, xiv° siècle. — Musée Pincé, à Angers.
124. Diptyque, xiv° siècle. — M. Campe, à Hambourg.
125. Diptyque, xiv° siècle. — M. Campe, à Hambourg.
126. Diptyque, xiv° siècle. — M. le baron Oppenheim.
127. Diptyque, xiv° siècle. — Société archéologique de Touraine.
128. Diptyque, xiv° siècle. — M. le baron Oppenheim.
129. Petit diptyque, xiv° siècle. — M. le baron Oppenheim.
130. Diptyque, xiv° siècle. — M. le baron Oppenheim.
131. Diptyque, xiv° siècle. — Musée d'Aix.
132. Diptyque, xiv° siècle. — M. Sigismond Bardac.
133. Diptyque, xiv° siècle. — M. P. Garnier.
134. Diptyque, xiv° siècle. M. Ch. Gillot.
135. Diptyque, xiv° siècle. — M. Boy.
136. Diptyque, xiv° siècle. — M. Boy.
137. Petit diptyque, xiv° siècle. — M. Doistau.
138. Feuillet de diptyque, xiv° siècle. — M. Doistau.
139. Triptyque, xiv° siècle. — M. Cottereau.
140. Plaque, sujets d'amour, xiv° siècle. — M. Cottereau.
141. Diptyque, xiv° siècle. — M. Cottereau.
142. Diptyque, xiv° siècle. — M. Cottereau.
143. Vierge et l'Enfant Jésus, xiv° siècle. — M. Cottereau.
144. Feuillet de diptyque, xiv° siècle. — Musée de Langres.
145. Volet de triptyque, xiv° siècle. — Musée d'Abbeville.
146. Plaque de tablettes, xiv° siècle. — M. Ed. Corroyer.
147. Plaque de tablettes, xiv° siècle. — M. Ed. Corroyer.
148. Plaque rectangulaire, xiv° siècle M. Ed. Corroyer.
149. Plaque, xiv° siècle. — M. Ed. Corroyer.
150. Plaque rectangulaire, xiv° siècle. — M. Ed. Corroyer.
151. Feuillet de diptyque, xiv° siècle. — Musée de Compiègne.
152. Crosse, xiv° siècle. — M. Campe, à Hambourg.
153. Crosse, xiv° siècle. — M. J. E. Taylor à Londres.
154. Boîte de miroir, xiv° siècle. — Musée Saint-Jean, à Angers.
155. Boîte de miroir, xiv° siècle. — Musée de l'hôtel Pincé, à Angers.
156. Boîte de miroir, xiv° siècle. — M. George Solting, a Londres.
157. Boîte de miroir, xiv° siècle. — M. le baron Oppenheim.
158. Boîte de miroir, xiv° siècle. — M. Cardon, à Bruxelles.
159. Deux boîtes à miroirs, xiv° siècle. — M. P. Garnier.
160. Boîte de miroir, xiv° siècle. — Mme la marquise Arconati-Visconti.
161. Boîte de miroir, xiv° siècle. — M. Doistau.
162. Boîte de miroir, xiv° siècle. — M. Doistau.
163. Deux apôtres, xiv° siècle. — Musée d'Abbeville.
164. La Vierge, xiv° siècle. — Musée des Monuments historiques, au Mans.
165. Coffret rectangulaire, xiv° siècle. — M. le baron Oppenheim.
166. Petit coffret, xiv° siècle. — M. Ch. Mannheim.
167. Coffret, xiv° siècle. — M. Ch. Mannheim.
168. Coffret, xiv° siècle. — M. P. Garnier.
169. Devant de coffret, xiv° siècle. — M. Doistau.
170. Couvercle de coffret, xiv° siècle. — Musée d'Amiens.
171. Coffret rectangulaire, xiv° siècle. — Musée St-Raymond, à Toulouse.
172. Gravoir, xiv° siècle. — M. Doistau.
173. L'Annonciation, xiv° siècle. — M. Doistau.
174. Sainte Anne, la Vierge et l'Enfant Jésus, xiv° siècle. — Mus. de Compiègne.
175. Vierge, xv° siècle. — Musée d'antiquités de la Seine-Inférieure.
176. Baiser de Paix, xv° siècle. — M. Ed. Corroyer.
177. Petit diptyque monté en argent, xv° siècle. — M. Doistau.
178. Saint Michel et saint Sébastien, xv° siècle. — M. Doistau.
179. Cor, fin du xv° siècle. — M. Campe, à Hambourg.
180. Baiser de paix, xv° siècle. — Musée d'antiquités de la Seine-Inférieure.
181. Boîte de miroir, xv° siècle. — M. Ch. Gillot.
182. Boîte de miroir, xv° siècle. — M. Doistau.
183. Peigne, xv° siècle. — M. Georges Solling, à Londres.
184. Peigne, xv° siècle. — Musée d'Arras.
185. Feuillet de tablette, xiv° siècle. — M. Théwalt.
186. Diptyque, xiv° siècle. — M. Théwalt.
187. Coffret, xiv° siècle. — M. Théwalt.
187 bis. La Flagellation, xiv° siècle. — M. Théwalt.
188. Trois plaques, xv° siècle. — M. Campe a Hambourg.
189. Plaque rectangulaire, xv° siècle. — M. Ed. Corroyer.
190. Coffret rectangulaire. Fin du xv° siècle. — Musée de Bourges.
191. Baiser de paix, xvi° siècle. — M. Ed. Corroyer.

192. Baiser de paix, xvie siècle. — M. Cardon, à Bruxelles.
193. Baiser de paix, xvie siècle. — Musée de Saint-Omer.
194. Deux grains de chapelet, xvie siècle. — M. Boy.
195. Grain de chapelet, xvie siècle. — M. Boy.
196. Grain de chapelet, xvie siècle. — M. Boy.
197. Poire à poudre, xvie siècle. — Musée de Roanne.
198. Grain de chapelet, xvie siècle. — M. Cottereau.
199. Couteau et gaîne, dits de Diane de Poitiers, xvie siècle. — M. Campe.
200. Boucle d'une ceinture d'abbesse, xvie siècle. — Musée de Bourges.
201. Poire à poudre, xviie siècle. — Musée de Clermont-Ferrand.
202. La Vierge, xviie siècle. — Musée de Cambrai.
203. Appollon et Marsyas, par van Opstal, xviie siècle. — M. Emile Lévy.
204. Le martyre de saint Barthélemy, 1636. — Musée d'Albi.
205. Taille-plumes, époque Louis XIV. — M. Artus.
206. Grande poire à poudre, xviie siècle. — Musée de Clermont-Ferrand.
207. Deux petits flambeaux, xviie siècle. — Musée de Cambrai.
208. Râpe à tabac, xviie siècle. — M. Ed. Corroyer.
209. Râpe à tabac, xviie siècle. — M. Ed. Corroyer.
210. Râpe à tabac, époque de Louis XIII. — Musée de Chartres.
211. Râpe à tabac, xviie siècle. — Musée de Chartres.
212. Cippe, xviie siècle. — M. Ch. Lacan.
213. Manche de couteau, xviie siècle. — M. Coiffet.
214. Râpe à tabac, xviiie siècle. — Musée de Dieppe.
215. Râpe à tabac, époque de Louis XV. — Musée d'Amiens.
216. Appollon, xviiie siècle. — Musée de Dieppe.
217. La Marchande de homards, xviiie siècle. — Musée de Dieppe.
218. Les quatre éléments, xviiie siècle. — M. Ch. Coffet.
219. Navettes, en ivoire, xviiie siècle. — Musée de Dieppe.
220. Râpe à tabac, xviiie siècle. — M. Léon Morel.
221. Série d'étuis, découpés à jour ou pleins, xviiie siècle. — Musée de Dieppe.
222. Vase, xviiie siècle. — Musée de Dieppe.
223. Série de boîtes, xviiie siècle. — Musée de Dieppe.
224. Sifflet, xviiie siècle. — M. Artus.

II

Bronze et Dinanderie. — Plomb. — Étain.

225. Cheval, provenant d'Aubiac, époque gallo-romaine. — Musée d'Agen.
226. Tête de cheval, trouvé à Eyssos, époque gallo-romaine. — Musée d'Agen.
227. Anse de vase, époque gallo-romaine. — Musée de La Roche-sur-Yon.
228. Cruche, époque gallo-romaine. — Musée de La Roche-sur-Yon.
229. Marmite, époque gallo-romaine. — Musée de La Roche-sur-Yon.
230. Lare-Auguste, statuette, époque gallo-romaine. — Musée de Rennes.
231. Jeune femme, statuette, époque gallo-romaine. — Musée de Rennes.
232. Lampe de suspension, époque gallo-romaine. — Musée de Rennes.
233. Mercure, statuette, époque gallo-romaine. — Musée de Rennes.
234. Patère, trouvée à Evaux. — Musée de Guéret.
235. Grande lampe, époque gallo-romaine. — Musée de Guéret.
236. Un paon. — Musée de Lisieux.
237. Deux timons de char, époque gallo-romaine. — Musée de Chalon-sur-Saône.
238. Une lionne, époque gallo-romaine. — Bibliothèque de Bordeaux.
239. Vénus sortant de l'onde; travail grec. — M. Léon Morel.
240. Grand bras, trouvé à Reims. Epoque romaine. — Id.
241. Peson en bronze, représentant un Nubien. — Id.
242. Génie ailé, trouvé à Nivelet, gallo-romains. — Id.
243. Statuette de Mercure, trouvée à Bari (Vaucluse). — Id.
244. Statuette de Mercure, trouvée au Petit-Vavry (Marne). — Id.
245. Petit aigle, trouvé à Reins. — Id.
246. Médaillon, époque gallo-romaine. — Id.
247. Le dieu Sucellus, trouvé à Pernand. — Musée de Beaune.
248. Grande clef, époque gallo-romaine. — Musée de Clermont-Ferrand.
249. Pied d'une statue, époque gallo-romaine. — Musée de Clermont-Ferrand.
250. Petite plaque votive. — Musée de Clermont-Ferrand.
251. Petit taureau, époque gallo-romaine. — Musée de Clermont-Ferrand.
252. Cerf trouvé à Durtol, ép. gallo-romaine. — Musée de Clermont-Ferrand.
253. Tête de Femme tricéphale. — Musée de Clermont-Ferrand.
254. Vénus debout, époque gallo-romaine. — Musée de Chambéry.

255. Lampe en forme de pied. — Musée archéologique de Nevers.
256. Sanglier. — Musée archéologique de Nevers.
257. Miroir en bronze, époque gallo-romaine. — Musée d'Albi.
258. Extrémité d'un timon de char. — Musée de Tarbes.
259. Lionne attaquant un cavalier. — Musée St-Raymond, à Toulouse.
260. Grande lampe à deux becs. — Musée St-Raymond, à Toulouse.
261. Grand sanglier, époque gallo-romaine. — Musée St-Raymond, à Toulouse.
262. Satyre, trouvé à Becourt, époque gallo-romaine. — Musée de Beaune.
263. Tête d'un chef gaulois, trouvée à Lyon. — Musée de Péronne.
264. Grand sanglier, époque gallo-romaine. — Musée de Péronne.
265. Un chien, époque gallo-romaine. — Musée de Péronne.
266. Morphée, époque gallo-romaine. — Musée de Péronne.
267. Hermès, époque gallo-romaine. — Musée de Péronne.
268. Quatre patères, époque gallo-romaine. — M. Coiffet.
269. Une grande assiete. — Id.
270. Deux plateaux. — Id.
271. Un vase à deux anses. — Id.
272. Extrémité d'un timon de char. — Musée de Grenoble.
273. Vénus debout. — Musée de Grenoble.
274. Jupiter Gaulois, grand statuette. — Musée de Grenoble.
275. Apollon, de Vaupoisson (Aube). — Musée de Troyes.
276. Tête de taureau, époque gallo-romaine. — Musée de Troyes.
277. Bœuf, trouvé à Lusigny, époque gallo-romaine. — Musée de Troyes.
278. Jeune enfant, époque gallo-romaine. — Musée de Troyes.
279. Oenochoé, trouvé à Pouan. — Musée de Troyes.
280. Oenochoé, trouvé à Runet. — Musée de Bourges.
281. Oenochoé, époque gallo-romaine. — Musée de Bourges.
282. Deux chaînes de bélières, époque gauloise. — M. Bosteaux, à Paris.
283. Jupiter Sérapis, trouvé à Cernay-lez-Reims. — M. Bosteaux, à Paris.
284. Jupiter Taramis, trouvé à Berru. — M. Bosteaux, à Paris.
285. Manche de patère, époque gallo-romaine. — Musée de Reims.
286. Vase, époque gallo-romaine. — Musée de Reims.
287. Passoire, époque gallo-romaine. — Musée de Reims.
288. Anse à double mascaron, époque gallo-romaine. — M. Bizot.
289. Manche de patère, trouvé à Vienne. — Musée de Vienne.
290. Hercule combattant, époque gallo-romaine. — M. Bizot.
291. Mercure, époque gallo-romaine. — Musée de Vienne.
292. Petit Dieu Lare, époque gallo-romaine. — Musée de Vienne.
293. Anse de vase, époque gallo-romaine. — Musée de Vienne.
294. Trépied. — M. Bizot, à Vienne.
295. Grande coupe, époque gallo-romaine. — Musée de Reims.
296. Petite figurine d'homme. — Mme Plicque, a Lezoux.
297. Figure d'applique. — Enfant à mi-corps.
298. Main en bronze, époque gallo-romaine.
299. Vase à deux anses, époque gallo-romaine. — M. Lacroix.
300. Personnage sacrifiant, époque gallo-romaine. — Musée de Valenciennes.
301. Bacchante, provenant de Bavay. — Musée de Valenciennes.
302. L'Amour, provenant de Bavay. — Musée de Valenciennes.
303. Mars, époque gallo-romaine. — Musée de Saint-Omer.
304. Tête de sanglier, époque gallo-romaine. — Musée de Saint-Omer.
305. Objets trouvés dans une tombe militaire de Vermand. — M. Boulanger.
306. Garniture de ceinturon de soldat, trouvée à Issy (Aisne).
307. Entrée de serrure d'un coffret en bronze repoussé.
308. Boucle décorée de dauphins, avec plaque en forme de grille.
309. Boucle en bronze, trouvée à Soissons.
310. Mercure, statuette. — Musée des Monuments historiques, au Mans.
311. Timon de char, époque gallo-romaine. — Id.
312. Sacrifiant, époque gallo-romaine. — Musée Pincé, à Angers.
313. Amour courant, époque gallo-romaine. — Musée Pincé, à Angers.
314. Objets trouvés dans un tombeau d'enfant. — Musée de Cahors.
315. Jambe de statuette. — M. Jules Protat, a Mâcon.
316. Tête, trouvée à Lillebonne. — Musée des antiquités de la Seine-Inférieure.
317. Gladiateur, trouvée à Lillebonne. — Id.
318. Taureau, trouvé à Lillebonne. — Id.
319. Mercure, provenant de Sainte-Beuve.
320. Groupe de deux figures d'applique, époque gallo-romaine. — M. d'Avignon.
321. Hercule, époque gallo-romaine. — M. d'Avignon.
322. Coffret, trouvé à Enverineu. — Musée des antiquités de la Seine-Inférieure.
323. Pied de flambeau, XIe ou XIIe siècle. — M. Alb. Maignan.
324. Partie inférieure d'un encensoir XIIe siècle. — M. Alb. Maignan.
325. Deux têtes de lions de la cathédrale du Puy, XIe siècle.

326. **Deux anneaux de porte**, xi° siècle. — Eglise de Brioude.
326 *bis*. **Marteau de porte**. — Eglise de Bourbourg (Nord).
327. **Base de flambeau**, xi° siècle. — M. Leopold Goldschmidt.
328. **Petit flambeau triangulaire**, xii° siècle. — Musée de Reims.
329. **Base d'un cierge pascal** de l'église S¹-Rémy, xii° siècle. — Musée de Reims.
330. **Clochette à jour**, xii° siècle. — Séminaire de Reims.
331. **Chandelier pliant**, xii° siècle. — Musée d'Amiens.
332. **Encensoir**, xii° siècle. — Ancienne cathédrale d'Auxerre.
333. **Goulot de fontaine**, xii° siècle. — M. Boy.
334. **Encensoir**, xiii° siècle. — M. Ed. Corroyer.
334 *bis*. **Cloche** xiii° siècle. — Musée de Melun.
335. **Deux figures d'anges** du xiii° siècle. — M. le marquis de Vogué.
336. **Bouilloire sur trois pieds**, xiv° siècle. — M. H. Dallemagne.
337. **Vierge en cuivre doré**, xiv° siècle. — M. Jules Maciet.
338. **Petit ange en cuivre doré**, xiv° siècle. — M. Jules Maciet.
339. **Deux flambeaux**, xv° siècle. — Musée de Calais.
340. **Saint Martin et saint Pierre**, xv° siècle. — Eglise de Villemaur (Aube).
341. **Seau à eau bénite**, xv° siècle. — Musée de Clermont Ferrand.
342. **Seau à eau bénite**, xv° siècle. — Musée Saint-Raymond, a Toulouse.
343. **Saint Hubert agenouillé devant le cerf**, xv° siècle. — M. le baron A. Schickler.
344. **Personnage agenouillé**, xv° siècle. — M. Jules Maciet.
345. **Petit clerc en cuivre doré**, xv° siècle. — M. Jules Maciet.
346. **Petit personnage accroupi**, xv° siècle. — M. Jules Maciet.
347. **Aiguière**, xv° siècle. — Musée d'antiquités de la Seine-Inférieure.
348. **Aigle formant lutrin**, xv° siècle. — Eglise Ste-Catherine, à Honfleur.
349. **Mortier**, 1585. — Hôpital de Besançon.
350. **Grand mortier**, xvi° siècle. — Musée d'Albi.
350 *bis*. — **Un fleuve**, xvi° siècle. — Musée de Châlons-sur-Marne.
351. **Plaque funéraire**, 1526. — Musée de Péronne.
352. **Vénus nue**, fin du xvi° siècle. — M. Ch. Mannheim.
352 *bis*. **Sainte assise avec reliquaire**. — M. Théwalt.
352 *ter*. **Chasseurs**, époque de Henri II. — M. Théwalt.
352 *quater*. **Niobide agenouillée**, xv° siècle. — M. Théwalt.
352 *quinter*. **Marteau de porte, caryatide**. — M. Théwalt.
353. **Petite baigneuse s'essuyant les pieds**, xvi° siècle. — M. Doistau.
354. **Jeune homme tirant une épine de son pied**, xvi° siècle. — M. Haviland.
355. **Femme soutenant son enfant**, xvi° siècle. — M. Haviland.
356. **Henri II, grand médaillon**, xvi° siècle. — Musée du Mans.
358. **Hercule domptant un cerf**, par Jean de Bologne. — Trianon.
359. **Hercule tenant une massue**. — Id.
360. **Hercule, Déjanire et le centaure Nessus**. — Id.
361. **Hercule et le sanglier d'Erymanthe**. — Id.
362. **L'enlèvement de Déjanire**. — Id.
363. **Apollon**. — Id.
364. **La Géométrie**. — Id.
365. **Quatre mortiers**, xvi° et xvii° siècles. — M. Coiffet.
366. **Boisseau étalon**, de Chemillé (1607). — Musée Saint-Jean, à Angers.
367. **Lutrin en forme d'aigle**, xvii° siècle. — Eglise de Caudebec-en-Caux.
368. **Deux mortiers datés** 1671 et 1674. — M. H. Dallemagne.
369. **Petite figure d'applique**, xvii° siècle. — M. H. Dallemagne.
370. **Laitière trayant une vache**, époque de Louis XIII. — M. Taigny.
371. **Servante portant un panier**. — M. Ch. Mannheim.
372. **Femme allant au marché**, époque de Louis XIII. — M. Doistau.
373. **Jeune homme debout**, époque de Louis XIII. — M. Doistau.
374. **Hercule et Antée**, époque de Louis XIV. — Musée de Dijon.
375. **Vénus debout**, xvii° siècle. — M¹¹° Granjean.
376. **Personnage nu, debout et blessé**, xvii° siècle. — Trianon.
377. **Bacchus et un petit faune**, xvii° siècle. — Trianon.
378. **La Fortune**, xvii° siècle. — Palais du Grand-Trianon.
379. **Apollon poursuivant Daphné**. — M¹¹° Granjean.
380. **La mort d'Adonis**, xviii° siècle. — M¹¹° Granjean.
381. **Le Collin-Maillard**, xviii° siècle. — Palais du Grand-Trianon.
382. **Enfant**, xviii° siècle. — M. Haviland.
383. **Laocoon**, xviii° siècle. — Musée de Dijon.
384. **Apollon et Daphné**, xviii° siècle. — Musée de Dijon.
385. **Groupe de trois figures**, xviii° siècle. — Musée de Dijon.
386. **Petit bas-relief, formant frise**, époque de Louis XVI. — M¹¹° Granjean.
387. **Plat**, xii° siècle. — Musée de Carcassonne.
388. **Un lion, fragment de lustre**, xv° siècle. — M. Léopold Goldschmidt.
389. **Aquamanile**, xii° siècle. — M. Sigismond Bardac.

390. Chandelier, xii° siecle. — M. le baron Oppenheim.
391. Chandelier, xii° siecle. — M. le baron Oppenheim.
392. Flambeau, xii° siecle. — M. Leopold Goldschmidt.
393. Un cavalier, xii° siècle. — M. George Solting, à Londres.
394. Aquamanile, xii° siècle. — M. Chabrieres-Arlès.
395. Aquamanile, en forme de sirene, xii° siècle. — M. Martin le Roy.
396. Aquamanile, xii° siecle. — M. Martin Le Roy.
397. Flambeau. Bronze, xii° siècle. — M. Martin Le Roy.
398. Aquamanile, xiii° siecle. — M. Martin Le Roy.
399. Cavalier, xiii° siecle. — Musee de Rennes.
400. Minot, 1820. — Musée de Chartres.
401. Tête d'homme, sur trois pieds, xiii° siecle. — M. le baron Oppenheim.
402. Aquamanile. Lionne assise, xv° siècle. — M. le baron Oppenheim.
403. Aquamanile. Lion, xii° siècle. — M. le baron Oppenheim.
404. Aquamanile. Un cavalier, xiv° siècle. — M. le baron Oppenheim.
405. Aiguière. Lion accroupi, xiii° siecle. — M. Léopold Goldschmidt.
406. Paire de petits flambeaux, xiii° siècle. — M. Chabrières-Arlès.
407. Bassin, xiv° siecle. — Musee St-Raymond, à Toulouse.
408. Bénitier portatif, xiv° siècle. — Cathédrale de Sens.
409. Deux aquamaniles, xiv° siècle. — M. Cardon.
410. Aquamanile. Un cheval, xiv° siècle. — M. H. Dallemagne.
411. Flambeau, xiv° siècle. — M. Fitz-Henry.
411 bis. Aquamanile, la Loi d'Aristote, xiv° siècle. — M. Chabrieres-Arles.
412. Mortier, xiv° siecle. — Musée de Carcassonne.
413. Chandelier, xiv° siècle. — Musée d'antiquités de la Seine-Inférieure.
414. Mesure à deux anses, xiv° siecle. — Musée St-Raymond, à Toulouse.
415. Mesure, xv° siecle. — Musee St-Raymond, a Toulouse.
416. Mesure à deux anses, xv° siècle. — Musée St-Raymond, à Toulouse.
417. Cavalier monté sur un socle, xv° siècle. — M. Ch. Gillot.
418. Chandelier, figure d'homme, xiv° siècle. — M. Martin Le Roy.
419. Petit seau à eau bénite, xv° siecle. — M. Edmond Guerin.
420. Seau à eau bénite, xv° siecle. — M. Edmond Guérin.
421. Seau à eau bénite, xv° siècle. — M. Edmond Guérin.
422. Seau à eau bénite, xv° siècle. — M. Edmond Guérin.
423. Petit seau à eau bénite, xv° siècle. M. Edmond Guérin.
424. Deux verseuses de lavabos, xv° siècle. — M. Edmond Guérin.
425. Petite aiguière, xv° siècle. — M. Edmond Guérin.
426. Mortier, xv° siecle. — M. Edmond Guérin.
427. Grand chandelier, xv° siècle. — M. Dru.
428. Plat, xv° siècle. — Musée des Antiquités de la Seine-Inférieure.
429. Petite statuette de la Vierge, xv° siècle. — Musée de Saint-Omer.
430. Fontaine cylindrique, xv° siècle. — M. le baron Oppenheim.
431. Aiguière, xv° siècle. — M. Martin Le Roy.
432. Pot à aumônes, xv° siècle. — Cathédrale de Beauvais.
433. Aigle formant lutrin, xv° siecle. — Église de Rosnay (Aube).
434. Flambeau à deux bobèches, xv° siècle. — M. Ed. Cortoyer.
435. Sceau à eau bénite, xvi° siecle. — M. Edmond Guérin.
436. Boisseau de la ville d'Angers, 1529. — Musee Saint-Jean, à Angers.
437. Mesure de capacité de Conques [1341]. — Musée de Rodez.
438. Marmite, xvi° siècle. — Musee de Clermont-Ferrand.
439. Plat. — L'Annonciation, xvi° siècle. — Musée d'Amiens.
440. Plat. — La Vierge, xvi° siecle. — Musée d'Amiens.
441. Plat. — La Mort, xvi° siècle. — Musée de Peronne.
442. Pinte, xvii° siècle. — Musee Saint-Jean, à Angers.
443. Cuve baptismale, xii° siècle. — Eglise de Lombez.
444. Cuve baptismale plomb, xiii° siècle. — Eglise de Puycasquier (Lot).
445. Cuve rectangulaire en plomb, xiv° siècle. — Musee d'Albi.
446. Seau cylindrique en plomb, xv° siecle. — M. H. Dallemagne.
447. Cuve baptismale plomb, xv° siecle. — Musée d'Amiens.
448. Deux cuves cylindriques, xv° siècle. — Musée de Rodez.
449. Grande plaque faitière, plomb, xvi° siecle. — Musée de Roanne.
450. Deux assiettes en étain, xiii° siècle. — Museo de l'Hôtel de Ville de Saintes.
451. Fragment de pavage pierre incrustée de plomb, xvi° siècle. — Musée de Reims.
452. Paire de chandeliers en étain, par F. Briot, xvi° siècle. — M. Sig. Bardac.
453. Aiguière et son bassin en étain, par Fr. Briot. — M. Henri Vever.
454. Grande mesure de la ville du Mans, xvii° siecle. — Musée du Mans.

III

Fer et Armes. — Coutellerie. — Serrurerie.

455. Cloche de Sainte-Godeberthe, vii° siècle. — Cathédrale de Noyon.
456. Coffret en fer forgé, xiii° siècle. — Musée de la Roche-sur-Yon.
457. Deux peintures, xiii° siècle. — Musee d'Amiens.
458. Grand bénitier en fer forgé, xiii° siècle. — Musee historique d'Orleans.
459. Fer à hosties, xiii° siècle. — Société archéologique de Touraine.
460. Fer à hosties, xiii° siècle. — Eglise de Bussière-Poitevine.
461. Lutrin en fer forgé, xiii° siècle. — Eglise Saint-Martin, à Brive.
462. Lutrin en fer forgé, xiii° siècle. — Cathédrale de Limoges.
463. Lutrin, xiii° siècle. — Cathédrale de Rouen.
464. Lutrin, xiii° siècle. — Eglise Saint-Just, à Narbonne.
465. Siège pliant en X, xiii° siècle. — Eglise Saint-Just, à Narbonne.
466. Siège pliant en X, xiii° siècle. — Cathédrale de Bayeux.
467. Poignée de porte, xiv° siècle. — M. Campe, à Hambourg.
468. Fer à hosties, xiv° siècle. — Eglise de Mailhac.
469. Fer à hosties, xiv° siècle. — Eglise de Cussac.
470. Candélabre, xiv° siècle. — Ancienne cathédrale de Noyon.
471. Fer à hosties en fer gravé, xv° siècle. — Musée de Rodez.
472. Grand chenet, homme sauvage, xv° siècle. — Musée d'Amiens.
473. Chenet en fer, saint Antoine, xv° siècle. — M. H. Dallemagne.
474. Coffret en fer ajouré, xv° siècle. — Musée de Bourges.
475. Coffret découpé à jour, xv° siècle. — Musée de Bourges.
476. Aumônière à fermoir ajouré, xv° siècle. — M. Doistau.
477. Fermoir de bourse ajouré, xv° siècle. — M. Doistau.
478. Plaque de marteau de porte, xv° siècle. — M. Doistau.
479. Marteau de porte, xv° siècle. — M. Doistau.
480. Grand coffret rectangulaire, xv° siècle. — M. Doistau.
481. Coffret à six pans, xv° siècle. — M. Doistau.
482. Grande plaque découpée à jour, xv° siècle. — M. Doistau.
483. Grand coffret repercé à jour, xv° siècle. — Musee Saint-Jean à Angers.
484. Fer à hosties, xv° siècle. — Eglise de Saint-Leger-Magnazeix.
485. Coffret en fer, xv° siècle. — Musée de Compiègne.
486. Coffret semblable, fin du xv° siècle. — Musée de Compiègne.
487. Chenet en fer, xv° siècle. — Musée des antiquités de la Seine-Inférieure.
488. Bénitier, 1494. — Eglise de Lugny Champagne (Cher).
489. Targette, xvi° siècle. — Musée de Compiègne.
490. Candélabre, xvi° siècle. — Eglise de Courrières (Pas-de-Calais).
491. Targette, époque de Louis XII. — M. Doistau.
492. Targette, époque de François Ier. — M. Doistau.
493. Heurtoir, xvi° siècle. — Musée de Narbonne.
494. Torche de la confrérie des serruriers, xvi° s. — Musée St-Jean, a Angers.
495. Verrou en fer repoussé, xvi° siècle. — Mlle Granjean.
496. Deux verrous. xvi° siècle. — Mlle Granjean.
497. Verrou décoré de griffons, xvi° siècle. — Mlle Granjean.
498. Réchaud sur pied, xiv° siècle. — Cathédrale de Beauvais.
499. Bénitier, 1520. — Eglise de Brienne-le-Château.
500. Heurtoir en forme de volute, xvii° siècle. — M. Morsent.
501. Bouton double, xvii° siècle. — M. Morsent.
502. Heurtoir décoré d'une tête d'ange, xvii° siècle. — M. Morsent.
503. Heurtoir, deux dauphins, xvii° siècle. — M. Morsent.
504. Enseigne, époque de Louis XIV. — M. H. Dallemagne.
505. Petite tirelire en fer, xvii° siècle. — M. Coiffet.
506. Cippe en fer ciselé et damasquiné d'or, xvii° siècle. — Mlle Granjean.
507. Petite mesure à poudre, époque de Louis XIII — M. Artus.
508. Lutrin, xviii° siècle. — Eglise de Pont-Sainte-Marie (Aube).
509. Lutrin, xviii° siècle. — Eglise de Mehun-sur-Yèvre (Cher).
510. Lutrin, xviii° siècle. — Eglise Sainte-Croix, de Provins.
511. Lutrin, époque de Louis XV. — Musée de Bourges.
512. Tire-bouchon en acier ciselé, xviii° siècle. — M. Artus.
513. Fragment de grille, époque de Louis XV. — M. Doistau.
514. Epée gauloise en bronze, ep. de la Gaule indépendante. — Musée de Narbonne
515. Epée en bronze, id. — M. Lacroix, à Macon.
516. Quatre épées en bronze. — M. Léon Morel.
517. Epée trouvée aux environs de Reims. — Id.

518. Grande Épée trouvée à Jonquières, époque gauloise. — M. Léon Morel.
519. Epée trouvée à Sainte-Cécile, id. — M. Léon Morel.
520. Epée de bronze, longue épingle. — M. Léon Morel.
521. Grande épée de Sommebionne. — M. Léon Morel.
522. Epée courte, deux poignards. — M. Léon Morel.
523. Casque, trouvé à Vezéronce, XIe-XIIe siècles. — Musée de Grenoble.
524. Epée, XIIIe siècle. — Musée de Clermont-Ferrand.
525. Epée en fer avec inscription, XIIIe siècle. — Musée de Péronne.
526. Epée en fer avec inscription, XIIIe siècle. — Musée de Péronne.
527. Epée en fer avec inscription, XIIIe siècle. — Musée des antiquités de la Seine-Inférieure.
528. Neuf épées, des XIIIe et XIVe siècles. — Musée de St-Omer.
529. Bassinet, dit de Philippe le Bel, XIVe siècle. — Musée de Chartres.
530. Petit modèle d'épée, XIVe siècle. — Musée d'Amiens.
531. Epée en fer, XIVe siècle. — Musée de Bourges.
532. Epée, XVe siècle. — Musée de La Roche-sur-Yon.
533. Bombarbe, XVe siècle. — Musée de Clermont-Ferrand.
534. Canon à bras en fer, XVe siècle. — Musée de Clermont-Ferrand.
535. Arbalète, XVe siècle. — Musée de Clermont-Ferrand.
536. Poignard, XVe siècle. — Musée de Beaune.
537. Chapeau de fer, XVe siècle. — Musée d'Abbeville.
537ª. Dague de Philippe le Bon. — M. Théwalt.
537ᵇ. Poignard en fer damasquiné d'or. — M. Théwalt.
537ᶜ. Glaive avec son fourreau, XVIe siècle. — M. Théwalt.
537ᵈ. Poudrière en fer ciselé et doré, XVIe siècle. — M. Théwalt.
538. Deux dagues du XVe siècle. — Musée de St-Omer.
539. Dague, XVe siècle. — Musée de Dijon.
540. Epée, 1419, époque de Charles VII. — Musée de Dijon.
541. Demi-armure en fer poli, XVIe siècle. — Musée de Chartres.
542. Hallebarde, XVIe siècle. — Musée de Chartres.
543. Deux épieux, XVIe siècle. — Musée de Chartres.
544. Casque et sa visière, XVIe siècle. — Musée de Roanne.
545. Couleuvrine, XVIe siècle. — Musée de Clermont-Ferrand.
546. Deux hallebardes, XVIe siècle. — Musée de Roanne.
547. Pertuisane, XVIe siècle. — Musée de Langres.
548. Poitrinal à mèche, XVIe siècle. — Musée de St-Etienne.
549. Arquebuse à mèche, XVIe siècle. — Musée de St-Etienne.
550. Morion, XVIe siècle. — Musée de Saint-Etienne.
551. Morion ou cabasset, XVIe siècle. — Musée de St-Etienne.
552. Armure en fer gravé et doré, XVIe siècle. — Musée de Draguignan.
553. Petit canon, XVIe siècle. — Mme la marquise Arconati-Visconti.
554. Armure de Henri II. — M. Sigismond Bardac.
555. Petite dague, XVIe siècle. — M. Charles André.
556. Manche de pistolet, XVIe siècle. — M. Charles André.
557. Casque du duc de Bourbon-Vendôme, XVIe siècle. — M. Campe, à Hambourg.
558. Couteau de chasse, XVIe siècle. — Mlle Granjean.
559. Deux mors de cheval, XVIe siècle. — Musée de Cahors.
560. Cuirasse, époque de Henri II. — Musée de Cahors.
561. Cuirasse et dossière, XVIe siècle. — Musée de Cahors.
562. Cuissard et jambière, XVIe siècle. — Musée de Cahors.
563. Deux brassards, devant de cuirasse et dossière, XVIe siècle. — Id.
564. Gorgerin, XVIIe siècle. — Musée de Compiegne.
565. Petit pulvérin, XVIe siècle. — M. Artus.
566. Arquebuse à rouet. — Musée des antiquités de la Seine-Inférieure.
567. Couleuvrine, époque de Louis XIII. — Musée de Clermont-Ferrand.
568. Mousquet, portant la date de 1629. — Musée de Saint-Omer.
569. Pistolet formant dague et masse, XVIIe siècle. — Id.
570. Pistolet à fût de bois incrusté, XVIIe siècle. — Id.
571. Arquebuse, époque de Louis XIII. — M. Charles André.
572. Petite arquebuse, XVIIe siècle. — Musée archéologique d'Angoulême.
573. Epée, 1614. — Musée des monuments historiques, au Mans.
574. Couteau aux armes de Bourgogne, XVe siècle. — Musée du Mans.
575. Deux couteaux aux armes de Bourgogne. — Musée de Dijon.
576. Gaine en cuivre gaufré et briquet à feu. — Musée de Dijon.
577. Deux couteaux et une fourchette. — Musée de Dijon.
578. Quatre couteaux et une fourchette, XVIe siècle. — Musée de Dijon.
579. Deux petits couteaux et un poinçon. — Musée de Dijon.
580. Gaine de couteau, XVIe siècle. — M. H. Dallemagne.
581. Quatre couteaux et une fourchette, XVIe siècle. — M. Jules Protat.
582. Petit couteau pliant, XVIe siècle. — M. Ed. Corroyer.
583. Petit couteau à manche d'ivoire, XVIe siècle. — M. Ed. Corroyer.

584. Deux couteaux manches en ivoire, xvıı° siècle. — Musée du Mans.
585. Couteau, époque de Louis XIII. — M. Artus.
586. Couteau et fourchette, xvıı° siècle. — M. Ed. Corroyer.
587. Couteau et fourchette, xvıı° siècle. — M. Artus.
588. Couteau-serpette, xvıı° siècle. — M. Coiffet.
589. Tables de la maîtrise des couteliers de Saint-Etienne en 1737. — Musée de Saint-Etienne.
590. Serrure, xv° siècle. — Société archéologique de Touraine.
591. Trois serrures de coffre, xv° siècle. — Musée de Rodez.
592. Targette, xvı° siècle. — Musée Saint-Raymond, à Toulouse.
593. Serrure, xv° siècle. — Musée des antiquités de la Seine-Inférieure.
594. Moraillon d'un coffre, xv° siècle. — M. Doistau.
595. Serrure à double moraillon, xv° siècle. — M. Doistau.
596. Fragment de serrure, xv° siècle. — M. Doistau.
597. Clef, xv° siècle. — M. Doistau.
598. Grande serrure, xv° siècle. — M. Doistau.
599. Serrure de coffre, xv° siècle. — M. Doistau.
600. Serrure à vertevelle, xv° siècle. — M. Doistau.
601. Serrure à vertevelle, xv° siècle. — M. Doistau.
602. Clef, xvı° siècle. — Musée Saint Raymond, à Toulouse.
603. Clef, xvı° siècle. — M. Dallemagne.
604. Serrure, xvı° siècle. — M. H. Dallemagne.
605. Serrure, xvı° siècle. — M. H. Dallemagne.
606. Deux clefs, xvı° siècle. — M. Morsent.
607. Deux clefs à canons triangulaires, xvı° siècle. — M. Morsent.
608. Serrure. — Musée des antiquités de la Seine-Inférieure.
609. Serrure à fronton, xvı° siècle. — M. Doistau.
610. Serrure en fer repercé, xvı° siècle. — Musée archéologique d'Angoulême.
611. Clef du château de Touson, xvı° siècle. — Musée d'Avignon.
612. Grande serrure et clef, xvı° siècle. — Musée de Narbonne.
613. Clef en fer forgé, xvı° siècle. — Musée de Narbonne.
614. Clef, chef-d'œuvre de serrurier, xvı° siècle. — M. Doistau.
615. Grosse clef, xvı° siècle. — M. Doistau.
616. Clef à peigne, époque de Charles IX. — M. Doistau.
617. Série de 106 clefs en fer forgé, du xv° au xıx° siècle. — M. Doistau.
618. Serrure, époque de Louis XIII. — Musée des antiquités de Bordeaux.
619. Serrure, époque de Louis XIII. — M. Doistau.
620. Serrure, époque de Louis XIV. — M. Doistau.
621. Clef, xvı° siècle. — Musée d'Avignon.
622. Grande serrure, xvıı° siècle. — Musée de Narbonne.
623. Serrure en fer gravé, xvıı° siècle. — M. Morsent.
624. Grande clef, anneau à chaton, xvıı° siècle. — M. Morsent.
625. Serrure, chef-d'œuvre, xvıı° siècle. — M. Morsent.
626. Grande serrure, xvıı° siècle. — M. Coiffet.
627. Serrure dédiée à Mgr le duc d'Orléans, xvııı° siècle. — M. Doistau.

IV

Céramique.

Époque gallo-romaine.

628-772. Vases, coupes, statuettes, moules, lampes, etc., objets faisant partie de la collection de feu le Dr Plicque, à Lezoux (Puy-de-Dôme).
773. Moulage d'un édicule. — M. Bertrand.
774. Un gladiateur, terre cuite. — Musée de Moulins.
775-787. Vases de la collection de M. Léon Morel, à Reims.
788. Vénus, un sanglier. — Musée de Moulins.
789-790. Deux moules, un vase. — M. Jules Protat.
791-796. Vases et fragments de coupe. — Musée de Reims.
797. Cinq lampes, provenant de Charleu. — M. Coiffet.
798. Mercure gaulois, statuette. — M. Bizot, à Vienne.
799. Deux petits chevaux, terre blanche. — Musée de Troyes.
800. Deux coupes. — Musée de Grenoble.
801. Vase trouvé à la citadelle d'Amiens en 1839. — Musée d'Amiens.
802-805. Guttus, urnes, vases. — Musée de Roanne.
806. Vases ou fragments de vases en terre rouge. — Musée d'Albi.
807. Coupes en terre rouge collées ensemble. — Musée de Clermont-Ferrand.

808. Coupe, décor en relief d'oiseaux. — Musée de La Roche-sur-Yon.
809. Cinq coupes en terre rouge, provenant de Bannassac.
810-817. Vases, coupes, statuettes. — Musée de Lisieux.
819. Assemblages de triangles de terre cuite, XII° siècle. — Musée d'Arras.
820. Rosace de seize carreaux, XIII° siècle. — Hôpital de Tonnerre.
821. Deux assemblages de carreaux incrustés, XIII° siècle. — Musée de St-Omer
822. Carreaux de pavage. — Musée des antiquités de la Seine-Inférieure.
823. Vase en terre émaillée, XIV° siècle. — Musée de Cahors.
824. Deux assemblages de carreaux, XIV° siècle. — Musée de Saint-Omer.
825. Six panneaux en terre rouge. — Hôpital de Tonnerre.
826. Carreau emaillé. — Musée de Vire.
827. Assemblage de quatre carreaux, XIV° siècle. — Musée de Troyes.
828. Carreau en terre blanche, XIV° siècle. — Id.
829. Carreau en terre rouge, XIV° siècle. — Id.
830. Carreau en terre rouge, XIV° siècle. — Id.
831. Petit pot emaillé en jaune, XIV° siècle. — Musée Boucher-de-Perthes, a Abbeville.
833. Deux pots vernissés, XIV° siècle. — Musée de Clermont-Ferrand.
833. Deux vases et une coupe, XV° siècle. — Musée d'Agen.
834. Fond de plat profil d'homme, XV° siècle. — Musée d'Agen.
835. Briques en terre blanche, XV° siècle. — Musée de Carcassonne.
836. Carreau de terre vernissée, XV° siècle. — Musée de Lons-le-Saulnier.
837. Carreau de pavage, XV° siècle. — Musée de Troyes.
838. Brique de revêtement, XV° siècle. — Musée de Troyes.
839. Deux carreaux en faïence peinte, XV° siècle. — Musée de Saint-Raymond, a Toulouse.
840. Pot en terre émaillée de vert, XV° siècle. — Musée d'Agen.
841. Pot à eau, du château de Lugnangrand, XV° siècle. — Musée d'Agen.
842. Vase fragmenté, XV° siècle. — Musée de l'Hôtel de Ville de Saintes.
843. Grand pot, XV° siècle. — Musée de Clermont-Ferrand.
844. Plat fragmenté, XV° siècle. — Musée de Troyes.
845. Plat en terre rouge, XV° siècle. — Musée de Bourges.
846. Fragments de poteries, XIV° et XV° siècles. — Musée de Narbonne.
847. Vase à panse piriforme, XV° siècle. — Musée de Reims.
848. Pot vernissé en jaune, XV° siècle. — Musée de Reims.
849-850. Deux vases de forme cylindrique, XV° siècle. — Musée de Reims.
851. Pot gravé et vernissé, XV° siècle. — M. Coiffet.
852. Grosse cruche non vernissée, XV° siècle. — Musée d'Albi.
853. Petite figurine d'homme, XV° siècle. — Musée de Saint-Omer.
854. Fragments à reflets rouges métalliques. — Musée de Narbonne.
855. Fragment d'un pot. — Musée de l'Hôtel de Ville de Saintes.
856. Tête d'ange en terre cuite. — Musée de l'Hôtel de Ville de Saintes.
857. Vase vernissé en jaune. — Musée de l'Hôtel de Ville de Saintes.
858. Gourde en grès gris bleuâtre. — Musée de Troyes.
859. Gourde en grès non vernissée. — Musée de Troyes.
860. Fragments d'une petite cruche jaune. — Musée de l'Hôtel de Ville de Saintes.
861. Deux pots en terre non vernissée. — Musée de l'Hôtel de Ville de Saintes.
862. Broc en grès cérame. — Musée de Narbonne.
863. Buste de femme vernissé. — Musée d'Amiens.
864. Fontaine en poterie, XIV° siècle. — M. Etienne Moreau-Nélaton.
865. Grande buire en faïence verte, XVI° siècle. — M. Etienne Moreau-Nélaton.
866. Huit briques de terre rouge, XVI° siècle. — Musée de Saint-Omer.
867. Gourde en grès, XVI° siècle. — Musée de Reims.
868. Gourde à fond brun foncé, XVI° siècle. — M. Coiffet.
869. Epi de faîtage, XVI° siècle. — M. Boy.
870-875. Carreau en terre rouge, XVI° siècle. — Musée de Troyes.
876. Disque de terre vernissée, XVI° siècle. — Musée de Péronne.
877. Un évêque, XVI° siècle. — Musée de Péronne.
878. Buire en terre vernissée. — Musée Boucher-de-Perthes, à Abbeville.
879. Vase en forme de cornet, XVI° siècle. — Musée d'Amiens.
880. Pot en terre vernissée, XVI° siècle. — Musée d'Amiens.
881. Grosse cruche, XV° siècle. — Musée d'Albi.
882. Deux carreaux de pavage, XVI° siècle. — Musée d'Albi.
883. Cornet vernissé en brun, XVI° siècle. — Musée de Calais.
884. Brique de terre rouge estampée, XVI° siècle. — Musée de Calais.
885. Pot vernissé, XVI° siècle. — Musée de Calais.
886. Petite tête d'homme, XVI° siècle. — Musée de Saintes.
887. Tête d'ange, XVI° siècle. — Musée de Saintes.
888. Deux aiguières, XVI° siècle. — Musée d'Agen.
889. Grand plat en terre blanche, XVI° siècle. — Musée d'Agen.
890. Pot en terre émaillée de vert, XVI° siècle. — Musée d'Agen.

891. **Petit plat**, fin du xvi⁰ siècle. — Musée Boucher-de-Perthes, à **Abbeville**.
892. **Fragment de fontaine** décorée de **reptiles**. — Musée d'Amiens.
893. **Gourde de chasse**. — M. Charles André.
894. **Une sirène**, statuette. — Musée Boucher-de-Perthes, à **Abbeville**.
895. **Buste de Henri IV**. — Musée d'Amiens.
896. **Enfant mordu** par un serpent, xvi⁰ siècle. — Musée d'Amiens.
897. **Petite tête d'homme**, xvi⁰ siècle. — Musée de Saintes.
898. **Statuette de femme**, xvii⁰ siècle. — Musée de Reims.
899. **Épi de faîtage**, xvi⁰ siècle. — M. Lepel Cointet.
900. **Fontaine quadrangulaire** en terre blanche. — M. Luguet.
901. **Vase circulaire** en terre émaillée. — Musée du Mans.
902. **Pot à surprise**. — Musée du Mans.
903. **Statuette de la Vierge**, vernissée en vert. — Musée du Mans.
904. **Gourde de forme aplatie**. — Musée du Mans.
905. **Vase à surprise** entouré d'une résille. — Musée du Mans.
906. **Calvaire**. — Musée du Mans.
907. **Grand bassin et fontaine**. — Musée du Mans.
908. **Grand bassin circulaire**, xviii⁰ siècle. — Musée du Mans.
909. **Chaufferette**, xviii⁰ siècle. — Musée de Reims.

FABRIQUE DE BEAUVAIS

910. **Gourde en grès**, xvi⁰ siècle. — Musée Dubouché, à Limoges.
911. **Gourde gris bleu**. — M. le baron Oppenheim.
912. **Pot en grès**, xvi⁰ siècle. — M. Raymond Kœchlin.

FAIENCES DE BERNARD PALISSY

COLLECTION DE M. LE BARON ALPHONSE DE ROTHSCHILD

913. **Grand médaillon**. — Titus Vespasien.
914. **Grand flambeau** en forme de colonne.
915. **Grand plat ovale**. — Le Déluge.
916. **Grand plat ovale**. — La Fécondité.
917. **Deux plats** au chiffre de Henri II et Diane de Poitiers.
918. **Deux plats** en relief, bordure à enroulements.
919. **Grande coupe**. — Sujet de chasse.
958. **Fragment de coupe**. — Décor blanc et rosé.
659. **Petit vase** à large panse et une seule anse, terre rougeâtre.
920. **Deux appliques porte-lumière**. — Têtes d'anges.
921. **Dauphin** formant fontaine.
922. **Amphore** relief sur fond blanc.
923. **Deux saucières** ovales.
924. **Deux buires** à feuillages.
925. **Plat rond** avec reptiles.

COLLECTION DE M. LE BARON GUSTAVE DE ROTHSCHILD

926. **Grand plat**, décor d'après Briot.
927. **Plat** avec lézard au centre.
928. **Deux petits plats** ronds ajourés.
929. **Petit plat** du Pré d'Auge à salières.
930. **Deux saucières** avec deux personnages au fond.
931. **Plat** dit « aux Génies ».
932. **Plat** dit « la Belle Jardinière ».
933. **Deux flacons** en forme de pyramide.
934. **Plat ovale** ajouré.
935. **Plat rond** à ornements gravés.
936. **Plat ovale** Diane.
937. **Hanap**, décor de feuillages.
938. **Salière carrée**.
939. **Statuette de femme**.
940. **Statuette de vieillard**.
941. **Enfant sur un dauphin**.
942. **Joueur de vielle** sur pied triangulaire.
943. **Vieille femme à la gourde**.

COLLECTION DE Mlle GRANJEAN

944. **Saucière** décorée d'une figure de source.
945. **Applique porte-lumière**. — Jeune homme à mi-corps.

946. Plaque rectangulaire, profil de femme.
947. La Nourrice, statuette.
948. Statuette. — M. Alfred André.
949. Plat avec sirènes.
950. Grand vase décoré de fleurs et personnages en relief, par le Bon Oppenheim.
951. Petite cruche, fleurs en relief. — Id.
952. Plat rond avec mascarons. — M. Corroyer.
953. Chien couché. — M. Dolfus.
954. Plaque rectangulaire. — Hôtel Pincé à Angers.

FABRIQUE DE SAINT-PORCHAIRE

955. Grande aiguière, xvie siècle. — M. le baron Alphonse de Rothschild.
956. Coupe et son couvercle, xvie siècle. — M. le baron Gustave de Rothschild.
957. Coupe décor brun, xvie siècle. — M. le baron Gustave de Rothschild.
958. Salière de forme hexagonale, xvie siècle. — M. Alfred André.
959. Coupe en forme de vasque, xvie siècle. — M. Ch. Mannheim.
960. Salière en forme de monument, xvie siècle. — M. le baron Oppenheim.

FABRIQUE DE NIMES

961. Gourde, 1887. — M. le baron Gustave de Rothschild.
962. Assiette, xvie siècle. — M. Salting, a Londres.

FABRIQUE DE LYON

965. Plat creux circulaire, M. Jules Protat, à Mâcon.
966. Plat ovale, M. Bizot, à Vienne.

FABRIQUE DE NEVERS

COLLECTION DE M. G. PAPILLON

967. Vase balustre. — Décor style italien, 1re époque.
968. Vase balustre. — Décor style italien. 1re époque.
969. Buire à col évasé. — Décor style italien. 1re époque.
970. Assiette polychrome. — Venus decouvrant l'Amour.
971. Assiette polychrome. — Sujet champêtre. 1re époque.
972. Gourde. — Décor de style italien, inscription :
973. Plaque représentant en relief la Femme adultère.
974. Plaque ovale representant une tête de Christ. 1re époque.
975. Bouteille à long col. — Décor polychrome de personnages.
976. Plat — marque : « de Conrade à Nevers ».
977. Plat décor camaïeu bleu. — Au centre l'Adoration des Mages.
978. Assiette polychrome. — Decor style Bérain.
979. Assiette polychrome, avec quatre personnages.
980. Assiette polychrome. — Au centre, un médaillon.
981. Assiette polychrome. — Decor figurant une rosace.
982. Assiette polychrome. — Marque : CARRÉ 1757.
983. Assiette décor de personnages camaïeu bleu avec armoirie.
984. Gourde décor polychrome. — Musicien dans un médaillon.
985. Pichet à surprise. — Decor chinois en bleu et manganese.
986. Potiche de forme ovoïde. — Décor de fleurs.
987. Cornet cylindrique. — Même décor blanc et jaune.
988. Cornet cylindrique. — Même décor blanc.
989. Bouteille à long col. — Même décor blanc et jaune.
990. Bouteille à long col. — Même décor blanc et jaune.
991. Vase balustre. — Même décor blanc et jaune.
992. Vase balustre — Même décor blanc et jaune.
993. Buire à col évasé. — Décor de fleurs.
994. Gargoulette avec anses. — Même décor.
995. Bouquetière forme navette. — Même décor.
996. Assiette décor d'oiseaux. — Même décor.
997. Assiette décor d'oiseaux. — Même décor.
998. Assiette décor d'oiseaux. — Même decor.
999. Assiette décor d'oiseaux. — Même décor jaune citrin.
1000. Assiette avec armoirie. — Même décor en blanc et jaune.
1001. Potiche ovoïde. — Décor de fleurs.

1002. **Plat rectangulaire.** — Décor polychrome, genre Teniers.
1003. **Gargoulette**, les Cris de Paris, 1725.
1004. **Gourde.** — Décor bleu et manganèse, sujets champêtres.
1005. **Grande potiche** et son couvercle décor polychrome, 1re époque.
1006. **Paire de bras** applique porte-lumière.

COLLECTION DE M. TH. PERROT

1007. **Vase.** — Décor polychrome : Naïades, 1re époque.
1008. **Vase.** — Décor polychrome ; Enfants, 1re époque.
1009. **Gourde.** — Décor de fleurs en blanc sur fond gros bleu.
1010. **Gourde.** — Décor de fleurs en blanc et jaune sur fond bleu
1011. **Ecuelle** couverte et son dessous à fond gros bleu.
1012. **Ecuelle** couverte et son dessous à fond gros bleu.
1013. **Bouquetière** forme navette. — Décor de fleurs en vert.
1014. **Plat.** Décor bleu et manganèse. Chasse d'après Tempesta avec armoirie.
1015. **Bouteille** à long col. — Décor bleu et manganèse.
1016. **Groupe.** — Décor polychrome : Saint-Guillaume.
1017. **Grand plat.** — Décor blanc sur fond gros bleu.

COLLECTION DE M. LEPLL-COINTET

1018. **Statuette de saint Jean.** — Décor polychrome.
1019. **Statuette.** — La Vierge et l'Enfant Jésus.
1020. **Plat.** — Décor de personnages chinois.

COLLECTION DE M. ED. GUERIN

1021. **Gourde.** — Décor de fleurs vert et jaune sur fond crème.
1022. **Gourde.** — Décor de fleurs en blanc et jaune sur fond bleu.
1023. **Broc avec anse.** — Décor blanc et bleu sur fond jaune.
1024. **Petite bouteille.** — Décor blanc sur fond gros bleu.
1025. **Deux carreaux** de revêtement à décor bleu. — M. Coffet.
1026. **Plaque circulaire.** — Polychrome. — M. E. Camus.
1028. **Porte-bouquet.** — Décor bleu. — M. Bizot, à Vienne.

COLLECTION DE M. BINIO

1029. **Grand plat**, décor de fleurs en blanc sur fond gros bleu.
1030. **Potiche**, décor de fleurs en blanc sur fond gros bleu.
1031. **Cornet**, décor de fleurs en blanc sur fond gros bleu.
1032. **Cornet**, décor de fleurs en blanc et jaune sur fond gros bleu
1033. **Bouteille**, forme balustre, décor de fleurs sur fond gros bleu.
1034. **Bouteille**, décor de fleurs sur fond gros bleu.
1035. **Bouteille**, à double renflement, décor en blanc sur fond gros bleu.
1036. **Cornet**, décor blanc et jaune sur fond gros bleu.
1037. **Pichet** décor blanc et jaune sur fond gros bleu.
1038. **Petite potiche** décor blanc et quadrillé sur fond gros bleu.
1039. **Petite potiche**, décor en blanc sur fond gros bleu.
1040. **Plat creux**, décor blanc sur fond gros bleu.
1041. **Plat creux**, décor blanc et jaune sur fond gros bleu.
1042. **Plat creux**, décor blanc et jaune sur fond gros bleu.
1043. **Ecuelle** au fond Sainte-Anne en polychrome sur fond bleu.
1044. **Vase à deux anses**, décor polychrome.

COLLECTION DE M. CAILLOT.

1045. **Plaque encadrée**, décor polychrome.

MUSÉE DE ROANNE.

1046. **Statuette de Saint-Antoine**, 1712.

MUSÉE DE CAEN

1047. **Gourde** émaillée en bleu et marbrée de bleu.
1048. **Grand vase** émaillé de bleu et marbré de blanc.

MUSÉE ARCHÉOLOGIQUE DE NEVERS

1049. **Grand plat.** — Décor vert.
1050. **Aiguière**, en bleu et manganèse.

1051. Bouteille. — Décor vert et jaune.
1052. Grand plat. — Persée délivrant Andromède.
1053. Grande bouteille. — Polychrome, influence italienne.
1054. Bouteille. — Décor bleu et manganèse.
1055. Pot de pharmacie. — Saint-Étienne, 1761.
1056. Grand cornet. — Décor polychrome.
1057. Plaque de revêtement polichrome, figures orientales.
1058. Grand vase formant fontaine.
1059. Grand plat. — Décor de fleurs et compartiments.
1060. Vase a decor bleu et blanc sur fond jaune.
1061. Bouteille décorée d'un musicien, signée Garmer, 1702.
1062. Grand pichet avec une inscription. — Date de 1740.
1063. Deux chiens blancs. — M. Étienne Moreau-Nélaton.
1064. Rafraîchissoir, décor bleu monochrome. — Musée de Rennes.
1065. Bouteille, 1742. — Musée de Clermont-Ferrand.

FABRIQUE DE ROUEN

1067. Vase de pharmacie cylindrique, xvi° siècle. — Musée de Dieppe.

COLLECTION DE M. M. PAPILLON

1069. Plat, décor bleu et rouge sur fond jaune d'ocre.
1070. Plat, décor bleu et rouge. — Au centre, scène chinoise.
1071. Bannette, décor de style Berain, en bleu et jaune cuir.
1072. Bannette, décor polychrome de guirlandes et corbeilles.
1073. Bannette, décor polychrome de chinois en noir et jaune cuir.
1074. Plat à pans coupés. — Décor de lambrequins en bleu et noir.
1075. Plat, une noce de village en camaïeu bleu.
1076. Plateau, décor polychrome. — Oiseaux au bord de l'eau.
1077. Plateau. — Décor polychrome de fleurs sur fond noir.
1078. Aiguière en forme de casque. — Décor bleu avec armoirie.
1079. Aiguière id. — Décor polychrome de guirlandes de fleurs.
1080. Aiguière id. — Décor polychrome dit à la pagode.
1081. Cartel porte-montre. — Décor polychrome, rocaille.
1082. Pichet ayant la forme d'un personnage buvant.
1083. Grand pichet, décor polychrome de style rocaille.
1084. Assiette à décor sur fond jaune d'ocre.
1085. Assiette, même décor. — Au centre une rosace.
1086. Compotier, même décor, de style rayonnant.
1087. Assiette, décor polychrome. Enfants et dauphins.
1088. Assiette, décor polychrome, dite assiette a musique.
1089. Assiette à l'imitation des faïences de Marseille. — Vavasseur.
1090. Assiette, décor bleu. — Armes du marquis de Maillebois.
1091. Assiette, décor bleu. — Au centre, les armes de Poterat.
1092. Assiette, décor polychrome, rocaille. — Saint-Pierre, 1734.
1093. Compotier, décor polychrome, rocaille, atelier de peinture.
1094. Assiette, décor bleu et rouge. — Mandarins et moutons.
1095. Assiette, décor bleu et rouge. — Au centre, un chinois.
1096. Assiette, décor bleu et rouge. — Personnages persans.
1097. Assiette, décor bleu et rouge. — Lambrequins.
1098. Assiette, décor bleu et rouge. — Lambrequins.
1099. Assiette, décor bleu et rouge. — Au centre un cygne.
1100. Assiette, décor bleu. — Grande rosace, style rayonnant.
1101. Assiette, décor bleu de style rayonnant. — Un cygne.
1102. Assiette, décor polychrome, rocaille; grande chimère.
1103. Assiette, décor polychrome. — Chinois dans un paysage.
1104. Sucrière cylindro-conique. — Décor bleu et rouge.
1105. Sucrière cylindro-conique. — Décor bleu et rouge.
1106. Sucrière cylindro-conique. — Décor de chinois.
1107. Sucrière cylindro-conique. — Décor polychrome à la corne.
1108. Sucrière forme balustre. — Décor bleu de guirlandes.
1109. Sucrière forme balustre. — Décor bleu de lambrequins.
1110. Sucrière forme balustre. — Décor bleu et rouge.
1111. Sucrière forme balustre. — Décor bleu et rouge.
1112. Sucrière forme balustre. — Décor bleu et jaune d'ocre.
1113. Sucrière forme balustre. — Décor bleu et rouge.
1114. Sucrière forme balustre. — Décor bleu et jaune d'ocre.
1115. Sucrière forme balustre. — Décor bleu et rouge.
1116. Sucrière forme balustre. — Décor bleu.

1117. Sucrière forme balustre. — Décor bleu avec armoirie.
1118. Sucrière forme balustre. — Décor polychrome.
1119. Sucrière cylindro-conique. — Décor polychrome à la pagode.
1120. Sucrière forme balustre. — Décor à la grenade.
1121. Sucrière de forme ovoïde. — Décor au sainfoin.
1122. Savonnette forme sphérique. — Décor bleu et rouge.
1123. Savonnette forme sphérique. — Décor polychrome, rocaille.
1124. Paire de flambeaux. — Décor polychrome à la tulipe.
1125. Assiette, décor polychrome. — Chinois et marguerites.
1126. Soulier de Noel. — Décor bleu et jaune d'ocre.
1127. Boîte à épices oblongue. — Décor bleu.
1128. Boîte à épices, oblongue. — Décor bleu et rouge.
1129. Boîte à épices, forme trèfle. — Décor bleu et rouge.
1130. Boîte à épices, forme trèfle. — Décor bleu et rouge.
1131. Boîte à épices, forme trèfle. — Décor polychrome à la pagode.
1132. Boîte à épices, forme trèfle. — Décor polychrome.
1133. Salière rectangulaire. — Décor polychrome au Chinois.
1134. Salière ovale. — Décor polychrome. Au milieu, un cygne.
1135. Petit ex-voto en forme de cœur. — Décor bleu et rouge.
1136. Petit ex-voto en forme de cœur. — Décor polychrome.
1137. Boîte ronde. — Décor polychrome au Chinois, 1766.
1138. Tabatière en forme de livre. — Décor polychrome.
1139. Tabatière en forme de livre. — Décor polychrome.
1140. Tabatière en forme de livre. — Décor polychrome.
1141. Tabatière en forme de livre. — Décor bleu avec rosace.
1142. Moutardier, forme cylindrique. — Décor bleu et rouge.
1143. Moutardier, forme cylindrique. — Décor bleu et rouge.
1144. Petit Pichet. — Décor polychrome de fleurs.
1145. Petit pichet. — Décor polychrome de fleurs.
1146. Petit pichet — Décor polychrome avec Chinois.
1147. Deux petites mules. — Décor polychrome.
1148. Pot de toilette. — Décor polychrome sur fond bleu empois.
1149. Pot de toilette. — Décor polychrome dit à la pagode.
1150. Deux burettes. — Décor bleu et rouge.
1151. Deux coquetiers. — Décor polychrome de fleurs.
1152. Moutardier, forme baril. — Décor polychrome.
1153. Moutardier, forme baril. — Décor dit à la haie.
1154. Pot de toilette. — Décor polychrome avec Chinois.
1155. Pot de toilette. — Décor bleu style, rayonnant.
1156. Mangeoire d'oiseaux. — Décor polychrome.
1157. Huilier porte-burettes, personnages chinois.
1158. Boîte à thé rectangulaire. — Décor bleu et rouge.
1159. Ravier à deux anses. — Décor bleu et rouge.
1150. Ravier à deux anses. — Décor bleu avec Chinois.
1161. Assiette. — Décor polychrome à la corne tronquée.
1162. Assiette. — Décor polychrome à la double corne.
1163. Buste de Flore. — Décor bleu.
1164. Sucrière balustre. — Décor bleu.
1165. Sucrière balustre. — Décor bleu.

COLLECTION DE M. DOISTAU

1166. Plat rond. — Décor bleu et rouge, personnages chinois.
1167. Plateau rectangulaire. — Décor polychrome, fond bleu.
1168. Plateau rectangulaire, armoirie et fleurs polychromes.
1169. Plat rond. — Amours et arabesques noires sur fond jaune d'ocre.
1170. Plateau rectangulaire. — Décor bleu, lambrequins et armoirie.
1171. Bannette. — Décor bleu et rouge, lambrequins.
1172. Plat. — Décor bleu et rouge avec médaillon au centre.

COLLECTION DE M. CH. PERROT

1173. Aiguière, forme casque. — Décor bleu et rouille.
1174. Aiguière, forme casque. — Décor bleu, avec armoirie double.
1175. Saladier. — Décor polychrome. Au fond, les Saisons.
1176. Bannette. — Décor bleu et rouge, brûle-parfums.
1177. Sucrière forme balustre. — Décor bleu et rouge.
1178. Sucrière forme balustre. — Décor bleu et rouge.
1179. Compotier octogone. — Décor bleu et rouge.
1180. Assiette. — Décor bleu de personnages.
1181. Sucrière forme balustre. — Décor bleu.

1182. Sucrière forme balustre. — Décor polychrome.
1183. Pichet. — Décor bleu et rouge. — Saint-Pierre en camaïeu.
1184. Cornet. — Décoré de guirlandes de fleurs en bleu et rouge
1185. Boîte à épices oblongue. — Décor bleu et rouge.
1186. Savonnette sphérique. — Décor polychrome de fleurs.
1187. Soupière et son couvercle. — Décor polychrome.
1188. Plat. — Décor bleu de lambrequins.
1189. Plat. — Décor bleu de lambrequins.
1190. Plat. — Décor bleu de lambrequins.
1191. Plat — Décor bleu de lambrequins.

COLLECTION DE M. C. CLAVET

1192. Plat. — Décor bleu et rouge, style rayonnant, guirlandes.
1193. Plat. — Décor bleu, avec une armoirie au centre.
1194. Plat. — Décor bleu et rouge, dit décor cachemire.
1195. Sucrière forme balustre — Arabesques noires, fond jaune.
1196. Assiette. — Décor bleu et rouge de lambrequins, un Chinois.
1197. Fontaine d'angle. — Décor polychrome de style rocaille.

MUSÉE CÉRAMIQUE DE ROUEN

1198. Sucrière. — Décor bleu et rouge.
1199. Pichet. — Décor polychrome avec oiseaux.
1200. Plat à barbe. — Décor camaïeu bleu.
1201. Saladier Pierre Piquet, 1729. — Décor polychrome.
1202. Assiette. — Armoirie sur fond jaune d'ocre.
1203. Assiette. — Rosace sur fond jaune d'ocre.
1204. Sucrière. — Décor bleu.
1205. Assiette à décor rouge et bleu. — Oiseau au centre.
1206. Assiette. — Décor bleu.
1207. Bannette. — Décor bleu et rouge.
1208. Assiette polychrome à personnages, fabrique de Vavasseur.
1209. Pichet. — Décor polychrome Le Breton.
1210. Cache-pot. — Décor à la corne tronquée.
1211. Grande bouteille. — Décor bleu.
1212. Cuvette forme carrée. — Décor bleu empois.
1213. Saladier. — Décor polychrome, chinois Brument, 1699.
1214. Rape à tabac. — Décor polychrome avec armoirie.
1215. Plat. — Décor bleu à lambrequins.
1216. Pichet. — Décor polychrome Saint-Jean-Baptiste.
1217. Assiette. — Décor dit à musique.
1218. Assiette creuse. — Décor polychrome avec chiffre.
1219. Vase couvert dit pot-pourri. — Décor bleu et rouge.
1220. Paire de Vases avec flammes. — Décor bleu et rouge.

COLLECTION DE M. LEPEL-COINTET

1221. Assiette, décor bleu et rouge de style rayonnant.
1222. Boîte à épices oblongue. — Décor bleu et rouge.
1223. Théière, décor bleu et rouge vif.
1224. Plat, décor bleu et rouge de lambrequins.
1225. Assiette, décor d'arabesques noirs sur fond jaune citron.
1226. Assiette, décor bleu, au centre un Chinois.

COLLECTION DE M. PIQUET

1227. Plat, décor bleu de lambrequins.
1228. Plat, décor polychrome chinois marli quadrillé.

MUSÉE DE NARBONNE

1251. Plat octogone, à décor polychrome rayonnant.
1252. Compotier, décor à la corne.
1253. Lion accroupi, décor polychrome. — Musée de Rennes.

FABRIQUE DE SINCEVY

COLLECTION DE M. G. PAPILLON

1254. Plat, décor polychrome : Chinois et pagodes.
1255. Encrier de forme triangulaire : Chinois en ronde bosse,

1256. Boîte à poudre : décor polychrome chinois. Marque S.
1257. Assiette, décor polychrome de roses jaunes.
1258. Compotier dentelé, decor polychrome rocaille ; un Amour.
1259. Compotier dentelé, décor polychrome rocaille.
1260. Assiette, décor polychrome ; au centre : personnages.
1261. Assiette, décor polychrome à l'imitation de Strasbourg.
1262. Assiette, de personnages en camaïeu bleu marque S.
1263. Assiette, décor polychrome de personnages chinois.
1264. Assiette, décor polychrome de personnages chinois et coq.
1265. Assiette, décor polychrome avec une corbeille de fleurs.
1266. Assiette, décor polychrome avec marine.
1267. Assiette, décor polychrome avec Chinois dans une barque.
1268. Plat, décor polychrome, Chinois et tonneaux.
1269. Paire de sabots, décor polychrome.
1270. Savonnette sphérique, décor dit au sainfoin.

COLLECTION DE M. CALVET

1271. Assiette, décor polychrome, rosace avec oiseau.

COLLECTION DE M. CAILLOT

1272. Paire de jardinières, décor imitant le Strasbourg.

FABRIQUE DE MOUSTIERS

COLLECTION DE M. G. PAPILLON

1273. Ecuelle, décor chinois polychrome. « Ferrat à Moustiers ».
1274. Sucrière, forme balustre, décor de grotesques.
1275. Sucrière, forme balustre, décor bleu, d'après Berain.
1276. Plat oblong armoirié, décor bleu, d'après Bérain.
1277. Gourde de pèlerin, fond jaune avec trophées.
1278. Chauffe-mains avec médaillons polychromes.
1279. Petit soulier de Noël, décor bleu.
1280. Boîte à poudre, décor polychrome : les quatre saisons.
1281. Sucrier et son couvercle, décor polychrome.

COLLECTION DE M. DUVAL

1282. Boîte à poudre de riz, décor polychrome, avec armoirie.
1283. Assiette, décor polychrome ; sujets mythologiques.
1284. Assiette, décor polychrome : sujet mythologique.
1285. Ecuelle, décor polychrome, sujet mythologique.

COLLECTION DE M. CALVET

1286. Plat ovale, une chasse à l'ours, en camaïeu bleu.
1287. Grande vasque, décor camaïeu bleu : chasse.
1288. Pot à eau et cuvette, décor polychrome.
1289. Assiette, décor jaune rouille, médaillon.
1290. Grand bassin circulaire à décor polychrome.
1291. Coffret de mariage rectangulaire. M. Ed. Corroyer.

MUSÉE DE NARBONNE

1292. Cache-pot à décor vert.
1293. Soupière à décor jaune.
1294. Jardinière, décor bleu et jaune, à personnages.
1295. Ecuelle à bouillon, décor bleu.
1296. Saucière, lambrequins, bouquet d'anémones.
1297. Buire à camaïeu bleu : Hercule aux pieds d'Omphale.
1298. Grand plat : la Chute de Phaéton, style de Bérain.
1299. Pot-pourri, décor à grands lambrequins.
1300. Deux couteaux, manche blanc, à décor bleu à arabesques.
1301. Plat oblong : château et personnages, style de Berain.
1302. Boîte à poudre, décor polychrome de bouquets.
1303. Bassin de fontaine d'applique, décor polychrome.
1304. Plat oblong, decor de vases de fleurs, chimères et bustes.
1305. Soupière, décor vert.

1306. Cuvette à décor polychrome, médaillons mythologiques.
1307. Une fontaine à décor vert.
1308. Une fontaine à décor jaune.
1309. Une fontaine à décor polychrome.
1310. Boîte à poudre.
1311. Ecuelle à bouillon, au nom de Thérèse de Condrieu.
1312. Grande soupière surmontée d'une tête de bélier. — M. Coiffet.
1313. Grand plat ovale, décor en bleu. — Musée de Narbonne.

FABRIQUE DE LILLE

1314. Assiette, décor polychrome; un gros papillon. — M. G. Papillon.
1315. Assiette, décor bleu de style rouennais. — M. Perrot.
1316. Plat ovale, décor bleu de lambrequins. — M. Calvet.

FABRIQUE DE BORDEAUX

1317. Assiette, décor polychrome avec fleurs. — M. Perrot.
1318. Assiette, décor polychrome, bouquet de fleurs. — M. G. Papillon.
1319. Assiette, décor polychrome, dit au coq. — M. G. Papillon.
1320. Assiette, décor polychrome. — M. G. Papillon.
1321. Sucrière, décor polychrome, pagodes. — M. G. Papillon.
1322. Sucrière, décor bleu, mascarons. — M. G. Papillon.
1323. Assiette, décor bleu, musiciens et danseuse. — M. Calvet.
1324. Assiette, décor polychrome. — M. Lebelin de Dionne.

FABRIQUE DE STRASBOURG

COLLECTION DE M. PERROT

1325. Petit vase, style rocaille, décor polychrome.
1326. Plat ovale à bords contournés, décor de fleurs polychrome.
1327. Légumier ovale avec anses, décor de fleurs polychrome.
1328. Pot à crème, décor polychrome de fleurs.
1329. Assiette, décor polychrome; au centre, Chinois pêcheur.
1330. Assiette, décor polychrome; bouquets de fleurs.
1331. Assiette, décor polychrome; bouquets de fleurs.
1332. Flambeau, décor polychrome de fleurs. — Marque J. H.
1333. Pied de veilleuse, décor polychrome. — Musée de Narbonne.
1334. Cafetière, décor polychrome. — Musée de Narbonne.
1335. Assiette à décor de fleurs. — M. Auscher.
1336. Assiette à décor de fleurs. — M. Auscher.

FABRIQUE DE SAINT-CLÉMENT

1337. Jardinière, forme demi-lune, paysage. — M. Perrot.
1338. Moutardier avec plateau, décor blanc et or. — M. Perrot.

FABRIQUE D'AVIGNON

1339. Vase en faïence émaillé vert. — M. Charles André.
1340. Grand vase. — M. le baron Oppenheim.
1341. Plat en forme de chou-fleur. — Musée de Narbonne.

FABRIQUE DE GOULT

1342. Assiette décor camaïeu jaune, médaillon. — M. Perrot.
1343. Assiette, sujet galant en décor jaune rouille. — M. Lepel-Cointet.

FABRIQUE DE SAINT-AMAND

1344. Huit assiettes, décor polychrome, le service de la messe. — M. G. Papillon.
1345. Fontaine de style rocaille. — Musée de Valenciennes.
1346. Soupière, décor de roses. — Musée de Saint-Omer.

ŒUVRES DE CYFFLE (Terre de Lorraine).
COLLECTION DE M. PERROT

1347. **Sainte Geneviève**, émaillée blanc.
1348. **L'oiseau mort.**
1349. **Le savetier et son sansonnet.**
1350. **Henri IV et Sully.**
1351. **Le taureau Farnèse.**
1352. **Le dénicheur.**
1353. **Le patineur.**
1354. **Le joueur de cornemuse.**
1355. **L'hiver.**
1356. **Pêcheur endormi.**
1357. **Laveuse à la fontaine.**
1358. **Bélisaire.**
1359. **L'été.**
1360. **L'automne.**
1361. **L'hiver.**
1362. **Le printemps.**
1363. **Le jeune homme au chevreau.**
1364. **Baigneuse.**
1365. **Ramoneur.**
1366. **Fauconnier.**
1367. **La cruche cassée.**
1368. **Jardinier sur sa bêche.**
1369. **Couple amoureux.**
1370. **Retour du marché.**

FABRIQUE DE RENNES

1371. **Grande soupière** ovale, de style rocaille. — Musée de Rennes.
1372. **Pot à une anse**, décor de roses. — Musée de Rennes.
1373. **Grande fontaine**, ovale de style rocaille. — Musée de Rennes.
1374. **Deux rafraîchissoirs**, décor de bouquets. — Musée de Rennes.
1375. **Écuelle à bouillon**, décor polychrome (1778). — Musée de Rennes.

FABRIQUE D'APREY

1376. **Assiette à bords contournés**, décor polychrome. — M. Perrot.
1377. **Pot à eau**, décor d'oiseaux. — M. Bizot, à Vienne.
1378. **Assiette**, décor de chevaux. — M. Bizot, à Vienne.

FABRIQUE DE MARSEILLE
COLLECTION DE M. G. PAPILLON

1379. **Écuelle et son plateau**, décor polychrome, paysages.
1380. **Jardinière**, décor polychrome de fleurs.
1381. **Jardinière**, décor polychrome de fleurs sur fond jaune.
1382. **Assiette à fond jaune** avec attributs franc-maçonniques.
1383. **Assiette**, décor polychrome de marine, bordure ajourée.
1384. **Assiette**, décor polychrome de fleurs.
1385. **Daubière en forme de poule** avec ses poussins.
1386. **Fontaine d'applique**, décor camaïeu vert.

COLLECTION DE M. PERROT

1387. **Tasse et soucoupe**, décor polychrome.
1388. **Écuelle et son dessous**, décor polychrome, fleurs.
1389. **Assiette**, décor polychrome, fleurs et nœuds sur fond vert.
1390. **Assiette**, décor polychrome, fleurs avec rehauts d'or.
1391. **Assiette**, décor bleu et manganèse, un personnage. — M. Perrot.
1392. **Corbeille ajourée**, décor polychrome de fleurs.

COLLECTION DE M. CALVET

1393. **Sucrier forme cylindrique**, décor polychrome de fleurs.
1394. **Jardinière**, décor vert, avec paysage en camaïeu rose.

1395. Assiette avec rosace, décor bleu, rouge et vert.
1396. Assiette, décor polychrome de poissons.
1397. Assiette avec médaillon au centre : fruits et dorure au bord.

COLLECTION DE M. DUVAL

1398. Sucrier, forme cylindrique, décor polychrome, paysages.
1399. Assiette, décor polychrome de fleurs avec armoiries.
1400. Assiette, décor polychrome, médaillon avec paysage.
1401. Aiguière et son bassin, décor polychrome de fleurs.
1402. Tasse et soucoupe, décor polychrome de paysages.

MUSÉE DE NARBONNE

1403. Soupière à décor vert montée sur quatre pieds.
1404. Plat rond festonné, décor de bouquets polychromes.
1405. Plat polychrome, rehaussé d'or, à petits bouquets.
1406. Soupière carrée à deux anses, décor de bouquets.
1407. Porte-bouquet, trois pieds à fleurons, décor ajouré.
1408. Plat à légumes, forme à bords droits, décor polychrome.
1409. Pot à eau décoré en vert, sujets grotesques.

FABRIQUE DE SCEAUX

COLLECTION DE M. PERROT

1410. Cuvette et pot à eau, décor à fleurs polychromes.
1411. Deux verrières à bords découpés, décor polychrome.
1412. Jardinière, forme demi-lune, décor polychrome; sujets.
1413. Jardinière, forme demi-lune, décor polychrome; paysages.
1414. Assiette, décor polychrome; au centre, paysage animé.
1415. Assiette avec fleurs; au centre, paysage en camaïeu rose.
1416. Pot à eau, fleurs avec rehauts d'or; sujets pastoraux.
1417. Vase avec col et couvercle ajourés; médaillons polychromes.
1418. Vase sur piédouche; au milieu, médaillons de fleurs.
1419. Couverture de livre, sujets religieux en polychrome.
1420. Petit plateau avec anses, paysage maritime, polychrome.
1421. Jardinière-applique, paysages maritimes camaïeu rose.
1422. Deux assiettes à bords déchiquetés; médaillon avec paysage.
1423. Deux assiettes à bords contournés et filet doré.
1424. Assiette à bords contournés, décor polychrome de fleurs.
1425. Tasse couverte, dite trembleuse, décor polychrome.
1426. Jardinière carrée, bouquet de fleurs polychrome.
1427. Vase pot-pourri sur piédouche avec couvercle ajouré.

COLLECTION DE Mme PAPILLON

1428. Jardinière couverte, forme éventail sur son socle ajouré.

FABRIQUE DE SAINT-OMER

MUSÉE DE SAINT-OMER

1429. Plat décoré sur engobe avec un oiseau.
1430. Plat décoré sur engobe avec un porte-drapeau.
1431. Petite assiette à bords contournés, décor de roses.
1432. Cachepot, style rocaille, décor de roses.
1433. Pot à décor chinois, dessins en manganèse.
1434. Pot émaillé de bleu à décor blanc.

FABRIQUE DE NIEDERVILLER

COLLECTION DE M. PERROT

1435. Soupière, forme ronde sur quatre pieds, décor polychrome.
1436. Deux assiettes à bords contournés; sujets galants.
1437. Deux assiettes à fond imitant le bois; paysages.
1438. Deux assiettes à bords contournés, décor polychrome.
1439. Petit sucrier, paysage, décor polychrome en trompe-l'œil.
1440. Tasse, même décor.
1441. Petite cafetière, décor polychrome de fleurs.

1442. Assiette, décor polychrome; au milieu, trois personnages.
1443. Deux jardinières, forme carrée, décor polychrome.
1444. Sucrière, forme balustre, avec sujet galant en camaieu rose.
1445. Deux dessus de brosse avec sujets polychromes.
1446. La vielleuse, figurine polychrome.
1447. Jeune homme portant un chevreau, figurine polychrome.
1448. Un pilote sur son bateau.
1449. Un Bacchus.
1450. Joueuse de guitare.
1451. Berger et son chien.
1452. Le Patineur.
1453. Jeune femme portant des fleurs dans son tablier.
1454. Jeune seigneur présentant un raisin.
1455. Jeune seigneur portant un pot de fleurs.
1456. Le Vitrier.
1457. Le Colporteur.
1458. Un Buveur.
1459. Le Marchand de melons.
1460. Un Jardinier.
1461. Une Marchande de fleurs
1462. Joueur de cornemuse.
1463. Bergère et sa chèvre.
1464. Joueur de cymbales.
1465. Femme portant un nid dans son tablier.
1466. Joueur de flûte.
1467. Renaud et Armide, groupe décor polychrome.
1468. Garde-française et dame, décor polychrome.
1469. Soldat et dame, décor polychrome.
1470. Trois enfants jouant décor polychrome.
1471. Chasseur et dame, décor polychrome.
1472. Chasseur et dame (pendant), décor polychrome.
1473. Joueur de guitare et dame tenant un oiseau sur la main.
1474. Jardinier et dame portant des fleurs, décor polychrome.
1475. Jeune seigneur et marchande de fleurs, décor polychrome.
1476. Bergère présentant des fleurs à un berger, blanc et or.
1477. Dispute pour un raisin.

FABRIQUE DE PARIS

1478. Pot de pharmacie de l'abbaye de Chelles, décor polychrome — M. Perrot.

FABRIQUE D'APT

1479. Vase de forme Médicis. — M. Calvet.
1480. Vase semblable à celui ci-dessus. — M. Calvet.
1481. Petite écuelle à oreilles plates. — Musée de Narbonne.

FABRIQUE DE MONTPELLIER

1482. Ecuelle jaune décor polychrome. — Musée de Narbonne.
1483. Fontaine. — M. Bizot, à Vienne.
1484. Fontaine d'applique, décor polychrome. — M. G. Papillon.

FABRIQUE DE LA TOUR D'AIGUES

1485. Canard faïence polychrome, 1770. — Musée de Narbonne.

FABRIQUE DE MEILLONAS

1486. Porte-bouquet. — M. Bizot, à Vienne.
1487. Cruche en faïence à décor chinois. — Musée de Montpellier.

FABRIQUE D'AGEN

1488. Gourde, décor polychrome. — Musée d'Agen.
1489. Grand carreau poele. — Musée de Lons-le-Saulnier.

1490. **Gargoulette**, décor polychrome. — Musée de Chambery.
1491. **Deux petits sphinx.** — Société archéologique de Touraine.
1492. **Pendule** en terre de pipe. Ep. de Louis XV. — Musée de Narbonne.

PORCELAINES PATE TENDRE

FABRIQUE DE ROUEN

1493. **Pot de toilette**, décor bleu. Marque A. P. — Mme G. Papillon.

FABRIQUE DE SAINT-CLOUD

1494. **Potiche**, décor Berain en camaïeu bleu. — M. Guérin.
1495. **Grand pot à poudre**, décor lambrequins en bleu. — M. Guérin.
1496. **Grand pot de toilette**, décor camaïeu bleu. — M. Guérin.
1497. **Pot de toilette**, décor camaïeu bleu. — M. Guérin.
1498. **Moutardier**, décor camaïeu. Marque au Soleil. — M. Guérin.
1499. **Gobelet**, décor de lambrequins camaïeu bleu. — M. Guérin.
1500. **Petit pot de toilette**, décor de lambrequins. — M. Guérin.
1501. **Petit pot de toilette**, décor de lambrequins. — M. Guérin.
1502. **Salière ronde**, fleurettes et décor, quadrillé. — M. Guérin.
1503. **Salière à pans coupés**, décor bleu. — M. Guérin.
1504. **Salière à pan coupés**, décor bleu. — M. Guérin.
1505. **Coquetier** lambrequins en camaïeu bleu. — M. Guérin.
1506. **Sucrier** décor blanc de fleurs en relief. — Mme G. Papillon.
1507. **Cornet** cylindrique, décor bleu. — Mme G. Papillon.
1508. **Statuette de bouquetière.** — Mme G. Papillon.
1508 *bis*. **Cornet**, décor bleu. — M. Beurdeley.
1509. **Potiche**, décor Bérain, camaïeu bleu. — M. Doistau.

FABRIQUE DE CHANTILLY

1510. **Magot chinois** formant encrier. — M. André.
1510 *bis*. **Vase**, pot pourri décor fond jaune. — M. André.
1511. **Pot à lait**, décor de fleurs. — M. Guérin.
1512. **Vase** en biscuit. Marque D V. — M. Guérin.
1513. **Vase** en biscuit. Marque D V. — M. Guérin.
1514. **Pot à lait**, décor en relief. — Mme G. Papillon.
1515. **Sucrier côtelé**, polychrome, dit à l'écureuil. — Mme G. Papillon.
1516. **Pot de toilette**, décor vert, jaune et brique. — M. Guérin.
1517. **Assiette**, décor bleu; Villers-Cotterets. — Mme G. Papillon.
1518. **Assiette**, décor polychrome. — Mme G. Papillon.

FABRIQUE DE MENNECY

1519. **Sucrier avec sa cuiller**, décor polychrome. — M. Guérin.
1520. **Sucrier avec sa cuiller**, décor polychrome. — Id.
1521. **Moutardier avec sa cuiller**, décor de fleurs. — Id.
1522. **Vase Médicis**, décor de fleurs polychromes. — Id.
1523. **Petit vase Médicis**, décor de fleurs polychromes. — Id.
1524. **Statuette de chinois**, décor de fleurs vertes et jaunes. — Id.
1525. **Statuette de Chinois**, décor de fleurs vertes et jaunes. — Id.
1526. **Tasse**, guirlandes de fleurs et fleurs en relief. — Id.
1527. **Socle**, décor de guirlandes de fleurs. — Id.
1528. **Ecuelle à anses**, décor de fleurs. — Id.
1529. **Pot de toilette** décor blanc de fleurs en relief. — Id.
1530. **Groupe en blanc**: le Remouleur. — Mme G. Papillon.
1531. **Groupe en blanc**: le Marchand de cidre. — Mme G. Papillon.
1532. **Pot de toilette**, décor polychrome à l'écureuil. — Mme G. Papillon.
1533. **Coquetier** décor polychrome, guirlandes de fleurs. — Id.
1534. **Pot de toilette**, décor polychrome de fleurs. — Id.
1535. **Potiche**, décor polychrome de fleurs en relief. — Id.
1536. **Groupe d'enfants**, polychrome. — M. Fitz Henry.
1537. **Deux vases**, décor d'oiseaux. — M. André.
1538. **Deux petits pots à lait.** — M. Auscher.

FABRIQUE DE VINCENNES

1539. Tasse et soucoupe, décor blanc, fleurs en relief. — M. Guérin.
1540. Tasse et sa soucoupe, decor polychrome. — Mme Masson.

FABRIQUE DE SÈVRES

1541. Groupe, biscuit : le Marchand de plaisirs. — Mme G. Papillon.
1542. Groupe biscuit : le Montreur de lanterne magique. — Mme G. Papillon.
1543. Petit pot à lait, rose d'or. — M. Auscher.
1544. Tasse et soucoupe, bouquets de fleurs, 1793. — M. Auscher.
1545. Petit pot à lait, quadrilles vert pomme, 1758. — Mlle Granjean.
1546. Pot à lait à trois pieds, fond bleu à œil de perdrix. — Mlle Granjean.
1547. Pot à lait à trois pieds, fond bleu turquoise. Mlle Granjean.
1548. Petit plateau carré, fond vert. — Mlle Granjean.
1549. Grande tasse, fond bleu de Vincennes, 1753. — Id.
1550. Tasse fond bleu de roi, 1765. — Mlle Granjean.
1551. Trois tasses de forme conique renversée. — Mlle Granjean.
1552. Tasse, forme conique renversée, bleu turquoise, 1755. — Mlle Granjean.
1553. Vase piriforme renversé à côtes, avec couvercle email rose, 1758. — Id.
1554. Deux vases forme balustre à pans, fond gros bleu. — Id.
1555. Deux vases forme balustre à pans, fond gros bleu. — Id.
1556. Plateau à bord découpé, rose Pompadour et or, 1758. — Id.
1557. Deux petites jardinières, fond gros bleu, 1756. — Id.
1558. Déjeuner, fond rose marbré de bleu et d'or. — Id.
1559. Sucrier ovale, fond gros bleu, 1759. — Id.
1560. Petit déjeuner, décor polychrome à coquilles, 1763. — Id.
1561. Bourdaloue, décor de bandes bleu de roi. — Id.
1562. Coquetier, décor de bouquets de roses; œuf de porcelaine tendre monté en or. — Id.
1563. Saucière oblongue; fond gros bleu, 1761. — Id.
1564. Deux salières à trois places. — Id.
1565. Petit pot à crème myosotis. — Id.
1566. Soupière et son plateau. — M. Doistau.
1566 bis. Tasse et sa soucoupe, décor fond jaune. — M. Louis Mannheim.

FABRIQUE DE BOURG-LA-REINE

1567. Sucrier, décor imitant les porcelaines de Chine. — Mme G. Papillon.

FABRIQUE D'ARRAS

1568. Soupière oblongue, à décor de petits bouquets bleus. — Musée d'Arras.
1569. Assiette, même décor. — Musée d'Arras.
1570. Assiette à bords découpés, décor polychrome. — Musée d'Arras.

SÈVRES PATE DURE

1571. Cafetière, époque Louis XVI, vers 1778. — M. Auscher.
1572. Pot décoré de médaillons et de rinceaux. — Mlle Granjean.
1573. Service complet, époque de Louis XVI. — M. Gabriel Hémerdinger.

V

Orfèvrerie.

1574. Fragments d'argenterie, époque gallo-romaine. — Musée de Valenciennes.
1575. Dieu lare, époque gallo-romaine. — Musée de Vienne.
1576. Trésor d'argenterie gauloise trouvé à Chaource (Aisne) (reproduction galvanoplastique). — Par M. Dautrême.
1577. Petite châsse, VIIe siècle. — Église Saint-Benoit-sur-Loire (Loiret).
1578. Tableau reliquaire hexagone. VIe siècle. — Église de Conques.
1579. Tableau reliquaire pentagone, au VIIe siècle. — Église de Conques (Aveyron).

1580. **Reliquaire de Pépin**, ıx° siècle. — Eglise de Conques (Aveyron).
1581. **A dit de Charlemagne**, x° siècle. — Eglise de Conques.
1582. **Sainte Foy**, statue en or, x° siècle. — Eglise de Conques.
1583. **Reliure de l'Evangéliaire de saint Gauzelin**, x° siècle. — Cath. de Nancy.
1584. **Calice et patène de saint Gauzelin**, x° siècle. — Cathédrale de Nancy.
1585. **Croix à deux croisillons**, xı° siècle. — Musée de Dijon.
1586. **Reliquaire de Begon**, xı° siècle. — Eglise de Conques.
1587. **Reliquaire du Pape Pascal**, xı° siècle. — Eglise de Conques.
1588. **Crosse en bronze**, xı° siècle. — Musée de Clermont-Ferrand.
1589. **Reliquaire de la sainte Epine**, xıı° siècle. — Religieuses Aug. d'Arras.
1590. **Reliquaire de la sainte Epine**, xıı° siècle. — M. Sigismond Bardac.
1591. **Pied de chandelier**, xıı° siècle. — M. Sigismond Bardac.
1592. **Flambeau triangulaire**, xıı° siècle. — M. le baron Oppenheim.
1593. **Pied de Croix**, xıı° siècle. — Musée de Saint-Omer.
1594. **Crosse ornée**, xıı° siècle. — Musée de Saint-Jean, à Angers.
1595. **Croix reliquaire à double traverse**, xıı° siècle. — Eglise du Dorat.
1596. **Reliquaire**, xıı° siècle. — Eglise de Château-Ponsac.
1597. **La Vierge assise et l'Enfant Jésus**, xıı° siècle. — Eg. de Conques.
1598. **Croix-reliquaire**, xıı° siècle. — Eglise de Conques.
1599. **Autel portatif de Bégon**, xıı° siècle. — Eglise de Conques.
1600. **Calice dit de saint Rémy**, xıı° siècle. — Cathédrale de Reims.
1601. **Petit chef-reliquaire**, xıı° siècle. — Eglise Saint-Rémy, de Reims.
1602. **Reliquaire dit de Samson**, xıı° siècle. — Cathédrale de Reims.
1603. **Mors de chape**, xııı° siècle. — Musée des antiquités de la Seine-Inférieure.
1604. **Médaillon quadrilobé**, xıı° siècle. — Musée des antiquités de la Seine-Infre.
1605. **Médaillon circulaire**, xıı° siècle. — Musée des antiquités de la Seine-Infre.
1606. **Médaillon circulaire**, xıı° siècle. — Musée des antiquités de la Seine-Infre.
1607. **Croix-reliquaire de Valasse**, xıı° siècle. — Id.
1608. **Châsse**, xıı° siècle. — Eglise de Nantouillet.
1609. **Croix reliquaire**, xıı° et xııı° siècle. — Eglise de Charentilly.
1610. **Deux petites châsses**, x° siècle. — Eglise de Saint-André-lez-Troyes.
1611. **Reliquaire de la vraie Croix**, xıı° et xıv° siècles. — Eg. de Jaucourt (Aube).
1612. **Croix**, xıı° siècle. — Notre-Dame de la Coudre à Auxon.
1613. **Crosse**, xıı° siècle. — Musée diocésain d'Angers.
1614. **Chef-reliquaire de Saint Baudime**, xıı° siècles. — Eglise de Saint-Nectaire.
1615. **Chef de saint en argent**, xıı° siècle. — M. Ed. Corroyer.
1616. **Ciboire dit la Sainte-Coupe**, xııı° siècle. — Cathédrale de Sens.
1618. **Croix processionnelle**, xııı° siècle.
1619. **Deux tableaux d'un triptyque**, xııı° siècle. — Eglise de Conques.
1620. **Crosse en cuivre**, xııı° siècle. — Musée archéologique de Senlis.
1621. **Croix de procession**, xıı° siècle. — Musée des Antiques de Bordeaux.
1622. **Couverture d'évangéliaire**, xııı° siècle. — M. J. S. Taylor, à Londres.
1623. **Crosse provenant de Corbie**, xııı° siècle. — Musée d'Amiens.
1624. **Reliquaire en forme de monstrance**, xııı° siècle. — Musée d'Amiens.
1626. **Croix-reliquaire**, xııı° siècle. — Musée Saint-Raymond, à Toulouse.
1627. **Crosse dite de sainte Aldegonde**, xııı° siècle. — Eglise de Maubeuge.
1628. **Masque de femme**, xııı° siècle. — Musée Saint-Jean, Angers.
1629. **Croix-reliquaire**, xııı° siècle. — Musée de Bourges.
1630. **Plaque rectangulaire : la Vierge**, fin du xııı° siècle. — M. P. Garnier.
1631. **Crosse**, xııı° siècle. — Musée de Dijon.
1632. **Coupe de saint Bernard**. — Musée de Dijon.
1633. **Main demi-ouverte**, xııı° siècle. — M. Sigismond Bardac.
1634. **Mors de Chape**, xııı° siècle. — Musée de Narbonne.
1635. **Croix**, xıı° siècle. — Musée Saint-Jean, à Angers.
1636. **Grand reliquaire triptyque**, xııı° siècle. — M. Martin Le Roy.
1637. **Reliquaire pédiculé**, xııı° siècle. — Eglise d'Arnac-la-Poste (Hte-Vienne).
1638. **Gémellion**, xııı° siècle. — Eglise de Conques.
1639. **Croix-reliquaire**, xııı° siècle — Eglise de Flaujac (Aveyron).
1640. **Bras-reliquaire de saint Vincent**, xııı° s. — Eglise de Conques (Aveyron).
1641. **Moustrance**, xııı° siècle. —Eglise de Saint-Riquier (Somme).
1642. **Reliquaire de cristal**, xııı° siècle. — Eglise de Saint-Riquier (Somme).
1643. **Reliquaire cylindrique en cristal**, xııı° s. — Eglise de St-Riquier (Somme)
1644. **Croix-reliquaire du Paraclet**, xııı° siècle. — Cathédrale d'Amiens.
1645. **Couronne du Paraclet**, xııı° siècle. — Cathédrale d'Amiens.
1646. **Vase-reliquaire du Paraclet**, xııı° siècle. — Cathédrale d'Amiens.
1647. **Reliquaire pédicule**, xııı° siècle. — Eglise de Murtin (Ardennes).
1648. **Croix reliquaire**, xııı° siècle. — Eglise de Blanchefosse (Ardennes).
1649. **Reliquaire phylactère**, xııı° siècle. — Cathédrale de Reims.
1650. **Deux bras-reliquaires**, xııı° siècle. — Eglise de Saint-Pierre de Varzy.
1651. **Châsse**, xııı° siècle. — Eglise du Coudray Saint-Germer (Oise).
1652. **La Vierge et l'Enfant**, xııı° siècle. — Eglise de St-Paul (Alpes-Maritimes).

1653. Deux crosses, xiii° siècle. — Musée des antiquités de la Seine-Inférieure.
1654. Bras-reliquaire, xiii° siècle. — Id.
1655. Boîte aux saintes huiles, xiii° siècle. — Id.
1656. Agrafe, xiii° siècle. — Id.
1657. Croix, xiii° siècle. — Eglise d'Ussy.
1658. Chef de saint Adrien, xiii° siècle. — Cathédrale de Tours.
1659. Châsse, Limoges, xii° siècle. — M. le comte Chandon de Briailles.
1660. Croix, xiii° siècle. — Cathédrale de Nancy.
1661. Crosse épiscopale, xiii° siècle. — Cathédrale de Cahors.
1662. Croix-reliquaire, xiii° siècle. — Eglise de Rouvres (Côte-d'Or).
1663. Châsse de Saint-Taurin, xiii° siècle. — Eglise de Saint-Turnin (Evreux).
1664. Châsse, xiii° siècle. — Eglise de Saint-Gildas-du-Rhuys.
1665. Croix en argent doré, xiii° siècle. — Eglise d'Orval (Cher).
1666. Calice et patène de l'évêque Hervé (1223), xiii° s. — Cathéd. de Troyes.
1667. Reliquaire de saint Pierre et saint Paul, xiii° s. — Cathed. de Reims.
1668. Croix en cuivre doré, xiii° siècle. — Musée diocésain d'Angers.
1669. Reliquaire octogonal, xiii° siècle. — Eglise de Varzy (Nièvre).
1670. Reliquaire de sainte Eugénie, xiii° siècle. — Eglise de Varzy (Nièvre).
1671. Châsse de saint Regnobert, xiii° siècle. — Eglise de Varzy (Nievre).
1672. Crosse, xiv° siècle. — Musée de Saint-Omer.
1673. Reliquaire pédiculé, xiv° siècle. — Eglise Saint-Michel, à Limoges.
1674. Monstrance circulaire, xiv° siècle. — Eglise de Conques (Aveyron).
1675. Chef reliquaire, xiv° siècle. — Eglise de Conques (Aveyron).
1676. Chef-reliquaire, xiv° siècle. — Eglise de Conques (Aveyron).
1677. Chauffe-mains, xiv° siècle. — Eglise de Saint-Riquier (Somme).
1678. Chef-reliquaire de Saint Féréol, xiv° s. — Eglise de Nexon (H¹°-Vienne).
1679. La Vierge et saint Jean, xiv° siècle. — M. Edmond Corroyer.
1680. Saint Jean, xiv° siècle. — M. Edmond Corroyer.
1681. Croix de procession, xv° siècle. — Ancienne cathédrale d'Auxerre.
1682. Ostensoir pédiculé, xiv° siècle. — Eglise de Conques (Aveyron).
1683. Reliquaire à quatre lobes, xv° siècle. — Eglise de Conques (Aveyron).
1684. Plaque d'argent estampé, xv° siècle. — Musée de Péronne.
1685. Bras-reliquaire de saint Quirin. — Eglise de Camblain-Chatelain (Pas-de-Calais).
1686. Saint André, xv° siècle. — Eglise Saint-André, de Reims.
1687. Croix reliquaire, xiii° siècle. — Eglise de Souilly (Meuse).
1688. Deux bras-reliquaires, xiii° siècle. — Eglise de Beaulieu (Corrèze).
1689. Vierge assise, xii° siècle. — Eglise de Beaulieu (Corrèze).
1690. Châsse de saint Fursy, xiv° siècle. — Eglise de Gueschart (Somme).
1691. Petit reliquaire cylindrique, xiv° siècle. — Eglise de Beaulieu (Corrèze).
1692. Reliquaire pédiculé, xiv° siècle. — Eglise de Saint-Paul (Alpes-Maritimes).
1693. Reliquaire de saint François et de sainte Claire.
1693 bis. Chef reliquaire de S¹-Ferréol, xiv° siècle. — Eglise de Nexon.
1694. Reliquaire de saint Honorat, xiv° siècle. — Eglise d'Auribeau.
1695. Reliquaire, xiv° siècle. — Eglise de Saint-Paul.
1696. Croix processionnelle, xiv° siècle. — Eglise de Saint-Paul.
1697. Baiser de paix, xvi° siècle. — Cathédrale de Nice.
1698. Reliquaire en argent, xiv° siècle. — Musée d'antiquités de la Seine-Inférieure.
1699. Chef-reliquaire de sainte Essence. — Eglise de Saint-Martin de Brive.
1699 bis. Chef-reliquaire de saint Martin, xiv° siècle. — Eglise de Soudeilles.
1700. Saint évêque, xiv° siècle. — Musée des antiquités de la Seine-Inférieure.
1701. Crosse de Pierre d'Arcis, 1395. — Cathédrale de Troyes.
1702. Reliquaire de saint Vivien, xiv° siècle. — Eglise de Bruyères.
1703. Chef-reliquaire de saint Dumine, xiv° siècle. — Eglise de Gimel.
1704. L'Ancien et le Nouveau Testament, bas-relief, xviii° siècle. — Musée de Dijon.
1705. Croix d'autel, xv° siècle. — Eglise de Chambellay.
1706. Reliquaire en forme de tour. — M. Camp, à Hambourg.
1707. Sainte Foy, statuette, xv° siècle. — Eglise de Conques.
1708. Croix processionnelle, xv° siècle. — Eglise de Béhen.
1709. Saint Nicolas assis, xv° siècle. — Eglise Saint-Jacques d'Amiens.
1710. Calice, xv° siècle. — Eglise de Vergies.
1711. Saint Christophe, xv° siècle. — Eglise de Longpré-les-Corps-Saints.
1712. Reliquaire, xv° siècle. — Eglise de Murton. Ardennes.
1713. Ostensoir pédiculé, xv° siècle. Cathédrale de Reims.
1714. Croix processionnelle, xv° siècle. — Eglise de Saint-Martin-Vesubie.
1715. Calice, xv° siècle. — Eglise de Saint-Dalmas de Valdeblore.
1716. Monstrance. — Eglise de Lucéram.
1717. Reliquaire pédiculé, xv° siècle. — Eglise de Saint-Paul.
1718. Saint Jean-Baptiste, xv° siècle. — Eglise de Saint-Paul.

1719. Bras reliquaire de saint Antoine, 1467. — Eglise de Saint-Paul.
1720. Saint Sébastien, xv° siècle. — Eglise de Saint-Paul.
1721. Deux croix processionnelles, xv° siècle.— Eglise de Chorges (Hautes-Alpes).
1722. Reliquaire en forme de châsse, xv° siècle. — Musée du Puy.
1723. Ostensoir pédiculé, xv° siècle. — Musée des antiquités de la Seine Inférieure.
1724. Reliquaire du doigt de saint Julien, xv° siècle. — Cathédrale du Mans.
1725. Bras-reliquaire de saint Mary, xv° s. — Eglise de Saint-Mary-le-Cros.
1726. Reliquaire du xv° siècle. — Eglise de Chancelade.
1727. Reliquaire, xv° siècle. — Eglise de Villemaur.
1728. Diptyque reliquaire, 1495. — Eglise de Quimperven.
1729. Bras-reliquaire, xv° siècle. — Eglise de Saint-Lupicin.
1730. Ostensoir pédiculé, xv° siècle. — Cathédrale de Rouen.
1731. Petite châsse, xv° siècle. — Eglise de Saint-Nic.
1732. Croix processionnelle, xv° siècle. — Eglise d'Ahetze.
1733. Chef-reliquaire de sainte Fortunade, xv° s. — Eglise de Sainte-Fortunade.
1734. Bras-reliquaire, xv° siècle. — Eglise de Mairy (Ardennes).
1735. Bras-reliquaire xx° siècle. — Cathédrale d'Angers.
1736. Reliquaire en forme de coutelas, xv° siècle. — Musée diocésain d'Angers.
1737. Autel portatif, xv° siècle. — Cathédrale de Chartres.
1738. Reliquaire de sainte Aldegonde, xiv° siècle. — Eglise de Maubeuge.
1739. Petite monstrance reliquaire xv° siècle. — M. Ed. Corroyer.
1740. Petite monstrance, xv° siècle. — M. Ed. Corroyer.
1741. Croix reliquaire, xv° siècle. — M. Ed. Corroyer.
1742. Encensoir, xvi° siècle. — Eglise de Conques.
1743. Tablette, signes de métiers ou d'orfèvres. — Musée de Compiègne.
1744. Ostensoir, xvi° siècle. — Musée des antiques de Bordeaux.
1745. Cavalier en étain, xvi° siècle. — Musée de Péronne.
1746. Saint Nicolas, 1450. — Eglise d'Avesne-le-Comte.
1747. Encensoir xvi° siècle. — Eglise de Courrières.
1748. Hanap, xvi° siècle. — M⁽ᵐᵉ⁾ la marquise Asconati Visconti.
1749. Couronne de Marguerite de Bavière. — Musée de Dijon.
1750. Encensoir, en argent fin du xvi° siècle. — Eglise de Troô.
1751. Calice, xvi° siècle. — Eglise Sainte-Croix, d'Aubusson.
1752. Calice en vermeil, xvi° siècle. — De l'Hôpital de Limoges.
1753. Encensoir, fin du xvi° siècle. — Eglise de Conques (Aveyron).
1754. Croix de procession du xvi° siècle. — Eglise de Conques (Aveyron).
1755. Reliure d'évangéliaire, xvi° siècle. — Eglise de Conques (Aveyron).
1756. Croix processionnelle, xvi° siècle. — Eglise de Conques (Aveyron).
1757. Statuette de la Vierge, 1394. — Eglise de Pont-Rémy (Somme).
1758. Statuette de la Vierge, xvi° siècle. — Eglise Saint-Wulfran, Abbeville.
1759. Calice en argent, 1575. — Eglise de Berru (Marne).
1760. La Résurrection, groupe, 1547. — Cathédrale de Reims.
1761. Reliquaire de sainte Ursule, 1575. — Cathédrale de Reims.
1762. Croix processionnelle, xvi° siècle. — Eglise de Broyes.
1763. Patenôtres, xvi° siècle. — Eglise de Saint-Benoît-sur-Loire (Loiret).
1764. Bras-reliquaire, xvi° siècle. — Eglise de Palau del Vidre (Pyrén.-Orient.).
1765. Reliquaire pédiculé, xvi° siècle. —Eglise de Saint-Paul (Alpes-Maritimes).
1766. Calice en argent doré, 1563. — Eglise d'Auribeau (Alpes Maritimes).
1767. Sainte Marthe et la Tarasque, xvi° siècle.— Egl. de Lucéram (Alp.-Mar.).
1768. Ciboire argent doré, xvi° siècle. — Eglise des Epesses (Mayenne).
1769. Ostensoir en argent doré, xvi° siècle. — Eglise des Epesses (Vendée).
1770. Petite châsse, émaux translucides, xvi° siècle. — Cathédrale du Mans.
1771. Reliquaire en argent, xvi° siècle.—Eglise de Millas (Pyrénées-Orientales).
1772. Reliquaire, xvi° siècle. — Cathédrale de Perpignan.
1773. Croix processionnelle, xvi° siècle. — Eglise de Camélas (Pyrén.-Orient.).
1774. Croix processionnelle, xvi° siècle. — Eglise de Cassaniouze (Cantal).
1775. Plaquette en cuivre doré : Vierge et Enfant Jésus, xvi° siècle.— M. Artus.
1776. Boîte de toilette, xvi° siècle. — M. le comte de La Bourmène.
1777. Croix-reliquaire, xvi° siècle. — Eglise Saint-Saturnin, à Tours.
1778. Pyxide en argent doré, xvi° siècle. — M. Artus.
1779. Plan en relief de la ville de Soissons, 1560. — Cathédrale de Soissons.
1780. Saint Maclou, xvi° siècle. — Eglise Saint-Maclou, Bar-sur-Aube.
1781. Croix processionnelle, xvi° siècle. — Eglise Saint-Maclou, Bar-sur-Aube.
1782. Nef de nacre, xvi° siècle. — Eglise de Saint-Nicolas-du-Port.
1783. Croix d'Autel, 1555. — Eglise de Saint-Mihiel.
1784. Calice et patène, argent doré, 1585. — Eglise de Damvillers.
1785. Calice en argent doré, xvi° siècle. — Cathédrale de Chartres.
1786. Navette à encens, xvi° siècle. — Cathédrale de Chartres.
1787. Reliquaire de saint Saintin, argent, 1598. — Evêché de Verdun.
1788. Calice, argent doré, 1585. — Eglise de Damvillers (Meuse).
1789. Reliquaire pédiculé, xvi° siècle. — Eglise de Chienné.

1790. Croix processionnelle, 1586. — Eglise de Montreuil-le-Gast.
1791. Petite châsse, xvi° siècle. — Eglise de Plourah.
1792. Croix et chandeliers, époque de Louis XVI. — Cathédrale d'Autun.
1793. Croix processionnelle, xvi° siècle. — Eglise de Saint-Jean-du-Doigt.
1794. Ostensoir, xvi° siècle. — Eglise de Locronan.
1795. Châsse reliquaire, xvi° siècle. — Eglise de la Matyre.
1796. Calice et sa patène, xvi° siècle. — Eglise de Plourah.
1797. Croix, xvi° siècle. — Eglise de Savigny-en-Septaine.
1798. Croix processionnelle, xvi° siècle. — Eglise de Mareuil.
1799. Croix processionnelle, xvi° siècle. — Eglise de Villemaur.
1800. Reliquaire, 1500. — Eglise de Plouncz.
1801. Reliquaire, xvi° siècle. — Eglise de Coulombs.
1802. Coupe, xvi° siècle. — M. Alb. Maignan.
1803. Petite croix reliquaire, xvi° siècle. — M. Ed. Corroyer.
1804. Monstrance, xvi° siècle. — M. Ed. Corroyer.
1805. Calice, xvii° siècle. — Grand séminaire d'Arras.
1806. Bras-reliquaire, xxii° siècle. — Eglise de Mailhac.
1807. Calice et patène, xviii° siècle. — Eglise Saint-Rémy de Reims.
1808. Calice et patène, xviii° siècle. — Eglise d'Hardanges.
1809. Ciboire, xvii° siècle. — Eglise de Saint-Antoine.
1810. Calice, xviii° siècle. — Eglise de Notre-Dame, Fontenay-le-Comte.
1811. Calice, xvii° siècle. — Eglise de Montbrison.
1812. Ciboire, xvii° siècle. — Eglise Notre-Dame La Riche, à Tours.
1813. Calice et patène, xvii° siècle. — Cathédrale de Tours.
1814. Reliquaire forme ovale, xvii° siècle. — M. Artus.
1815. Râpe à tabac, époque de Louis XIV. — M. Artus.
1816. Calice et patène, époque de Louis XIII. — Cathédrale de Troyes.
1817. Ostensoir, époque de Louis XIII. — Cathédrale de Troyes.
1818. **Pièces formant la chapelle de Colbert de Villacerf**, xvii° siècle. — Cathédrale de Troyes.
1819. Coffret, écaille blonde garnie d'argent, xvii° siècle. — Cathédrale de Nancy.
1820. Calice, 1645. — Eglise de Mesnil-Amand.
1821. Calice et patène, xvii° siècle. — Cathédrale de Lyon.
1822. Croix processionnelle, argent doré, xvii° siècle. — Id.
1823. Calice en argent doré, xvii° siècle. — Eglise de Plougasnou.
1824. Ostensoir argent doré, xvii° siècle. — Eglise de Plougasnou.
1825. Croix processionnelle, 1616. — Eglise de Plouvez.
1826. Aiguière et son plateau, époque de Louis XIV. — M. Ed. Corroyer.
1827. Ecuelle à bouillon du Grand Dauphin, 1699. — M. Ed. Corroyer.
1828. Table de cuivre, poinçons d'orfèvres, xviii° siècle. — Musée d'Arras.
1829. Calice, xviii° siècle. — Eglise de Recques.
1830. Bougeoir en forme de chaise à porteurs, xviii° siècle. — M. Haviland
1831. Tasse à vin, argent, xviii° siècle. — M. Coiffet.
1832. Deux plats, époque de Louis XIV. — M. Lutz.
1833. Réchaud, époque de Louis XV. — M. Lutz.
1834. Aiguière en jaspe, montée en or. — Baronne James de Rothschild.
1835. Deux légumiers circulaires, xviii° siècle. — M. Lutz.
1836. Sucrier ovale. — M. Lutz.
1837. Ecuelle à bouillon, époque de Louis XV. — M. Lutz.
1838. **Service complet d'orfèvrerie en vermeil**, exécuté par Henri-Nicolas Cousinet, en 1729, pour la reine Marie Leczinska.
1839. Paire de flambeaux Louis XVI. — M. Doistau.
1840. Paire de flambeaux Louis XVI. — M. Doistau.
1841. Paire de couteaux à manche d'or, Louis XVI. — M. Doistau.
1842. Bouillotte et son réchaud, en or, époque de Louis XVI. — M. Doistau.
1843. Légumier et plateau en vermeil, xviii° siècle. — M. Doistau.
1844. Boîte à épices, argent, époque de Louis XIV. — M. Doistau.
1845. Petit bougeoir Louis XV. — M⁽ˡˡᵉ⁾ Granjean.
1846. Grande soupière, par F.-T. Germain, 1775. — M. d'Haussonville.
1847. Moutardier, époque de Louis XVI. — M. Lutz.
1848. Cuvettes et pot à eau, époque de Louis XVI. — M⁽ˡˡᵉ⁾ Granjean.
1849. Deux salières, époque de Louis XVI. — M. Lutz.
1850. Burettes et plateau, époque de Louis XV. — Cathédrale de Nancy.
1851. Flambeaux, par Caffieri. — Cathédrale de Bayeux.

VI

Bijouterie. — Joaillerie. — Horlogerie.

1852-1853. **Parures gauloises** : torques, fibules, bracelets en bronze. — M. Bosteaux-Paris.
1854. **Quatre bracelets en bronze**, époque gauloise. — Musée de Mende.
1855. **Parure gauloise**, bronze, époque gauloise. — Musée de Lons-le-Saulnier.
1856. **Série de colliers**, époque gallo-romaine.
1857. **Fibules et objets divers**, époque gallo-romaine. — M. Boulanger.
1858. **Fibules, bracelets, épingles, pendeloque, boucles d'oreilles**, époque gauloise. — M. Changarnier.
1859. **Bracelets**, époque gallo-romaine. — M. Boulanger.
1860-1862. **Manches, fibules en bronze émaillé**, époque gallo-romaine. — Musée de Péronne.
1863. **Fibules et petits bronzes**, époque gallo-romaine. — M. Bertrand.
1864-1865. **Fibules émaillées et bracelets d'or**. Musée St-Raymond, à Toulouse.
1866. **Grande fibule**, époque gallo-romaine. — Musé de Chartres.
1867-1868. **Deux anneaux de jambes et ornements en spire**, époque gallo-romaine. — Musée de Narbonne.
1869-1870. **Trois bagues bracelets, cuiller**, époque gallo-romaine. — M. Jules Protat, à Mâcon.
1871. **Petit moule en terre pour la fabrication des bijoux**, époque barbare. — Musée d'Agen.
1872-1884. **Phalères, torques, fibules, bracelets, boucles d'oreilles, styles, boucles, bagues**, etc., époques gauloise, gallo-romaine et barbare. — M. Léon Morel, à Reims.
1885. **Trésor barbare**, découvert à Pouan (Aube), en 1842. — Musée de Troyes.
1886-1890. **Fibules, boutons, boucles en bronze**, ép. barbare. — Musée de Troyes.
1891-1898. **Colliers, boucles d'oreilles, boucles de ceinture et plaques, bracelets, épingles, bagues**, époque barbare. — M. Boulanger, à Péronne.
1899-1905. **Fibules**, époque barbare. — Musée de Péronne.
1906. **Fibule, boucles, agrafes, en bronze**, époque barbare. — Musée de St-Omer.
1907. **Rondelle en bronze**, époque barbare. — Musée de Chartres.
1908. **Fragment d'une boucle en bronze**, époque barbare. — Musée d'Agen.
1909-1917. **Fibules, boucles, plaques de ceinture en bronze**, époque barbare — M. Alb. Maignan.
1918-1926. **Bague, deux fibules, pendant d'oreille**, époque barbare. — Musée de Reims.
1927. **Boucle de ceinture**, époque barbare. — Musée de Chambéry.
1828-1930. **Fibules**, époque barbare. — Musée de Langres.
1931. **Fibule en bronze émaillé**, époque barbare. — Musée de Rodez.
1932. **Série de boucles et plaques de ceinture**, époque barbare. — Musée Saint-Raymond, à Toulouse.
1934. **Bague en or**, époque barbare. — M. Ed. Corroyer.
1935-1938. **Fibule, plaque, boucles d'oreilles**, époque barbare. — Musée d'Arras.
1940-1943. **Fibule, boucles d'oreilles, deux fibules, boule de cristal de roche**, époque barbare. — Musée d'Arras.
1944-1945. **Agrafe et ornement circulaire**, époque barbare. — Musée historique d'Orléans.
1946. **Fibule circulaire en or**, époque barbare. — Musée de Châteauroux.
1947. **Fibule en bronze, ornée du monogramme du Christ**, époque barbare. — Musée des Monuments historiques, au Mans.
1948. **Six grandes boucles en bronze**, époque barbare. — Musée de Narbonne.
1949-1950. **Plaques de ceinturons**, époque barbare. — Musée de Lons-le-Saulnier.
1951. **Anneau de saint Leubaix**, argent, VIIe siècle. — Cathédrale de Tours.
1952. **Plaque en cristal de roche gravée** : IXe siècle. — Musée des antiquités de la Seine-Inférieure.
1953. **Bague, agrafes, épingle en or**, époque carolingienne. — Musée d'Agen.
1954. **Anneau de Saint-Gauzelin**, Xe siècle. — Cathédrale de Nancy.
1955. **Anneau dit de saint Loup**, XIIe siècle. — Cathédrale de Sens.
1956. **Anneau en or**, XIIIe. — Musée de Reims.
1957. **Anneau en or**, XIIIe siècle. — Musée de Mâcon.
1958. **Anneau épiscopal**, XIIIe siècle. — Musée de Mâcon.
1959. **Anneau**, XIIIe siècle. — Musée de Mâcon.
1960. **Quatre bagues de Marguerite de Bourgogne**, XIIIe siècle. — Hôpital de Tonnerre.
1961. **Anneau cuivre**, fin du XIIIe siècle. — Musée de Dijon.

1962-1964. Fibules en argent doré, xiii° siècle. — Musée des Monuments historiques, au Mans.
1965. Bague ornée d'un saphir, xiii° siècle. — Musée de Saint-Jean, à Angers.
1966. Bague en or et perles, xiv° siècle. — Musée de Reims.
1967. Anneau du pape Grégoire XI, xiv° siècle. — Cathédrale de Sens.
1968. Disque en bronze émaillé, xv° siècle. — Musée de Troyes.
1969. Bague en argent, xv° siècle. — M. Ed. Corroyer.
1971. Manche de couteau, émail translucide, xiv° siècle. — M. Sigismond Bardac.
1972. Grand médaillon circulaire en nacre, xv° siècle. — M. Ed. Corroyer.
1973. Petit médaillon, xvi° siècle. — M. Coiffet.
1974. Bijoux du xvi° siècle, provenant d'une même trouvaille faite dans le Nord de la France. — M. Alb. Maignan.
1975-1977. Boîte et étuis en or, xviii° siècle. — M. Aicard, à Marseille.
1978. Petite boîte, xviii° siècle. — M. Ricard, à Marseille.
1979. Étui à ciseaux en argent, époque de Louis XIII. — M. Artus.
1980-1998. Boîtes, nécessaires, coffrets, étuis, flacons, éventails, carnets de bal, etc., en or, émaux, pierres fines, etc., xvii° et xviii° siècles.
2199-2318. Boîtes, carnets de bal, étuis, tabatières en or, émail et pierres fines, xviii° siècle. — Collection de M. le marquis de Thuisy.
2319-2338. Tabatières en or décorées de miniatures, xviii° siècle. — Collection de Mme la baronne James de Rothschild.
2339-2386. Montres des xvi° au xviii° siècles. — Collection de M. Artus.
2387-2396. Montres du xvi° siècle. — Collection de M. Paul Garnier.
2397-2401. Montres du xvi° siècle. — Collection de M. le comte de la Bournière.
2402. Montres émaillées, xviii° siècle. — Collection de M. Bernard Franck.
2403-2405. Montres à boîtier, en or émaillé, xviii° siècle. — Collection de M. Édouard Corroyer.
2404 bis. Treize montres et bijoux, xvi° et xviii° siècles. — Collect. de M. Théwalt.

VII

Émaux champlevés.

2405. Autel portatif, xii° siècle. — Eglise de Conques (Aveyron).
2406. Coffret en cuir, décoré de disques. — Id.
2407. Châsse, xii° siècle. — Eglise de Bellac.
2408. Cinq plaques de châsse, xii° siècle. — M. Sigismond Bardac.
2409. Cinq plaques de coffret, xi° ou xii° siècle. — Id.
2410. Quatre écoinçons d'évangéliaire. — Id.
2411. Grande figure d'applique, xii° siècle. — M. le baron A. Schickler.
2412. Grande châsse, fin du xii° siècle. — Eglise d'Ambazac.
2413. Châsse dite de saint Rémy, xii° siècle. — cathédrale de Châlons-sur-Marne.
2414. Châsse, fin du xii° siècle. — Ancienne cathédrale d'Auxerre.
2415. Petite châsse, fin du xii° siècle. — Cathédrale de Moutiers.
2416. Croix processionnelle, xii° siècle. — Eglise Saint-Pierre de Chalon-sur-Saône.
2417. Croix portant le Christ crucifié, fin du xii° siècle. — M. Doistau.
2418. Croix portant le Christ crucifié, xii° siècle. — M. Schiff.
2419. Petite Croix portant le Christ en croix, xii° siècle. — M. Sigismond Bardac.
2420. Petit coffret, xiv° siècle. — Cathédrale de Troyes.
2421. Plaque de reliure d'un psautier. — Cathédrale de Lyon.
2422. Plaque, fin du xii° siècle. — Musée archéologique de Nevers.
2423. Vingt plaques semi-circulaires, xii° siècle. — Cathédrale de Troyes.
2424. Plaque en forme d'équerre, xii° siècle. — Id.
2425. Six plaques, xii° siècle. — Id.
2426. Fût de colonnette, xii° siècle. — Id.
2427. Plaque, xii° siècle. — M. Ed. Corroyer.
2428. Médaillon ovale, le Christ, xii° siècle. — M. Martin Le Roy.
2429. Deux médaillons ovales, xii° siècle. — Id.
2430. Deux médaillons, xiii° siècle. — Musée de Lille.
2431. Plaque, le Christ en croix, xiii° siècle. — M. Campe.
2432. Sept pièces, du tombeau du comte de Champagne, xii° siècle. — M. de Troyes.
2433. Plaque quadrilobée, sainte Hélène, xii° siècle.
2434. Figure d'applique, xii° siècle. — M Martin Le Roy.
2435. Porte-cierge, xii° siècle. — M. Ed. Corroyer.
2436. Deux flambeaux, fin du xii° siècle. — M. Martin Le Roy.
2437. Un Apôtre debout, xii° siècle. — Id.
2438. Crosse, xii° siècle. — M. Doistau.
2439. Crosse, xii° siècle. — M. Chalandon.

2440. Crosse, XIIIᵉ siècle. — Musée de Valenciennes.
2441. Crosse, XIIIᵉ siècle. — M. Martin Le Roy.
2442. Crosse, XIIIᵉ siècle. — M. Albert Lunel.
2443. Châsse, XIIIᵉ siècle. — M. Martin Le Roy.
2444. Châsse, XIIIᵉ siècle. — Id.
2445. Châsse, XIIIᵉ siècle. — Musée de Clermont-Ferrand.
2446. Châsse de saint Exupère. — Musée Saint-Raymond, à Toulouse.
2447. Petite châsse, XIIIᵉ siècle. — M. Sigismond Bardac.
2448. Petite châsse, XIIIᵉ siècle. — M. Cardon.
2449. Châsse de sainte Valérie, XIIIᵉ siècle. — M. Hubert Texier.
2450. Petite châsse, XIIIᵉ siècle. — M. Martin Le Roy.
2451. Châsse, l'Annonciation, XIIIᵉ siècle. — Id.
2452. Châsse, de Sazeray, XIIᵉ siècle. — Musée de Châteauroux.
2453. Châsse, XIIIᵉ siècle. — Eglise de Saint-Merd de Lapleau.
2454. Châsse, XIIIᵉ siècle. — Eglise de Chamberet (Corrèze).
2455. Châsse XIIIᵉ siècle. — Ancienne cathédrale d'Apt.
2456. Grande châsse, XIIIᵉ siècle. — Eglise de Sarrancolin.
2457. Petite châsse, fin du XIIᵉ siècle. — M. Ed. Corroyer.
2458. Petite châsse, fin du XIIᵉ siècle. — Id.
2459. Petite châsse, XIIIᵉ siècle. — Id.
2460. Petite châsse, XIIIᵉ siècle. — Id.
2461. Châsse, XIIIᵉ siècle. — M. le comte Gaston Chandon de Briailles.
2462. Grande châsse, XIIIᵉ siècle. — Id.
2463. Châsse, XIIIᵉ siècle. — Id.
2464. Châsse, XIIIᵉ siècle. — Id.
2465. Châsse, XIIIᵉ siècle. — Cathédrale d'Albi.
2466. Petite châsse, XIIIᵉ siècle. — Eglise de Villemoyenne (Aube).
2467. Châsse, XIIIᵉ siècle. — Eglise d'Issoire.
2468. Châsse, XIIIᵉ siècle. — Eglise de Saint-Marcel (Cher).
2469. Châsse, XIIIᵉ siècle. — Eglise de Lamonjoie (Lot-et-Garonne).
2470. Petite châsse, XIIIᵉ siècle. — Eglise de Lunegarde La Bastit (Lot).
2471. Châsse de Thomas Becket, XIIIᵉ siècle. — Cathédrale de Sens.
2472. Châsse, XIIIᵉ siècle. — Acienne cathédrale d'Auxerre.
2473. Châsse, XIIIᵉ siècle. — Id.
2474. Châsse fin du XIIᵉ siècle. Musée du Puy.
2475. Châsse. — Musée des Antiquités de la Seine-Inférieure.
2476. Châsse, XIIIᵉ siècle. — Id.
2477. Châsse, XIIIᵉ siècle. — Eglise d'Ally (Cantal).
2478. Châsse, XIIIᵉ siècle. — Eglise de Salins (Cantal).
2479. Châsse, XIIIᵉ siècle. — Eglise du Vigean (Cantal).
2480. Petite châsse, XIIIᵉ siècle. — Eglise de Linard-Malval.
2481. Petite châsse, XIIIᵉ siècle. — Eglise de Laurière (Haute-Vienne).
2482. Châsse, XIIIᵉ siècle. — Eglise de Saint-Junien (Haute-Vienne).
2483. Châsse, XIIIᵉ siècle. — Musée de Compiègne.
2484. Châsse, de Saint-Etienne, XIIIᵉ siècle. — M. Aicard, à Marseille.
2485. Châsse, fin du XIIIᵉ siècle. — Musée des antiquités de la Seine-Inférieure.
2486. Pendeloque, XIIIᵉ siècle. — M. Sigismond Bardac.
2487. Plaque rectangulaire, XIIIᵉ siècle. — M. Ed. Corroyer.
2488. Plaque de reliure : XIIIᵉ siècle. M. Alb. Maignan.
2489. Christ, XIIIᵉ siècle. — M. Alb. Maignan.
2490. Débris d'une châsse, XIIIᵉ siècle. — Eglise de Solignac (Haute-Vienne).
2491. Plaque de reliure, XIIIᵉ siècle. — Musée des antiquités de la Seine-Infér.
2492. Plaque de reliure, XIIIᵉ siècle. — M. le comte Chandon de Briailles.
2493. Plaque de reliure, XIIIᵉ siècle. — Id.
2494. Grande plaque, XIIIᵉ siècle. — Id.
2495. Pyxide décorée de rosaces, XIIIᵉ siècle. — Id.
2496. Pyxide cylindrique, XIIIᵉ siècle. — Musée de Lille.
2497. Deux plaques, XIIIᵉ siècle. — Cathédrale de Troyes.
2498. Plaque, XIIIᵉ siècle. — M. le comte de Briailles.
2499. Plaque, XIIIᵉ siècle. — Cathédrale de Troyes.
2500. Deux plaques de reliure, XIIIᵉ siècle. — Eglise de Saint-Nectaire.
2501. Plaque de reliure. La crucifixion. — Mᵐᵉ Godet.
2502. Couverture d'évangéliaire, XIIIᵉ siècle. — M. Doistau.
2503. Plaque de reliure, XIIIᵉ siècle. — M. Chalandon.
2504. Pignon de châsse, XIIIᵉ siècle. — Id.
2505. Plaque de châsse, XIIIᵉ siècle. — M. Sigismond Bardac.
2506. Plaque de reliure, La crucifixion, XIIIᵉ siècle. — M. Martin Le Roy.
2507. Plaque rectangulaire, XIIIᵉ siècle. — Musée Saint-Jean, à Angers.
2508. Plaque d'évangéliaire, XIIIᵉ siècle. — M. Georges Salting.
2509. Couverture d'évangéliaire, XIIIᵉ siècle. — M. J.-E. Taylor.
2510. Plaque de croix, XIIIᵉ siècle. — Musée de Guéret.

2511. **Plaque de croix**, xiii° siècle. — Musée des antiques de Bordeaux.
2512. **Grande plaque**, xiii° siècle. — Musée de Chartres.
2513. **Plaque de croix**. — Musée des antiques de Bordeaux.
2514. **Plaque rectangulaire**, xiii° siècle. — M. Ch. Gillot.
2515. **Plaque rectangulaire**. Geoffroy Plantagenet, xii° siècle. — Musée du Mans.
2516. **Plaque de livre**, xiii° siècle. — Musée de Narbonne.
2517. **Triptyque de châsse de saint Aignan**, xiii° siècle. — Cathédrale de Chartres.
2518. **Grand triptyque**, xiii° siècle. — M. Campe.
2519. **Vierge reliquaire**, xiii° siècle. — M. Ed. Corroyer.
2520. **Vierge assise**, xiii° siècle. — M. le baron Oppenheim.
2521. **La Vierge assise portant l'Enfant Jésus**, xiii° siècle. — M. Martin Le Roy.
2522. **Vierge en bois plaqué de cuivre doré**, xiii° siècle. — Musée de Cahors.
2523. **Groupe d'applique en bronze doré**, xiii° siècle. — M. Martin Le Roy.
2524. **Groupe d'applique en cuivre doré**, xiii° siècle. — Id.
2525. **Deux figures d'applique en cuivre doré**, xiii° siècle. — M. Ch. Gillot.
2526. **Vierge reliquaire**, xiii° siècle. — Musée Saint-Raymond, à Toulouse.
2527. **Mors de chape**, xii° siècle. — M. le comte Chandon de Briailles.
2528. **Moitié d'un mors de chape**, xiii° siècle. — M. le comte Chandon de Briailles.
2529. **Calice et patènes**, xiii° siècle. — Musée Saint-Jean, à Angers.
2530. **Pyxide**, xiii° siècle. — M. Ch. Gillot.
2531. **Pyxide**, xii° siècle. — Musée de Clermont-Ferrand.
2532. **Trois pyxides**, xiii° siècle. — Musée de Rodez.
2533. **Pyxide**, xiii° siècle. — M. Doistau.
2534. **Pyxide**, xii° siècle. — M. le comte Chandon de Briailles.
2535. **Pyxide**, xiii° siècle. — Id.
2536. **Custode et cuivre gravé**, xiii° siècle. — Id.
2537. **Pyxide décorée du monogramme du Christ**, xiii° siècle. — Id.
2538. **Pyxide**, xii° siècle. — Cathédrale d'Amiens.
2539. **Pyxide cylindrique**, xiii° siècle. — Cathédrale de Lyon.
2540. **Trois pyxides cylindriques**, xiii° siècle. — Mus. des ant. de la Seine-Inf°.
2541. **Deux custodes cylindriques**, xiii° siècle. — Cathédrale du Mans.
2542. **Pxyide cylindrique**, xiii° siècle. — M. Ed. Corroyer.
2543. **Pyxide carrée**, xiii° siècle. — Id.
2544. **Pyxide cylindrique**, xiii° siècle. — M. Ed. Corroyer.
2545. **Navette à encens**, xiii° siècle. — Musée de Chartres.
2546. **Navette à encens**, xiii° siècle. — Musée de Clermont-Ferrand.
2547. **Navette à encens**, xiii° siècle. — Musée de Rodez.
2548. **Navette à encens**, xiii° siècle. — M. Martin Le Roy.
2549. **Navette à encens**, xiii° siècle. — M. Doistau.
2550. **Navette à encens**, xiii° siècle. — Cathédrale de Troyes.
2551. **Navette à encens**, xiii° siècle. — M. le comte Chandon de Briailles.
2552. **Navette à encens**, xii° siècle. — Ancienne cathédrale d'Auxerre.
2553. **Navettes à encens**, xiii° siècle. — M. Alb. Maignan.
2554. **Colombe eucharistique**, xiii° siècle. — M. J.-E. Taylor.
2555. **Colombe**, xiii° siècle. — Musée d'Amiens.
2556. **Colombe eucharistique**, xiii° siècle. — M. Martin Le Roy.
2557. **Colombe eucharistique**, xiii° siècle. — M. Chalandon.
2558. **Colombe eucharistique**. — M. le comte Chandon de Briailles.
2559. **Encensoir**, xiii° siècle. — Musée Dubouché, à Limoges.
2560. **Encensoir**, xiii° siècle. — M. Doistau.
2561. **Grande croix**, xii° siècle. — Musée de Chartres.
2562. **Croix**, fin du xiii° siècle. — Musée des antiques de Bordeaux.
2563. **Croix processionnelle**, xiii° siècle. — M. Georges Salting.
2564. **Croix à double traverse**, xiii° siècle. — M. Chalandon.
2565. **Grande croix**, xiii° siècle. — M. le comte Chandon de Briailles.
2566. **Petite croix à double traverse**, xiii° siècle. — Id.
2567. **Crosseron**, xiii° siècle. — Musée de Chartres.
2568. **Deux crosses en cuivre émaillé**, xiii° siècle. — Musée d'Agen.
2569. **Crosse**, xiii° siècle. — Musée d'Amiens.
2570. **Crosse**, xiii° siècle. — Société archéologique de Touraine.
2571. **Crosse**, xiii° siècle. — Musée Saint-Jean, à Angers.
2572. **Crosse provenant de Fontevrault**, xiii° siècle. — Id.
2573. **Crosse provenant de Fontevrault**, xiii° siècle. — Id.
2574. **Crosse de l'évêque Michel de Villoiseau**, 1260. — Id.
2575. **Crosse**, xiii° siècle. — Martin Le Roy.
2576. **Crosse en cuivre doré**, xiii° siècle. — Sigismond Bardac.
2577. **Crosse**, xiii° siècle. — Cathédrale de Troyes.
2578. **Crosse, commencement du xiii° siècle**. — M™° Nodet.
2579. **Crosse**, xiii° siècle. — Cathédrale de Poitiers.
2580. **Crosse**, xiii° siècle. — M. le comte Chandon de Briailles.

2581. Crosse. — Musée des antiquités de la Seine-Inférieure.
2582. Crosse de saint Césaire, xiiie siècle. — Eglise de Maurs.
2583. Croses, xiiie siècle. — Société archéologique de Tours.
2584. Crosse, xiiie siècle. — Eglise Saint-Remy de Reims.
2585. Ciboire. — Eglise de Prunet (Pyrénées-Orientales).
2586. Boîte aux saintes huiles. — Mme la marquise Arconati-Visconti.
2587. Boîtes aux saintes huiles, xiiie siècle. — M. Doistau.
2588. Coffret, xiiie siècle. — M. Campe.
2589. Coffret en émail champlevé, xiiie siècle. — M. Campe.
2590. Coffret rectangulaire, xiiie siècle. — Musée Dubouché, à Limoges.
2591. Flambeau, xiiie siècle. — M. Alb. Maignan.
2592. Chandelier, xiiie siècle. — Musée des antiquités de la Seine-Inférieure.
2593. Petit flambeau, xiiie siècle. — M. le comte de Chandon de Briailles.
2594. Paire de chandeliers, xiiie siècle. — M. Doistau.
2595. Deux flambeaux, fin du xiie siècle. — M. Léopold Goldschmidt.
2596. Chandelier de voyage. — M. Campe.
2597. Deux flambeaux, xiiie siècle. — M. Léopold Goldschmidt.
2598. Gémellion, xiiie siècle. — M. Chalandon.
2599. Gémellion, xiiie siècle. — M. Martin Le Roy.
2600. Grand gémellion, xiiie siècle. — M. Le Roy.
2601. Gémellion, xiiie siècle. — M. Edmond Guérin.
2602. Gémellion, xiiie siècle. — Eglise de Conques (Aveyron).
2603. Gémellion, xiiie siècle. — Cathédrale de Lyon.
2604. Deux gémellions, xiiie siècle. — Musée des antiquités de la Seine-Inférieure.
2605. Gémellion, xiiie siècle. — Musée de Chartres.
2606. Gémellion, xiiie siècle. — Musée des Antiques de Bordeaux.
2607. Gémellion, xiiie siècle. — Musée de Moulins.
2608. Gémellion, xiiie siècle. — Musée de Compiègne.
2609. Plaque, xive siècle. — M. le comte de Chandon de Briailles.
2610. Chandelier, xive siècle. — Musée Saint-Raymond, à Toulouse.
2611. Fermail de chape, xive siècle. — Musée Saint-Raymond, à Toulouse.
2612. Série de mors de chapes, xive siècle. — M. Chalandon.
2613. Paix, xive siècle. — Cathédrale de Troyes.
2614. Grande croix d'autel, xive siècle. — M. le comte Chandon de Briailles.
2615. Pyxide, xive siècle. — Mme Nodet.
2616. Pyxide, xive siècle. — Mme la marquise Arconati-Visconti.
2617. Boîte de courrier, xive siècle. — Musée de Clermont-Ferrand.

VIII

Émaux peints.

2618. Triptyque, la Crucifixion, par Monvaerni. — M. Cottereau.
2619. Plaque rectangulaire : Saint Martin, id. — M. Bardac.
2620. Grande plaque rectangulaire de la mise au tombeau, id. — M. Chalandon.
2621. L'Adoration des Mages, id. — Musée Dubouché, à Limoges.
2622. La Mise au Tombeau, id. — Musée Dubouché, à Limoges.
2623. Triptyque, par Nardon Penicaud, xvie siècle. — Musée de Bourges.
2624. Plaque rectangulaire. Couronnement de la Vierge. — M. Boy.
2625. La Vierge en adoration à mi-corps, id. — M. Boy.
2626. Triptyque : l'Annonciation, id. — Musée historique d'Orléans.
2627. Triptyque : le Christ aux olives, id. — M. Boy.
2628. Châsse, id. — M. Doistau.
2629. L'Arbre de Jessé, id. — M. Cotteau.
2630. Le Portement de Croix, id. — Mlle Granjean.
2631. Triptyque, id. — Mlle Granjean.
2632. Triptyque, par Jean Ier Pénicaud. — M. Chabrières-Arlès.
2633. Descente de croix. Résurrection, id. — M. P. Garnier.
2634. Descente de croix, id. — M. Cottereau.
2635. La Sainte Famille, id. — M. Boy.
2636. Sujet de l'Enéide, id. — M. Boy.
2637. Enée et Achate, id. — Musée d'Albi.
2638. L'Annonciation, par Jean II Pénicaud. — M. Dollfus.
2639. Le Portement de Croix. — M. Ch. Mannheim.
2640. Deux salières, à six pans. — Id.
2641. L'Adoration des Bergers. a médaillon circulaire. — Id.
2442. La Résurrection, médaillon circulaire en grisaille. — Id.
2643. Le portement de Croix, id. — M. le comte de Valencia.

2714. Couvercle de coupe à médaillons en relief. — M. Ch. Mannheim.
2715. Coupe décorée en grisaille, Scène tirée du proverbe XXVIII — Id.
2716. Coupe basse munie de son couvercle, Enée et Didon. — M. Maurice Kann.
2717. Coupe avec couvercle, Enée et Didon. — Id.
2718. Coupe avec couvercle, Allégorie du vice. — Id.
2719. Coupe avec couvercle, Sujet mythologique. — Id.
2720. Coupe avec couvercle, grisaille. — M. le baron Alph. de Rothschild.
2721. Deux plaques représentant la Mise en Croix, la Flagellation. — M. Cottereau.
2722. Assiette, conquête de la Toison d'or. — M. Boy.
2723. Soucoupe grisaille, Pallas. — M. Boy.
2724. Assiette grisaille, épisode de l'histoire de Psyché. — M. Boy.
2725. Assiette grisaille, armoiries. — M. Boy.
2726. Assiette, Le mois de juillet. — M. Boy.
2727. Plaque de coffret, sujet de chasse. — M. Cottereau.
2728. Vase à deux anses, Diane et Actéon. — M. Cottereau.
2729. Deux assiettes en grisaille, janvier et octobre. — M. Cottereau.
2730. Coupe en grisaille, la Manne au désert. — M. Cottereau.
2731. Coffret rectangulaire, l'Enéide. — M. Cottereau.
2732. Baiser de paix. — M. Cottereau.
2733. Hercule et Antée. — Musée de Dijon.
2734. Salière hexagonale, décor en camaïeu. — Hôtel Pincé, à Angers.
2735. Baiser de paix, la Vierge. — Mlle Granjean.
2736. Petit baiser de paix, saint François. — Mlle Granjean.
2737. Coupe munie de couvercle. — Musée d'antiquités de la Seine-Inférieure.
2738. L'Adoration des Mages, émail peint. — Mme Nodet.
2739. Salière à décor en grisaille. — Musée de Caen.
2740. Reliure d'Évangéliaire. — Eglise Saint-Rémy de Reims.
2741. Grand plat, le Printemps, par Pierre Courteys. — M. Georges Salting.
2742. Plaque rectangulaire, la Naissance de la Vierge, id. — Hôtel Pincé, à Angers.
2743. L'Adoration, id. — Mlle Granjean.
2744. Service de douze assiettes, les douze mois. — M. Ch. Mannheim.
2745. Plaque de coffret, jeux d'enfants. — M. Cottereau.
2746. Grand plat ovale, la Création, grisaille. — M. Cottereau.
2747. Grand plat ovale, le Banquet des dieux. — M. le baron Oppenheim.
2748. Plat ovale, le Serpent d'airain, par M. Courteys. — M. Maurice Kann.
2749. Plat ovale, le Passage de la mer Rouge. — Id.
2750. Plat ovale, sujet mythologique. — Id.
2751. Coupe basse polychrome, Loth. — Id.
2752. Deux grands flambeaux. — M. le baron Gustave de Rothschild.
2753. Coupe et son couvercle, par M. Martial Courteys. M. Ch. Mannheim.
2755. Plaque ovale émaux de couleur, le Parnasse, par J. Court. — M. Boy.
2756. L'Adoration des Bergers. — M. Ch. Mannheim.
2757. La Vierge des Sept Douleurs. — Ed. Corroyer.
2758. Baiser de paix, la Crucifixion et des donateurs. — Id.
2759. Médaillon ovale, Melchissedec et Abraham. — I. C. M. Cottereau.
2760. Plaque de miroir, Diane et Actéon. — Mlle Granjean.
2761. Salière, par Suzanne de Cornot. — M. Ch. Mannheim.
2762. Triptyque, par Martin Didier. — M. Ch. Mannheim.
2763. La Nativité, plaque en grisaille. — M. Cottereau.
2764. Laocoon et ses fils, plaque en grisaille. — M. Ch. Mannheim.
2765. Grand triptyque, le Baptême de saint Jean-Baptiste. — M. Ch. Mannheim.
2766. Les Trois Grâces. — M. le baron Oppenheim.
2767. Coupe hexagone, par Jacques Laudin. — Musée de Guéret.
2768. Coupe, les Travaux d'Hercule. — M. Cottereau.
2769. Les quatre points du jour, XVIIe siècle. — Musée de Dijon.
2770. Deux cadres contenant vingt émaux, histoire sainte. — Eglise Saint-Rémy, de Reims.
2771. Canons d'autel, par Nicolas Laudin. — Cathédrale de Limoges.
2772. Plaque, Appolon et Daphné, 1633. — Mlle Granjean.
2773. Coupe basse. — Musée de Dijon.
2774. Josué à Cheval, XVIe siècle. — Musée de Dijon.
2775. Baiser de paix, scènes de la Passion, XVe siècle. — Cathédrale de Limoges.
2776. Petit médaillon, XVe siècle. — Musée de Compiègne.
2777. Plaque de paix, XVe siècle. — Musée de Guéret.
2778. Assiette, buste d'homme de profil, XVe siècle. Musée de Guéret.
2779. Le Christ apparaissant à Madeleine, XVIe siècle. Musée historique d'Orléans.
2780. Plaque rectangulaire, la Dialectique. — M. Boy.
2781. Emaux de couleur, la Vierge allaitant l'Enfant Jésus. — M. Boy.
2782. Coffret orné de quatorze plaques d'émaux, XVIIe siècle. — M. Boy.

2912. Console en bois sculpté, époque de la Régence. — Musée de Narbonne.
2913. Cartel, époque de la Régence. — M. Ernest May.
2914. Pendule, figure de lion. — Mme Meunié.
2915. Trois médailliers, époque de Louis XV. — Bibliothèque Nationale.
2916. Commode, époque de Louis XV. — Musée de Grenoble.
2917. Console en bois doré, xviiie siècle. — Palais de Fontainebleau.
2918. Deux guéridons et girandoles de cristal, époque de Louis XV. — Palais de Fontainebleau.
2919. Cartel, par Caffieri. — M. Boucheron.
2920. Causeuse à deux places, époque de Louis XV. — Palais de Fontainebleau.
2921. Deux fauteuils de tapisserie de Beauvais. — Palais de Fontainebleau.
2922. Chaise en bois doré, époque de Louis XV. — Palais de Fontainebleau.
2923. Feux, d'après Robert de Cotte. — Id.
2924. Deux bras de lumière, époque de Louis XV. — Id.
2925. Grand cartel, par Cressent. — Hôtel de ville de Marseille.
2926. Console, par Meissonnier. — M. Doistau.
2927. Commode chantournée, époque de Louis XV. — M. Boy.
2928. Deux petits feux, époque de Louis XV. — M Klotz.
2929. Armoire en bois de rose, époque de Louis XV. — M. Klotz.
2930. Cartel, époque Louis XV. — M. Klotz.
2931. Petit cartel chinois, modèle de Meissonnier. — M. Klotz.
2932. Petit cartel en bronze ciselé et doré, époque de Louis XV. — Id.
2933. Paire de chenêts, Chinois assis, époque de Louis XV. — Id.
29334. Commode en laque noire, époque de Louis XV. — Evêché du Mans
2935. Vase en céladon, époque de Louis XV. — Le marquis de Vogué.
2936. Grand cartel Cressent. — M. Scott.
2937. Table rectangulaire, par Riesener. — M. Scott.
2938. Flambeau de bouillotte, époque de Louis XV. — M. Scott.
2939. Vases en marbre vert Louis XV. — M. Scott.
2940. Cartel, époque de Louis XV. — M. le comte Greffulhe.
2941. Paire de flambeaux en bronze doré, époque de Louis XV. — Mlle Granjean.
2942. Deux appliques, par Gouthière. — Mlle Granjean.
2943. Paire de flambeaux, époque de Louis XVI. — Mlle Granjean.
2944. Console en bois, époque de Louis XV. — M. Vial.
2945. Paire de feux, Cérès et Pluton. — Mme la baronne James de Rothschild.
2946. Deux grands flambeaux. — Mme la baronne James de Rothschild.
2947. Deux flambeaux, par Meissonnier. — M. Husson de Sampigny.
2948. Grande console Louis XV. — Palais de Fontainebleau.
2949. Bureau plat Louis XV. — Garde-meuble national.
2950. Commode en marqueterie, époque de Louis XV. — Id.
2951. Commode en marqueterie. — Id.
2952. Commode en marqueterie. — Id.
2953. Pendule en porcelaine de la Chine, époque de Louis XV. — Id.
2954. Paire de bouteilles en vieux céladon, époque de Louis XV. — Id.
2955. Bureau plat, à double face, par H. Riesener. — Id.
2956. Console d'applique, en bois doré. — Id.
2957. Secrétaire en marqueterie, par J.-F. Oeben. — Id.
2958. Deux paires de bras d'applique en bronze. — Id.
2959. Cassolette, par Gouthière. — Id.
2960. Cassolette. — Id.
2961. Paire de vases, en forme de nacelle, époque de Louis XVI — Id.
2962. Feu en bronze, par Gouthière, époque de Louis XV. — Id.
2963. Commode en acajou moiré, époque de Louis XVI. — Id.
2964. Paire de bras à trois lumières. — Id.
2965. Paire de candélabres, porcelaine de la Chine. — Id.
2966. Vase, forme Médicis, à godrons, en porphyre gris. — Id.
2967. Paire de candélabres faune et nymphe vert. — Id.
2968. Bureau de dame en marqueterie. — Id.
2969. Candélabres, faune bacchante, d'après Clodion. — Id.
2970. Glace de table, à cadre, par Th. Germain. — Mme Schneider.
2971. Petit meuble, en bois de rose, époque de Louis XVI. — M. Vial.
2972. Pendule, signée Caffieri. — M. Vial.
2973. Pendule décorée de deux figures de bacchantes, époque de Louis XVI. — M. Vial.
2974. Petite pendule, candélabres et petits vases, ép. de Louis XVI.— M. Vial.
2975. Bureau, par Riesener, époque de Louis XVI. — M. Lowengard.
2976. Petit écran, époque de Louis XVI. — M. Lutz.
2977. Pendule, l'*Amour*, par Pigale. M. Bianchi.
2978. Pendule bronze doré. — M. Bianchi.
2979. Paire de chandeliers, modèle de Delafosse. — Mlle Granjean.
2980. Vase en granit, époque de Louis XVI. — M. Scott.

2980 bis Paire de candelabres, bronze, époque de Louis XVI. — Lycée de Reims.
2981. Deux encoignures, époque de Louis XV. — M. le comte Greffulhe.
2982. Deux candélabres Louis XV. — M. le comte Greffulhe.
2983. Panneaux decorés de rinceaux, époque de Louis XVI. — M. Boy.
2984. Pendule, La France et l'Amerique, 1782. — M. Doistau.
2985. Deux flambeaux, époque de Louis XVI. — M. Lutz.
2986. Secrétaire, en marqueterie de bois de rose. — M. Klotz.
2987. Petit plateau ovale, époque de Louis XVI. — M. Klotz. — Id.
2988. Deux candélabres, figures de femme. — Id.
2989. Chaise à porteurs, du cardinal de Bernis. — Musée d'Albi.
2990. Encoignure, par Migeon. — M. Berard-Gaste.
2991. Grande commode, par Beneman. — Palais de Fontainebleau.
2992. Grande commode, par Riesener. — Id.
2993. Petit secrétaire, par Riesener. — M. Scott.
2993 bis. Secretaire, acajou et bronze doré, époque de Louis XVI. — M. Scott.
2994. Commode, en acajou, par Saunier. — Palais de Fontainebleau.
2995. Fauteuil, en bois sculpté, tapisserie de Beauvais. — Id.
2996. Ecran, en bois doré, tapisserie sur canevas. — Id.
2997. Petite commode, marqueterie. — Id.
2998. Fauteuil, en bois doré, recouvert de soie brochée. — Id.
2999. Paravent, en bois doré, brodé. — Id.
3000. Causeuse à deux places, tapisserie de Beauvais. — Id.
3001. Console, en bois sculpté et doré, de forme trilobée. — Id.
3002. Siège en bois doré, recouvert de soie brochée.
3002 bis. Petite table acajou et bronze, époque de Louis XVI. — Mob. nat.
3003. Secretaire, en acajou. — Palais de Fontainebleau.
3004. Chaise, en bois doré, à dossier en forme de lyre. — Id.
3005. Tabouret de pied, en bois sculpté et doré, recouvert de soie. — Id.
3006. Console, d'applique en bois laqué de blanc. — Id.
3007. Canapé en bois, garni de tapisserie de Beauvais. — Id.
3008. Deux fauteuils en bois sculpté, laqué de blanc. — Id.
3009. Grand vase en porcelaine de Sèvres, monté par Thomire. — Id.
3010. Deux vases en albâtre. — Id.
3011. Commode en marqueterie d'écaille et de cuivre. — Id.
3012. Guéridon en racines et bronze ciselé et doré. — Id.
3013. Pendule en albâtre et en bronze doré. — Id.
3014. Chaise en acajou, par Jacob. Epoque de Louis XVI. — Id.
3015. Deux encoignures, par Levasseur. — Id.
3015 bis. Fauteuil, bois doré, soie bleue, époque de Louis XVI. — M. Lutz.
3016. Deux fauteuils, bras soutenus par des sphinx. — Id.
3016 bis. Console, bois doré, époque de Louis XVI. — Min. de l'Interieur.
3017. Deux girandoles en bronze doré, par Lorta, 1788. — Id.
3018. Deux fauteuils recouv. en damas de soie verte. — Palais de Compiègne.
3019. Deux grands vases en porphyre rouge. — Id.
3020. Paire de petits vases en cristal de roche, montés en bronze, par Gouthiere. — M. Klotz.
3021. Deux appliques, par Gouthiere. — Mlle Granjean.
3022. Pendule en bronze doré, attribuée à Gouthiere. — M. H. Vever.
3023. Armoire à bijoux de la reine Marie-Antoinette. — Palais du Petit-Trianon.
3024. Deux flambeaux en bronze ciselé et doré. — M. Haviland.
3025. Vase en cristal de roche, monture de bronze. — Musée d'Aix.
3026. Petit tabouret, bois doré et broderies. — M. le comte Greffulhe.
3027. Pendule : la Liseuse. — Id.
3028. Table, règne de Louis XVI. — M. Ernest May.
3029. Fauteuil de Saint-Just. — M. Klotz.

X

Bois.

3029 bis. Portes de la cathedrale du Puy, XIe siècle. — Eglise de Gassicourt.
3030. La Vierge assise tenant l'Enfant Jésus, XIIe s. — Eglise de Gassicourt.
3031. La Vierge et l'Enfant, XIIIe siècle. — M. Alb. Maignan.
3032. La Vierge assise sur un trône, XIIIe siècle. — Id.
3033. La Vierge assise et l'Enfant, XIIIe siècle. — Id.
3034. La Vierge assise et l'Enfant, XIIIe siècle. — M. E. Corroyer.
3035. Châsse, bois peint, XIIIe siècle. — Cathédrale d'Albi.
3036. La Vierge assise tenant l'Enfant, XIIIe siècle. — Église de Taverny.

3037. Statuette d'évêque, xiii° siècle. — Cathédrale d'Angers.
3038. Vierge assise tenant l'Enfant, xiii° siècle. — M. Albert Bossy.
3039. Vierge assise, couronnée, xiii° siècle. — M. Boy.
3040. Deux fragments de bâton de crosse, xiii° siècle. — Musée de Reims.
3041. Extrémité d'un bâton de crosse, xiii° siècle. — Musée de Reims.
3042. Hampe de la crosse, dite de sainte Aldegonde, xiii° s. — Égl. de Maubeuge.
3043. Grande Vierge debout, couronnée, xii° siècle. — M. Boy.
3044. La Vierge et l'Enfant, xvi° siècle. — M. Ed. Corroyer.
3045. Crosse de sépulture, xvi° siècle. — Id.
3046. La Vierge et l'Enfant Jésus, xvi° siècle.
3047. La Vierge debout, xvi° siècle. — M le comte Chandon de Briailles.
3048. Petit personnage agenouillé, xvi° siècle. — M. Ed. Corroyer.
3049. Pieta, fond de paysage montagneux, xv° siècle. — Id.
3050. Un saint debout, bois peint et doré, xv° siècle. — Id.
3051. Sainte Catherine d'Alexandrie, xvi° siècle. — Id.
3052. Un Roi mage. Anvers, xvi° siècle. — Id.
3053. Sainte martyre debout, xv° siècle. — Id.
3054. L'Annonciation, groupe, xv° siècle. — Id.
3055. Panneau de stalles de l'abbaye de la Joie, 1416. — Musée de Rennes.
3056. Panneau des stalles du chœur de l'abbaye de La Bénissons-Dieu, xv° siècle. — Musée de Roanne.
3056 bis. Lutrin, xv° siècle. — Église de Puligny.
3057. La Mort de la Vierge, xv° siècle. — Musée Saint-Raymond, à Toulouse.
3058. Tête d'homme, xv° siècle. — Musée Boucher-de-Perthes, à Abbeville.
3059. Sainte Catherine de Sienne, xv° siècle. — M. Albert Bossy.
3060. Grande Vierge portant l'Enfant, xv° siècle. — M. Ch. Gillot.
3061. Petite Vierge debout, xv° siècle. — M. Ch. Gillot.
3062. Le portement de Croix, xv° siècle. — M. Ch. Gillot.
3063. Evanouissement de la Vierge, xv° siècle. — M. Ch. Gillot.
3064. Buste de femme, xv° siècle. — M. Boy.
3065. Petit buste de femme polychrome, xv° siècle. — M. Mohl.
3066. Saint Michel debout sur le dragon, xv° siècle. — M. Boy.
3067. Buste du Christ couronné d'épines, xv° siècle. — M. Boy.
3068. Petite figure, bois doré, xv° siècle. — M. Doistau.
3069. Peigne en buis, xv° siècle. — Musée de Dijon.
3070. Peigne en bois sculpté, xv° siècle. — Musée de Dijon.
3071. Petit personnage debout, xv° siècle. — M. le baron Oppenheim.
3072. Le Christ en croix, la Vierge et saint Jean, xv° siècle. — M. Georges Hœntschel.
3073. Etui de livre de prières en buis, xv° siècle. — Musée de Dijon.
3074. Fragment de retable. — M. Salting, à Londres.
3075. Petit coffret, xv° siècle. — M. Georges Salting, à Londres.
3076. Poutre du logis Barrault, à Angers, xv° siècle. — Musée St-Jean, à Angers.
3077. Cerf ailé, xv° siècle. — Musée départemental de Moulins.
3078. Sainte Catherine, statuette, xv° siècle. — M. F. Moreau-Nélaton.
3079. Sainte Ailif, grande figure, xv° siècle. — Id.
3080. Ange porte-flambeau, xv° siècle.
3081. Mise au tombeau, fragments de retable, xv° siècle. — Id.
3082. Saint Michel, statue de bois polychrome, xv° siècle. — Id.
3083. Chef de femme, xv° siècle. — Id.
3084. Petit personnage, fragment de retable, xv° siècle. — Id.
3085. Saint Hubert, xv° siècle. — Id.
3086. Saint Martin, bois polychrome, xv° siècle. — Id.
3087. Christ, tenant le globe d'une main, xv° siècle. — Id.
3088. Saint Christophe, statuette, xv° siècle. — Id.
3089. Sainte Catherine frappée par un soldat, xv° siècle. — Id.
3090. Statuette de sainte femme, provenant d'un retable, fin du xv° siècle. — M. Chabrières-Arlès.
3091. Femme agenouillée, xvi° siècle. — Musée Boucher-de-Perthes, à Abbeville.
3092. La mise au tombeau, xvi° siècle. — M. Girardin-Valton.
3093. Un Roi mage, xvi° siècle. — Musée d'Avignon.
3094. Fragment d'un retable, xvi° siècle. — M. Charles André.
3095. Fragments de retable, xvi° siècle. — Id.
3096. Groupe : un juge et quatre personnages, xvi° siècle. — Musée de Compiègne.
3097. Deux grands médaillons, xvi° siècle. — Musée du Puy.
3098. Sainte Marguerite, xvi° siècle. — Musée de Château-Gontier.
3099. Couvercle de fonts baptismaux, xvi° siècle. — Eglise St-Romain, à Rouen.
3100. Ancienne porte du palais ducal de Nevers, xvi° siècle. — Musée archéologique de Nevers.
3101. Lutrin, xvi° siècle. — M. Ed. Corroyer.
3102. Groupe, xvi° siècle. — Id.

3103. Le portement de Croix, groupe en bois peint, xvi⁰ siècle. — Id.
3104. Peigne en bois découpé à jour, xvi⁰ siècle. — Id.
3105. Vierge en bois, xvi⁰ siècle. — M™⁰ E. Stern.
3105 bis. Saint Hubert, haut-relief en bois. — M™⁰ E. Stern.
3106. Fragment des stalles de Gaillon, xvi⁰ siècle. — M. Ed. Corroyer.
3107. Deux statuettes de moines, xvi⁰ siècle. — Id.
3108. La Vierge et l'Enfant, xvi⁰ siècle. — Id.
3109. La Circoncision, petit groupe en bois polychrome, xvi⁰ siècle. — Id.
3110. La présentation au temple, petit groupe en bois, xvi⁰ siècle. — Id.
3111. Boîte en forme de livre, buis, xvi⁰ siècle. — M. Alb. Maignan.
3112. Deux panneaux sculptés, xvi⁰ siècle. — Musée de Valence.
3113. La Justice, xvi⁰ siècle. — Musée de Cambrai.
3114. Saint Crépin devant son établi préparant une peau, xvi⁰ siècle. — Musée de Chambéry.
3115. Huit panneaux sculptés, du château d'Astier. — M. J.-E. Taylor, à Londres.
3116. La Mort de la Vierge, xvi⁰ siècle. — Musée d'Amiens.
3117. La Circoncision, xvi⁰ siècle. — Id.
3118. La Nativité, médaillon, xvi⁰ siècle. — Id.
3119. Saint Michel, statue, xvi⁰ siècle. — Musée Boucher-de-Perthes, à Abbeville.
3120. Modèle de clôture de chapelle pour la cathédrale de Rodez. — M. Boy.
3121. Deux cariatides, xvi⁰ siècle. — M. Boy.
3122. Statue du Christ. — Cathédrale de Perpignan,
3123. Peigne en bois sculpté, xvi⁰ siècle. — Musée des antiquités de la Seine-Inférieure.
3124. Tête d'évêque mitré, xvi⁰ siècle. — M. Jules Maciet.
3125. La Vierge de l'Annonciation. — M. Cardon, à Bruxelles.
3126. Un donateur et sa patronne, xvi⁰ siècle. — M. Cardon à Bruxelles.
3127. Petit miroir, buis, xvi⁰ siècle. — M. le baron Oppenheim.
3128. Peigne décoré de marqueterie, xvi⁰ siècle. — Musée du Puy.
3129. Boîte en buis, xvi⁰ siècle. — Musée d'Aix.
3130. Petit triptyque, xvi⁰ siècle. — M. Etienne Moreau-Nélaton.
3131. Petite Vierge tenant l'Enfant Jésus, xvi⁰ siècle. — Id.
3132. Un Saint posant la main sur les têtes de deux enfants, xvi⁰ siècle. — Id.
3133. Peigne en buis découpé, xvi⁰ siècle. — M. le comte Chandon de Briailles.
3134. Statuette, saint Martin, xvi⁰ siècle. — M. le comte Chandon de Briailles.
3135-3139. Quatre petites varlopes sculptées, xvi⁰ siècle. — M. L. Mohl.
3140.3145. Six casse-noix sculptés, xvi⁰ siècle. — M. L. Mohl.
3146. Masque de femme, xvii⁰ siècle. — M. Doistau.
3147. Grands candélabres, xvii⁰ siècle. — Eglise de Ruffey-les-Echirey.
3148. Lutrin, xvii⁰ siècle. — Eglise Saint-Jouin de Marnes.
3149. Petite Vierge, xvii⁰ siècle. — M. Charles André.
3150. La Vierge debout, xvii⁰ siècle. — Musée de Dunkerque.
3151. Le Christ de pitié, xviii⁰ siècle. — Id.
3152. Deux grands chandeliers, ép. de Louis XVI. — Egl. St-Jacques, de Reims.
3153. Grande râpe à tabac, ép de Louis XIV. — Musée des Mon. hist. du Mans.
3154. Saint Michel, époque de Louis XIV. — M. Ed. Corroyer.
3155. Deux torches en bois sculpté, xvii⁰ siècle.
3156. Râpe à tabac, xvii⁰ siècle. — M. E. Corroyer.
3157. Râpe à tabac, époque de Louis XV. — M. Schiff.
3158. Deux casse-noisettes, xvii⁰ siècle. — M. Etienne Moreau-Nélaton.
3159. Petite Vierge, xviii⁰ siècle. — M. Charles André.
3160. Saint Michel. époque de Louis XV. — M. Ed. Corroyer.
3161. Grande râpe à tabac, 1718. — M. Léon Morel.
3162. Râpe à tabac, 1738. — M. Morel.
3162 bis. Série de coffrets, boîtes, cadres, etc., par Bagard, xvii⁰ siècle. — M™⁰ Waldeck-Rousseau.

XI

Tapisseries.

3164. Tenture de l'Apocalyse, xiii⁰ siècle.
3165. Le Bal des Sauvages, xiii⁰ siècle. — Eglise N.-D. de Nantilly, à Saumur.
3166. Tenture du Fort Roy Clovis. xv⁰ siècle. Cathédrale de Reims.
3167. L'adoration des Mages, xv⁰ siècle. — Cathédrale de Sens.
3168. Tenture de saint Maurille, 1461. — Cathédrale d'Angers.
3169. Grande tapisserie, xv⁰ siècle. — Musée des Antiquités de la Seine-Infer.
3170. Prise de Troie, xv⁰ siècle. — M. Bauelm.

3171. Tapisserie à décor de fleurettes, xvᵉ siecle. — M. Gannay-Pallu.
3172. Siége de Jérusalem, xviᵉ siecle. — Eglise de N.-D. de Nantilly, à Saumur.
3173. Scène de chasse xvᵉ siècle. — Id.
3174. Scène de massacre, xvᵉ siècle. — M. Velghe.
3175. Histoire de saint Pierre. — Cathedrale de Beauvais.
3176. Légende de saint Martin, xvᵉ siècle. — Cathedrale d'Angers.
3177. Vie de Jésus-Christ et de la Vierge, xviᵉ siècle. — Cathédrale d'Aix.
3178. Parement d'autel, xvᵉ siècle. — Cathédrale de Sens.
3179. Prince entouré de sa cour. Epoque de Charles VIII. — M. Maciet.
3180. Vasthi et les envoyés d'Assuérus, xvᵉ siecle. — M. Albert Bossy.
3181. Verdures à décor de grands feuillages et d'oiseaux, xvᵉ siècle. — M. Heilbronner.
3182. Trois pièces d'un roman de chevalerie, xvᵉ siecle. — Id.
3183. Le Chevalier de la mort, xvᵉ siecle. — M. le comte de Bussy.
3184. Concert champêtre. Epoque de Louis XII. — M. Albert Bossy.
3185. Berger et bergère. — Id.
3186. Légende de la Vierge, xviᵉ siècle. — Eglise Notre-Dame de Beaune.
3187. Une chasse, xviᵉ siecle. — Hôtel-Dieu de Reims.
3188. Scène d'un roman, xviᵉ siècle. — M. Leopold Goldschmidt.
3189. Grande tapisserie, xviᵉ siècle. — Eglise Saint-Vincent, a Chalon-sur-Saône.
3190. La Trinité, xviᵉ siècle. — Cathédrale de Narbonne.
3191. Scènes de la vie de la Vierge, 1529. — Eglise N.-D. de Nantilly, à Saumur.
3192. Saint Gervais et saint Protais, xviᵉ siècle. — Cathédrale de Soissons.
3193. Saint Gervais et saint Protais, xviᵉ siecle. — Cathédrale du Mans.
3194. Fleurettes et armoiries, xviᵉ siècle. — Cathédrale de Troyes.
3195. Deux tapisseries, d'un roman de chevalerie, xviᵉ siècle. — M. Boy.
3196. Armement d'un chevalier, xviᵉ siècle. — M. Schutz.
3197. Légende de saint Julien, xviᵉ siècle. — Cathédrale du Mans.
3198. Vie de saint Saturnin, xviᵉ siecle. — Cathédrale d'Angers.
3199. Légende de saint Rémy, 1530. — Eglise Saint-Remy, à Reims.
3200. Histoire de la Vierge, 1530. — Cathédrale de Reims.
3201. Instruments de la Passion, xviᵉ siecle. — Cathédrale d'Angers.
3202. Judith et Holopherne, xviᵉ siecle. — Cathédrale de Sens.
3203. Tenture histoire de France, xviᵉ siècle. — Cathédrale de Beauvais.
3204. La Création du Monde, xviᵉ siecle. — M. Schutz.
3205. Allégorie des Vertus, xviᵉ siecle. — M. Schutz.
3206. Deux Sibylles, xviᵉ siècle. — M. Schutz.
3207. Circé, xviᵉ siècle. — M. Pierre Chavannes.
3208. L'enlèvement des Sabines, xviᵉ siecle. — M. Marcel Chavannes.
3209. Histoire de saint Jean-Baptiste, xviᵉ siecle. — Château de Pau.
3210. Légende de saint Mamès, xviᵉ siecle. — Cathédrale de Langres.
3211. Parement d'autel, xviᵉ siècle. — Cathédrale de Sens.
3212. Treilles et jardins, xviᵉ siecle. Eglise N.-D. de la Couture, au Mans.
3213. Tenture, de Gombaut et de Macé, xviᵉ siècle. — Musé de Saint-Lô.
3214. Pente d'un lit, xviᵉ siècle. — Cathédrale de Sens.
3215. Devant d'autel, xviiᵉ siècle. — M. Schutz.
3216. Tapisserie de grotesques, d'après Berain, M. Schutz.
3217. Tapisserie de grotesques, d'après Bérain. — M. Lowengard.
3218. Histoire de Daphnis et Chloé, 1718. — Lowengard.
3219. Bacchus et Cérès, par Audran. — M. Lowengard.
3220. La pêche, d'après Boucher. — M. Lowengard.
3221. Un ballet, époque de Louis XVI. — M. Chappey.
3222. Tenture, Mois arabesques, xviiᵉ siècle. — Garde-meuble national.
3223. Portière, les Armes du roi d'après Lebrun, xviiᵉ siècle. — Garde-meuble national.
3224. L'Histoire du Roy, xviiᵉ siècle. — Garde-meuble national.
3225. Pièce de tapisserie, portière de Diane, d'après J.-B. Oudry, xviiiᵉ siècle. — Garde-meuble national.
3226. Tenture, dessins de Raphael, xviiᵉ siècle. — Garde-meuble national.
3227. Tenture, Mois de Lucas, xviiᵉ siècle. — Garde-meuble national.
3228. Pièce de tapisserie, les Armes de France, xviiᵉ siècle. — Id.
3229. Tenture de psyché, d'après Ch. Coypel, xviiiᵉ siècle. — Id.
3230. Deux pièces de tapisserie, Renaud et Armide, d'après C. Coypel, xviiiᵉ siècle. — Garde-meuble national.
3231. Tenture, des sujets de la Fable, d'après F. Boucher. — Id.
3232. Tenture des actes des apôtres, d'après Raphel, xviiiᵉ siecle. — Cathédrale de Beauvais.
3233. Tenture des jeux russiens, d'après J.-B. Leprince, xviiiᵉ siècle. — Id.
3233. Henri IV, Cozette en 1777. — Palais de Fontainebleau.
3234. Deux panneaux, d'après Cl. Gillot, xviiiᵉ siècle. — M. Klotz.
3235. Renaud et Armide, d'après Coypel, xviiiᵉ siècle. — M. Schutz.

3236. Pièce à décor champêtre. — M. Schutz.
3237. Apollon tuant le serpent Python. — M. Schutz.
3238. Les Armes de France, d'après Boucher. — M. Schutz.
3239. Deux pièces de pastorales, d'après Audran. — M. Schutz.
3240. Louis XV, par Cozette 1773. — Palais de Fontainebleau.
3241. Marie Leczinska, par Cozette. — M. Doistau.
3242. Portrait, de l'époque de Louis XV, par Cozette. — M. Doistau.
3243. Christophe Colomb, d'après Jean Bol. — M. Doistau.
3244. Sibylle, d'après le Dominiquin. — M. Doistau.
3245-3247. Trois grands tapis, médaillon, époque de Louis XIV. — Palais de Fontainebleau.

XII

Tissus et Broderies.

3248. Suaire de saint Siviard, vii° siècle. — Cathédrale de Sens.
3249. Chasuble dite de sainte Aldegonde, viii° siècle. — Eglise de Maubeuge.
3250. Suaire de sainte Colombe et de saint Loup, ix° siècle. — Cathédrale de Sens.
3251. Suaire de saint Léon, xi°-xii° siècle. — Cathédrale de Sens.
3252. Chasuble, xi° siècle. — Eglise de Saint-Rambert-sur-Loire.
3253. Suaire de saint Potentien, xii° siècle. — Cathédrale de Sens.
3254. Dalmatique, xii° siècle. — Eglise d'Ambazac.
3255. Suaire de saint Savinien, xiii° siècle. — Cathédrale de Sens.
3256. Suaire de sainte Théodechilde, xiii° siècle. — Id.
3257. Sept bourses à reliques. — Id.
3258. Chape de saint Mesme, xi° siècle. — Eglise de Saint-Etienne, de Chinon.
3259. Chasuble de saint Yves, xii° siècle. — Eglise de Louannec (Côtes-du-Nord).
3260. Chape brodée, xiii° siècle. — Eglise de Palau del Vidre.
3261. Croix de chasuble, broderie, xiv° siècle. — M. Martin Le Roy.
3262. Mitre de Charles de Neufchâtel, xv° siècle. — Cathédrale de Besançon.
3263. Dalmatique à décor de grenades, xvi° siècle. — Cathédrale d'Embrun.
3264. Les juifs à Jérusalem. Toile peinte, xv° siècle. — Musée de Reims.
3265. Manteau de diacre, en soie rouge, xiii° siècle. — Cathédrale de Reims.
3266. Chape brodée. — Eglise Saint-Bertrand de Comminges.
3267. Parement d'autel, xiv° siècle. — Id.
3268. Triptyque, xiv° siècle. — Musée de Chartres.
3269. Mitre, xiv° siècle. — Eglise de Saint-Gildas du Rhuys.
3270-3272. Aumônière, xvi° siècle. — Cathédrale de Troyes.
3273. Devant d'autel, xvi° siècle. — Musée St-Raymond, à Toulouse.
3274. Bourse brodée, xv° siècle. — Eglise de Brageac (Cantal).
3275. Chape, xv° siècle. — Eglise de Behuard.
3276. Chasuble brodée, xv° siècle. — Mme de Girardot Destable.
3277. Drap mortuaire, xvi° siècle. — Musée d'Amiens.
3278. Chasuble, orfrois brodés à personnages, xv° siècle. — Cathéd. de Reims.
3279. Chape, xvi° siècle. — Eglise de St-Martin-Vesubie (Alpes-Maritimes).
3280. Ornement complet, drap d'or, xvii° siècle. — Egl. St-Etienne de Beauvais.
3281. Chape en velours, xvi° siècle. — Eglise d'Aire-sur-la-Lys.
3282. Chasuble en drap frisé d'or, xvii° siècle. — Cathédrale de Reims.
3283. Ornement complet, xvii°, xviii° siècle. — Cathédrale de Beauvais.
3284. Pentes d'un dais, xviii° siècle. — Eglise Saint-Etienne de Beauvais.
3285. Chape de brocart, xviii° siècle. — Eglise de N. D. La Riche, à Tours.
3286. Chape, époque de Louis XV. — Eglise Saint-Augustin, à Nice.
3287. Ornement complet, xviii° siècle. — Eglise Saint-Etienne, à Beauvais.
3288. Parement d'autel, xviii° siècle. — Eglise de N.-D. La Riche, à Tours.
3289. Pièce rectangulaire de dentelle, 1607. — M. Rousseau.
3290. Grand panneau de satin blanc, xviii° siècle. — M. Adnot.

XIII

Cuir. — Reliure.

3291. Soulier, dit de saint Malachie, xii° siècle. — Cath. de Châlons-sur-Marne.
3292. Etui gravé, 1370. — M. Mohl.
3293. Grand coffre à décor gravé, xv° siècle. — Musée de Clermont-Ferrand.

3294. Coffre en cuir gravé, xvᵉ siècle. — Musée de Clermont-Ferrand.
3295. Boîte en cuir gravé, xvᵉ siècle. — Musée de Clermont-Ferrand.
3296. Etui de coupe en cuir gravé, xvᵉ siècle. — Musée de Limoges.
3297. Petit coffret gravé, xvᵉ siècle. — Musée de Bourges.
3298. Grand coffret de cuir, xvᵉ siècle. — M. Doistau.
3299. Coffret en cuir gravé, xvᵉ siècle. — M. Ch. Gillot.
3300. Etui de missel en cuir gravé, xvᵉ siècle. — M. H. Dallemagne.
3301. Grand coffret en cuir incisé, xvᵉ siècle. — M. Georges Salting.
3302. Ecrin d'un abbé de Citeaux. — Musée de Dijon.
3303. Petit coffret carré, ciselé et gravé, xvıᵉ siècle. — M. Corroyer.
3304. Encadrement d'un tableau, xvıᵉ siècle. — Cathédrale de Reims.
3305. Etui fretté de fer, xvıᵉ siècle. — M. H. Dallemagne.
3306. Coffret en cuir gravé, 1531. — M. Campe, à Hambourg.
3307. Boîte de livre, époque de Henri III. — M. Doistau.
3308. Boîte de livre, époque de Henri III. — M. Doistau.
3309. Coffret, époque de Louis XIII. — Musée Saint-Jean, à Angers.
3310. Pulvérin en cuir estampé, xvııᵉ siècle. — M. Coiffet.
3311. Coffret en maroquin, xvııᵉ siècle. — M. Coiffet.

XIV

Manuscrits et Enluminures.

3312. Evangéliaire, vıııᵉ siècle. — Bibliothèque de Montpellier.
3313. Evangéliaire, vıııᵉ siècle. — Bibliothèque d'Abbeville.
3314. Psychomachia, ıxᵉ siècle. — Bibliothèque de Valenciennes.
3315. Apocalypse, ıxᵉ siècle. — Bibliothèque de Valenciennes.
3316. Recueil de Canons, glose bretonne, ıxᵉ siècle. — Bibliothèque d'Orléans.
3317. Homélies, ıxᵉ siècle. — Bibliothèque d'Orléans.
3318. Manuscrit de Mannon, ıxᵉ siècle. — Bibl. de Montpellier.
3319. Sacramentaire de saint Grégoire, ıxᵉ siècle. — Gr. séminaire d'Autun.
3320. Evangéliaire, ıxᵉ siècle. — Bibliothèque de Laon.
3221. Sedulius, ıxᵉ siècle. — Bibliothèque d'Evreux.
3322. Evangéliaire d'Ebbon, ıxᵉ siècle. — Bibliothèque d'Epernay.
3323. Lectionnaire, ıxᵉ siècle. — Bibliothèque de Cambrai.
3324. Apocalypse, ıxᵉ siècle. — Bibliothèque de Cambrai.
3325. Evangéliaire, ıxᵉ siècle. — Bibliothèque de Cambrai.
3326. Sacramentaire, ıxᵉ siècle. — Bibliothèque de Cambrai.
3327. Psautier, ıxᵉ siècle. — Bibliothèque d'Angers.
3328. Psautier, ıxᵉ siècle. — Bibliothèque d'Amiens.
3329. Vie de saint Jean de Réomé, xᵉ siècle. — Bibliothèque de Semur.
3330. Vie de saints, xᵉ siècle. — Bibliothèque de Saint-Omer.
3331. Dialogues de saint Grégoire, xᵉ-xıᵉ siècle. — Bibl. de Saint-Omer.
3332. Homélies, xᵉ siècle. — Bibliothèque d'Orléans.
3333. Sulpice Sévère, xᵉ siècle. — Bibliothèque d'Arras.
3334. Martyrologe de saint Ayri, xıᵉ-xııᵉ siècle. — Bibliothèque de Verdun.
3335. Horace, xıᵉ-xııᵉ siècle. — Bibliothèque de Périgueux.
3336. Evangéliaire, xıᵉ siècle. — Bibliothèque d'Epinal.
3337. Calendrier à peintures, ıxᵉ siècle. — Bibliotbèque de Boulogne-sur-Mer.
3338. Evangéliaire, xᵉ siècle. — Id.
3339. Partie de la Bible, xıᵉ siècle. — Bibliothèque d'Arras.
3340. Missel à l'usage de Marmoutier, xıᵉ siècle. — Petit Séminaire de Tours.
3341. Saint Grégoire (1134). — Bibliothèque de Chalon-sur-Saône.
3342. Lectionnaire de Luxeuil, xııᵉ siècle. — Bibliothèque de Vesoul.
3343. Bible, xııᵉ siècle. — Bibliothèque de Perpignan.
3344. Chronique, xııᵉ siècle. — Bibliothèque de Limoges.
3345. Flavius Josephe, xııᵉ siècle. — Bibliothèque de Douai.
3346. Raban-Maur, xııᵉ siècle. — Bibliothèque de Douai.
3347. Saint Augustin, 1ᵉʳ vol., xııᵉ siècle. — Bibliothèque de Douai.
3348. Missel d'Anchin, xııᵉ siècle. — Bibliothèque de Douai.
3349. Saint Augustin, xııᵉ siècle. — Bibliothèque de Boulogne-sur-Mer.
3350. Bible historiée, xııᵉ siècle. — Bibliothèque d'Amiens.
3351. Romans de la Table ronde, xıııᵉ siècle. — Bibliothèque de Rennes.
3352. Bible, xıııᵉ siècle. — Bibliothèque de Dôle.
3353. Histoire ancienne, xıııᵉ siècle. — Bibliothèque de Dijon.
3354. Registre de l'Inquisition de Carcassonne, xıııᵉ siècle. — Bibl. de Clermont.
3355. Apocalypse, xıııᵉ siècle. — Bibliothèque de Cambrai.
3356. Livre de prières, xıııᵉ siècle. — Bibliothèque de Cambrai.

3357. Psautier, xiv° siècle. — Bibliothèque de Douai.
3358. Tite-Live, xiv° siècle. — Bibliothèque de Cambrai.
3359. Missel, xv° siècle. — M. le comte Toulgoet-Tréanna.
3360. Chronique de Burgos, xvi° siècle. — Bibliothèque de Besançon.
3361. Livre des serments des Maieurs d'Arras, xiv° siècle. — Bibl. de Besançon.
3362. Généalogie, des rois de France, xv° siècle. — Bibliothèque de Verdun.
3363. Gerson, xv° siècle. — Bibliothèque de Valenciennes.
3364. Heures, xv° siècle. — Bibliothèque de Grenoble.
3365. Bréviaire de Jean d'Amboise, xv° siècle. — Bibliothèque de Chaumont.
3366. Guillaume Durand, xv° siècle. — Bibliothèque de Beaune.
3367. Terrier de Marcoussis, xvi° siècle. — Mme de la Beaume-Pluvinel.
3368. Barthélemy l'Anglais, xv° siècle. — Bibliothèque d'Amiens.
3369. Pontifical, xvi° siècle. — Bibliothèque de Verdun.
3370. Musique notée, xvi° siècle. — Bibliothèque de Cambrai.
3371. Heures dites de Diane de Poitiers. — Bibliothèque d'Amiens.
3372. Graduel, xvi° siècle. — Bibliothèque de Dijon.
3373. Palimpseste. — Bibliothèque de la Faculté de médecine de Montpellier.
3374. Majus Chronicon, Fontanelleuse. — Bibliothèque du Havre.
3375. Bible, dite de Charles V. — Bibliothèque de Grenoble.
3376. Saint Jérôme, sur Jérémie. — Bibliothèque de Dijon.
3377. Bible de saint Étienne, Harding III. — Bibliothèque de Dijon.
3378. Martyrologe d'Usuard. — Bibliothèque de Châlons-sur-Marne.
3379. Pontifical. — Bibliothèque de Châlons-sur-Marne.
3380. Pontifical. — Bibliothèque de Cambrai.
3381. Livres du trésor de l'Abbaye d'Origny. — Bibliothèque de Saint-Quentin.
3382. Ouvrages de Bernard Gui. — Bibliothèque d'Agen
3383. Cadre contenant treize miniatures, xiii° siècle. — M. Alb. Maignan.
3384. Les Saintes Femmes au tombeau, xii° siècle. — Id.
3385. La Mise en croix, miniature, par Gab. Ravoneau, 1717. — Id.
3386. Le Père éternel, la Crucifixion, xiv° siècle. — Id.
3387. Épreuve d'un maître d'école du xv° s. — Musée de St-Raymond, à Toulouse.
3388. Deux cadres de miniat., xvi° siècle. — Musée de St-Raymond, à Toulouse.
3389-3390. Le Christ en croix. Le Christ en majesté, xii° siècle. — Ancienne cathédrale d'Auxerre.

XV

Miniatures et Éventails.

3394-3397. Sept miniatures, portraits de femmes, xviii° siècle. — Mme Doucet.
3398-3399. Quatre miniatures, époque de Louis XVI. — M. Dollfus.
3402. Éventail, époque de Louis XV. — M. le comte de Verdonnet.
3402 bis. Six éventails, époque de Louis XV. — Mme Ch. Mannheim.
3402-3403. Deux éventails, époque de Louis XV. — M. Fitch.
3402-3404. Éventail, époque de Louis XV. — Mme Maurice Ephrussi.
3402-3405. Huit éventails, sujets mythologiques, xviii° s. — Baron H. de Rothschild.

XVI

Monnaies.

3403-3949. Monnaies gauloises et françaises, antérieures à 1789, reproduites par la galvanoplastie.

XVII

Médailles.

3950-4221. Médailles françaises du xv° à la fin du xviii° siècle. — Reproductions galvanoplastiques et collection des musées de Versailles et d'Aix, de MM. R. Barre et R. Richebé.

XVIII

Sigillographie.

4222-4533. Sceaux français de l'époque mérovingienne à la fin du xviii° siècle. — Empreintes en cire d'après les originaux appartenant aux Archives nationales.
4534. Sceau et contre-sceau des echevins de Saint-Omer, xii° siècle. — Musée de Saint-Omer.
4535. Sceau gravé sur ardoise, xii° siècle. — Église de Longpont (Aisne).
4536. Sceau de la commune de Dijon, xiii° siècle. — Musée Saint-Jean, à Angers.
4537. Sceau de Jean de Charlieu (1290-1296). — M. Jules Protat, à Mâcon.
4538. Sceau de Guichard de Salornay (1369-1392). — Id.
4539. Sceau du prieur de l'abbaye de Cluny xviii° siècle. — Id.
4540. Sceau de l'Etroite observance de l'ordre de Cluny, xvii° siècle. — Id.

XIX

Peinture.

4541. La Mise au tombeau, par Simon de Châlons, xvi° siècle. — Musée de Villeneuve-lez-Avignon.
4542. Le Couronnement de la Vierge, par Enguerrand Charenton, xv° siècle. — Id.
4543. Vie de saint Laurent et de saint Etienne, xv° siècle. — Musée de Moulins.
4544. Le Buisson ardent, 1375. — Cathédrale d'Aix.
4545. Triptyque, xvi° siècle. — Cathédrale de Moulins.
4546. Diptyque, le roi René et Jeanne de Laval, xv° s. — M. Chalvrieres-Arlès.
4547. Triptyque, l'Adoration des rois, xiv° siècle. — Église de Thenay.
4549. Triptyque, par Jean Bellegambe, le Crucifiement, xvi° siècle. — Cathédrale d'Arras.
4550. Triptyque, par Jean Bellegambe, l'Adoration des bergers et des mages, xvi° siècle. — Id.
4551. La Consultation chez un procureur de Cambrai, xvi° siècle. — Musée de Péronne.
4552. Triptyque : Miracle de la sainte Chandelle d'Arras, xvi° siècle. — Cathédrale d'Arras.
4553. Deux panneaux, xvi° siècle. — Musée d'Amiens.
4554. La defense de Rhodes, xvi° siècle. — M. le comte Chandon de Briailles.
4555. Grand volet de triptyque, xvi° siècle. — Musée de Mâcon.
4556. Portrait de femme, xvi° siècle. — Musée d'Aix.
4557. La Duchesse de Roannez, par Fr. Clouet. — M. de Maulde.
4558. Quatre panneaux peints, xvi° siècle. — Église de Chambly.
4559. Une femme à sa toilette, xvi° siècle. — Musée de Dijon.
4560. Portraits equestres de Henri IV et Marie de Médicis. —Musée de La Rochelle.
4561. Portrait de Chardin, par lui-même. — M°° Bureau.
4562. Portrait de femme, par J.-B. Chardin. — M. Dollfus.
4563. Portrait de Rameau, par J.-B. Chardin. — Musée de Dijon.
4564. Portrait du cardinal de Fleury, par Hyacinthe Rigaud. — Musée de Perpignan.
4565. Portrait d'homme, par Hyacinthe Rigaud. — M. Pacully.
4566. Portrait du Regent, par Hyacinthe Rigaud. — M. d'Auzac de Lamartinie.
4567. Portrait du président Gaspard de Gaéidan. — Musée d'Aix.
4568. Portrait de femme, par Largillière. — M. Deutsch de la Meurthe.
4569. Portrait d'homme, par Largillière. — M. Gerôme.
4570. Portrait de Louis XV, par Nattier. — M. Jules Beer.
4571. Actrice jouant de la guitare, par Drouais. — M°° Schneider.
4572. Pastorale, xviii° siècle. — M. G. Charpentier.
4573. Le comte de Saint-Florentin, par Tacque. — Musée de Marseille.
4574. Enseigne de Gersaint, marchand de tableaux, par Watteau. — M. Michel Levy.
4575. Vénus et l'Amour, par François Boucher. — M. Scott.
4576. L'Innocence enchaînée, par J.-B. Greuze. — M. le baron Schlichting.
4577. Monseigneur de Valras, par J.-B. Greuze. — Musée de Mâcon.
4578. Portrait de Rameau, par J.-B. Greuze. — M. Gaston Joliet.
4579. Portrait de jeune fille, par J.-B. Greuze. — M. Pacully.

4580. **Femme nue**, attribuée à Vestier. — M. Scott.
4581. **Portrait du cardinal de Noailles**, par Ch. Monnet. — Musée de Perpignan.
4582. **Amusements de l'Enfance**, par J.-B. Bachelier. — Musée d'Amiens.
4583. **Portrait de Louis XVI**, toile, figure en pied, grandeur nature, par A.-F. Callet. — Musée de Grenoble.
4584. **Portrait de femme**, xviiie siècle. — Musée de Dijon.
4585. **Portrait de femme**, par Van Loo.
4586. **Portrait de femme**, par Nattier.
4587. **L'Amour au carquois**, par Fragonard.
4588. **La Folie**, par Fragonard.
4589. **Portrait de femme**, par Tocqué.
4590. **Portrait de femme**, par Heinsim.
4591. **Portrait de femme**, par Perronneau.
4592. **Portrait de femme**, portant un chien, xviiie siècle.
4593. **Portrait de femme**, xviiie siècle.
4594. **Portrait de femme**, xviiie siècle.
4595. **Portrait de femme**, par Taraval.
4596. **Portrait de femme**, xviiie siècle.
4597. **Portrait de femme assise**, par Vestier.
4598. **Portrait de femme**, par Mme Vigée-Lebrun.
4599. **Portrait de femme et d'enfant**, xviiie siècle.
4600. **La Galerie du Louvre**, par Hubert Robert.
4601. **Une salle du Louvre**, par le même.
4602. **Paysage**, par le même.
4603. **Ruines d'Italie**, par le même.
4604. **Ruines d'Italie**, par le même.
4605. **Palais et Abreuvoir**, par le même.
4606. **Villa romaine**, par le même.
4607. **Paysage et fontaine monumentale**, par le même.
4608. **Le Parc d'Ermenonville**, par le même.
4609. **Le Parc d'Ermenonville**, par le même.

XX

Sculpture.

4610. **Mercure**, grande statue en granit, ép. gallo-romaine. — Coll. Plicque.
4611. **Statuette de femme**. Albâtre. Ep. gallo-romaine. — Musée d'Agen.
4612. **Danseuse** pierre. Ep. gallo-romaine. — M. Bertrand, à Moulins.
4613. **Jeune enfant couché**, pierre. Ep. gallo-romaine. — Musée de Beaune.
4614. **Petite pierre d'autel**, marbre blanc. — Musée de Bourges.
4615. **Petite pierre d'autel**, marbre noir. — Musée de Cambrai.
4616. **Un cavalier, un cheval**, pierre, xie siècle. — Musée de Limoges.
4617. **Frise de la façade de l'église Saint-Paul-lez-Dax**, xie siècle. — Musée de Dax.
4618. **Chapiteaux de l'abbaye de Saintes**, xiie siècle. — Musée de Saintes.
4619. **Chapiteau historié**, xiie siècle. — Bibliothèque de Bordeaux.
4620. **Chapiteau**. Provenant de Bénat. Pierre, xiie siècle. — Musée de Tarbes.
4621. **Chapiteau**, Pierre, xiie siècle. — Id.
4622. **Le signe du Lion et le signe du Bélier**, xiie siècle. — Musée des Augustins, à Toulouse.
4623. **Décoration du portail de l'Eglise de Morlaas**. Moulages, xiie siècle. — Musée de Pau.
4624. **Un lion et un aigle**, de l'église Sainte-Marie, moulage xiie siècle. — Musée de Pau.
4625. **Trois corbeaux de l'église de Lescar**, xiie siècle.
4626. **Chapiteau en pierre**, décoré d'incrustations de bronze, xiie siècle. — Musée de Reims.
4627. **Sept chapiteaux**, xiie siècle. — Musée de Saint-Omer.
4628. **Chapiteau de colonnettes jumelles**, xiie siècle. — M. Alb. Maignan.
4629. **Le Christ entre deux apôtres**, xiie siècle. — Musée de Moulins.
4630. **Fragments de tête de monstre**, xiie siècle. — Musée de Moulins.
4631. **Deux petits chapiteaux** de Saint-Ruf, xiie siècle. — Musée d'Avignon.
4632. **Trois chapiteaux**, marbre, xiie siècle — Musée d'Avignon.
4633. **Deux chapiteaux** pierre, xiie siècle.
4634. **Treize carreaux de pierre incrustée**, xiiie siècle — Musée de St-Omer.
4635. **La Vierge et l'Enfant**, xiiie siècle — M. Alb. Maignan.
4636. **Apôtre**, pierre, xive siècle. — M. Alb. Maignan.

4637. Ange accroupi, marbre, xiv° siècle. — M. Alb. Maignan.
4638. Saint Benezet, marbre, xiv° siècle. — Musée d'Avignon.
4639. Ange debout, statue de marbre, xiv° siècle. — M. Schiff.
4640. Masque de femme, marbre, xvi° siècle. — Musée d'Arras.
4641. La Vierge de l'Annonciation, statuette, marbre, xiv° siècle. — M. Doistau.
4642. Trois statuettes agnouillées, marbre, fin du xiv° siècle. — M Gaston Lebreton.
4643. Chapiteau, xv° siècle. — Musée de Limoges.
4644. Six figurines en pierre inachevées, xv° siècle. — Musée de Grenoble.
4645. Vierge portant l'Enfant, marbre, xv° siècle. — M. Albert Bossy.
4646. Moine lisant, xv° siècle. — M. Etienne Moreau-Nélaton.
4647. Saint Denis, xv° siècle. — M. Etienne Moreau-Nélaton
4648. Abbesse, pierre, xv° siècle. — M. de Sainville.
4649. La Justice, pierre, xv° siècle. — M. de Sainville.
4650. Sainte Barbe, statue polychromée, xv° siècle. — M. Edmond Guérin.
4651. Le roi René, bas-relief. — Musée d'Aix.
4652. Buste de femme, pierre, xv° siècle. — M. le baron Oppenheim.
4653. La Vierge portant l'Enfant, pierre, xv° siècle. — M. Gaston Lebreton.
4654. Saint Jean-Baptiste, pierre, xv° siècle. — Musée de Moulins.
4655. Chef d'un saint évêque, pierre, xv° siècle. — Musée de Moulins.
4656. La Vierge portant l'Enfant, xv° siècle. — Musée de Moulins.
4657. Quatre pleureurs, tombeau de Philippe le Hardi, marbre, xvi° siècle. — M. le baron A. de Schickler.
4658. Quatre pleureurs, du tombeau du duc Jean de Berry, xv° siècle. — M. le marquis de Vogué.
4659. Tête de femme, marbre, xv° siècle. — Musée de Chartres.
4660. Chapiteau de pilastre, xvi° siècle. — Musée de Semur.
4661. Grand sphinx, à tête de femme, xvi° siècle, bronze. — Musée d'Aix.
4662. Tête de femme, xvi° siècle. — Musée de Moulins.
4663. Vierge, en albâtre, xvi° siècle. — Musée de Moulins.
4664. Gourde, reliquaire du xvi° siècle. — Musée du Puy.
4665. Deux anges musiciens, xvi° siècle. — Eglise Saint-Ayoul, de Provins.
4666. Deux figures de femmes, xvi° siècle. — M. Schiff.
4667. Sainte Barbe, xvi° siècle. — M. Ch. Gillot.
4668. La Force, xvi° siècle. — M. Kœchlin.
4669. Sainte Marthe, xvi° siècle. — M. Léopold Goldschmidt.
4670. Bas-relief: Jehan de Rostain, 1537. — M™° la baronne Merlin.
4671. Bas-relief, xvi° siècle. — Eglise Saint-Nicolas, Troyes.
4672. Jean de Morvillliers, par Germain Pilon. — Evèche d'Orléans.
4673. La Vierge et l'Enfant Jésus, marbre, par Germain Pilon.
4674. Henri IV d'après Dupré. — Musée de Dijon.
4675. Buste d'enfant, 1692. — Musée de Moulins.
4676. Uranie, par Jean Bologne. — Bronze. — M. le baron de Schlichting.
4677. Le cardinal de Richelieu, par Varin. — Bibliothèque Mazarine.
4678. Amphitrite, d'après Michel Anguier. — M. le baron de Schlichting.
4679. Deux petits bustes de femmes, bronze. Ep. de Louis XIV. — M Louis Mannheim.
4680. Deux femmes couchées, bronze, xvi° siècle. — Id.
4681. Buste de Mgr Moreau, xviii° siècle.
4681 bis. Louis XIV, d'après Girardon, fer fondu et ciselé. — M. Doistau.
4682. Buste de jeune femme, terre cuite, xviii° siècle. — M. René Dreyfus.
4683-4684. Sacrifice à l'Amour, terre cuite. — Musée de Mâcon.
4685. La Sculpture et l'Architecture, xviii° siècle. — Musée de Grenoble.
4686. Bacchus, terre cuite, xviii° siècle. — M. le Dr Cornil.
4687. L'Assomption, groupe attribué à Pierre Puget. — M. le marquis de Boisgelin.
4688. Marsyas, figure attribuée à Pierre Puget. — M. le comte de Camondo.
4690. Voltaire, petit buste, bronze. — M. Ricard, à Marseille.
4691. Marie-Antoinette, tête en marbre, xviii° siècle. — M. Ricard, à Marseille.
4692. Buste de femme, terre cuite, xviii° siècle. — M. Haviland.
4693. Figure de femme provenant du château de Louveciennes, xviii° siècle. — M. Georges Huentschel.
4694. Buste de femme terre cuite, xviii° siècle. — Musée archéologique de Nevers.
4965. Jupiter, attribué à Coysevox. — M. le baron Gustave de Rothschild.
4696. La Force, terre cuite, attribuée à Girardon. — Musée de Narbonne.
4647. Danseuse, marbre, xviii° siècle. — Grand Trianon.
4698. Joueuse de tambourin, marbre, xviii° siècle. — Grand Trianon.
4699. La Comédie, par Vassé. — Grand Trianon.
4700. Louis XV, par Le Moyne. — Palais de Fontainebleau.
4701. Louis XV. — Musée de Bordeaux.
4702. Buste d'homme, attribué à Pigalle. Terre cuite. — Musée Saint-Jean, à Angers.

4703. Le Cardinal de Polignac, marbre, par Bouchardon, xviiie siècle. — Evêché de Meaux.
4704. Madame de Fonville, par Defernex, 1759. — Musée du Mans.
4705. Statuette de femme, par J.-J. Caffieri. — M. Moïse de Camondo.
4706. Une Napolitaine, médaillon en plâtre, par J.-J. Caffieri. — Institut de France.
4707. Euler, médaillon en plâtre, par Rabhette. — Institut de France.
4708. Pendule, les Trois Grâces, marbre, par E.-M. Falconet. — M. le comte Isaac de Camondo.
4709. Buste de Falconet, par lui-même, terre cuite. — M. Donop de Monchy.
4710. L'Amour, bronze. — M. le baron Schlichting.
4711. Amour debout, bronze, par E.-M. Falconet. — M. le baron de Schlichting.
4712. Vestale, par E.-M. Falconet. — M. Scott, à Paris.
4713. Baigneuse, par E.-M. Falconet. — M. Scott, à Paris.
4714. Vénus nue, par E.-M. Falconet. — M. Boy.
4715. Baigneuse assise, cire colorée, par E.-M. Falconet. — M. Leblanc-Barbedienne.
4716. Buste de femme, par Aug. Pajou. — M. H. Deutsch de la Meurthe.
4717. Buste, par Aug. Pajou, xviiie siècle. — M. Doistau.
4718. Buste de Dorat, 1771, terre cuite, par Aug. Pajou. — M. Ernest May.
4719. Le Rhin séparant ses eaux, par Clodion. — M. le docteur Cornil.
4720. L'Escarpolette, terre cuite, par Clodion. — Mme la baronne James de Rothschild.
4721. Flore et Pomone, terre cuite, par Clodion. — Musée de Mâcon.
4722. Quatre bas-reliefs en terre cuite, par Clodion. — Musée de Cherbourg.
4723. Bacchant et bacchantes, par Clodion. — M. Moïse de Camondo.
4723 bis. Deux petits bustes, par Marin. — Mme Tony Dreyfus.
4724. Deux petits bustes, par Clodion. — M. Moïse de Camondo.
4725. Tritons et Néréides, frise en terre cuite, par Clodion. — M. Haviland.
4726. Deux amours, terre cuite, par Clodion. — M. Jules Protat.
4727. L'Effroi, par Clodion, 1799. — M. Ladan-Bockary.
4728. Deux figures d'enfants, par Clodion. — M. d'Albenas.
4729. Cinq médaillons en terre cuite, par Nini. — M. Gustave Dreyfus.
4730. Tête d'enfant, terre cuite, xviiie siècle. — G. Dreyfus.
4731. Deux médaillons, par Nini. Musée de Dijon.
4732. Portrait de Madame Péru, par J.-B. Péru. — Musée d'Avignon.
4733. Voltaire, statuette albâtre, par Joseph Rosset. — M. Johet.
4734. Médaillon ovale, attribué à Marin. — Musée de Moulins.
4735. Modèle de pendule en terre cuite, par Marin. — M. Klotz.
4736. Deux petites figures d'amour, par Marin, terre cuite. — Id.
4737. Sabine Houdon, fille du sculpteur, par Houdon, 1791. — M. Rueff.
4738. Petit monument portant le buste de M. de Livry, p. Gois. — Inst. de France.
4739. L'Amitié, terre cuite par Lorta. — Grand Trianon.
4740. Un berger, petite statuette, terre cuite. — Grand Trianon.
4741. Deux bustes de femmes, par Deseine, 1784, terre cuite. — Mlle Stein.

4742-4774. Collection de verres antiques. — M. Boulanger, à Péronne.

TABLE

	Gravures. Pages.	Catalogue Pages.
Ivoires.	1	263
Bronze, Dinanderie, Plomb, Etain.	24	266
Fer, Armes, Serrurerie, Coutellerie.	»	270
Céramique.	35	272
Orfèvrerie.	60	286
Bijouterie, Joaillerie, Horlogerie.	59	291
Émaux champlevés.	76	292
Émaux peints.	»	295
Ameublement.	165	298
Bois.	145	301
Tapisseries.	230	303
Tissus, Broderies.	35	305
Cuir, Reliure.	238	305
Manuscrits et Enluminures.	104	306
Miniatures et Éventails.	»	307
Monaies.	»	307
Médailles	»	307
Sigillographie française	»	308
Peinture.	240	308
Sculpture.	244	309
Verrerie	266	311

Paris. — Typ. Chamerot et Renouard, 19, rue des Saints-Peres. — 39531.

La librairie d'Art L. BASCHET, 12, rue de l'Abbaye, Paris, qui, depuis vingt-deux années publie le *Catalogue Illustré* du SALON, a édité les trois catalogues illustrés des Beaux-Arts, à l'Exposition Universelle de 1900, savoir :

**Catalogue illustré officiel
de l'Exposition rétrospective de l'Art Français**
DES ORIGINES A 1800

**Catalogue illustré officiel
de l'Exposition centennale de l'Art Français**
DE 1800 A 1889

**Catalogue illustré officiel
de l'Exposition décennale des Beaux-Arts**
DE 1889 A 1900

Chaque volume broché, 3 fr. 50. — Relié, 5 francs.

L'ouvrage le plus complet et le plus exact sur l'Exposition est

Le PANORAMA

de l'Exposition Universelle
de 1900

publié par l'Éditeur Baschet, 12, rue de l'Abbaye, Paris, et mis en vente sur toutes les tables et dans tous les Kiosques du **Catalogue** *officiel à l'Exposition.*

Le **PANORAMA** *comprendra 20 numéros de 16 pages 28 × 35 représentant tous les Palais et toutes les Attractions de l'Exposition.*

60 Centimes le numéro.

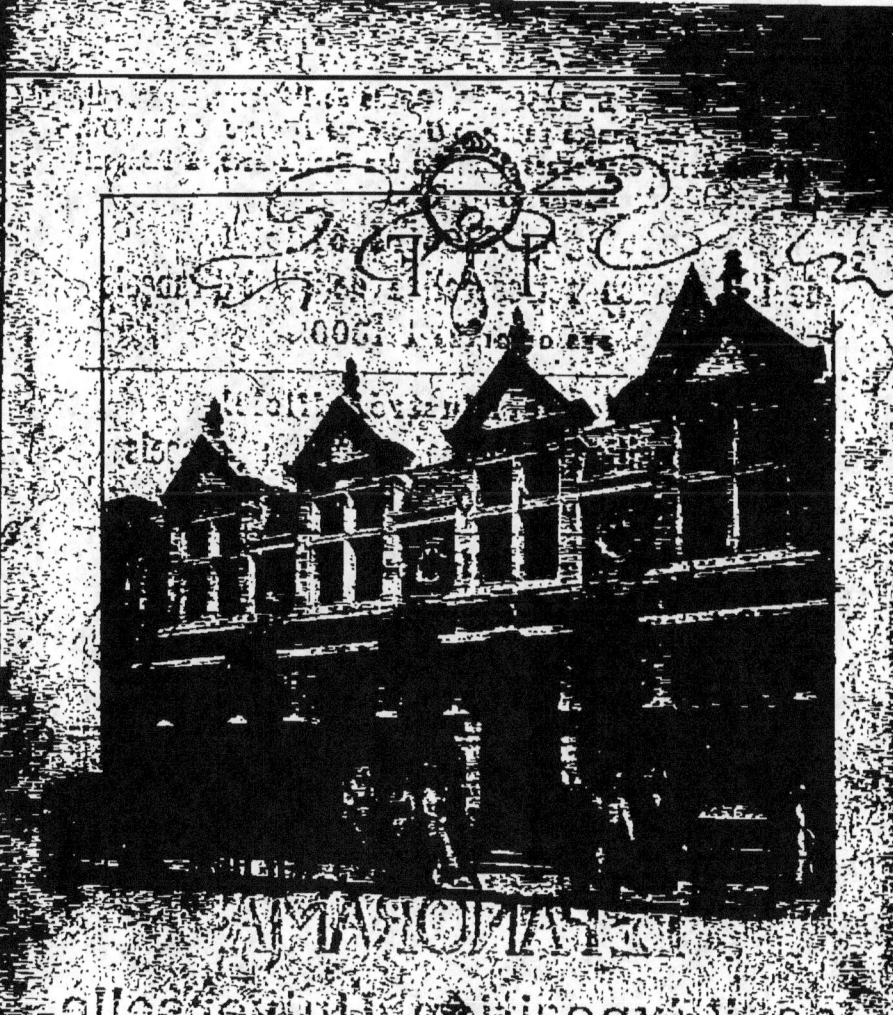

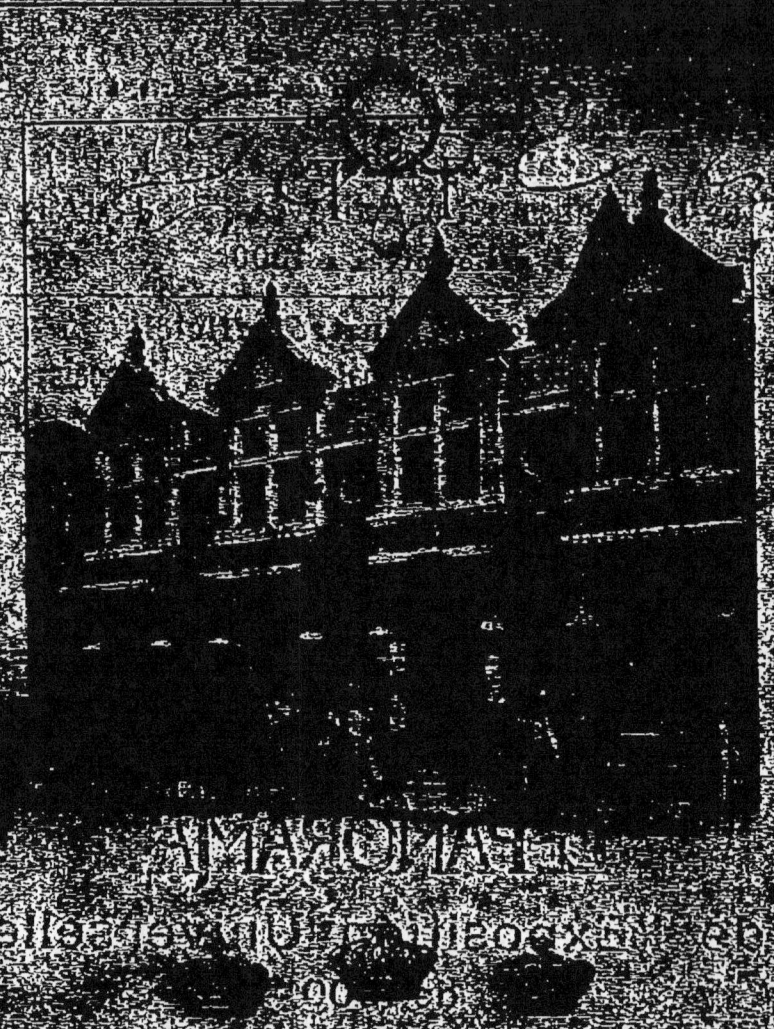

www.ingramcontent.com/pod-product-compliance
Lightning Source LLC
Chambersburg PA
CBHW071157240526
45470CB00016BA/127